俞辛焞著作集

第六卷

孙中山与日本关系研究

俞辛焞 著

南开大学出版社

天 津

目　录

上编：孙中山宋庆龄与梅屋庄吉夫妇

下编：孙中山的革命运动与日本

上　编：
孙中山宋庆龄与梅屋庄吉夫妇

写给读者的话

欣闻中华书局将出版《孙中山宋庆龄与梅屋庄吉夫妇》一书，谨致谢意。

我们的外祖父梅屋庄吉与孙中山先生结识之初，就折服于他的思想和主张，敬佩他的气魄和才智。在以后的漫长岁月里，外祖父始终坚定不移地热情支持孙中山先生领导的中国革命。外祖母德子也随外祖父从事过许多有益的工作。在追求共同理想的过程中，外祖父、外祖母与孙中山、宋庆龄结下了深厚的感情。然而，由于亲属们遵外祖父遗嘱，将有关支持孙中山事业的资料秘藏近四十年，以致后人对外祖父一直缺乏了解。令人欣慰的是，自1973年母亲国方千势子将家藏的资料公开以来，日中两国的有关学者陆续开始研究梅屋庄吉。

在日中友好进一步发展的今天，中国南开大学教授俞辛焞先生和他的研究生熊沛彪君对我们珍藏的资料做了深入细致的研究，撰写了《孙中山宋庆龄与梅屋庄吉夫妇》一书。作者通过外祖父、外祖母满腔热情地支援孙中山先生事业的历史事实，生动地描述了孙中山、宋庆龄与外祖父、外祖母结成的诚挚友情。我们深信，该书的出版发行，将促进日中两国人民世世代代的友好。

　　愿日中两国人民世世代代像外祖父、外祖母与孙中山、宋庆龄先生那样亲密友好，愿读者能喜欢这本书。

　　　　　　　　　　　　　　　　　　小坂哲琅
　　　　　　　　　　　　　　　　　　　　主和子
　　　　　　　　　　　　　　一九九〇年春于东京松本楼

一　青少年时代

——复兴亚洲思想的萌芽

19 世纪中叶，日本进入封建社会末期，在德川幕府的统治下，"锁国"政策持续 200 余年，日本因此几乎与世界处于隔绝状态，造成社会进步被极大推迟的严重后果。1853 年 7 月，美国东印度舰队司令柏利率舰队来日，次年迫使日本接受不平等的《神奈川条约》，敲开了日本的国门。嗣后，英、俄、荷等欧洲列强也相继迫使日本签订一系列不平等条约，日本面临沦为半殖民地的危机。开国后，外国资本大举侵入，自然经济迅速解体，内外矛盾空前激化。新崛起的下级武士、豪农豪商等维新势力，由"攘夷"到"倒幕"，日本列岛弥漫着反对外国侵略和推翻封建幕府统治的战争硝烟。几经较量，1868 年 1 月，维新势力终于推翻德川幕府，建立明治政权，迈出了资产阶级革命的第一步。

童年时代

这一年的 11 月 26 日，梅屋庄吉出生在日本长崎市西滨町川端三十一号。生父叫本田松五郎，生母叫娜依（ノイ），幼时过继到梅屋家做养子，改姓梅屋，幼名正人。养父梅屋吉五郎是从事贸易的商人，与本田松五郎是同祖父的堂兄弟。养母娜葡（ノブ）性情温和，擅持家理业，是梅屋吉五郎的好帮手。两夫妻因无生育，收养庄吉，自然欢喜。

梅屋吉五郎在长崎市西滨田商业街开设梅屋商店。该店拥有两三艘商船，从事长崎与上海间的贸易，同时还经营一家粮食加工厂。梅屋一家，生活富裕，属新兴的家庭。这与孙中山的家庭比较有相似之处。孙家原很贫穷，孙中山的祖父是佃耕农，父亲当过鞋匠，全家老幼七人租种二亩半田，过着半饥半寒的贫困生活。后来由于孙中山的哥哥孙眉在海外致富，孙家逐渐转化为富裕家庭。

梅屋吉五郎为把儿子培养成家业的继承人，很早就教他识字。1872 年 1 月，梅屋吉五郎送儿子进长崎市煆冶屋町的私塾读书。其时，梅屋庄吉才三岁。

童年时期的梅屋庄吉有一个神奇般的故事。梅屋家后边有一条河，叫中岛川。这条河流入长崎湾，满潮时海水涌进，河水猛涨。梅屋庄吉五岁时的一天去河边钓鱼，不慎掉进河里，过路行人发现，赶忙将他救上来，但发现他已"咽气"。其母闻讯赶来，见此情景，悲痛欲绝，当场昏了过去。亲友们匆匆赶来协助筹办丧事。日本的葬礼，采用佛教仪式，烧香念经后盖棺安葬。就在棺盖要盖下来的时候，躺在棺内的梅屋庄吉哇的一声哭了起来。双亲和众人又惊又喜，跳起来欢呼。当时有人出来说梅屋庄吉有"猫魂"附体，于是人们找来几把扫帚，将梅屋庄吉痛打了一顿，以赶走附体的"猫魂"。①

梅屋庄吉在私塾读书三年，1875 年 1 月转入榎津小学。当时小学学制为八年，前四年称初级小学，招收六至九周岁的少儿；后四年称高级小学，招收十至十四周岁的少儿。梅屋庄吉在私塾学习成绩优秀，经测试，破格让他进初小四年级学习。

---

① 梅屋庄吉：《我的影子》，第 3～4 页。

只身漫游

新诞生的明治政府虽然拖着封建制度的"长尾巴"，但毕竟不是封建幕府的翻版。它成立后，很快废除封建割据的各藩，设置县，即"废藩置县"，统一全国；实行地税改革，以使农业适应资本主义发展的需要；改革封建身份制，取消士族的封建特权。接着大力推行"殖产兴业""文明开化"和"富国强兵"的近代化政策。这一系列改革政策的推行，使文化教育、工农业在很短的时间内即获得了惊人的发展。梅屋家是新兴家庭，深受新思潮的影响。梅屋庄吉的父母与人谈及维新时，总是赞不绝口。当时，梅屋庄吉正值少年，受家庭及时势的影响，憎恶旧势力，喜爱新事物。

梅屋庄吉自幼好动厌静，不守旧规。这时，他一意模仿英雄，言行举止因此放荡不羁。1878 年 3 月，梅屋庄吉怀里揣着三百日元，瞒着父母，只身乘船去大阪、京都等地漫游。次年 3 月，他小学毕业后，又悄悄离家，辗转四国伊予三津滨、八幡滨，来到伊予千丈村。小住后，登上高八百余米的金山，观赏出石寺。金山是日本的名胜，空海僧①巡视四国时在此地修身，山名由此而来。7 月，梅屋庄吉回到长崎。这时，他还不足十周岁。

两次外出游历，使梅屋庄吉接触了社会，开阔了视野。大阪、京都是维新和改革的中心地带，新兴工商业蓬勃发展，各种新思想盛行，给梅屋庄吉留下了深刻印象。游历中，他也发现社会中还有很多穷人，食不果腹，衣不蔽体。梅屋庄吉感到不平，幼小的心灵里涌出一股豪气，要以自己的力量去扶危济困。

梅屋吉五郎看到儿子一天天长大，决定让他协助商店做些零

---

① 空海僧（774—835），平安初期的名僧。18 岁随味酒净成等学习儒学，后出家。804 年与最澄等一道随遣唐使入唐土，在长安青龙寺求于于惠果，回日本后创立真言宗。

活，以培养他的才干。一天，梅屋吉五郎交给儿子一册账簿，要他按名单逐一去收债。收债时，常遇上无法还债的穷人，梅屋庄吉十分同情，将债务一笔勾销。有时他担心父亲不同意，于是将自己的零花钱垫上，不够时向母亲要。有一次，他从家里的金库中悄悄拿出一笔钱，分给生活贫困的人。这使周围的人深受感动。一位老人逢人便夸梅屋庄吉，并说："我死后要请梅屋家的公子为我立墓碑。"①

许多年后，梅屋庄吉对女儿千势子说："借钱与人时，应有赠送的精神。你祖父借钱给人后加利息收回来，这对我是不堪忍受的事。"②梅屋庄吉的这种扶弱精神，随着年龄的增长，逐渐成熟，在以后漫长的岁月里，成为无私援助孙中山领导的中国革命的重要思想基础。

上海之行

长崎是江户时期日本进行国际贸易的唯一港口。明朝末年，中国有大批商人来长崎与日本贸易。据史籍记载，1600 年，中国商船首次抵达长崎港。当地的日本人称中国船为"唐船"，呼中国人为"唐人"。1635 年，德川幕府实行锁国政策，禁止日本船出国，同时禁止西班牙、葡萄牙等外国船只来日本。只有中国、朝鲜、荷兰商船被特许可以来日本贸易，但贸易港限制在长崎一口。1688 年来长崎的中国商船增至一百九十四艘，商人达九千余人。中国商船运来蚕丝及丝织品、药材、糖、毛皮、矿石、染料、文房四宝、日用品、古籍文献。日本则输出金、银、铜等金属及其制品。来长崎的中国商人、随员及其家属等有固定的住处，如"唐

---

① 《梅屋庄吉文书》。
② 《国方千势子采访记》，见车田让治：《国父孙文与梅屋庄吉——献身于中国的一位日本人的生涯》，六兴出版，1975 年，第 26 页。

人屋敷"和中国寺庙。逢年过节，他们也像在家乡一样，跳狮子舞、蛇舞，竞渡龙舟等。在不同的季节还进行各种祭祀活动。长崎人很快接受这些中国的传统习俗，并使之与当地的文化融合。

长崎人民崇仰中国文化，尊敬中国人，相袭为传统。受传统的影响，梅屋庄吉向往中国，希望有一天能踏上那块美丽的大陆。

1882 年 5 月，梅屋商店的一千五百吨级商船"鹤江丸"满载九州北部盛产的原煤，从长崎起航去上海。商船航行八小时后，水手们在煤堆中发现一个"小黑鬼"。当认出是"小主人"梅屋庄吉时，水手们全都愣住了。原来，梅屋庄吉多次提出要随船去中国学做贸易，均遭父母反对。因为他是梅屋家唯一的继承人，父母十分疼爱，担心他出海发生意外。梅屋庄吉在万般无奈中，灵机一动，趁无人注意时，他悄悄溜上船，藏在煤堆里。事已至此，船长也没办法，只得勉强同意他随行。商船斩波劈浪，继续前进。航行三天后，驶入一片黄色的海水中。梅屋庄吉站在甲板上眺望，发现前方有一块大陆，当得知那就是中国时，他兴奋得大声呼喊起来。

外国船抵达上海时，清朝海防要检查乘员，以防止偷航者入境。"鹤江丸"船长为逃避检查，将梅屋庄吉作为月薪三元的临时水手，列在水手名册上。"偷航"成功了，梅屋庄吉高兴地踏上了中国大陆。[①]

上海当时是列强侵略中国的一个重要据点，殖民者争相在这里建租界，攫取各种特权。作为贸易港口，在表面上，上海又具备了一些近代城市的特征。这时的梅屋庄吉毕竟年少，又是初来乍到，对租界一带的巨大船坞、高层洋房感到惊讶，觉得长崎无法与之比拟。受新奇感驱使，他决定留住数月。"鹤江丸"卸煤后装上新货，起航时，船长发现梅屋庄吉已逃离商船，他无可奈何地叹了声气，自言自语道：但愿平安无事。

---

① 梅屋庄吉：《我的影子》，第 4 页。

　　梅屋庄吉溜下船后，来到上海街头。他身无分文，无以为生。几经周折，才找到一家旅馆当小招待，后来又去卖苦力，备尝辛酸苦辣。[①]统治者的残酷压榨，外国殖民者的骄横跋扈，劳动人民的痛苦呻吟，使梅屋庄吉感到，中国要摧毁封建专制统治，赶走外国殖民者，就必须要发生巨变。后来，他在自传体小册子《我的影子》中回忆道，上海之行使自己萌发了雄飞海外的壮志。[②]梅屋庄吉忍受种种磨难，一边卖苦力，一边学习中、英文。1883 年初返回长崎，其时才十四周岁。[③]

除暴安良

　　长崎有个名叫天田传吉的恶棍，他纠集一百二十余名市井无赖，欺压百姓，明抢暗偷，敲诈勒索，杀人放火，无恶不作。市民深受其害，惧其淫威，敢怒而不敢言。梅屋庄吉路见不平，挺身而出，决心要除掉这群害人虫。梅屋商店附属的粮食加工厂有八十余名工人，梅屋庄吉要求工头岩田裕一带领他们习武练拳，准备除暴安良。工人们早就对这群恶棍恨之入骨，听说梅屋庄吉将组织他们除暴，个个摩拳擦掌，只等梅屋庄吉下令。3 月 15 日，梅屋庄吉率领工人们来到约定的地点金比罗山，与这群无赖对阵。梅屋庄吉一队以白布扎头，对方以黑布扎头。梅屋庄吉在历数无赖们犯下的罪行后，一声令下，白队冲入敌阵，痛击无赖。梅屋庄吉一马当先，挥刀猛闯，与敌手搏斗。黑队本来就是一群乌合之众，见白队人人同仇敌忾，勇猛冲击，大都魂飞魄散。只几个回合，无赖们便溃败作鸟兽散，恶棍天田传吉被工人们擒获后，

────────

　　① 《国方千势子采访记》，车田让治：《国父孙文与梅屋庄吉——献身于中国的一位日本人的生涯》，第 33～34 页。
　　② 梅屋庄吉：《我的影子》，第 4 页。
　　③ 《国方千势子采访记》，车田让治：《国父孙文与梅屋庄吉——献身于中国的一位日本人的生涯》，第 33～34 页。

吓得跪倒在地，连声求饶。①消息传出，市民们奔走相告，拍手称快。梅屋庄吉除暴安良的事迹在长崎传为佳话。②

赴美留学受挫

　　早在德川幕府统治下的"锁国"时期，一些知识分子就通过长崎这个窗口，秘密引进西学，推动了进步思潮的形成和发展。开国，尤其是维新开始后，西方文明被大量引进日本。至19世纪80年代，整个日本出现了西方文明热。西方文明的大量引进和移植，对日本的近代化进程起着巨大的推动作用，长崎拥有与外界接触的重要港口，是吸收西方文明的先进地区之一。在这种环境中成长起来的梅屋庄吉，很快就将注意力转向时代的新潮流。为了尽快了解世界，学习西方的先进文化知识，他决定赴西方留学。稍经考虑，他选定美国为自己的留学地。1886年3月，梅屋庄吉搭上美国货船"比尼埃并托罗"号离开长崎。货船先驶向中国，经上海、宁波、福州、厦门、汕头、香港，接着抵菲律宾的马尼拉港，然后直奔太平洋彼岸的旧金山。

　　19世纪中叶，美国出现了"淘金热"，需要大批廉价劳力。美国资本家在驱使黑人、印第安人从事苦力的同时，还到中国招募华工。他们采用利诱、诓骗等手段，将中国劳工拐至美国。梅屋庄吉乘坐的这条货船中有九十余名华工。他们拥挤在阴暗、沉闷的船舱最下层，忍受着缺粮少水的煎熬及各种凌辱与折磨。船舱卫生条件极差，驶离马尼拉港后，发现有三名华工染上霍乱。船长命令水手将这三人装进麻袋，扔到海里，活活淹死。这惨无人道的一幕，令梅屋庄吉十分震惊、气愤。多年后他回忆此事时，对女

---

　　① 梅屋庄吉：《我的影子》，第4～5页。
　　②《国方千势子采访记》，车田让治：《国父孙文与梅屋庄吉——献身于中国的一位日本人的生涯》，第39页。

几千势子说："他们不把亚洲黄种人当人看，令人义愤填膺"。[①]

时值八九月，恰逢菲律宾海域的多台风季节。三名华工被扔下海后不久，狂风四起，巨浪滚滚，船身剧烈摇动。这时，货船突然失火，顿时浓烟滚滚，火焰冲天。不一会，船舱也燃烧起来。火借风势，越烧越旺，整个货船变成一只火球。人们纷纷跳下呼啸着的大海。梅屋庄吉跳下海后，抱住一根浮在水面的圆筒，漂啊，漂啊，不知漂了多长时间，他晕了过去。

当他醒过来时，发现自己躺在沙滩上，有一些渔民围在他身边。这里是菲律宾吕宋岛的一个小海角。人们看到梅屋庄吉醒来后，将他安置在附近的一座灯塔中。西班牙的小军舰闻讯赶来，又将他转至马尼拉。这次海难，只有梅屋庄吉和船长幸存。[②]

赴美留学虽然在途中即受挫，但是，这次航行中的见闻使梅屋庄吉加深了对西方殖民者的认识。从此，他更关切黄种人的命运。当时，日本仍然遭受一系列不平等条约的束缚，西方殖民者在日本享有种种特权。联想到这些，梅屋庄吉开始觉得，亚洲人必须自强、互相援助才能抵御西方殖民者。

经商遭遇

不久，梅屋庄吉从马尼拉经香港回到长崎。1886 年，他率梅屋商店的职员、水手乘"高千穗丸"赴朝鲜贸易。这几年，朝鲜连年遭灾，发生了前所未有的大饥荒。1886 年底，"高千穗丸"载精米六百石，驶抵仁川、汉城、釜山、元山等地交易，换得一批朝鲜盛产的沙金和金块。接着，"高千穗丸"驶往俄国东部海港海参崴。梅屋庄吉原打算在这里抛售沙金和金块，换回毛皮，但

---

① 《国方千势子采访记》，车田让治：《国父孙文与梅屋庄吉——献身于中国的一位日本人的生涯》，第 41 页。

② 梅屋庄吉：《我的影子》，第 6 页。

未成交。①尽管如此，初次经商，仍获得很大利益。

以后，梅屋庄吉继续经营向朝鲜出口粮食的贸易。1887年朝鲜农业丰收，粮价暴跌，进口锐减。梅屋庄吉收购的大批粮食堆积在码头的露天场地，由于无法运销，很快腐烂。②他因此遭受极大损失。1891年初，他将资本转向采矿业。经农商务大臣批准，他在熊本县汤山勘探，发现锑矿。他迅速购置设备，招收工人，钻井开采。③

由于资金和技术等的限制，锑矿经营出现亏损。于是，梅屋庄吉又将注意力投向粮食交易。1892年，长崎市商人筹建粮食市场（长崎粮食交易所的前身），梅屋庄吉被推为经纪组组长。但他在交易中屡遭损失，债台高筑。债主们日夜催债，他被迫外逃避难。后来，梅屋吉五郎拍卖所有不动产才替儿子偿清了债务。④

南洋之梦

1893年初，梅屋庄吉逃至中国厦门。⑤在举目无亲、烦闷异常的时候，与年轻貌美的日本姑娘中村留子邂逅，两人一见钟情，很快同居。不久，两人相偕经广东、香港渡海来到新加坡，开设了一家小型照相馆。梅屋庄吉的照相技术先由中村留子传授，他机灵过人，经刻苦钻研，很快成为一名出色的摄影师。如今，在《梅屋庄吉文书》中还能见到他自制的胶片冲洗液配方。

在新加坡期间，梅屋庄吉抽空游历了马来西亚和印度尼西亚等地，考察了当地丰富的自然资源。他心里开始酝酿一个计划，即开拓南洋贸易，并投资开发这一地区的资源。这是一个宏大的

---

① 梅屋庄吉：《我的影子》，第7页。
② 梅屋庄吉：《我的影子》，第7、8页。
③ 梅屋庄吉：《我的影子》，第8页。
④ 梅屋庄吉：《我的影子》，第8页。
⑤ 梅屋庄吉：《我的影子》，第8页。

构想，单靠他这时的力量是不可能实现的。1894年3月，梅屋庄吉匆匆赶回日本。在神户上岸后，他顾不上回长崎看望双亲，便直奔东京拜访大井宪太郎。[①]

明治维新开始后，由于改革极不彻底，日本社会中还保留着大量的旧残余。明治政权在政治上实行藩阀专制，在经济上只给少数财阀以种种特权，以使他们控制国民经济命脉。这一切，都引起了新兴阶级的不满。他们要求政治上有更多的发言权，尤其要求改变藩阀专制体制，反对种种不利于他们自由发展资本主义经营的做法。他们联合其他反政府力量，在19世纪七八十年代掀起了一场"自由民权运动"。处于新兴阶级地位的梅屋庄吉受自身经历和自由民权思潮的影响，遂感在日本实现自由民权的重要性。自由民权运动在政府的严厉镇压下失败后，许多骨干分子认为在国内开展活动已十分困难，于是提出去国外活动，争取在一地或多地实现自由民权，进而推动日本和整个亚洲形势的发展。这时，梅屋庄吉的黄种人团结自强，抵抗白种人入侵，复兴亚洲的思想已经萌芽，这就更加使得他与自由民权派的意见趋于一致。

大井宪太郎是自由民权运动的领袖人物之一，为人热情，办事干练、果断，颇受人们尊敬。梅屋庄吉虽然与大井宪太郎素不相识，但敬佩他的为人，希望能得到他的帮助。梅屋庄吉向大井宪太郎说明来意，并详细介绍了自己的计划。大井宪太郎听后十分赞赏。不久，两人同赴南洋各地，[②]进一步考察了当地的资源和移民条件，并结识了一些日本志士。两人认为南洋具有极大的开发价值。但是，后来因缺乏资金，不得不放弃了开发南洋的计划。

---

① 大井宪太郎（1843—1922），政治家。明治维新后主张建立法国式政治制度，要求开设国会。1882年加入自由党，成为自由民权运动的领袖。他支持朝鲜主张改革的独立党，反对顽固保守的事大党，在朝鲜掀起民权运动，试图以此推进日本及亚洲各国的自由民权运动。1885年被日本政府逮捕，判刑九年。1889年日本公布《大日本帝国宪法》，大井逢大赦出狱。1892年脱离自由党，组建新政党——东洋自由党，主张废除日本与列强订立的不平等条约，实行普选，关注工农运动。

② 黑龙会编：《东亚先觉志士记传》下卷，原书房，1977年，第408页。

订婚

梅屋庄吉从南洋返回日本后，径直返回家乡长崎，看望父母亲。自 1893 年初他离家出走后，杳无音信已近两年。这时，梅屋吉五郎正重病在身，看到儿子安然回家，非常高兴。次日，梅屋吉五郎唤儿子来到身边，向他提出最后的要求，即立刻与德子订婚，继承家业。

德子，本姓香椎，1875 年 5 月 8 日出生于长崎县壹岐郡壹岐岛。岛面积二十平方公里，德川幕府时代是流放犯人的小岛。德子的生父是神社的神官。1890 年，梅屋吉五郎收德子为养女。德子比梅屋庄吉小七岁，户籍簿上注明是他的妹妹。德子天生聪颖、漂亮，性格温柔，具有劳动妇女那种刻苦、耐劳的品德。1893 年初梅屋庄吉出走后，她一人承担了侍候高龄双亲的责任，同时还协助经营梅屋商店。由于她聪明好学，很快学会了商业、贸易的经营管理。在对外贸易往来中，她还学会了英、法、德等外国语言的日常用语。她十分孝顺父母，家务整理得井井有条，待人贤惠，甚得人们称赞。

梅屋庄吉虽然已有情人在新加坡，但这时他看着病重的老父，不忍抗命。回家不几日，便与德子订了婚。双亲看到儿女都已长大，家业后继有人，十分欣慰。然而，就在举家共享天伦之乐时，梅屋吉五郎病情恶化，6 月 18 日与亲人永诀，享年七十六岁。

梅屋庄吉含泪安葬老父后，再赴新加坡。中村留子得知他已在日本订婚，遂与其分手。两人原本情投意合，但事已至此，彼此只好默默祝福，从此天各一方。

不久，梅屋庄吉的老母亲中风瘫痪，芳龄二十的德子一面服侍老母，一面经营商务，终日奔忙，毫无怨言。

二　一见如故

——"君若举兵，我以财政相助"

1894 年 1 月，孙中山撰《上李鸿章书》，阐述仿效西方资本主义以图富强的革新主张，希望统治阶级上层实行一些资本主义的改良措施，改变中国贫穷落后的面貌。6 月，孙中山上书求见李鸿章，遭李拒绝。恰在这时，中日甲午战争爆发。清政府腐朽无能，不敢也无法进行坚决、有效的抵抗，日本侵略军很快扑过鸭绿江，侵扰辽东，清军屡战屡败，举国震动。清政府一味妥协乞和，次年 4 月与日本签订丧权辱国的《马关条约》。从此，中国面临着空前严重的民族危机。在这种情况下，孙中山认清了封建专制统治的本质，断然指出"和平之方法无可复施"①，即要以革命手段推翻清王朝。1894 年 11 月，孙中山在美国檀香山创立了中国第一个资产阶级革命团体——兴中会。兴中会成立后，即计划在广东发动武装起义。次年 1 月，孙中山抵香港筹建革命组织，筹措经费，购运军械，联络防营、水师及会党等。同时，积极争取国际援助。就是在这时，孙中山结识了梅屋庄吉。

① 《孙中山全集》第 1 卷，中华书局，1981 年，第 52 页。

一见如故

1894 年 10 月，梅屋庄吉从新加坡迁至香港，住中环大马路二十八号，仍开照相馆。他善于交际，服务热情，技术高超，因此，来照相馆的顾客络绎不绝。他最拿手的是外出摄影。人们举办宴会、婚礼或去车站、码头迎送客人时常请他到现场拍照。他自少年时期起就漫游各地，见识多，性格豪放，乐于助人。与他来往过的人都觉得他是个可以信赖的人。由于生意往来，梅屋庄吉还结交了一些西方人，其中的一位便是康德黎。

康德黎，英国人，香港西医书院教师、教务长。1886 年夏，孙中山在香港中央书院毕业后，旋即考入西医书院。该校教学设备和师资条件优良。在学五年，除刻苦学习西医学外，课余时间他还广泛研读了西方国家的政治、历史、军事、物理、农学等书籍，其中尤爱读《法国革命史》。他常与好友讨论政治，抒发爱国忧民情怀，探究救国真理。在这些人中，孙中山与陈少白、尤列、杨鹤龄①交往尤密，四人相聚，必言革命。孙中山是康德黎的得意门生，康德黎了解他的政治志向，理解他的爱国热情。

1895 年 1 月，孙中山到香港后，即向康德黎透露来港的目的，并表示希望得到有良知的外国人的援助。康德黎当即应允协助。不久便向孙中山介绍了梅屋庄吉的情况。

一日，孙中山来到香港中环大马路二十八号梅屋照相馆。这是一栋二层结构的建筑。当店员将孙中山引上二楼时，梅屋庄吉

---

① 陈少白（1869—1934），原名闻韶，广东新会县人，广州格致书院（岭南大学前身）学生，1890 年由孙中山介绍转入香港西医书院。后来是兴中会的领导人之一。

尤列（1865—1936），字少纨，广东顺德县人，广州算学馆毕业生，当时任香港华民政务司书记，后成为兴中会会员。

杨鹤龄（1868—1934），广东香山县翠亨村人，广州算学馆毕业，当时住自家开设的商店里，后成为兴中会会员。

放下手中的工作，热情接待来客。二人纵论天下大事，发现彼此所见竟不谋而合。于是一见如故，相引为知己。①1929 年 3 月 10 日，梅屋庄吉登北平西山碧云寺祭孙中山时，在悼词中回顾当时的情景时说道："三十有五年前，一日于香港之敝屋始迎先生，兴酣，谈天下事，中日之亲善、东洋之兴隆，以及人类之平等，所见全同，为求其实现，先行大中华之革命，先生雄图与热诚，甚激我之壮心，一午之谊，遂固将来之契"。②孙中山详细介绍了广州起义的计划，言及准备工作的困难时，坦诚要求援助。梅屋庄吉当即爽快承诺："君若举兵，我以财政相助"。③他很快筹集一笔资金，派人前往澳门、新加坡、厦门等地购置军械，用作义军装备。其间，梅屋庄吉还随孙中山赴穗，建立起义秘密机关。④

　　到秋天，起义筹备工作大致就绪。兴中会决定在 10 月 26 日（旧历九月初九）重阳节发动武装起义。但由于内部步调不一，谋事不密，事先被清政府察觉。两广总督急调军队，封闭革命机关，搜捕起义人员，军械也被海关查出扣留。起义未及发难即遭失败。

助孙中山赴欧美

　　10 月 29 日，孙中山经澳门抵香港。在港期间，数访康德黎和梅屋庄吉，分析形势，商量对策。这时，梅屋庄吉获悉香港当局决定在五年内禁止孙中山等人在港居留的消息，于是与康德黎一道劝孙中山暂避海外，以待时机。⑤孙中山决定先取道日本。为了不暴露梅屋庄吉与中国革命党人的关系，孙中山离港时与梅屋

---

①　参见车田让治：《国父孙文与梅屋庄吉——献身于中国的一位日本人的生涯》，第 1～6 页。
②　《悼词》，《梅屋庄吉文书》。
③　梅屋庄吉：《永代日记》。
④　车田让治：《国父孙文与梅屋庄吉——献身于中国的一位日本人的生涯》，第 72～73 页。
⑤　车田让治：《国父孙文与梅屋庄吉——献身于中国的一位日本人的生涯》，第 74～75 页。

庄吉约定两人通过欧建时牧师联系。11 月 12 日，孙中山偕陈少白、郑士良、杨衢云乘日本船"广岛丸"抵神户，17 日至横滨。从此，孙中山流亡国外十六年之久，为革命事业进行了艰苦卓绝的斗争。

在横滨，孙中山结识华侨冯镜如等，接着联络二十余名华人，成立兴中会分会，冯镜如任分会长。分会成立后，孙中山决定赴檀香山进行革命活动，但这时旅费匮乏，于是通过欧建时向梅屋庄吉求助。梅屋庄吉闻讯，火速从香港汇款一千三百美元。①孙中山收到这笔款项后，于 12 月中旬断发辫，改服装，只身赴檀香山。以后他又离开檀香山，辗转旧金山、芝加哥、纽约，于 1896 年 9 月 30 日抵英国伦敦。10 月 11 日被清政府驻英公使馆诱捕。康德黎和孟生（P. Manson，孙中山的老师，香港西医书院首任教务长）得知消息后，多方奔走，积极营救。21 日，《地球报》等报刊先后披露革命家被诱禁于伦敦的消息，引起舆论界的强烈震动，英国人民纷纷谴责清政府公使馆的卑劣行径，要求立即释放孙中山。在社会舆论的压力下，英国政府也提出迅速释放私捕人犯的要求。23 日，清公使馆被迫释放孙中山。这就是著名的"伦敦被难"。梅屋庄吉闻讯后即致书孙中山，劝他到日本避难。1897 年 8 月，孙中山抵达日本。以后，在犬养毅、宫崎滔天和平山周等人的协助下，寄居日本近三年。梅屋庄吉仍居香港，与孙中山保持联络。

梅屋庄吉与宫崎滔天

1892 年，军人出身的岩本千纲赴暹罗（泰国）探险，次年回国，撰文宣称暹罗、安南（越南）、老挝为"南天乐园"，主张日本对这一地区移民。于是日本出现一股"暹罗热"。受这股热潮影

---

① 梅屋庄吉：《永代日记》。

响，宫崎滔天决定参加对暹罗的开发。1895 年初，他在东京拜访岩本千纲，当即被任命为广岛海外航运公司驻暹罗代理。他在日本招募移民约二十名，于 10 月离日赴暹罗。但是，日本移民水土不服，且次年春又发生霍乱。日本人素来对霍乱的抵抗力弱，死亡率较高。移民中很快有三人染此病身亡。意外的冲击，使宫崎滔天和岩本千纲等不能不撤回。因为开发伊始，尚无盈利，待他们撤离曼谷时，旅费也发生了困难，东拼西凑后才买上船票。1896 年 6 月，宫崎滔天和岩本千纲抵香港。①这时，二人已身无分文，无法返回日本。正在走投无路时，听说梅屋庄吉乐于助人，于是二人登门求援。梅屋庄吉得知他们的窘境后，二话没说，当即慷慨解囊相助。②

梅屋庄吉与宫崎滔天第二次见面是在 1898 年。当时，中国戊戌变法失败，清政府通缉康有为、梁启超等人。宫崎滔天和平山周奉命赴中国营救康、梁。9 月 7 日，宫崎滔天抵香港。他四处活动，耗费很大。眼见活动经费不足时，得到梅屋庄吉的资助，③10 月 25 日他成功地护送康有为抵达日本神户。

以后，宫崎滔天等人为孙中山领导的中国革命奔走时，与梅屋庄吉往来骤密，成为互相信赖的同志和朋友。梅屋庄吉从事实业，经济较宽裕，时常为宫崎滔天等人提供活动经费和家属生活费用。

支援菲律宾独立运动

19 世纪 70 年代，自由资本主义开始向垄断资本主义过渡，随之出现了夺取殖民地的"高潮"。亚洲是帝国主义列强争夺的主

---

① 参见《宫崎滔天全集》第 1 卷，平凡社，1971 年，第 327～338 页。
② 参见《宫崎滔天全集》第 1 卷，平凡社，1971 年，第 338 页。
③ 梅屋庄吉：《永代日记》。

要场所之一。在瓜分亚洲的"高潮"期间，帝国主义发动一系列侵略战争，使亚洲许多国家的人民遭受了空前的灾难。帝国主义及其代理人，在政治上实行西方殖民主义和亚洲封建专制主义相结合的残酷统治。在经济上，除了直接掠夺和倾销商品之外，大量输出资本，控制亚洲各国的经济命脉。这一切，激起亚洲人民的无比愤恨，他们纷纷奋起斗争。19 世纪末，菲律宾率先爆发了反帝、反殖的资产阶级革命。

1521 年西班牙殖民者首次侵入菲律宾，1565 年菲律宾开始沦为西班牙的殖民地。西班牙殖民者在菲实行政教合一的殖民统治，垄断对菲贸易。菲律宾人民不堪忍受残酷的压迫和剥削，同殖民者进行了 300 多年的英勇斗争。19 世纪末，菲律宾资本主义获得了初步发展。随着菲律宾人民同殖民者的矛盾日益尖锐，菲律宾出现了资产阶级革命运动。1892 年 7 月，安德列斯•波尼法秀创立秘密团体"最崇高的、最受尊敬的菲律宾儿女协会"（简称卡的普南），与殖民者进行斗争。1896 年 8 月，卡的普南发动起义，各地群起响应，武装斗争的怒火迅速燃遍菲律宾群岛。正当斗争进入高潮时，卡的普南领导层内部发生分裂，艾米利奥•阿奎那多取代波尼法秀，掌握了斗争的领导权。1897 年 11 月，阿奎那多宣布菲律宾独立，成立菲律宾临时共和国，制定宪法，并出任第一届总统。但是，同年 12 月，他与西班牙殖民者妥协，订立《边那巴多条约》，规定阿奎那多政府停止战斗；西班牙殖民者则虚伪地允诺民族平等，进行社会改革，保护人身自由，并付给阿奎那多等八十万比索。条约签订后，阿奎那多解散共和国政府，流亡香港。

西班牙殖民者并未履行诺言，菲律宾人民也没有放下武器，他们在激进派领导下，继续坚持斗争。在人民革命的推动下，阿奎那多在香港成立了"爱国委员会"，并重新取得革命运动的领导权。

1898 年 4 月，美国和西班牙重新瓜分殖民地的美西战争爆发。

菲律宾革命军乘此机会向西班牙殖民军发起猛烈进攻。美国为假手菲革命军打击西班牙军队，声称支持菲人民的武装斗争。阿奎那多于5月乘美国军舰回菲，6月发表宣言，宣布菲律宾独立。

1898年1月中旬，即阿奎那多等流亡到香港不久的一天晚上，梅屋庄吉在一名华人的陪同下来到菲律宾流亡者设在香港湾仔街的秘密机关拜访阿奎那多，未遇。次日下午，阿奎那多和其部下彭西[①]接待了梅屋庄吉。这时，梅屋庄吉在孙中山的影响下，认为亚洲黄种人必须团结起来，反抗西方的侵略；亚洲各国的革命具有互相呼应、互相推动的作用。因此，应互相援助。阿奎那多和彭西完全赞同他的见解，从此，梅屋庄吉与阿奎那多和彭西结为肝胆相照的知交。[②]不久，菲律宾革命政府成立，设在香港的秘密机关改为外交本部。彭西负责对日本的外交事务。梅屋庄吉与他的往来于是更为密切。

1898年7、8月间，梅屋庄吉和彭西同赴菲律宾，在独立军本部会见阿奎那多。这时，独立军已解放吕宋岛的大部分地区，正包围盘踞在马尼拉的西班牙军。梅屋庄吉亲临马尼拉前沿阵地，[③]目睹了独立军攻打马尼拉城。独立军占领马尼拉三小时后，美军也登陆马尼拉，并迫令独立军撤走。接着，美国背信弃义，于12月与西班牙签订巴黎和约，将菲律宾窃为己有。从此，美菲矛盾成为主要矛盾，菲律宾人民为反对美国侵略，进行了不屈不挠的斗争。梅屋庄吉返回香港后，为声援菲律宾人民的反美斗争，积极奔走。

在美西战争期间，日本海军借口保护在菲日侨，派三艘军舰

---

① 彭西（M. Ponce, 1867—？），马尼拉大学毕业后留学西班牙，著有《菲律宾史考》和《孙逸仙——中华民国的缔造者》。

② 黑龙会编：《东亚先觉志士记传》下卷，原书房，1977年，第408、409页；梅屋庄吉：《我的影子》，第10页。

③ 黑龙会编：《东亚先觉志士记传》下卷，原书房，1977年，第408、409页；梅屋庄吉：《我的影子》，第10页。

前往马尼拉湾。陆军参谋本部派遣明石元二郎少佐等数名军官，在马尼拉设据点，窥探战局。另一方面，日本首相兼外务大臣大隈重信表示希望美国与日本等利害相同的两三个国家合作，在菲律宾建立新的殖民政府。①可见，日本意欲染指菲律宾。而当时菲独立军对日本抱有幻想，认为日本是一个强大的国家，希望它像法国在美国独立战争中援助美国那样，援助菲律宾。在这种意愿的驱使下，菲政府派彭西赴日活动，争取援助。日本首相大隈重信为染指菲律宾，声称对菲独立运动抱有"好感"。彭西因此得以与日本签订了订购村田式步枪五千支的协定。然而，菲政府当时严重缺乏资金，驻香港的外交本部无款可汇，协定很快被废弃。②年底，菲律宾人民奋起抗击美国侵略军，军械消耗很大。菲政府再次派彭西赴日购运军械。彭西途经香港时，拜访梅屋庄吉，说明赴日的目的，并坦率承认，购运军械的经费要向国际友人募集。梅屋庄吉当即允诺资助，并致信流亡在日本的孙中山，请他协助彭西。③彭西抵日本后，于 1899 年 3 月初在孙中山住处与孙中山、宫崎滔天、平山周等人会晤，介绍了菲律宾人民反对美国入侵，为独立而战的情况，并恳切说明，坚持斗争需要国际援助。孙中山当即表示，如能确保登陆地点，兴中会可动员广东同志三万人赴菲投入反侵略战争。④彭西则表示，菲独立军面临的最大困难是军械缺乏，如不及时补充，将不战自溃。孙中山于是与宫崎滔天、平山周商议，决定向民党领袖犬养毅求助。宫崎滔天与犬养毅交往甚密，次日拜访犬养府，说明来意，犬养毅欣然应允协助，并推荐中村弥六负责具体事宜。

中村弥六是日本国会议员，曾任大隈内阁的司法次长，常出入参谋本部。他说服陆军大臣桂太郎，从军部订购步枪一万支、

---

① 《日本外交年表及主要文书》上，第 187 页。
② 车田让治：《国父孙文与梅屋庄吉——献身于中国的一位日本人的生涯》，第 110 页。
③ 车田让治：《国父孙文与梅屋庄吉——献身于中国的一位日本人的生涯》，第 111 页。
④ 上村希美：《宫崎兄弟传——亚洲篇》上卷，苇书房，1987 年，第 220、221 页。

子弹五百万发、旧式山炮一门、机关枪十一挺。彭西无力付款，深恐重蹈前次覆辙，于是急电向梅屋庄吉求助。梅屋庄吉迅即倾全力筹措资金二十七万美元，分两次汇给彭西。[①]6月18日，孙中山为运出这批军械，买下三井物产公司的旧船"布引丸"。7月17日，"布引丸"满载军械从门司港起锚出航。但不幸于21日遇强台风袭击，沉没于中国东海东马鞍岛附近。梅屋庄吉闻讯，十分惋惜，在《永代日记》的一页上写下"遗憾"两个大字。

援助惠州起义

中日甲午战争后，列强掀起瓜分中国的狂潮。1897年11月，德国率先出兵强占胶州湾。次年3月，通过《胶澳租界条约》，将山东划为德国的势力范围。与此同时，沙俄通过《旅大租地条约》，强租旅顺、大连，将东北划为沙俄的势力范围。接着，法国占据广州湾，将云南及两广的大部分地区划入自己的势力范围。英国强租九龙和威海卫，将长江流域纳入自己的势力范围。日本将福建划为自己的势力范围。美国则提出"门户开放"政策，以保证自己在分割中国的争夺中享有均等的权利。甲午战后的三四年间，由于帝国主义的疯狂侵略，使中国出现了一幅触目惊心的图景：大好河山被分割成一块块势力范围，主权遭到肆无忌惮的践踏，人民遭受的剥削和奴役更加深重，民族矛盾空前激化，瓜分大祸迫在眉睫，各地人民爱国反帝斗争迅速蔓延铺开。

义和团运动兴起后，孙中山密切注视北方局势，酝酿发动武装起义。1900年春，义和团主力进入京津地区。6月，英、德、俄、法、美、日、意、奥组成八国联军，从大沽经天津向北京进犯。7月占天津，8月陷北京。西太后挟光绪帝仓皇出逃，清朝统

---

① 梅屋庄吉：《备忘录》，1899年9月18日。

治遭到严重削弱。这时，孙中山认为"时机已发，祸福之间不容发，万无可犹疑"，①决定发动武装起义。

7月16日，孙中山偕宫崎滔天等乘"佐渡丸"自日本经西贡抵香港海面。由于香港当局严禁登陆，孙中山遂以"佐渡丸"为大本营，召开军事会议。出席会议的有：孙中山、杨衢云、陈少白、邓荫南、谢缵泰、史坚如、李纪堂和日本人宫崎滔天、清藤幸七郎、福本日南、平山周、原祯。会议决定，起义地点由广州改为惠州，并任命郑士良为司令官，原祯为参谋总长，杨衢云为财务部长，毕永年为民政部长，平山周为外交部长。日本志士还拟在北九州一带组织三百余人的日本义勇军，计划在起义开始时，立即夺取停泊于广州湾的清军炮舰。中村弥六从大仓组贷款八千日元，作为这一行动的军用资金。

这时，梅屋庄吉仍住香港。为协助起义，他倾家资购买了一批军械，并派人去广州等处侦察清军布防情况，用重金买通驻广州清军一营队长。②起义地点由广川改为惠州后，郑士良赶往惠州三洲田山寨招集六百名三合会壮士，日夜操练，起义如箭在弦。但这时义军的枪支弹药严重短缺，亟须补充。梅屋庄吉闻讯，立即组织人员将一批军械秘密运往三洲田山寨。③

义军得到补充，士气大振。郑士良遂于10月8日夜在三洲田举兵，率六百壮士猛袭新安县沙湾清军，克敌后向东挺进，一路势如破竹。沿途人民送水、送饭、燃放爆竹，热情欢迎起义军，送夫、送子参军的越来越多，起义军一度发展至两万余人，声势浩大，士气旺盛。

孙中山在台湾指挥起义，同时与台湾总督儿玉源太郎、民政

---

① 冯自由：《革命逸史》初集，商务印书馆，1945年，第86页。
② 《宫崎滔天全集》第1卷，第210页；车田让治：《国父孙文与梅屋庄吉——献身于中国的一位日本人的生涯》，第135页。
③ 1935年3月4日，在东京东洋轩举行的梅屋庄吉逝世百周日追悼晚餐会上，1900年前后在广东的清军中任过职的一位日人的《回忆》，见车田让治前揭书第136页。

长官后藤新平交涉日本提供军械问题。当时，日本欲制造借口出兵厦门，于是以起义军进攻厦门为条件，同意提供军械。恰在此时，伊藤博文内阁取替山县有朋内阁，严禁向起义军提供军械和日本军人参加起义军，并禁止孙中山等在台湾活动。[①]起义军粮械失继，遭到清军优势兵力的围攻，形势万分危急。同月 23 日，日本人山田良政[②]持孙中山手书火速赶到三多祝前线，传达"政情忽变，外援难期；即至厦门，亦无所为。军中之事，请司令自决进止"[③]的指示。郑士良不得已解散了起义军，山田良政在归途中于虎头山下遇清军战死，大批起义将士流亡海外。

惠州起义是孙中山领导的十余次起义中与日本关系最为密切的起义之一。除梅屋庄吉外，许多日本友人为起义提供了慷慨的援助。儿岛哲太郎赠款三千日元，煤矿主中野德次郎贷款五万日元，[④]岛田经一拍卖自己的豪华住宅援助起义。[⑤]有的日本友人还担任重要的职务直接参与了起义，山田良政为完成孙中山交给的任务甚至献出了宝贵的生命。

梅屋庄吉得知起义失败，十分痛心，但并未因此泄气。他坚信失败是暂时的。此后，他以更饱满的热情，积蓄力量，援助孙中山领导的中国革命。

---

① 平山周：《支那革命党及秘密结社》，《日本及日本人》第 569 号，第 95 页。

② 山田良政（1868 年 1 月—1900 年 10 月），日本青森县弘前人。水产讲习所毕业后，当过北海道海带公司上海分店的职员。1898 年戊戌变法失败后，和平山周一道将梁启超、王照营救至日本。以后受聘在南京同文书院任教。惠州起义时，他奉孙中山的命令在广东海陆丰一带策动起义，以响应三洲田起义，未能成事。后在向义军传达孙中山指示的归途中遇清军战死。为纪念山田良政为中国革命献身的精神，1913 年 2 月，孙中山访日时撰碑文指出："山田良政君，弘前人也。庚子又八月，革命军起惠州，君挺身赴义，遂战死。呜呼！其人道之牺牲，兴亚之先觉也，身虽殒灭，而志不朽矣"。（《孙中山全集》第 3 卷，第 28 页）

③ 《宫崎滔天全集》第 1 卷，第 214 页。

④ 陈固亭：《国父与日本友人》，幼狮文化事业公司，1973 年，第 75 页。

⑤ 陈鹏仁：《孙中山先生与日本友人》，大林书店，1973 年，第 45 页。

三 创办电影业

——为实践诺言拓展财源

孙中山等中国革命者指出，只要有足够的枪支弹药就能击败腐朽的清朝军队,因此认为惠州起义失败的唯一原因是军械不继。梅屋庄吉则认为军械不继的原因是革命者及其真诚赞助者财力不足，无法购买大批枪支弹药;日本军方出尔反尔,不可信赖。解决的办法只能是革命者及其赞助者自身设法拓展财源,增加财力。认识到这些后，梅屋庄吉办实业的劲头更大了。

新婚

1903 年 3 月下旬，梅屋庄吉收到德子来电，获悉长期患病的母亲不治身逝，顿时百感交集，悲从中来。想到自己这些年为创业和支持中国革命党人，奔走于海外，遍尝酸、甜、苦、辣，母亲临终时，竟顾不上赶回日本相见，心中十分不安。他在自己刚建成的一座寺庙中，安上母亲的灵位，叩谢养育之恩，并请求母亲在天之灵饶恕儿子的不孝之过。

不久，德子来到香港与梅屋庄吉完婚。梅屋庄吉偕新婚夫人旅行厦门、澳门、广东、新加坡等地度蜜月，借此使她开阔视野，拓展胸怀，了解自己过去的人生。梅屋庄吉向德子谈到自己在中国的经历，特别是与孙中山等中国革命党人的关系时，德子凝神倾听，眉宇眼神中流露出尊敬。梅屋庄吉不无遗憾地谈到中国革命党人发动的几次起义失败，表示今后要争取给中国革命以更大援助。梅屋夫人为自己有一位高尚、无私的丈夫而高兴，她决定随夫为中国革命做一些力所能及的工作。

蜜月过后，梅屋庄吉扩大了照相馆业务，由于人手不足，他请梅屋夫人的二位兄弟来照相馆协助工作。来梅屋照相馆的人终日川流不息。除大量顾客外，有不少是来自日本、南洋和中国的友人。梅屋夫人一边照料照相馆的业务，一边迎来送往。逢有中国革命党人和日本志士来照相馆时，她总是很细心地为他们安排食宿，有时亲手浆洗他们的衣服。可以说，梅屋照相馆是中国革命党人及其支持者的联络接待站和"补给基地"。

当时，香港流行黑死病，传染很快，死亡率也较高。梅屋夫人身体虚弱，加上劳累过度，受病菌感染，卧床不起。梅屋庄吉焦急万分，请来名医，精心治疗。一个月后，梅屋夫人的病情逐渐好转。

梅屋庄吉的女儿

女儿千势子尚未出生时，梅屋夫妇已有一名养女，名叫梅子。梅子出生于1896年5月，生父是英国人，生母为日本人。其生父与梅屋庄吉是好友，回英国前将女儿托付给梅屋庄吉抚养，梅屋庄吉欣然应允，他为养女取名梅子，意即梅屋家的女儿。梅屋夫妇待梅子如亲生骨肉，百般宠爱。梅子生性聪颖、活泼，小学毕业后考入东京东洋英和女子学校。这是一所英语专科学校。梅子学习刻苦，成绩优异。1925年孙中山病危时，梅屋庄吉曾派当时居住在大连的梅子代表自己前往北京探望孙中山和宋庆龄。

梅屋夫妇精心抚育养女，在其住宅的附近区域传为佳话。当时，由于各种原因，常有弃婴的事发生。有些人打听到有关梅屋夫妇的传闻，便在夜晚或清晨悄悄将婴儿弃留梅屋宅门前。梅屋庄吉发现门前有弃婴，便要德子抱回收养。不久，梅屋夫妇又收养了清子、千代子二名混血女孩。[①]后来，有家境殷实、为人正直的人找上门来，恳切表示希望收养弃婴。梅屋庄吉要求来人立下保证精心抚育的誓约书后，才同意他（她）们抱走自己收养的弃婴。就这样，清子和千代子分别去了新的家庭。

1908 年下半年，梅屋夫人发现自己已有身孕，次年 7 月生下一女婴。女儿的出生，令梅屋夫妇兴高采烈，梅屋庄吉为刚出生的女儿取名千世子（后改名千势子），希望女儿健康成长。千势子成年后曾随父母来中国从事友好活动，同时在上海学习中文。父母双亡后，她继承父亲的遗志，并教育后代致力于中日友好事业。

建寺庙

1902 年，梅屋庄吉和岩本千纲（时在暹罗军队里任军事教官）从印度运回佛舍利宝塔一座、佛像一尊。据说，这座宝塔中有释迦牟尼的骨灰。二人在香港寻找寺庙安置时，偶然发现一所寺庙后院有一块墓地，由于年久失修，一片荒凉。梅屋庄吉细查墓碑，发现都是日本人，其中大多数是妓女的墓冢。在日本九州西部，尤其是天草一带，很多农家为生活所迫，将女儿卖掉。人贩子用利诱、威胁以至暴力等卑鄙手段，将这些农家女拐卖至香港和东南亚各国的妓院。她们在卖身的生涯中，尝尽人间的辛酸苦楚，最后死在异国他乡。同伴将她们草草安葬后也陆续死去。年深日久，无人扫墓。梅屋庄吉见此情景，十分伤感。他发出呼吁书，呼吁在香港的日本人集资重新安葬她们的遗骨。随后，梅屋庄吉出面购买墓地，将这批遗骨合葬一地，并立下数基墓碑，[②]这些亡

---

① 梅屋庄吉：《我的影子》，第 9～10 页。
② 黑龙会编：《东亚先觉志士记传》下卷，原书房，1977 年，第 408 页；梅屋庄吉：《我的影子》，第 9 页。

故者生平卑微，但梅屋庄吉接连数日在原墓地查看残缺不全的碑文，竭力弄清其姓名、出生年月、原籍、死亡日期等，并一一刻在新墓碑上。梅屋庄吉这一富于人道的举动，受到在港日侨的称赞。

梅屋庄吉在集资修复墓冢的活动中发现在港日侨因远离家乡，十分怀念故土和亲人，他（她）们希望有一所日本式寺庙寄托思乡情。同时，他们也希望相互间多聚会，以互叙乡情、互解愁肠。但是，这些都因缺乏合适的场所而无法实现。梅屋庄吉理解日侨们的心情，他出资购置一处房地产，不久将其改建成一所日本式寺庙。1903 年初，他特意请京都东本愿寺僧侣高田栖岸来香港，主持了一场大法会，于是，这所寺庙从此被认为是一所正式寺庙，在港日侨的夙愿实现了。①

出逃

1902 年 12 月 13 日，孙中山赴南洋途中秘密抵香港，来梅屋照相馆小住。②老友相逢，分外高兴。孙中山告诉梅屋庄吉自己周游欧美，宣传革命的计划。梅屋庄吉则介绍了自己将扩展业务，创办电影业的设想。两人促膝而谈，分析了中国、亚洲以至世界的形势，对未来充满信心。不久，孙中山赴越南、暹罗等国活动，次年 9 月抵檀香山，踏上了第二次周游欧美的征途。

就在孙中山周游欧美时，梅屋庄吉遭遇了一次变故。1904 年 5 月 4 日中午，有人来照相馆报信说警方要逮捕梅屋庄吉。梅屋庄吉认为是误传，因而不以为然。梅屋夫人担心发生意外，她派人到警察局找一名官员打听。这名官员是兴中会会员，由梅屋庄

---

① 梅屋庄吉：《我的影子》，第 9 页。
② 车田让治：《国父孙文与梅屋庄吉——献身于中国的一位日本人的生涯》，第 155 页。参见《孙中山年谱》，第 55 页。

吉秘密提供活动经费。晚上，他来到梅屋照相馆，告诉梅屋庄吉，有一名叫加藤忠式的日本人向广东省当局告密，说梅屋庄吉是广州、惠州起义的后台，至今仍在筹购军械，纠集人马，密谋叛乱。广东当局勾结香港警方，策划逮捕梅屋庄吉。这时，梅屋庄吉才感到情况严重，当晚，他与夫人及四名徒弟乘上一艘菲律宾商船，仓促逃往新加坡。①

加藤忠式是一名医生，原在大阪商船"大仁丸"上当船医。结识梅屋庄吉后，常利用"大仁丸"抵港的机会来梅屋照相馆。有一次，他恳切要求梅屋庄吉帮助他在清朝军队中找份工作。不久，梅屋庄吉介绍他去黄浦炮台当了一名军医。因无所事事，他常来香港寻欢作乐，挥霍一空时，便向梅屋庄吉借钱。时间不长，却已借款两千余元。梅屋庄吉借出款项，从来没有必须收回的想法。但是，加藤忠式却不了解梅屋庄吉的宽坦胸怀，常因无力还债而惴惴不安。最后，他竟向清政府告发了梅屋庄吉，意在让梅屋庄吉入狱，债务自然勾销。②真是恩将仇报。

但事与愿违。梅屋庄吉的门人得知这些情况后，个个义愤填膺。其中一个门人江畑慎一约加藤忠式决斗，加藤不敢回避。决斗中，加藤忠式中两弹倒毙。江畑慎一则向日本驻香港领事馆自首，后被押送回国，福冈法院判处他一年零四个月徒刑，接着被遣往九州三池煤矿服苦役。江畑慎一是广东日本旅馆的主人，有妻女。梅屋庄吉在新加坡得知消息，立即派人接江畑妻女回国，并另派二名门人经营江畑慎一的日本旅馆，将其收入寄汇江畑家属。③

---

① 车田让治：《国父孙文与梅屋庄吉——献身于中国的一位日本人的生涯》，第 161～163 页。

② 车田让治：《国父孙文与梅屋庄吉——献身于中国的一位日本人的生涯》，第 163 页。

③ 车田让治：《国父孙文与梅屋庄吉——献身于中国的一位日本人的生涯》，第 165 页。

创办电影业

逃离香港的第五天，梅屋庄吉一行抵达新加坡。这是梅屋庄吉十分熟悉的地方，他在这里有不少朋友，华商中有一批兴中会会员，更是他的知交。在朋友们帮助下，他开设了梅屋照相馆新加坡分馆，同时着手创办电影业。

电影，于1889年由美国人托马斯·爱迪生发明。最初是将连续拍摄的照片用放大镜放映。1895年，美国人和法国人相继发明了新型的摄影机和放映机。日本至1896年底才引进美国的放映机和电影影片，在东京、横滨、大阪等地放映。当时日本人称电影为"活动照片"。这时的"活动照片"是无声电影，由解说员解说，乐队伴奏。

梅屋庄吉原想在香港开办电影院，在此之前他赴法国购置了百代电影公司的放映机和"活动照片"。[①]因前述突发事件，他将这批设备转至新加坡。在受兴中会影响的华商帮助下，梅屋庄吉布置了一所露天剧场，添置了发电机等必需设备。

1904年7月初，梅屋庄吉的电影院开业。最初上映的是纪录片，如介绍风光、风俗、建筑等的影片。当时人们称这种纪录片为"实写物"。一部纪录片由三四卷胶片组成，时间较短，放一场要重复数次。开业时，梅屋庄吉亲自当放映师，不久由徒弟接替，他自己则奔跑各地，找来新影片。后来，梅屋庄吉获得经营法国百代公司影片的代理权，[②]直接从法国百代电影公司进口影片。由于不断更换影片，电影院满座盛况经久不衰，盈利日见增加。

---

① 黑龙会编：《东亚先觉志士记传》下卷，原书房，1977年，第409页。
② 岩崎昶：《日本电影史》中译本，第14页。

大闹俄国使馆

这时，日俄两国正在酣战。1905 年 4 月 8 日清晨，由四十三艘军舰组成的庞大的俄国波罗的海舰队闯过马六甲海峡东进。梅屋庄吉和门人闻讯赶到海岸观望。一艘艘庞然大物冒着浓烟，悠悠驶过，气势壮观。梅屋庄吉等人都认为日本海军难以抵敌。5 月下旬，在日本海进行的一场大海战中，日本海军出人意料地获得全胜，波罗的海舰队几乎被全部歼灭。这场海战，决定了日本在日俄战争中的最后胜局。日俄战争是日俄两国争夺中国东北和朝鲜的帝国主义战争。但是，日本在这场战争中的胜利一时鼓舞了包括孙中山在内的亚洲人。"从日本战胜俄国之日起，亚洲全部民族便想打破欧洲，便发生独立的运动。……日本战胜俄国的结果，便生出亚洲民族独立的大希望"。[①]孙中山的这一论述是着眼于黄种人打破白种人优越论的角度。这种认识，在当时的亚洲很有代表性。

梅屋庄吉和门人聚在一起，举杯庆贺这一胜利。激动之余，他们袭击了俄国驻新加坡领事馆，毁坏一些门窗，砸毁象征俄罗斯帝国的鹰徽，俄国领事向日本领事馆提出抗议，并要求新加坡当局严惩肇事者。当时，日本与英国订有同盟条约，新加坡是英属殖民地。新加坡当局为了回复俄国领事的要求，婉转地劝说梅屋庄吉暂时离开新加坡。[②]

---

① 《孙中山全集》第 11 卷，中华书局，1986 年，第 403 页。
② 车田让治：《国父孙文与梅屋庄吉——献身于中国的一位日本人的生涯》，第 173～174 页。

回国

1903 年以来，中国出现了留学日本的热潮，留日学生人数迅速递增。1901 年为二百七十四人，1905 年猛增至八千人。留学生中的反清革命团体青年会、青山军事学校、共爱会、革命同志会、洪门三合会、浙学会、丈夫团等相继成立。他们不断宣传革命思想、传播革命火种。其中，邹容著《革命军》和陈天华著《猛回头》等，大力宣传革命，影响极大。受其影响很多爱国青年转向革命。这时，中国国内的革命团体华兴会、光复会、日知会、科学补习所的一批骨干，如黄兴、宋教仁等也先后流亡日本。他们常与留学生一起分析中国革命的形势，探究革命的前途。革命形势的急速发展，迫切要求成立一个统一的政党，以领导全国规模的民主、民族革命。梅屋庄吉虽然身在新加坡，但他一直在关注中国革命。革命形势的发展深深吸引着他。

恰在这时，梅屋庄吉收到江畑慎一妻子的来信，得知在三池煤矿服劳役的江畑慎一因病逝世。梅屋庄吉心情十分沉重。他觉得应立即回国安慰江畑慎一的亲属，并照顾好他（她）们的生活，以报答江畑慎一昔日的深厚情谊。

在此之前，梅屋庄吉已筹资五十万日元，计划回日本开办一家电影公司。他新购置了法国百代电影公司的三套放映机和大量影片及电影胶卷。1905 年 6 月中旬，梅屋庄吉只身回日本。这次回国，使他的电影业发生了一次重大转折，梅屋夫人仍留在新加坡，管理照相馆和电影院。

梅屋庄吉回日本后，仍经营影片的发行和放映业务。经过一阵紧张的筹备，他在东京筑地的新富座剧院举行了归国首映式。该剧院是上演日本民间传统剧——歌舞伎的场所，建于明治时期，久负盛名。梅屋庄吉采用国外电影界的新颖做法，上演前大做广告，他将电影中的一个镜头印在明信片上广为散发。在报纸上登广告，公开招聘解说员、影机师、乐队指挥及场内女服务员。他还在剧院的门前用南洋棕榈叶做了一个门洞，使古香古色的剧院门庭增添了异国情调。首映式放映的影片有《基督一代人》等喜剧片和《旧金山大地震》等纪录片。来看电影的人很多，军政界要人桂太郎、大隈重信、后藤新平等也赶来观赏。剧院女服务员热情为观众引座，送茶水、毛巾。新影片和剧院的新风格深受观众欢迎，成为当时东京人日常的一大热门话题。由于演出成功，剧场连日爆满，梅屋庄吉延长了首映计划。

中国同盟会后援事务所

孙中山过去依靠的主要力量是华商、会党等。20世纪初，留学热潮兴起，留学生作为新兴的政治力量已崭露头角。孙中山非常重视这股革命力量。他结束在西方的活动后，于1905年7月19日抵达横滨，接着赶往东京，联络华兴会和光复会的黄兴、宋教仁等一部分会员，吸收一部分留日学生，于8月20日成立了中国同盟会，孙中山被推选为总理。在此之前，宫崎滔天著《三十三年之梦》，系统地介绍了孙中山的早期革命活动和革命思想。留学生通过这本书加深了对革命的认识，对革命的首倡者和领导者孙中山十分尊敬、仰慕。宫崎滔天还常向黄兴、宋教仁等革命党人介绍孙中山的革命主张和活动。孙中山抵日后，他很快向黄兴、宋教仁、陈天华等人引见孙中山。可见，日本友人对同盟会的成立有过一定影响。中国同盟会成立时，梅屋庄吉联合日本的志士，在东京有乐町设立"中国同盟会后援事务所"，主要任务是从经济上支援同盟会。一天，梅屋庄吉拜访孙中山，两人促膝交谈。言及同盟会机关刊物时，孙中山因缺乏经费而面有愁容。梅屋庄吉立即表示可提供办刊物所需的费用。[①]11 月 26 日，同盟会机关报《民报》创刊。孙中山在发刊词中提出了民族、民权、民生即三民主义的主张。《民报》编辑部设在牛込区新小川町二丁目八番地，发行所的牌子挂在宫崎滔天的家门旁，末永节任印刷人，梅屋庄吉等人提供经费。

M·百代商会

1905 年 10 月，梅屋庄吉离开东京，先后赴新加坡和香港。此行的目的一是接梅屋德子母女，一是安排当地照相馆的经营。他将新加坡的照相馆及电影院委托给门人管理，将香港的照相馆移交给梅屋夫人的哥哥神尾。接着，他偕夫人德子、女儿梅子乘船经上海至长崎，12 月抵东京，重安新家。

1909 年，梅屋庄吉斥资在大久保百人町三百五十号购买了一万平方米土地，建起了摄影棚和住宅，创建了日本第二家电影制片厂——M·百代商会。[②]M 是英文 Mumeya（梅屋）的第一个字母，百代是当时法国最大的一家电影公司名。和其他制片厂一样，M·百代商会的设备简陋，摄影棚是木板房，拍电影时，用反射板或揭开摄影棚的屋顶来调节光线。当时，日本电影界主要是放映进口影片。有制片能力的吉泽商会[③]及次年成立的横田商社和福宝堂等少数几家电影制片厂商制作的影片数量极为有限，内容也很单调，如反映歌舞伎表演的《艺妓的舞蹈》《忠臣谱》及故事片《本能寺会战》等。这一时期的日本电影的特征是完全从属于舞台剧。M·百代商会也同样难以摆脱舞台剧的束缚。但是，梅屋庄吉着意创新，尝试着开辟新的道路。他亲自拍摄的第一部影片

---

① 车田让治：《国父孙文与梅屋庄吉——献身于中国的一位日本人的生涯》，第 179 页。
② 岩崎昶：《日本电影史》中译本，第 14 页。
③ 吉泽商会，成立于 1908 年，日本第一家电影制片厂。

是历史剧《大楠公》，接着拍摄了《杜鹃》等"新派剧"①。

当时，日本还没有专用电影院。放映电影时，租借各类传统剧剧场，或临时拼凑一处露天剧场。这一年，梅屋庄吉在东京浅草开设了一家专用电影院。浅草原是东京的"下町"，居住在这一带的大都是下层平民。浅草原有一家叫大胜馆的剧院。梅屋庄吉租下这家剧院，将它改为 M·百代商会的特约电影院。后来，三友馆、寿福馆等几家专用电影院相继在浅草出现，浅草逐步成为名闻遐迩的电影街。

电影不仅是娱乐的工具，而且也是教育的工具。20 世纪初，在日本放映的进口或国产影片大都是娱乐性的，其他则是战争、地震类纪录片。有一次，孙中山向梅屋庄吉说，电影应给民众以知识。这句话对梅屋庄吉启发很大。他遍查美、英、法、意等国的影片目录，经挑选，陆续进口了一百二十余部教育、文化影片。在日本电影史上，这是进口的第一批教育、文化片。接着，梅屋庄吉拍摄了日本第一部国产科教片。1906 年，日本山形县一带流行霍乱，这种疾病传染快，死亡率高。民众由于缺乏防治知识，不知所措。县政府也为普及防治霍乱的常识犯愁。梅屋庄吉看到疾病猖獗，民众恐慌，立即组织人员，拍摄了名为"细菌研究"的科教片。影片以图画、照片的形式说明了霍乱菌的来源、传染过程及预防措施等。这部科教片一上演，即受到广泛欢迎。M·百代商会因此名声大振，科技、文化、教育影片的发行随之猛增，生意日益兴隆。

不久，梅屋庄吉又另辟蹊径，摄制了日本第一部儿童影片。在日本，传统的儿童剧叫"伽剧"。梅屋庄吉将伽剧拍成电影。当时，儿童影片的上座率很低，经济收入几乎是零。对此，梅屋庄吉毫不在乎。他为自己填补了日本电影界的一个空白而感到欣慰。

---

① "新派剧"是市民阶层反抗明治政权专制的一种戏剧形式，诞生于 1888 年。自由民权运动分裂后，"新派剧"很快失去了进步性。

电影界的同行对梅屋庄吉不断创新的精神十分钦佩。舆论界则更是给梅屋庄吉以高度评价。《横滨每日新闻》1910 年 8 月 21 日第一版刊登了梅屋庄吉的照片和题为"梅屋庄吉君"的文章。文章写道：他"率先开拓了电影技术"，"设电影编辑部，采用了教育人的一切手段。他以卫生参考、人生指南及其他经过深思熟虑的内容，创立了劝善惩恶的典范，从而震动了整个电影界"①。但是，由于梅屋庄吉喜创新和重义轻利，因此也有人讥讽他是"以国士自居的空想事业家"②。

孙中山和宋庆龄一直关心和赞赏梅屋庄吉从事的电影业。1917 年 2 月，宋庆龄致信梅屋夫人时说，为利用这一工具教育中国民众，如能筹集到资金，我们愿与你们携手兴办电影业。③这是对梅屋庄吉的肯定和鼓励。

梅屋庄吉的新住宅是一座两层的木屋，日本式的豪华建筑。1913 年至 1916 年孙中山在日本策划反袁的第三次革命时，常与宋庆龄来这里，他俩的结婚典礼（一说是结婚晚宴）就是在这栋住宅举行的。梅屋夫妇在这里接待过无数的中国革命党人和民国要人。日本的民间友好人士也常在这里聚会，商讨援助中国革命的问题。因此，这栋住宅与孙中山领导的中国革命是联系在一起的。

孙中山离日

中国同盟会成立后，骨干刘道一、蔡绍南、魏宗铨等在湘赣边境地区发动萍浏醴起义。起义军在几天内占领麻石、文家市、上栗县等重要市镇，队伍一度发展至两万余人。起义猛烈地冲击

---

① 《梅屋庄吉文书》。
② 岩崎昶：《日本电影史》中译本，第 14 页。
③ 《宋庆龄致梅屋夫人函》（原件为英文），《梅屋庄吉文书》。

了清政府的反动统治。清政府调集湘、鄂、赣及江宁（今南京）等数地重兵镇压起义后，要求日本政府将孙中山驱逐出境。日俄战争后日本对中国的侵略与日加深，日本为缓和随之恶化的日清关系，维护和扩大在华殖民权益，接受了清政府的要求。另一方面，日本又认为，驱逐孙中山并不能抑制中国革命运动的发展，对日本今后也不利。于是敦促孙中山自动离开日本，日本外务省赠送八千日元，作为孙中山离日的费用。①东京证券公司股东铃木久五郎是梅屋庄吉的好友，梅屋庄吉常向他介绍孙中山的生平、高尚人格和中国革命。后来，铃木久五郎也结识了孙中山。当孙中山将离日的消息传来时，铃木久五郎立即赠送一万日元给孙中山。②孙中山将其中的两千日元拨给同盟会本部，作为机关活动经费，其余留作西南边境地区的起义经费。

1907 年 3 月，孙中山偕胡汉民、汪兆铭、萱野长知、池亨吉等人离日，经香港、新加坡、西贡抵河内。接着以河内为基地，于 1907～1908 年发动了黄冈、惠州七女湖、防城、钦廉、镇南关、河口等六次起义。

六次起义使用的军械，一部分购自西贡，一部分是由日本购运的。1907 年 5 月黄冈起义和 9 月钦州、防城起义时，萱野长知奉孙中山的命令两次回日本，筹措资金，购运军械。9 月，宫崎滔天等租"幸运丸"，载步枪两千支、手枪三十支及一批弹药，由神户运往广东汕尾，供给准备起义的部队。

梅屋庄吉于 3 月 10 日抵香港，打算购买一批电影器材和影片。14 日，孙中山一行抵港，梅屋庄吉接受了在港筹款的任务。7 月，萱野长知回日本购运军械，孙中山通知梅屋庄吉回日本协助萱野。梅屋庄吉迅即赶回东京。③由于史料不详，梅屋庄吉在这期间的具

---

① 黑龙会编：《东亚先觉志士记传》中卷，原书房，1977 年，第 436 页。
② 车田让治：《国父孙文与梅屋庄吉——献身于中国的一位日本人的生涯》，第 193 页。
③ 同上书，第 194～195 页。

体活动有待考证。

支援广州起义

1910 年 6 月 10 日，孙中山经美国抵日本。这次，他欲以日本为基地，实施与美国人荷马里、布恩等人一道制定的起义计划。但是，日本政府应清政府的要求，于 6 月 23 日勒令孙中山离日。25 日，孙中山被迫乘船离日，经香港、新加坡抵槟榔屿，于 11 月 13 日召开同盟会骨干和国外同盟会代表参加的会议，部署广州起义。会后，黄兴和赵声在香港组织了领导起义的总机关——统筹部。孙中山于 12 月 6 日离开槟榔屿，辗转巴黎、纽约、旧金山和温哥华宣传革命，筹集资金。

为配合起义，梅屋庄吉多方活动，协助中国革命党人购运军械。有一次，他从横滨启运一百二十支短枪。因枪是铁制的，超过单位包装的规定重量，海关扣下后通知要检查。当时，日本禁止私运武器，一经查出，枪支将被没收，广州起义的计划甚至将因此泄露，情况万分紧急。梅屋庄吉一面制止开包检查，一面疏通关节，将"货物"取回。[①]这期间，宫崎滔天及前田九四郎也为购运军械四处奔走。[②]

经过五个多月的紧张准备，1911 年 4 月 27 日，广州起义爆发。起义军在黄兴率领下，勇猛地向两广总督衙署发起冲锋，与清军展开激烈的巷战。勇士们前仆后继，奋勇杀敌。被捕的革命党人，大义凛然，痛斥清政府的反动卖国，慷慨就义。战斗中壮烈牺牲和被捕英勇就义的有八十余人（一说一百余人）。事后，收殓烈士遗骸七十二具，合葬于黄花岗。历史上又称这次起义为黄

---

① 车田让治：《国父孙文与梅屋庄吉——献身于中国的一位日本人的生涯》，第 216～217 页。

② 毛注青：《黄兴年谱》，湖南人民出版社，1980 年，第 113 页。

花岗起义。起义虽然失败了，但是，它激发了无数的人们继起斗争，"革命之声威从此愈振，而人心更奋发矣"①。

梅屋庄吉为起义东奔西走，对义军勇士们怀有深厚的感情。1930 年 5 月，他护送孙中山铜像抵广东后，两次到黄花岗七十二烈士墓，献花悼念。

① 《孙中山全集》第 1 卷，第 518 页。

四 奉献精神

——辛亥革命时期的梅屋庄吉

梅屋庄吉在少年时期就具有扶危济困的奉献精神，成年后又开始有了复兴亚洲的理想。当与孙中山一见如故，促膝畅谈时，他发现孙中山的思想和主张正是自己梦寐以求的理想。于是，他发誓要为孙中山领导的中国革命竭尽全力。自那以后，他一直认真践行诺言，以援助孙中山领导的中国革命为己任，他的奉献精神从而也升华到了一个新的高度。在这种奉献精神的指导下，梅屋庄吉为辛亥革命做出了可贵的贡献。

武昌起义与孙中山

1909～1910 年，中国各省普遍发生了抗租、抗捐的群众斗争和饥民暴动。1911 年夏，川汉、粤汉铁路沿线的保路风潮不断高涨。9 月，四川人民组织保路同志军，发动武装起义，猛烈地冲击了清政府在四川的统治，同时震动全国。这些事件表明，人民群众与清政府的矛盾空前激化，革命一触即发。

革命形势日益成熟，起义刻不容缓。革命党人决定抓住时机，发动新的起义。7 月，宋教仁、谭人凤、陈其美等在上海建立了同盟会中部总会，推行先在中部地区发动起义，然后向南北扩大的革命路线。在湖北，共进会、文学社等革命团体在新军和青年学生中宣传和组织革命。8月下旬，这两个团体成立了统一的军事总指挥部。10月9日，革命党人在汉口俄租界配置炸药失慎爆炸，起义计划随之泄露，清政府在武汉三镇大肆搜捕革命党人，形势十分紧迫。10月10日晚，第八镇工程第八营率先发难，武昌的革命军人纷纷响应，攻占湖广总督督署。三日之中，起义军占领了武汉三镇，并成立了湖北军政府。革命党起义成功，消息飞传各地，震撼了大江南北。各地的革命党人纷纷起义，推翻清政府的地方政权，宣布独立。时仅月余，全国二十四个省区中十四个省宣布独立，清政府的反动统治，顿时土崩瓦解。

武昌起义爆发时，孙中山在美国科罗拉多州的丹佛，10月12日，他在丹佛做了一次演讲后，经堪萨斯城和芝加哥，于20日抵纽约。他随即向萱野长知的友人鹤冈永太郎提出去日本的要求。[①] 宫崎滔天和萱野长知也接到孙中山的函告。他们通过板垣退助，向日本内相原敬转达了孙中山的愿望。对此，原敬回答说："若更名来，也许佯装不知，但不能许诺在任何情况下都默认。"[②] 萱野长知复电孙中山："如允更名，则登陆或停留均无妨碍。"[③] 孙中山则表示，无论时间如何短暂，必须以公开身份停留。他之所以坚持己见，主要目的是欲迫使日本政府允许革命党领袖在日公开活动，以牵制日本出兵干涉辛亥革命。孙中山得知日本政府拒绝了自己的要求后，改绕道欧洲返回上海。途经欧洲时，他试图说服英、法牵制日、俄干涉中国革命。可见，牵制日本，是孙中山回国之前在国外的外交活动的主要目的之一。他在分析这时的国际形势及各列强的态度时指出："美、法二国，则当表同情革命者也；德、俄二国，则当反对革命者也；日本则民间表同情，而其政府反对

----

　　① 1911年10月26日，日本驻纽约总领事水野幸吉致外务大臣内田康哉电，第160号，日本外交史料馆藏。

　　②《原敬日记》第3卷，福村出版，1965年，第178页。

　　③ 1911年10月26日，日本驻纽约总领事水野幸吉致外务大臣内田康哉电，第160号，日本外交史料馆藏。

也；英国则民间同情，而其政府未定者也。"①

声援辛亥革命

正如孙中山所分析的那样，日本政府妄图出兵干涉中国革命。日本民间志士（主要指大陆浪人）则同情和声援中国革命。

武昌起义爆发后，日本政府一面给清政府提供价值二百七十三万余日元的军械，一面策划武装干涉。陆军秘密派遣军官来中国进行出兵前的地形侦察。陆军省军务局长田中义一向海军提出：先占领直隶、山西，进而夺取清国中部地区的资源？或者扼住长江河口，夺取大冶和长江的利权？或者割占广东、福建？要先立战略目标，然后制定作战计划。②海军则增派四艘军舰，配备在中国沿海和长江流域的日舰于是增至八艘。

然而，日本武装干涉的阴谋并未能得逞。主要原因有：（一）辛亥革命没有像义和团运动那样，把斗争矛头直接指向包括日本在内的列强，而且一再声称承认革命前清政府与外国订立的条约，保护列强在华的既得权益。这对可能出现的列强的联合干涉起着分化瓦解的作用。（二）由于列强间争夺中国的矛盾，英、美等国反对出兵，并以"各国协调一致"的原则牵制日本。（三）武昌起义后，革命形势发展迅猛，清政府与革命军势均力敌，一时难以判断双方的胜负。（四）日本在日俄战争中消耗极大，战后又出现经济危机，难以承受新的军费负担。（五）日本的民间志士组织各种团体，制造舆论，声援中国革命，一部分人还通过各种渠道游说日本政府和军部要人支持中国的革命党人，在日本国内造成较大影响。

11月上旬，日本民间成立了友邻会，主要组织者有头山满、

---

① 《孙中山选集》，人民出版社，1981年，第209～210页。
② 《清国事变书类》第1卷，日本防卫研究所藏。

小川平吉、古岛一雄等人。梅屋庄吉是该会的一名十分活跃的会员。12 月 27 日，根津一、头山满、小川平吉等又组织了善邻同志会。两会开展各种活动，积极声援辛亥革命。不过，日本民间志士由于各自的地位、立场和政治主张不同，声援辛亥革命的目的也就存在很大的差异。如内田良平，与政府、军部和财阀往来密切，他通过陆军大将寺内正毅→元老山县有朋→首相西园寺的进言渠道，陈述出兵干涉的不妥。他还设法促使三井财阀给中国革命党人提供贷款。尽管他的这些活动在客观上有利于中国革命，但是，在主观上他是从维护和扩大日本在华权益的立场出发的。

梅屋庄吉是一位民间实业家，与政府、军部及财阀素无来往。他信服孙中山的思想和主张，坚信中国革命的成功将对亚洲的复兴起巨大的推动作用。因此，他全力以赴，给中国革命以真诚、无私的援助。

武昌起义爆发后，黄兴电告萱野长知，义军亟须大量炸药。梅屋庄吉这时正在筹款，得知这一消息，立即捐款十一万六千日元。[1]11 月 7 日，他再次捐款十七万日元。[2]这二次合计为二十八万六千日元。

梅屋庄吉是在极端困难的情况下筹集这笔巨款的。由于多次捐款及其他原因，梅屋庄吉这时负债已高达三十三万日元。因此，他不得不考虑改组 M·百代商会。12 月，梅屋庄吉将个人经营的 M·百代商会改组为 M·百代株式会社。这是日本电影界的第二家股份公司，拥有资金五十万，公开发行两万份股票。[3]梅屋庄吉让出社长的职务，改任常务理事。

---

① 梅屋庄吉：《永代日记》。1911 年日元对中国海关两的比值为：100 日元＝83.69 海关两（平均），见朝日新闻社编：《日本经济统计总说》，第 415 页。

② 梅屋庄吉：《永代日记》。1911 年日元对中国海关两的比值为：100 日元＝83.69 海关两（平均），见朝日新闻社编：《日本经济统计总说》，第 415 页。

③《电影电视技术》1974 年 10 月号，第 61～62 页；梅屋庄吉：《我的影子》，第 11 页。

梅屋庄吉在极端困难的情况下，慷慨解囊，真诚援助辛亥革命的事迹，使中日两国的志士深受感动，中国革命党人更加尊敬和信任他。中华共和促进会以会长伍廷芳和副会长陈其美的名义，派出二名使者赴日本，向梅屋庄吉颁发了如下委任状：

委任状

　　梅屋先生大人惠鉴：敬启者，本会原为协助军事，维持政治，以冀早达共和民国之目的。自成立以来，深蒙诸同志远近赞助，规模初具。惟是开办伊始，需款颇巨，而筹议北伐军饷，尤属浩大，虽经本会同仁竭蹶经营，仍恐不济。为此恳乞鼎力赞助，卑以相当之寄附，毋任感祷之至。肃此敬请钧安，诸希爱照不宣。

正会长　伍廷芳

副会长　陈其美（因病未署名）

黄帝纪元四千六百九年（一九一一）十一月十一日[①]

　　这是一份募捐的委任状，也是对梅屋庄吉资助革命的感谢状，表达了革命党人对他的信任和感激之情。

　　革命爆发后需印制军票，以缓和资金匮乏的局面。梅屋庄吉受陈其美委托，出资在新宿石田印刷所印制了面额为五元的军票共二百五十万元。这是革命军印制的第一批军票，当时在革命军管辖地使用过。[②]

　　为缓解前线缺乏医护人员的情况，友邻会决定派遣医疗队奔赴中国。梅屋庄吉积极承担组建医疗队的任务。他找山科多久马等人商量后，迅速组织了一支由六名医师、十名护士组成的医疗

---

① 《梅屋庄吉文书》。
② 车田让治：《国父孙文与梅屋庄吉——献身于中国的一位日本人的生涯》，第 228～229 页。

队。山科多久马在东京骏河台开有一处诊所，是梅屋夫人的主治
医师，与梅屋庄吉关系密切。山科率医疗队赶赴中国前线后，由
梅屋庄吉为医疗队提供一切费用。①这仅仅是一个例子，根据有关
资料来看，由梅屋庄吉资助到中国的人数众多，不胜枚举。

记录辛亥革命的现场实况，意义十分重大。武昌起义的消息
传来时，梅屋庄吉立即决定派遣摄影师赴中国拍摄辛亥革命的纪
录片。M·百代商会的优秀摄影师荻屋坚藏奉命奔赴武汉三镇，
拍下了汉口、汉阳攻防战和革命军英勇杀敌等的实况。1913 年春，
孙中山访问日本时，梅屋庄吉将这部纪录片作为珍贵的礼物赠给
孙中山。如今，在中国、日本及欧美国家的历史影片中有关辛亥
革命的片断可能就是出自这部纪录片。荻屋坚藏还拍摄了大量照
片，记录了辛亥革命时期的许多珍贵镜头。这些照片现在由梅屋
庄吉的外孙女小坂主和子珍藏在家。

1911 年 12 月 25 日，孙中山从欧洲回国，旋即当选为中华民
国临时大总统。梅屋庄吉闻讯，激动异常，当即赶往电报局致电
孙中山，表示热烈祝贺。②

次年 1 月 5 日，孙中山以临时大总统的名义发表了《对外宣
言》，宣布革命要推翻腐朽的清政府，建立共和国。同时宣布承认
革命前列国与清政府缔结的条约，承担革命前的外债和赔款，尊
重列国和列国国民在华的既得权益。③其实，孙中山从其反帝立场
出发，并不愿意推行这种外交政策，但是为了排除列强武装干涉
辛亥革命的可能性并争取列强承认南京政府，在国际上孤立清政
府，不得已采用了这种灵活的策略。

在孙中山的外交政策中，争取列强承认革命政府占有非常重
要的地位。孙中山的争取对象首先是日本。1912 年 1 月，孙中山

---

① 赵金钰：《日本浪人与辛亥革命》，四川人民出版社，1988 年，第 252 页。
② 《梅屋庄吉文书》。
③ 《孙中山全集》第 2 卷，中华书局，1982 年，第 8～11 页。

和黄兴致电日本政府元老山县有朋，表示希望日本承认南京临时政府。[①]1 月 20 日，孙中山又派自己的日籍秘书池亨吉访日本驻南京领事馆，再次表达了这一希望。[②]2 月中旬，孙中山与日本驻南京领事铃木会谈，暗示日本应尽早承认南京临时政府。[③]铃木就此电告外相内田康哉：“此时，若欲采用何种方法扩大帝国的利权，（承认南京临时政府）并非全然不可能之事。”[④]但是，内田考虑到与列国的协调，不打算立即承认。

梅屋庄吉历来为孙中山所急而急，在承认新政府的问题上当然不会例外。他在致孙中山就任大总统的贺电中称：“宣誓为早日承认贵共和国，努力奋斗。”[⑤]他与日本民间志士一道，成立了“中国共和国公认期成同盟会”[⑥]。该会的活动经费大都由梅屋庄吉提供，事务所设在有乐町日比谷。1 月 28 日，梅屋庄吉以中国共和国公认期成同盟会的名义在东京筑地精养轩举办招待会，应邀到会的有政界、舆论界及大陆浪人等七十二人。会上，人们争相发言，介绍孙中山就任大总统以来的中国政治形势，接着，一致通过了劝告日本政府早日承认南京临时政府的决议。[⑦]

梅屋庄吉与南极考察

欧美各国早已开始南极探险和考察。日俄战争后，日本跃跃欲试。1910 年成立了以大隈重信为会长的南极探险后援会，从民间募集资金四万日元。梅屋庄吉一次捐款四千日元。11 月 28 日，

---

①《日本历史》1987 年 8 月号，第 88 页。

②《日本外交文书——清国事变（辛亥革命）》，第 127 页。

③ 1912 年 2 月 14 日，日本驻南京领事铃木致外相内田康哉电，机密 12 号，日本外交史料馆藏。

④《日本外交文书——清国事变（辛亥革命）》，第 128 页。

⑤《梅屋庄吉文书》。

⑥ “中国共和国公认期成同盟会”的会标如今仍完整地保存在梅屋庄吉外孙女小坂主和子家。

⑦ 车田让治：《国父孙文与梅屋庄吉——献身于中国的一位日本人的生涯》，第 234 页。

以白濑矗为队长的二十八名队员乘"开南丸"（一百九十九吨），斩波劈浪，驶往南极。1911年2月8日抵新西兰，2月28日进入南极圈。由于船小，遇冰川围困，无法前进，于是只得后撤至澳大利亚，稍事休整。这时，从日本来了四名增援队员。其中，摄影师田泉保直由梅屋庄吉派遣，任务是拍摄科技纪录片。在当时的条件下，南极考察十分危险。因此，梅屋庄吉为田泉保直投了一万元的生命保险。田泉抵澳大利亚与南极考察队汇合后，于次年1月初随队抵南极，拍摄了神秘的南极大陆的冰山、动物、风雪，及考察队员的生活和作业等实况。田泉拍摄了两千四百多米的胶片，但因来回两次越过赤道，部分胶片在高温下变了质。回国后冲洗出六百余米。[①]这是日本拍摄的第一部南极纪录片，在日本电影史和科技史上写下了辉煌的一页。

梅屋庄吉将这部纪录片无偿赠给南极探险后援会。后援会将该片在日本各地放映后获利十一万五千日元。这笔收入远远超过南极考察费用。为了感谢梅屋庄吉为日本的科技事业和电影业做出的贡献，大隈重信问他有何要求，并许诺将尽量满足他的要求。梅屋庄吉从未考虑过资助南极探险要得到回报，因此，他笑了笑说，只为探险成功，并无他求。在大隈的一再催问下，他略为思考，信手将手中的扇子交给大隈，要大隈在上面题个字了事。[②]

援助辛亥革命和南极考察，两者虽然性质各异，但充分显示了梅屋庄吉的无私奉献精神。

---

① 《男泽肃翁采访记》，车田让治：《国父孙文与梅屋庄吉——献身于中国的一位日本人的生涯》，第214页。
② 车田让治：《国父孙文与梅屋庄吉——献身于中国的一位日本人的生涯》，第214~215页。

五　亲密无间

——孙中山在日本的革命活动与梅屋夫妇

1912 年 2 月 14 日，孙中山向临时参议院提出辞职，将政权让给袁世凯。一年后，孙中山两次赴日本。一次是打算筹款兴办铁路，并顺道看望援助过中国革命的日本朋友；一次是为推翻袁世凯的反动统治而寻求援助。其间，与宋庆龄在日本举行了婚礼。这些活动都得到梅屋庄吉的热忱帮助。孙中山与梅屋庄吉个人之间的关系也由此变得亲密无间。

孙中山的实业计划

孙中山辞去临时大总统之职后，一度认为民族主义和民权主义的任务已经完成，下一步要实现的是民生主义。他周游各省，宣传他的民生主义，并提出兴办实业、修筑铁路的具体主张。他认为，"交通为实业之母，铁道又为交通之母。"[①]因此，决定先从修筑铁路着手。9 月 9 日，他受任为全国铁路督办，立志在十年内修筑十万公里铁路。要实现这一计划，需要资金六十亿元。孙中山认为国内严重缺乏资金和技术，决定依靠外国贷款或与外国合资，甚至主要依靠外国直接投资。

---

① 《孙中山全集》第 2 卷，第 383 页。

为争取日本援助，孙中山决定访问日本。1912 年 6 月 18 日，他第一次透露了访日的想法。接着，于 8 月 7 日向日本驻上海领事馆官员表示希望访问日本。对此，日本驻上海总领事有吉明电告日本外相内田康哉：孙中山的实业计划虽属茫然，但已在着手准备。因此，"若条件允许，应以相当之方法给其方便，以维系将来的联系。这决非徒劳之举。"①但是，内田康哉不同意孙中山来日本访问。他认为，日本自身资金不足，不可能答应铁路借款的要求；不能给孙中山以国家元首的礼遇，无法安排首相、外相和陆海相与他正式会晤。因为袁世凯已经取代孙中山任大总统，并得到英、美等国的支持。如果日本以国家元首的礼遇接待孙中山，势必影响日本与袁世凯及英、美等列强的关系。

孙中山原打算 11 月 13 日乘船离上海赴日本访问，梅屋庄吉等日本民间友好人士闻讯做好了接待他的准备工作。但是，日本政府指派驻北京公使馆参赞山座圆次郎和秋山定辅②劝说孙中山延期访日，孙中山不得已听从了他们的劝告。

孙中山出访日本

时隔一月，日本内阁更迭，桂太郎内阁取代西园寺内阁。桂太郎对孙中山访日取积极态度。他接受秋山定辅的建议，同意孙中山作为国宾访问日本。1913 年 2 月 11 日，孙中山、马君武、何天炯、戴天仇、袁华选、宋嘉树一行六人离上海赴日本访问。这时，日本国内爆发了反对藩阀政治、拥护宪政的大正民主运动。桂内阁作为藩阀势力的代表，在民主运动的冲击下倒台。2 月 20

---

① 1912 年 10 月 8 日，日本驻上海总领事有吉明致外相内田康哉电，机密第 87 号，日本防卫研究所藏。

② 秋山定辅（1868－1950），冈山县人，东京大学毕业。1893 年创办《二六新闻》，揭露三井财阀，提倡增加工人的福利，要求废除娼妓。曾四次当选为众议院议员。辛亥革命前后与孙中山、陈其美有交往，协助孙中山从事革命活动。

日，山本内阁成立。孙中山一行在大正民主运动的风暴中，于 2 月 14 日抵达东京。在东京车站，孙中山一行受到日本外务省官员、各国大使馆官员、民间团体、友好人士和留学生的热烈欢迎。

梅屋庄吉站在迎接人员的行列中，一会儿翘首盼顾，一会儿与人匆匆交谈几句，期待之情，溢于言表。当他见到孙中山走下火车车厢时，心情非常激动，当即以简洁的语言表达了对孙中山的敬仰之情：

> 孙中山是盟友，是生死与共的友人，是我的师友。[①]

孙中山在东京期间除会晤军政要人，参观军事设施外，就是与热忱支持过中国革命的朋友一道，畅谈形势，重温友谊。2 月 16 日，梅屋庄吉陪同孙中山参拜原东亚同文会会长近卫笃麿的墓冢，随后在红叶馆设晚宴欢迎孙中山一行。出席晚宴的有梅屋庄吉、头山满、平山周、宫崎滔天、萱野长知、田中弘之、山田纯三郎、尾崎行昌、末永节等七十余人。老友相聚，分外亲切。梅屋庄吉等争先敬酒，庆贺中国革命获得成功。孙中山在表示感谢的同时指出，"革命虽已成功，然尚不能相安，前途究发生如何事态，实难预断，故以后仍请予以援助。"[②]次日，梅屋与日华同志恳谈会的会员们一道，在松本楼宴请孙中山一行。孙中山一行离东京前，梅屋等又在福井楼设宴饯行。在这些宴会中，梅屋庄吉总是与孙中山形影不离。[③]

在这期间，梅屋庄吉还陪孙中山一行游览了浅草。浅草是东京的名胜之一，有寺庙、电影院、集市等，热闹非凡。孙中山在梅屋的陪同下，兴致勃勃地参观了寺庙等名胜，并与梅屋等人合

---

① 《梅屋庄吉文书》。
② 《顺天时报》，1929 年 3 月 15 日。
③ 当时摄下的一批照片，如今完整地保存在梅屋庄吉的外孙女小坂主和子手中。

影留念。

接着，梅屋庄吉陪同孙中山一行来到 M·香椎商会①的特约电影院观赏纪录片《武昌起义》。孙中山等在梅屋的陪同下步入场内，在中央席位坐下。梅屋一举手，放映师即启动机器，银幕上映出革命士兵的雄姿，湖北军政府，迎风飘扬的革命军旗帜，航行在长江的军舰，硝烟弥漫的炮兵阵地，纵横驰骋的骑兵队，浓烟滚滚的汉口街头，等等。武昌起义爆发时，孙中山尚在国外，因此，未能目睹起义的战场。他全神贯注地看完后，要求再放一遍。梅屋立即安排重放了一遍。然后将这部纪录片赠送给孙中山。这部纪录片是梅屋为孙中山等中国革命党人拍摄的，制成几部拷贝后便珍藏在金库中，等待首映的机会到来。在此之前，黄兴曾于 1912 年初致书梅屋，希望得到《武昌起义》这部纪录片和有关照片。他在信中写道：

> 尊处于支那革命汉口汉阳战争之际写真最多，请即寄附多组，不胜光宠。此致。②

在孙中山一行结束访问，启程回国的时候，梅屋将为黄兴准备的另一部《武昌起义》的拷贝托孙中山带回转交。

为促进亚洲各国人民在反帝斗争中的联系，梅屋庄吉趁孙中山一行在东京访问期间，特意将一名叫巴罗哥多拉的印度人介绍给孙中山。巴罗哥多拉在东京外国语学校任教，长期从事印度民族解放斗争。以此为开端，同年 8 月孙中山再次来日本后，经梅屋介绍，又接触了许多印度人。③

3 月 5 日，孙中山结束在东京的访问，沿横滨、名古屋、京

---

① 1913 年 1 月，梅屋庄吉退出日本活动照相株式会社，另组 M·香椎商会。
② 《梅屋庄吉文书》。
③ 梅屋庄吉：《永代日记》。

都、大阪、神户、广岛、福冈、熊本等地参观访问。3 月 23 日从长崎乘船回国。孙中山回国后立即着手筹划讨伐袁世凯的二次革命。他在百忙之中，致信梅屋庄吉，对在访日期间所受到的盛情款待表示感谢。信件原文如下：

> 敬启者：文等此次观光贵国，备受各界热忱欢迎，足证明贵国人士确系以爱同种同文之国为心，以保全亚洲为务。凡我亚洲人士，无不应馨香崇拜，并期极力实行，以副贵国人士之望。文等当尽全力以贵国人士好意布诸国民，俾两国日增亲密，匪特两国之幸，实世界平和之幸也。
> 专此肃函，敬谢招待之厚意，并祝前途幸福。

梅屋庄吉殿

孙　文　马君武　何天炯

同顿首[①]

戴天仇　袁华选　宋嘉树

二次革命

袁世凯就任临时大总统后，采取种种阴谋手段，打击革命势力，实行独裁统治。但是，在第一次国会大选中，国民党仍然取得了胜利，在国会的参、众两院的议席中，占据绝对多数。年轻有为的政治家宋教仁深信政党内阁即可成立，中国即将走上民主宪政的轨道。他满怀对民主共和的政治热情，奔赴长江中下游各省，发表演讲，批评时政，言论风采，倾动一时。这就遭到袁世凯的忌恨。1913 年 3 月 20 日，袁世凯授意其亲信赵秉钧派遣特务在上海枪杀了宋教仁，发生了震动全国的"宋案"。接着，袁世

---

① 《孙中山全集》第 3 卷，中华书局，1984 年，第 53～54 页。原件见《梅屋庄吉文书》。

凯秘密下动员令和大借外债，准备以武力消灭国民党，镇压革命。次年 4 月 26 日，袁世凯为准备内战经费，不经国会通过，与英、法、德、日、俄五国银行团签订《善后借款合同》，出卖国家权益，以盐税和海关税担保，得到两千五百万英镑（约合两亿五千万两白银）的巨额贷款。这样，袁世凯的反动面目彻底暴露了。

孙中山这时认清了袁世凯的本性，认为"非去袁不可"，主张立即兴师讨袁。当时国民党内部意见分歧，有的人希望通过国会，用法律程序弹劾袁世凯。袁世凯则先发制人，6 月，下令罢免国民党人江西都督李烈钧、广东都督胡汉民、安徽都督柏文蔚，旋即派遣北洋军南犯。

国民党革命派仓促应战。7 月 12 日，李烈钧在江西宣布独立，举兵讨袁，二次革命正式爆发。15 日，黄兴到南京组织讨袁军，宣布讨袁。随后，安徽、广东、福建、湖南相继独立，上海、重庆也举兵讨袁。

然而，这时的袁世凯在帝国主义支持下，羽翼已丰，既有较强的军事力量，又掌握着全国政权。而革命派的力量已大为削弱。至 9 月，湖口、南昌、南京均已失陷。其他各省，有的被收买、分化，有的动摇、妥协，都相继取消独立。二次革命刚刚兴起，就被袁世凯镇压下去，孙中山辗转台湾，再次流亡日本。

日本政府对孙中山来日本表示反对，一再派员劝孙中山改赴其他国家。外相牧野伸显说，孙中山"此际潜入日本居住，由内外各种关系观之，于帝国不利"，"政府为国内安宁及东洋和平，不得不加以干涉，乃至采取高压手段。"①可见，日本反对孙中山来日居住有国内外的原因。这一年 2 月孙中山访日时，日本国内爆发了大正民主运动（史称第一次护宪运动）。这是一场拥护宪政，反对藩阀专制的资产阶级民主运动。日本政府害怕在国内民主运

①《日本外交文书》大正二年第 2 册，第 396～397 页。

动随时可能激荡的时候, 接受主张立宪共和制的孙中山来日居住, 会影响日本国内政局。同时也担心开罪袁世凯, 不利于扩大在华权益。因此, 日本政府通过其驻华公使向袁表示将禁止孙中山等革命党人来日本。辛亥革命以来, 欧美列强一直支持袁世凯, 它们认为孙中山背后有日本的支持。日本政府因而担心在孙中山来日居住的问题上处理不慎会致使日本在国际上处于孤立、被动的地位。

与日本政府的态度相反, 日本民间人士积极活动, 设法促使政府同意孙中山来日本居住。孙中山在经台湾赴日的途中, 致电萱野长知, 请日本友人协助他在日本上岸。萱野立即通知头山满等, 他们三次向首相山本权兵卫进言, 均无结果。于是电催在外地休养的犬养毅回东京。犬养毅闻讯赶回东京与山本交涉, 并促使山本改变了态度。

孙中山经门司、下关、神户, 于 8 月 17 日晚在神奈川县富冈海岸登陆 (后来, 横滨华侨在这里建了一座孙中山登陆纪念碑)。梅屋庄吉早已派车等候在这里, 待孙中山上车, 便疾驶东京。[①]

孙中山在日本

次日凌晨, 孙中山抵达东京赤坂区西灵南坂二十六号头山满的住宅。为了防止袁世凯派来的刺客, 对外说住在头山满家, 而实际上住在隔壁的海猪勇彦家 (二十七号)。头山宅和海猪宅后院可通。孙中山在这里一直住到 1915 年 8 月。

二次革命失败后, 一些革命党人垂头丧气, 互相诟谇。孙中山却毫不气馁, 对革命前途充满信心。在日本居住期间, 他终日奔波, 积极筹划讨袁的第三次革命。

日本政府勉强同意孙中山居留日本后, 深恐孙中山以日本为

---

① 车田让治:《国父孙文与梅屋庄吉——献身于中国的一位日本人的生涯》, 第 269 页。

基地策划武装讨袁，它采取种种措施，严禁财界给孙中山以任何支持，并派出秘密警察，严密监视孙中山的一举一动。

但是，热心于中国革命事业的民间人士不顾政府的高压，支持和援助孙中山。尤其是梅屋夫妇在生活上的周到安排和真诚援助，给孙中山极大的鼓励和安慰。

孙中山在日期间与梅屋夫妇往来频繁。据《孙文动静》①的不完全记载，孙中山访梅屋宅九次，其中偕宋庆龄访六次；梅屋庄吉访孙中山十八次，其中偕夫人德子访四次；梅屋夫人自访十一次。另外，电话联系不计其数。梅屋庄吉还提供了孙中山的部分生活费用。

1914 年 10 月 17 日，梅屋庄吉偕夫人来到孙中山的住处，邀其出外观光。他们先去曲町区有乐町大武照相馆合影，孙中山在前面坐着，梅屋夫妇分立后方两侧的纪念照就是在这一天拍摄的。随后，来到国技馆观赏菊花展览。②东京的秋天，天高气爽。孙中山心情十分愉快，他一边欣赏菊展，一边与梅屋夫妇谈笑风生。就这样，孙中山常在梅屋夫妇的陪同下外出观光、散步，从中领略了自然风光，身心得到极好的休养。孙中山为革命奔波，含辛茹苦，十分劳累。梅屋庄吉非常关心他的健康，经常提醒他注意休息，有时请按摩师为他按摩。③

梅屋庄吉始终关心亚洲各国的民族解放斗争，他结交了一些印度进步人士，并将这些人介绍给孙中山。其中有一名叫巴拉卡兹拉（音译）④的印度人早就希望能与孙中山交换意见。经梅屋庄吉介绍，他于 1914 年 1 月 11 日拜访孙中山，两人交谈良久。3 月 8 日，孙中山乘坐梅屋庄吉提供的轿车来到梅屋宅，与巴拉卡

---

① 监视孙中山的日本秘密警察报给警视厅和外务省的记录。
② 1914 年 11 月 18 日，《孙文动静》，乙秘第 2305 号，日本外交史料馆藏。
③ 1915 年 10 月 12 日，《孙文动静》，乙秘第 1989 号，日本外交史料馆藏。
④ 巴拉卡兹拉，流亡东京的印度进步人士，东京外国语学校印度语教师，撰有《亚洲联合论》等著作，呼吁日本人民援助印度及亚洲其他各国的民族解放运动。

兹拉及另一名印度人交谈五个多小时。①巴拉卡兹拉的亚洲各国联合反对西方殖民者的主张接近于孙中山的大亚细亚主义，因此，他们的交谈十分投机。次年7月4日，孙中山再次来到梅屋宅，与梅屋夫妇及一名印度人聚会。随后，参观了 M·香椎商会正在拍摄的一个电影场面。

　　这一时期，来东京的革命党人很多。他们常来梅屋宅访友、居住。梅屋夫妇总是满腔热情地接待他们，在生活上为他们排忧解难。梅屋夫人还时常为他们缝洗衣服。这时的梅屋宅几乎成了接待中国革命党人的"兵站"。

　　二次革命失败后，宋庆龄的父亲宋嘉树也来到东京，住神保町中国基督教青年会馆。他这时担任的工作主要是帮助孙中山处理英文信件。1913年，宋庆龄在美国佐治亚州梅肯的威斯里安学院毕业后，来东京看望父母亲，宋嘉树这时身患肾病，痛苦不堪。因此让宋庆龄帮助孙中山处理英文信件。9月19日，孙中山第一次偕宋庆龄姐妹访梅屋宅。②宋庆龄性格娴静温雅，天资聪颖，梅屋夫妇为能结识这样的友人而高兴。宋庆龄也为梅屋夫妇的诚挚和正义感所感动。从这以后，孙中山多次偕宋庆龄姐妹来访。梅屋夫妇的养女梅子这时已十八九岁，在东京东洋英和女子学校学习，周末回家。据她回忆，有一次，宋庆龄随孙中山来访，与梅屋夫妇及女儿谈时势、聊天，他（她）们一会说汉语，一会讲英文，有时还说几句日语，关系十分融洽。晚餐后，大家都聚集在会客厅，开了一场家庭音乐会。宋庆龄和梅子先后表演了钢琴独奏，梅屋夫人演奏小提琴，宋庆龄还唱了一首歌。她的嗓音很好，歌声优美，非常动人。③这时，梅屋夫妇的小女儿千势子才五六岁，她叫嚷着要向宋庆龄学唱歌，孙中山和宋庆龄非常喜欢她，亲热

---

① 1914年3月9日，《孙文动静》，乙秘第611号，日本外交史料馆藏。

② 1913年9月19日，《孙文动静》，乙秘第1315号，日本外交史料馆藏。

③ 《梅子采访记》，车田让治：《国父孙文与梅屋庄吉——献身于中国的一位日本人的生涯》，第285页。

地抱着她叫"贝比"（音译）。^①

孙中山与宋庆龄的婚事

　　宋庆龄积极帮助孙中山，担负起许多繁重的日常工作，并且完成得很出色。孙中山非常信赖她。在频繁的接触中，两人建立了深厚的感情，彼此相爱。由于两人年龄相差二十余岁，孙中山又已有夫人和孩子，来自家庭、社会和亲友的阻力很大，不少人反对他俩的婚事。宋庆龄也被迫于 1915 年的一段日子暂回上海居住。她回国时，梅屋夫妇驱车送她到横滨码头上船。^②惜别时，梅屋夫妇恳切要求她尽快返回，继续协助孙中山。宋庆龄的离去，使孙中山情绪波动。他将自己的苦闷和对宋庆龄的真挚爱情告诉梅屋夫人。梅屋夫人理解孙中山这时的心情，她悄悄去找陈其美等人，要他们速回上海接宋庆龄来东京。^③这时，孙中山的夫人卢慕贞来东京，在孙寓居住两个星期，孙中山陪她游览了东京的名胜。在这期间，两人经协议离婚。

　　1915 年 8 月底，孙中山搬到本多郡千驮谷町字原宿一〇八号"中山寓"，即中华革命党本部。这所住宅由梅屋庄吉提供。不久，孙中山在梅屋夫人的陪同下，购买了几件西式家具和一些日用品，^④将新居布置得简朴、典雅。

　　10 月 24 日，宋庆龄返抵东京。次日，孙中山与宋庆龄冲破种种阻挠，委托日本著名律师和田瑞办理了结婚登记。接着，他俩来到梅屋宅，在二楼举行了简单的婚礼，^⑤只有几名中、日朋友

---

　　① "贝比"，千势子的幼名。
　　②《国方千势子采访记》，车田让治：《国父孙文与梅屋庄吉——献身于中国的一位日本人的生涯》，第 285 页。
　　③《国方千势子采访记》，车田让治：《国父孙文与梅屋庄吉——献身于中国的一位日本人的生涯》，第 286～287 页。
　　④ 1915 年 10 月 11 日，《孙文动静》，乙秘第 1986 号，日本外交史料馆藏。
　　⑤《国方千势子采访记》，车田让治：《国父孙文与梅屋庄吉——献身于中国的一位日本人的生涯》，第 290～291 页。

接到邀请，赶来祝贺。婚礼上还举行了另一个仪式，孙中山和梅屋庄吉由头山满作中介人结为义兄弟，[①]两人发誓为在中国实现真正的共和，为亚洲的复兴，同生死，共患难。结婚晚宴过后，孙中山与宋庆龄相偕去他们的新居。

10 月 27 日下午，孙中山偕宋庆龄访梅屋宅，衷心感谢梅屋夫妇的热情帮助。[②]30 日，梅屋夫人来到原宿一〇八号中山寓，看望这对新婚燕尔的夫妻。当发现他们的家具及日用品不够时，便与他们相约去商场购置了一些。[③]这以后，梅屋夫妇与孙中山夫妇常相往来，关系亲密无间。

1913 年 9 月至 1916 年 4 月是梅屋夫妇与孙中山、宋庆龄相处最长、私交最深的时期。相互之间的高尚情操和诚挚友谊使他们留下了深刻的印象和难以磨灭的美好回忆。许多年后，梅屋庄吉的女儿千势子偕丈夫国方春男访问中国后不久，宋庆龄在写给他们的信中说："您们的访问，引起我对往事的回忆，即对梅屋先生和夫人与孙中山先生和我之间友情的回忆。时间和形势永不能抹掉这宝贵的友谊，什么也不能抹掉它的。"[④]

与黄兴的友谊

二次革命失败后，黄兴于 1913 年 8 月 4 日在香港乘三井物产公司的煤炭船"第四云海丸"驶往日本门司。在这艘船未到达门司之前，袁世凯已派遣刺客在门司海峡布上罗网。为防不测，8 月 9 日，"第四云海丸"抵达六连岛后，黄兴换乘小汽艇改驶下关

---

① 车田让治：《国父孙文与梅屋庄吉——献身于中国的一位日本人的生涯》，第 291 页。车田让治据梅屋庄吉的女儿千势子回忆，指出宋庆龄与梅屋夫人同时也结为义姐妹。另据宋庆龄的秘书杜述周回忆，1978 年 10 月，宋庆龄在准备迎接千势子夫妻来访时对他说，千势子是孙中山义兄弟的女儿。

② 1915 年 10 月 28 日，《孙文动静》，乙秘第 2086 号，日本外交史料馆藏。

③ 1915 年 10 月 31 日，《孙文动静》，乙秘第 3000 号，日本外交史料馆藏。

④ 《1978 年 12 月 9 日宋庆龄致国方春男、千势子函》，见《梅屋庄吉文书》。

市小门上岸。①8 月 27 日晨，黄兴潜入东京，下榻芝区琴平町十三号"信浓屋"旅馆分店。②9 月 15 日，梅屋庄吉前往黄兴寓所拜访。③黄兴见到老友梅屋，十分高兴。梅屋与黄兴结交在 1905年中国同盟会成立的前夕，后在多次举义中结下了生死与共的战斗情谊。两人畅谈中国革命形势，回忆昔日友谊，表示要继续携手前行。次年 6 月，黄兴离日赴美，与梅屋分手时，两人互道珍重，依依惜别。1916 年 7 月，黄兴回国组织讨袁。不久，旧病复发，并急剧恶化，经医治无效，于 10 月 31 日溘然长逝。

次日，孙中山将这一噩耗电告梅屋庄吉，电文是：

> 黄兴于昨日晨逝世，感谢生前的厚谊。④

梅屋接电，悲痛万分，立即发唁电给孙中山和黄兴的家属，表示深切的哀悼。11 月 11 日，孙中山等革命党人和社会各界人士在上海隆重祭奠黄兴。随后，孙中山等再次致电致函梅屋，对其高谊表示感谢。⑤

后来，黄兴的儿子黄一欧赴美途经日本时，在萱野长知的陪同下，登门拜访梅屋庄吉。梅屋见到黄一欧，悲喜交加。他回忆起与黄兴相处的往事，言语中充满感情；想到黄兴英年早逝，壮志未酬，心中嗟叹不已；言及中国革命时，他勉励黄一欧继承父亲的遗志，为完成前辈未竟的革命事业而奋斗。临别，梅屋送给黄一欧一柄宝刀，并与其合影留念。

---

① 《关于黄兴来日之事》，高秘第 2772 号，福冈县知事南弘 1913 年 8 月 9 日致外务大臣牧野伸显函，日本外交史料馆藏。

② 1913 年 8 月 27 日，《黄兴进京之事》，乙秘第 1155 号，日本外交史料馆藏。

③ 1913 年 9 月 15 日，《黄兴动静》，乙秘第 1288 号，日本外交史料馆藏。

④ 《1916 年 11 月 1 日孙中山致梅屋庄吉电》，见《梅屋庄吉文书》。

⑤ 《梅屋庄吉文书》。

六　辉煌的一页

——护国运动时期的孙中山与梅屋庄吉

袁世凯血腥镇压二次革命后，公然废除《临时约法》，接受日本帝国主义提出的旨在灭亡中国的"二十一条"，紧接着复辟帝制，自称"皇帝"。袁世凯的倒行逆施激起全国人民的强烈反对，各地迅速掀起反袁护国的浪潮。就在袁世凯自称皇帝的时候，孙中山在日本发表《讨袁宣言》，痛斥袁世凯"背弃前盟，暴行帝制"的种种罪行，宣布要"誓死戮此民贼，以拯吾民"，呼吁一切"爱国之豪杰共图之"。[①]梅屋庄吉对袁世凯在中国复辟封建专制十分痛恨，他追随孙中山，积极配合中华革命党武装讨伐袁世凯。

护国运动与日本

1914 年 7 月，孙中山在日本组织中华革命党，继续策划武装反袁斗争。1915 年夏秋之交，孙中山指令陈其美、居正、胡汉民、于右任分别筹组中华革命军东南、东北、西南、西北四军，同时还派朱执信等分赴各省，主持讨袁军事。

这时，云南广大官兵在中华革命党人吕志伊等的策动下，坚决要求起兵反袁，革命党人李烈钧等也到云南从事反袁活动。11

---

① 黄季陆编：《总理全集》中册，第 20 页。

月，蔡锷潜回云南，积极联络各派反袁势力，得到各方面的支持，
很快组织了护国军。1915 年 12 月，云南宣布独立，拉开了护国
战争的帷幕。护国军以唐继尧为都督，蔡锷、李烈钧、唐继尧分
任一、二、三军总司令，兵分三路向四川、贵州、广西进军。在
全国人民一致讨袁的有利形势下，护国军很快击败北洋军。贵州、
广西、广东、浙江、湖南、四川、陕西等省相继响应，参加护国
讨袁。袁世凯的心腹将领也随之开始发生分裂，有的冷眼旁观，
有的自谋出路，袁世凯顿时陷入四面楚歌、众叛亲离的境地。

在这种形势下，日本决定打倒袁世凯，另找新的代理人，以
维护在中国的利益。早在 10 月 28 日，日本联合英、俄、法等国
就帝制问题向袁世凯提出警告。接着，在军部的推动下，拟定了
南北两面夹击袁世凯的战略。即，一面支持包括孙中山在内的南
方的各种反袁势力讨袁，一面拉拢满蒙的宗社党及前清遗老倒袁。
1916 年 3 月 7 日，日本政府通过《帝国对目前中国时局应采取的
政策》，默许日本民间人士以各种方式援助孙中山武装讨袁。[1]日
本军部及财阀也乘机插手。1915 年 12 月，参谋本部派遣旅顺要
塞司令青木宣纯和松井石根中佐去上海，联络南方革命党人。1916
年 3 月下旬和 4 月下旬，参谋本部第二部（情报部）部长福田雅
太郎少将和参谋本部次长田中义一分别与孙中山会晤。随后，孙
中山从日本军部购买了一批武器。同年 2 月，久原矿业会社社长
久原房之助向孙中山提供贷款七十万日元，[2]孙中山则承诺抵押四
川省的权益作为担保。[3]

---

[1]《日本外交文书》大正五年第 2 册，第 45～46 页。
[2]《孙中山全集》第 3 卷，中华书局，1984 年，第 243 页。
[3] 1916 年 3 月 11 日，《孙文动静》，乙秘第 375 号，日本外交史料馆藏。

M·香椎商会

1912 年初，梅屋庄吉提出创立电影托拉斯的倡议。经多方活动，得到电影界同仁和财界部分人士的响应。9 月，梅屋率 M·百代商会联合横田商会、吉泽商会、福宝堂三家大型电影制片厂成立了日本活动照相株式会社（简称"日活"）。[1]这是日本第一家大型电影托拉斯，拥有资本一千万元。不久，由于内部争权夺利，"日活"的经营陷入一片混乱。次年 1 月，梅屋被迫辞去董事一职，并撤出个人的资本，另组 M·香椎商会。香椎是梅屋夫人本家的姓，梅屋采用这一新名称以区别于过去的 M·百代商会。M·香椎商会是梅屋独资经营的电影制片厂，规模小于之前的 M·百代商会。经过几年的不景气后，1915 年 11 月，梅屋率摄影组拍摄的《大正天皇即位大典》一片在激烈的竞争中，击败所有对手，获准在全日本发行、放映，同时，梅屋还开拓了进口、发行美国影片的新业务。这些都给 M·香椎商会带来可观的盈利，梅屋的电影业几经周折后，开始了一个短时间的复苏。

这时，护国讨袁的烈火正在中国各地熊熊燃烧，声势十分浩大。孙中山洞察形势，决定回国直接领导武装讨袁。

航校的创建

孙中山领导的武装讨袁，一开始就得到梅屋庄吉的竭诚相助。1915 年 11 月 3 日，梅屋在商会经营十分艰难的情况下，捐款一万日元，次年 4 月 2 日，追加捐款四万七千日元，充作军需费用。[2]接着，他协助孙中山创办了中国第一所航空学校。

---

① 梅屋庄吉：《我的影子》，第 11 页；岩崎昶：《日本电影史》中译本，第 20 页。
② 梅屋庄吉：《永代日记》。

　　当时，正值第一次世界大战，飞机作为新型的战争武器出现在战场上空，显示了强大的威力。孙中山非常重视飞机的作用，他说："将来世界中，无论为军，为交通，为学术，为经济，均将以航空为唯一利益。至于吾国以面积之大，交通之难，各地政情民风之殊异，更非借航空之助，不足以促成统一。"①1916 年 2 月 6 日，当梅屋将日本著名民间飞行家坂本寿一介绍给孙中山时，孙中山喜出望外，两人用英语交谈，非常投机。坂本寿一 1890 年出生于山口县柳井。1907 年山口县立工业学校毕业。次年留学美国洛杉矶州立工业学院汽车系，对飞机有浓厚的兴趣。毕业后在福特汽车厂工作期间，自制了一架三十匹马力引擎的单翼飞机。后进入世界各国学生云集的查·卡奇斯飞行学校。1912 年取得国际飞行执照。1914 年 1 月，他带着自己制造的八十匹马力坂本式螺旋桨双叶飞机回日本。第一次举行飞行表演，有二十余万人参观。许多年后坂本回忆说，当时"与我的飞机论共鸣的人继梅屋先生后，只有孙中山先生"②。这以后，坂本常来中山寓与孙中山商议建立航空学校的问题。梅屋得知孙中山已决意创建航空学校后，立即表示由自己承担开办航校的一切费用。

　　孙中山见时机成熟，指令戴天仇协助坂本创建航校。校址几经商议，定于滋贺县近江八日市町。八日市町位于京都以东的琵琶湖西岸（今八日市附近），松树林立，环境优美。更重要的是，坂本的朋友，民间飞行家荻田常三郎生前曾在这里筹建航校，因此具备一定的建校基础。经紧张的筹建，机场及附属设施很快竣工。1916 年 5 月 4 日，中华革命党近江飞行学校正式开学训练。③坂本任教官，学员有夏金民、周应时、简方杰、刘季谋、姚作宾、

---

① 中华民国各界纪念国父百年诞辰筹备委员会学术论著编纂委员会编：《国父思想论文集》第 2 册，第 1330 页。
② 《坂本寿一采访记》，车田让治：《国父孙文与梅屋庄吉——献身于中国的一位日本人的生涯》，第 305 页。
③ 《1916 年 5 月 4 日坂本寿一致梅屋庄吉电》，见《梅屋庄吉文书》。

胡汉贤、马超俊、陈律生、曾更谟、苏帏鲲、李文耀、公当敉等四十七人。夏金民任学员班长，周应时任副班长。航校有两架飞机，一架是坂本自制的，另一架是已故飞行家荻田常三郎的，由梅屋用重金租来。航校的经费全部由梅屋提供。据坂本回忆，梅屋通过银行直接汇款至当地银行。一次汇款额就有两三万日元。①

惜别

4 月下旬，孙中山即将离开东京回国。在两年多的时间里，孙中山、宋庆龄与梅屋夫妇在患难中建立了深厚的友谊。梅屋夫妇理解孙中山，支持他回国领导武装讨袁，但想到这一别不知何时才能相逢时，心中不免产生了几分惆怅。4 月 22 日下午，梅屋夫人来到中山寓，帮助宋庆龄收拾行装。随后陪孙中山夫妇去国技馆和上野公园参观游览。②24 日下午，孙中山夫妇邀请梅屋夫人来到有乐町大武照相馆合影留念。③分手时，三人相视对望，惜别之情，溢于言表。

4 月 27 日，孙中山离开东京回国，宋庆龄也于 5 月中旬告别东京，5 月 19 日抵上海，次日即以中山琼英的笔名致书梅屋夫人：

亲爱的梅屋夫人：

　　我于昨日清晨抵达上海，由那位大忙人来接我。正如您知道的那样，在写作方面我要帮他很多忙，因此请原谅我这封信写得很短。

　　最衷心地祝愿您及梅屋先生。

忠实于您的中山琼英

①《坂本寿一采访记》，车田让治：《国父孙文与梅屋庄吉——献身于中国的一位日本人的生涯》，第 309 页。
② 1916 年 4 月 23 日，《孙文动静》，乙秘第 511 号，日本外交史料馆藏。
③ 1916 年 4 月 25 日，《孙文动静》，乙秘第 517 号，日本外交史料馆藏。

一九一六年五月二十日于上海①

不几日，宋庆龄也收到梅屋夫人的问候信，阅后旋即回信：

我亲爱的梅屋夫人：

非常感谢您亲切的来信，读您的来信令我十分高兴。我将梅屋夫人您的信给我丈夫看了。您知道，他很忙，比在东京时还要忙。因此，我得代他向您致谢。我们现在住的地方很安全，在我来之前，他住在另一处，与陈先生的住宅相距甚近。

他从来都无所畏惧，即使有许多密探跟踪他也是如此。我当然非常为他担忧，如果他不与我在一起，我就感到不安。

但是，有一些事情他必须亲自处理，因为只有他才能在这艰难的年代拯救中国，使之免遭灭亡。因此，为了国家的利益和得救，我必须冒许多危险。

陈其美先生被刺令人可怕，但他不过是死于袁氏之手的成千上万个无辜爱国者中的一例。所见所闻都使我的心非常悲痛，但深信真理不死，我们终将看到中国会再度恢复和平与繁荣，并造福于人类。

我们很快就要离开上海，但写信给我仍请由山田纯三郎先生转交，不要写任何重要的事，也不要提到我丈夫的名字，因为陈先生就是在山田先生的寓所被袁氏的密探刺死的。

谨向您及梅屋先生问好。

您的朋友　中山琼英

一九一六年五月二十七日于上海②

---

① 《梅屋庄吉文书》。
② 《梅屋庄吉文书》。

这两封信都是用英文写作的。在袁世凯的白色恐怖下，宋庆龄难以向梅屋夫人尽情倾吐自己的心情，但字里行间表现了宋庆龄对革命事业的忠诚，也表现了她对梅屋夫妇的信任和真挚感情。

梅屋庄吉与山东起义

就在袁世凯粉墨登场，上演复辟丑剧的时候，革命党人相继在上海、广东、江苏、安徽、湖南、江西、东北、山东、陕西、湖北、福建等地发动武装起义。由于革命党未能有效地发动广大人民群众，这些起义大都零散，有的甚至归于失败。但是，在梅屋庄吉为首的日本志士的有力支援下，居正组织东北军，发动山东起义，猛烈地冲击了袁世凯在山东的反动统治。

以往，孙中山主要在长江流域及广东开展革命运动。这些地区远离北京，举义时难以直接进击反动政权的中心地带。因此，在新的反袁斗争中，孙中山非常重视在北方组织起义。这时，山东半岛被日本军队占领，袁世凯政权在这一地区的统治相对薄弱，对革命党发动起义十分有利。于是，孙中山指示东北军总司令居正在山东举兵起义。居正于1915年11月15日抵青岛，在八幡町设立东北军司令部，夜以继日地策划起义。

同时，日本民间志士也在策划援助山东起义。据坂本寿一回忆，有一天，梅屋庄吉召集萱野长知、金子克己、末永节、平山周等人来他家商量援助山东起义的事宜。①12月3日，萱野抵青岛，担任东北军顾问。接着，平山周、岩崎英精等二百余名日本民间志士相继来到青岛，参加了东北军。次年2月，梅屋的门人石浦谦二郎大佐接到赴山东任日军某部联队长（即团长）的命令。2月20日，梅屋夫妇特意陪他来到中山寓，将他介绍给孙中山。

①《坂本寿一采访记》，车田让治：《国父孙文与梅屋庄吉——献身于中国的一位日本人的生涯》，第302页。

他们长谈三小时。①孙中山耐心地向石浦介绍中国和世界的形势，希望他理解并协助革命党在山东发动的起义。后来，东北军在攻克山东半岛的重要县城潍县时得到了石浦的协助，使东北军在敌众我寡的情况下居于有利地位。

中华革命军东北军约有一万三千人，1916 年 2 月举义，连克山东昌乐等六城，5 月攻克潍县。25 日，居正发表宣言："奉前大总统、中华革命军大元帅孙命令，督率东北各军，讨伐国贼，保障共和，用莅齐境，暂驻潍城。"②接着，东北军三围济南，并迅速攻占邹平、临淄等十余县。

战争的消耗、兵员的增加，使补充军费和枪支弹药成为起义军的燃眉之急。3 月 10 日，萱野长知致电梅屋庄吉，要求速汇一万日元。③4 月 28 日，东北军总司令居正委任梅屋庄吉为"中华革命军东北军武器输入委员"，同一天，居正发出武器订货单，要求梅屋迅速提供："三十年式步枪七千枝，子弹每枝五百发；机关枪七挺，子弹附；山炮五门，子弹附。"④

航校与山东起义

中华革命党近江飞行学校开学后，教官坂本寿一开的第一节课是自行车训练。学员们大都没有骑过自行车，训练时摇摇晃晃，不时跌倒。经过几天强化训练，很快学会了骑驶。同时，坂本还给学员们开了"飞机构造""发动机""电器""飞行原理"等常识课。接着，学员们进行滑行训练。训练中，学员们刻苦、认真，情绪高昂，很快掌握了飞行常识和滑行技巧。其中，刘季谋、胡汉贤、李文耀的成绩尤为突出。这时，孙中山已回国，坂本定期

---

① 1916 年 2 月 21 日，《孙文动静》，乙秘第 266 号，日本外交史料馆藏。
② 延国符：《山东讨袁革命史略》上，见《传记文学》第 15 卷第 6 期，第 36 页。
③《1916 年 3 月 10 日萱野长知致梅屋庄吉电》，见《梅屋庄吉文书》。
④《梅屋庄吉文书》。

将训练等情况向梅屋庄吉汇报。①

　　正当训练进入高潮的时候，坂本寿一接到梅屋拍来的一份电报：

　　　　飞行学校将迁至中国，速来京商议。梅屋。②

坂本接报急忙乘北上的列车，奔赴东京。在东京站下车后，他径直来到梅屋宅。梅屋见坂本风尘仆仆赶来，来不及寒暄便取出 5 月 20 日萱野长知从山东拍来的电报。萱野在电报中询问："将飞机立即送往此地（山东）就地训练为何？"③坂本看过电报后，面有难色。因为机场的各种设施刚建成，训练时间也不足一月。如果这时将飞机迁往中国山东，不但要中断训练，而且还要重新修建机场及各种设施。梅屋也对航校中断训练、仓促迁移感到惋惜。但是，他从中国传来的各种消息中得知，袁世凯仍在做垂死挣扎；孙中山的得力助手、东南军总司令陈其美 5 月 18 日遇刺身亡；中华革命党在各地发动的起义规模都很小，有的甚至归于失败；在山东也出现了东北军三围济南不克的情况等，因此，断然决定立即将航校迁往山东，以增强东北军的威慑力量。经梅屋耐心说服，坂本答应尽快迁移。

　　坂本赶回航校后，立即下达了迁校动员令。经紧张的准备，6 月 28 日，坂本率航校的全体学员、职工携两架飞机及部分设备在神户乘船直航山东的青岛。④坂本一行八十七人，其中有九名日本人。⑤6 月 30 日，他们乘坐的船经过下关时，坂本电告梅屋庄吉：

---

①《梅屋庄吉文书》。
②《梅屋庄吉文书》。
③《1916 年 5 月 20 日萱野长知致梅屋庄吉电》，见《梅屋庄吉文书》。
④《1916 年 6 月 28 日坂本寿一致梅屋庄吉电》，见《梅屋庄吉文书》。
⑤《1916 年 7 月 2 日中村七郎致梅屋庄吉函》，见《梅屋庄吉文书》。

"一行平安出航。"①

7 月 2 日，坂本一行抵达青岛，接着赶往潍县修建机场。坂本抵潍县后，居正任命他为中华革命军东北军航空队总司令，领少将衔。不几日，简易机场竣工，飞机投入战斗。航校两架飞机的飞行高度为六百米，一次出航可飞行一小时左右。当时，没有飞机专用的炸弹，坂本等人用空桶装上炸药和雷管，轰炸时在飞机上点燃导火线往下投掷。这种炸弹的命中率不高，杀伤力也很小，但是，飞机作为新型的战斗武器，投入战场时，起着强大的威慑作用。北洋军第一次见到飞机，惊慌失措，飞机投掷炸弹时，吓得丢枪弃械，抱头鼠窜。有一次遇上北洋军骑兵，坂本驾机向其俯冲，马队受惊，四处狂奔，骑兵顿时前仰后翻，溃不成军。同时，飞机还散发传单，宣传革命、瓦解敌军。②北洋军惊恐万状，中华革命军军威大振。

东北军的解散

就在这时，中国国内的形势和日本对孙中山的政策发生了很大的变化。6 月 6 日，独夫民贼袁世凯在全国人民反对帝制的怒吼声中，当了八十三天的短命皇帝，结束了他可耻的一生。在此之前，日本政府为了搞垮袁世凯，扶植新的代理人，曾利用孙中山领导的武装讨袁。袁世凯死后，黎元洪继任大总统，重新任命段祺瑞为国务总理兼陆军总长，补选冯国璋为副总统。北京中央政府的实权，主要操纵在段祺瑞手中。日本为扶植段祺瑞充当其新的代理人，积极支持段祺瑞武力统一中国的反动政策。日本对孙中山的政策随之从一时的"支持"转变为竭力的压制。日本军

---

① 《1916 年 6 月 30 日坂本寿一致梅屋庄吉电》，见《梅屋庄吉文书》。

② 《坂本寿一采访记》，车田让治：《国父孙文与梅屋庄吉——献身于中国的一位日本人的生涯》，第 318～319 页。

部严令驻北京公使馆武官、驻济南武官及山东驻军停止对中华革命军的一切支持。日本驻北京武官坂西利八郎大佐（曾任袁世凯的顾问）径直赶至青岛，督促军部命令的执行。参加东北军的日本志士对此极为愤怒，有人密谋刺杀坂西利八郎，未遂。[①]

在国内外形势剧变的情况下，孙中山的策略也有了相应的变化。黎元洪继任大总统后，在西南护国势力和孙中山等革命党人的双重压力下，恢复了《临时约法》和国会。孙中山历来将《临时约法》和国会视为共和国的标志，同时又对新掌权的黎元洪和段祺瑞之流抱有一定的幻想。1916 年 7 月 25 日，孙中山通告各地的中华革命党机关："迨袁贼自毙，黎大总统依法就职，因令各省党军停止进行。今约法规复，国会定期召集。破坏既终，建设方始，革命名义，已不复存，即一切党务亦应停止。"[②]同时，孙中山函告东北军总司令居正："袁死，政局一变，我宜按兵勿动，候商黎大总统解决。"[③]

这时，东北军内部因意见分歧而分为两派，一派主和，一派主战。总司令居正等属于前者，参谋长陈中孚等属于后者。[④]参加东北军的日本人大都反对妥协，如岩崎英精坚决主张继续战斗，他说："若将民主政治作为目标或目的而掀起革命，就不应想象妥协。无论如何，妥协证明了（革命的）不彻底性。"[⑤]7 月 31 日，居正赴京，与北京政府商议。次日，萱野长知跟踪上京，欲设法活动，推举居正任山东都督。[⑥]但是，萱野在北京没有实力，未能达到这一目的。[⑦]北京政府勉强向居正表示承认东北军的谈判地

---

① 渡边龙策：《近代日中民众交流外史》，雄山阁，1981 年，第 209～210 页。
② 《孙中山全集》第 3 卷，第 333 页。
③ 《孙中山全集》第 3 卷，第 307 页。
④ 《1916 年 8 月 13 日岩崎英精致梅屋庄吉函》，见《梅屋庄吉文书》。
⑤ 《1916 年 8 月 13 日岩崎英精致梅屋庄吉函》，见《梅屋庄吉文书》。
⑥ 《1916 年 8 月 5 日平山周致梅屋庄吉函》，见《梅屋庄吉文书》。
⑦ 《1916 年 9 月 4 日萱野长知致梅屋庄吉函》，见《梅屋庄吉文书》。

位。接着，北京政府代表曲同丰①与东北军代表许崇智、陈中孚在济南商议东北军的解散事宜。萱野等人希望保存东北军的实力，反对以解散东北军与北京政府妥协。他在写给梅屋庄吉的信中说，"现在暂不需要武器，但以后若（双方）决定设置师团，也许还要购买不定数量的武器。"②可见，萱野等希望东北军以整体编入北洋军。

　　9月21日，东北军代表和北京政府代表在潍县举行签字仪式。当北京政府代表进潍县县城时，坂本寿一等驾驶飞机从高空往下俯冲，接着低空飞行在队列整齐的东北军步兵队伍的上空。这是一次示威，显示了东北军的实力。协议签字后，北京政府拿出解散费二十万元，东北军解散，编入北洋军各部。萱野长知命令参加东北军的全部日本人回国。岩崎英精于9月22日电告梅屋庄吉，介绍了军队解散的情况，表示"极为遗憾"。③坂本寿一也写信向梅屋汇报了东北军和航校的解散情况。不久，这批日本人陆续回国。

　　北京政府代表曲同丰对东北军的航空学校垂涎三尺，一心想将航校拉到北京，编入北洋军。他以高官厚禄拉拢坂本寿一，坂本不为所动。孙中山和萱野长知想让航校人员携飞机和设备迁至杭州。但是，由于北京政府在段祺瑞操纵下继续推行反动政策，革命党与北京政府之间的关系仍然紧张，在杭州续办革命党的航校，事实上不具备必要的条件。于是，坂本做了适当处置后宣布航校解散，随后，坂本也返回日本。④

　　1916年的山东起义是在孙中山的领导下，由中华革命党人发动的一次颇具规模的革命运动。它也是护国运动的一个重要组成

---

　　① 曲同丰，日本士官学校毕业，保定军官学校校长，段氏"四大金刚"之一，后任日本帮助段祺瑞编练的参战军第一师师长。
　　②《1916年9月4日萱野长知致梅屋庄吉函》，见《梅屋庄吉文书》。
　　③《1916年9月22日岩崎英精致梅屋庄吉电》，见《梅屋庄吉文书》。
　　④《坂本寿一致梅屋庄吉函》（日期不明），见《梅屋庄吉文书》。

部分。为推翻袁世凯的洪宪帝制，重建中华民国起了进步的历史作用。以梅屋庄吉为首的日本志士或倾注巨款援助起义，或直接参加起义，始终起着重要的作用，做出了不可磨灭的贡献。他们的业绩，在中日友好交流史上写下了辉煌的一页。

七 我相信他

——广东军政府时期的孙中山与梅屋庄吉

　　袁世凯死后，中国出现军阀混战的局面。各派军阀争相投靠不同的帝国主义主子，争权夺利，厮杀不止。为打倒军阀、捍卫民国，孙中山三次在广州组织中华民国军政府。在错综复杂的环境中，孙中山日夜操劳，历尽艰险。即使是在这种情况下，孙中山、宋庆龄仍然没有忘记远在东京的友人梅屋夫妇，梅屋夫妇也无时不在惦念孙中山和宋庆龄。他们之间书信不断，从中得到鼓励和帮助。

孙中山领导"护法"

　　黎元洪继任大总统后，在英美的扶植下，依靠冯国璋等直系军阀与日本扶植的段祺瑞相抗衡，展开了所谓"府（总统府）院（国务院）之争"。这时，第一次世界大战激战正酣，在中国是否参战的问题上，"府院之争"十分尖锐。段祺瑞为假参战之名向日本大举借债，扩大皖系势力，积极主张参战。黎元洪、冯国璋见参战对己不利，于是极力反对。段祺瑞被黎元洪罢免国务总理一职后，唆使张勋率"辫子军"入京，演出了一出复辟丑剧。接着，段祺瑞乘机组织"讨逆军"，于 1917 年 7 月 12 日攻入北京，继任国务总理，重操军政大权。他承袭了袁世凯的全部反动政策，大量出卖国家主权，对孙中山提出的实行资产阶级民主制度的要求置若罔闻，悍然抛弃《临时约法》，拒绝召开国会，妄图用武力统一中国，建立皖系军阀的独裁统治。在这种情况下，孙中山率革命党人南下广州，联合西南军阀展开护法斗争。8 月 25 日，到达广州的议员成立非常国会，成立护法军政府，史称第一次广东军政府，9 月 1 日孙中山被选为大元帅。由此，出现了与北京政权相对抗的南方政权。9 月 10 日，孙中山宣誓就职，宣布段祺瑞等为叛逆，并出师北伐，护法战争开始。

日本的赌注

日本自第一次世界大战爆发后，乘西方列强无暇东顾的机会，出兵攫取了德国在中国山东省的侵略特权。接着强迫袁世凯政府接受欲灭亡中国的"二十一条"。袁世凯死后，日本为扶植新的代理人，维护和扩大侵华特权，1916～1918 年间，向段祺瑞提供总额达数亿日元的贷款（包括"西原借款"）。广东军政府成立后，日本继续将赌注押在段祺瑞身上，推行拒绝向广东军政府提供贷款和军火，禁止日本民间人士援助广东军政府，取缔南方革命党人在日本统治区内进行反段活动，不调停南北议和的政策。①

为阻止日本援助段祺瑞政府，1917 年 8 月，孙中山派张继和戴天仇带着他与广东军政府要人联名签署的致日本首相寺内正毅、外相本野一郎以及犬养毅、涩泽荣一、头山满等人的信件赴日本，向他们陈述革命党人为中国的进步与和平所做的努力，"深望日本朝野上下，对于中国国民爱国爱洲之精神，与讨逆护法之行动，予以道德的同情"②。次年 1 月，孙中山再次派遣张继、殷汝耕赴日本，向日本朝野呼吁停止援助段祺瑞，支持广东军政府。

① 臼井胜美：《日本与中国——大正时代》，原书房，1972 年，第 119 页。
② 《孙中山全集》第 4 卷，中华书局，1985 年，第 134 页。

对此，日本政府置之不理。

心心相印

自中华革命军解散后，梅屋夫妇无时不在关注中国的局势，思念孙中山和宋庆龄。孙中山、宋庆龄身处险恶的环境，含辛茹苦，探索中国革命的前途。紧张、繁忙并未使他们忘记远在日本的朋友。双方之间的信件往来不断，互相关心、互相帮助。1917年初春，宋庆龄收到梅屋夫人的来信后，立即回信：

我亲爱的梅屋夫人：

非常感谢您的来信。获悉您身体好转及您丈夫事业成功，实在令人高兴。我向您保证，一旦适当的时机到来，博士将会非常乐于过多种生活的。

萱野夫人在上海逗留时间很短。我只见到她一次，大约只有几分钟，因为她是在离沪返日前来向我辞行的。她抵沪时曾来看我，适逢我外出未遇。真遗憾她不能多呆一些日子，因为她未能为您和梅屋先生办那件事。而我则一旦自己有了钱，很愿意在电影业方面与您合作。这是一种极好的教育手段，利用影片，可展示上海及可爱的郊区，以教育我们的人民。

我们现在有一所尚无客人留宿的住宅，我找了许多事情来使自己忙碌，因而这次不写长信了。

您为我的保姆来沪而代垫的款项，我想现在就奉还给您。请再次接受我对您好意的感谢。

希望早日收到您的信，谨此致以衷心的问候。

您忠实的罗莎蒙德·孙

一九一七年二月十九日

于上海环龙路六十三号①

　　不久，梅屋庄吉致信孙中山，谈及夫人德子病重将接受手术治疗。同时谈到 4 月 20 日将要举行的众议院选举。他告诉孙中山，曾援助过中国革命的原议员秋山定辅、菊池良一及其他一些友人将参加竞选。孙中山收阅梅屋的来信后立即嘱宋庆龄代他回信，宋庆龄执笔的信文如下：

我亲爱的梅屋先生：

　　获悉梅屋夫人病重，十分难过。我真为她担忧，希望手术不要给她带来太多的痛苦。请转达我对她的爱，并请告诉她我时常惦念着她。

　　关于您信中提到的萱野先生，我相信我丈夫已给他发了电报，我真希望我们的朋友都能再次当选。

　　至于我国的政局，我想您知道，很多自私而又野心勃勃的人正竭力要把中国投入欧洲大战。这样做，对我们来说即使无所失，也将无所得。

　　很可悲的是，不少人为了微不足道的一点钱却情愿牺牲国家的命运。

　　我的丈夫在为中国谋求独立而耗费其全部青春以后，对某些官员的卑劣行径感触至深，那些人看重金钱、地位，胜过真理、名誉和自尊心等其他一切。

　　祝愿合府健康，恳请您告知更多的有关梅屋夫人健康的情况。

　　谨致最亲切的问候。

您忠实的朋友罗·孙

---

　　① 该信原件为英文，见《梅屋庄吉文书》。罗莎蒙德，是宋庆龄留学美国佐治亚州梅肯市的威斯里安学院时使用的教名。

一九一七年四月二日①

　　宋庆龄用英文写的信，热情洋溢，表达了孙中山、宋庆龄对梅屋夫妇的深情厚谊。他们共同关心的问题是中国革命，反对中国参加当时正在进行的第一次世界大战。后来，梅屋庄吉提到这场帝国主义战争时指出，这是一场杀人、放火的罪恶的战争。②

　　广东军政府成立后，孙中山立即将自己身穿大元帅服的照片及就职布告寄给梅屋庄吉，宋庆龄也将自己在广州的新照寄给梅屋夫人。梅屋夫妇闻讯，立即致电祝贺。

　　孙中山、宋庆龄与梅屋夫妇虽然天各一方，但是他们始终心心相印，友谊愈益坚固。

第一次"护法"失败

　　广东军政府是以孙中山为首的革命派和西南军阀及政学系政客的联合政权。西南军阀和政学系政客并不愿意真正"护法"，他们响应护法是为了利用孙中山的名望对抗北洋军阀，以扩大自己的势力，谋一己之私利。他们一开始就与孙中山离心离德，使孙中山受到多方掣肘。当形势对自己有利时，更是极力排挤孙中山，打击革命党人。1918年5月，西南军阀与政学系政客沆瀣一气，改组军政府，废大元帅一长制为七总裁合议制，并推政学系政客岑春煊为主席总裁，孙中山退居七总裁之一。这样，孙中山连名义上的权力也被剥夺。饱受军阀排挤的孙中山，知道这时无法实现护法，同月向非常国会提出辞呈，接着毅然离粤赴沪。第一次护法运动随之失败。

　　为开辟中国革命的新局面，孙中山准备赴日本活动。3 月 2

---

①《梅屋庄吉文书》。
② 梅屋庄吉：《备忘录》，1920 年。

日，犬养毅、头山满曾致信孙中山，请他赴日商议东亚大局。[①]当时，孙中山正在筹备召集正式国会，无暇东渡，因此派遣唐绍仪赴日本。辞去总裁职后，孙中山向日本驻广东领事馆武官依田大尉表示了赴日的意向。日本政府则表示在不进行政治活动的条件下同意孙中山来日本。[②]

5月21日，孙中山偕胡汉民、戴天仇离粤，经汕头、厦门、基隆，6月10日抵达日本门司港，宫崎滔天赶来迎接。孙中山向宫崎谈来日本的目的时说，在思想上抱有很大的期待，希望在犬养毅等人的帮助下开辟有利的局面。[③]孙中山一行在日本的游览胜地箱根滞留四天。在这期间，孙中山与头山满、菊池良一、今井嘉幸等人会谈，介绍了中国的南北形势，阐述了解决中国问题的意见。

梅屋庄吉得知孙中山来到日本的消息后，于6月12日专程从东京赶至箱根与孙中山相会。[④]老友重逢，分外亲切。两人自1916年4月分别后，已有两年多没见面了。梅屋恨不得一口气将日本的时事、友人们的近况、自己家庭和实业的情况等告诉孙中山。孙中山也从中国南北的形势、革命党的护法、这次来日本的目的到宋庆龄及梅屋熟知的中国友人的近况，无所不谈。

这时，第一次世界大战已接近尾声。日本当局估计，大战一旦结束，欧美列强将重返中国，对日本独霸中国大为不利。于是，日本极力扶植段祺瑞，以抢在欧美列强重返之前统一中国，维护它在大战中攫取的大批侵华权益。当段祺瑞的武力统一受挫时，日本转而利用南北军阀"议和"的机会，积极活动，企图以南北军阀的妥协来达到统一。孙中山坚决主张南北统一的前提是恢复

① 《孙中山全集》第4卷，第409页。
② 《日本外交文书》大正七年第2册上卷，第18页。
③ 《日本外交文书》大正七年第2册上卷，第21页。
④ 1918年6月13日，神奈川县知事有志忠一致内务大臣水野炼太郎、外务大臣后藤新平函，神高第一秘收第3479号，日本外交史料馆藏。

《临时约法》和召开国会（旧国会）。南北军阀均反对孙中山的这一主张，因此，日本认为孙中山是南北统一的障碍，密谋排除他。这次同意孙中山来日本的目的意在调虎离山，以迅速促成军阀间的妥协。孙中山在日本滞留期间识破了日本政府的用意，认识到不能指望日本政府的支持。

6月26日，孙中山回到上海。登岸后，他严厉指责寺内内阁的对华政策为"对南方的讨伐"。①这次访日，使孙中山认清了日本寺内内阁对南方革命党人的政策，他对寺内内阁的幻想也就随之破灭。

不测风云

孙中山回上海后，闭门著书，把奔走革命三十余年的经验，从理论上做了一次总结。他先后著《知难行易的学说》《实业计划》两书。这两本书和他在1917年写的《民权初步》合在一起，称《建国方略》。孙中山在这些著作里，充满信心地规划了建设中国的宏伟蓝图，提出了建立资产阶级共和国的理论、方针和策略。

1920年8月，粤、桂军之间为争夺广东地盘开战，结果桂军被逐回广西。10月下旬，孙中山重返广东，组建第二次广东军政府，再度揭起护法的旗帜。

在孙中山掀起第二次护法运动后不久，梅屋庄吉遇到一次意外事件。1921年2月21日，横滨加贺町警察署的一名警察突然闯进梅屋宅，出示拘捕证，令梅屋立即随他去横滨受审。横滨是日本的贸易大港。这一年年初，在横滨海关中查出一起贿赂事件。有一位名叫宫川嘉市的海关官员原与这一事件无关，但是，检察官员在调查贿赂案件的时候，发现他每月接受梅屋五十日元的赠

---

① 《东京朝日新闻》，1918年6月28日。

款。当时，梅屋进口的美国影片均从横滨入关，因此，检察当局怀疑梅屋行贿，于是拘捕了他。而事实却是，宫川的儿女多，负担重，他为了送儿女们上学，节衣缩食，拼命工作，但微薄的收入仍使他入不敷出，十分困苦。梅屋在出入海关的过程中与宫川相识，得知他的困境后，立即提出每月给其儿女们提供五十日元学费。

扶危济困，是梅屋庄吉一贯的思想品行，也是他终生奋斗的目标之一。每当看到他人陷入困境时，梅屋总是热情相助。他一生中用于扶助他人的赠款多得难以数计。据载，仅 1921 年一年间，梅屋赠给他人的扶助金就达五千八百十一日元。[1]

梅屋庄吉被捕的消息一传开，曾和梅屋一道援助中国革命的日本民间志士纷纷前来看望他。人们得知事情的经过后，争相为梅屋扶危济困的一贯品行作证。当这一消息越过大海，传到广东时，孙中山十分关心，他拟了一份很长的电报发给梅屋，表示慰问。[2]当时任军政府外交部长的伍廷芳也致电梅屋，嘱他保重身体，耐心等待。这在精神上对受屈的梅屋是莫大的安慰和鼓励。

经反复调查，检察当局终于核实梅屋庄吉给宫川嘉市的赠款与贿赂无关，梅屋无罪获释。

坚定不移

1921 年 4 月 7 日，国会非常会议通过《中华民国政府组织大纲》，并选举孙中山为非常大总统。次日，梅屋庄吉读报时获悉这一消息，异常兴奋，立即致电孙中山表示祝贺。[3]接着，他又与夫人德子一道写信给孙中山、宋庆龄，信中就孙中山当选为非常大

---

[1] 梅屋庄吉：《备忘录》，1921 年。
[2] 梅屋庄吉：《备忘录》，1921 年 2 月 25 日。
[3] 梅屋庄吉：《备忘录》，1921 年 4 月 8 日。

总统一事写道:"从报上获悉阁下当选为大总统,这不仅是贵国而且也是世界之幸。值此,我俩表示衷心的祝贺。"[1]5月5日,孙中山宣誓就任中华民国非常大总统,同日电告梅屋夫妇。[2]不久,梅屋夫妇又收到孙中山与宋庆龄的合照及有关新闻报道。

孙中山就任非常大总统后,为解除北伐的后顾之忧,下令讨伐桂系军阀陆荣廷。广东政府所辖各军向广西挺进,攻袭桂军,连战皆捷。仅三个月,桂军便被击溃,广西平定。孙中山及时将广东政府军获胜的消息电告梅屋庄吉,以与梅屋分享胜利的喜悦。这期间,梅屋还收到好友马君武拍来的电报,得知他已受命为广西省省长。[3]

在第二次广东军政府时期,孙中山多次严厉批评日本,要求取消"二十一条"。同时,在十月革命和中国五四运动的影响下,孙中山开始接近苏联,希望得到苏联的军事援助。1921年冬,苏联专使马林来华,在广西桂林访问了孙中山,两人进行了三次长谈。日本政府乘机开动舆论机器攻击孙中山"赤化"、反日。受这种宣传的影响,日本的一些民间人士对中国的局势疑虑重重。梅屋庄吉顶住舆论的压力,认定孙中山领导的事业是正义的事业,坚定不移地支持孙中山。1921年3月初,宫崎滔天和萱野长知来梅屋宅,他们进门见到梅屋就说:我们打算本月中旬专程去广东拜访孙中山,因此,特意先来与梅屋先生商议。梅屋谈了自己的看法,并为他们预备了盘缠。7月底,梅屋接孙中山来电,获悉广东政府军出师讨桂告捷,十分高兴。他将萱野长知请来,要萱野带着他的一封信和一笔赠款赴广东交给孙中山。[4]

广西平定后,广东国会于10月8日通过北伐案。15日,北伐军三万余人出征,27日李烈钧部进占衡州。萱野长知于11月

---

① 梅屋庄吉:《备忘录》,1921年4月10日。
② 梅屋庄吉:《备忘录》,1921年5月6日。
③ 梅屋庄吉:《备忘录》,1921年7月29日。
④ 梅屋庄吉:《备忘录》,1921年8月31日。

20 日回到东京，向梅屋庄吉详细介绍了自己在广东的见闻。[①]梅屋闻言深信北伐终将成功。

我相信他

12 月，孙中山在桂林设立大本营，计划由桂入湘，大举北伐。由于陈炯明同帝国主义和直系军阀暗中勾结，在后方密谋予以牵制，准备破坏广东政权，孙中山被迫改变计划，回师广东，在韶关设立大本营。1922 年 5 月 8 日，孙中山任命李烈钧为北伐军总司令，并命令北伐军取道江西北伐。6 月，北伐军一举攻占江西南部重镇赣州，随即进抵吉安，威胁省会南昌。北伐军士气高昂，江西即将平定。但是，就在这时，广东内部风云突变。6 月 16 日，陈炯明发动反革命武装叛乱，炮轰总统府。孙中山在枪林弹雨中冲出叛军包围后，电令李烈钧等率北伐军回粤，镇压叛乱。一个月后，孙中山闻报北伐军回师与叛军激战，遭到重大失利后向湘、赣退却。8 月，孙中山又一次被迫退避上海，第二次护法运动宣告失败。

这次护法失败．是孙中山一生中最惨重的一次失败。孙中山由此对军阀的本质有了进一步的认识，觉悟到依靠军阀去打倒军阀的方法断无成就，必须寻求新的革命道路。但是，挽救中国革命的出路在哪里？彷徨中，他遇到了十月革命和中国共产党。在上海，孙中山多次与共产国际代表接触，并积极联络中国共产党人，虚心接受他们提出的建议，决心联俄、联共，改组国民党。1923 年元旦，孙中山发表《中国国民党宣言》，强调革命必须依靠民众的力量。1 月 26 日，孙中山同苏联代表越飞发表联合宣言，确立了联俄政策。这些标志着孙中山在新的革命道路上迈开了新

---

① 梅屋庄吉：《备忘录》，1921 年 11 月 20 日。

的步伐。

　　同时，孙中山组织东西两路讨贼军，1 月 4 日发出通电讨伐陈炯明。讨贼军分两路进击粤军，粤军第一、三师等也起义响应，陈家军顷刻间即土崩瓦解。1 月 16 日，陈炯明狼狈逃往惠州。

　　2 月 21 日，孙中山又回到广州，建立了第三次广东军政府，被推举为海陆军大元帅，继续进行国民党的改组工作。1924 年 1 月，国民党第一次全国代表大会在广州召开。李大钊、陈独秀、毛泽东等一批共产党员作为代表出席会议。大会的几个审查委员会都有共产党员参加，李大钊被指定为五人主席团成员之一。大会通过了《中国国民党第一次全国代表大会宣言》，提出了联俄、联共、扶助农工的三大政策，把旧三民主义发展为新三民主义。

　　这时，日本的宣传机器加紧攻击孙中山，指责孙中山"赤化""受骗"的文章连篇累牍。一些熟知梅屋庄吉与孙中山关系的人甚至登门质问梅屋，梅屋泰然解释说，我相信孙中山所做的都是为了中国革命。[①]

感谢你

　　1924 年 9 月，第二次直奉战争爆发。孙中山决定乘军阀混战的有利时机，率军北伐，推翻曹锟和吴佩孚为首的直系政权，统一中国。就在这时，受革命形势影响的直系将领冯玉祥突然率部入京，于 10 月 23 日发动政变，包围总统府，囚禁曹锟，缴械遣散反动武装。直系军阀吴佩孚在奉系军阀张作霖和冯玉祥的两面夹击下迅速溃败。

　　北京政变后，冯玉祥电请孙中山北上，共商大计。孙中山为了和平统一中国，毅然接受了邀请。11 月 13 日，孙中山偕宋庆

---

① 车田让治：《国父孙文与梅屋庄吉——献身于中国的一位日本人的生涯》，第 362 页。

龄等离粤北上，17 日抵沪。李烈钧建议孙中山取道日本北上。24 日，孙中山一行抵神户。在神户滞留期间，孙中山发表四次演讲，会见记者六次，呼吁日本协助中国人民废除中国与列强间的不平等条约。

自 1918 年 6 月在日本箱根分别后，梅屋庄吉虽然常与孙中山通信往来，但多年未见，十分思念。听说孙中山一行已抵达神户，梅屋非常激动，恨不得即时赶往神户与孙中山、宋庆龄相会。但是，这时梅屋正卧病在床，无法成行。无奈何，只得委托萱野长知带着自己的亲笔信及礼物赶至神户，面交孙中山、宋庆龄。①从萱野的介绍中，孙中山、宋庆龄得知梅屋夫妇的近况，回顾往事，思绪如潮，感慨万千。两人反复叮嘱萱野向梅屋夫妇转达他俩的问候和祝福。11 月 30 日，孙中山离神户时特意致电梅屋：

> 感谢逗留贵国期间的深情厚谊。为亚洲民族复兴，切望继续协助。躬祝健康为祷。
>
> 孙　文②

---

① 车田让治：《国父孙文与梅屋庄吉——献身于中国的一位日本人的生涯》，第 363 页。
②《1924 年 12 月 1 日孙中山致梅屋庄吉电》，见《梅屋庄吉文书》；参见《孙中山全集》第 11 卷，第 437 页。

八　巨星陨落

——孙中山逝世

由于多年艰苦的奋斗，孙中山积劳成疾，身患肝癌已到晚期。这次带病辗转各地北上，加重了病情。12 月 4 日孙中山抵天津，得知新成立的段祺瑞政府正在加紧投靠帝国主义，并策划召开代表军阀官僚利益的善后会议，极为愤慨。岁暮，孙中山扶病入京。他冲破黑暗势力的包围，严厉斥责段祺瑞，重申废除不平等条约的目标，反对善后会议，主张立即召开国民会议。错综复杂的斗争，使孙中山的病情更加恶化，1925 年 1 月 26 日入协和医院接受手术治疗。

晴空霹雳

孙中山住院的消息在日本误传为孙中山逝世。1 月 27 日，梅屋庄吉在当日的报纸上看到这一误传的消息，顿时有如晴空霹雳，他怀着极其悲痛的心情，在《备忘录》中写下"是日，挚友孙文逝世"①的字句。这时，梅屋仍大病未愈，无法渡海西行。他找萱野长知、头山满、古岛一雄等人商议，决定派萱野长知为代表，前往北京参加葬礼。萱野于当日晚 7 时离开东京，取道朝鲜，赶

---

① 梅屋庄吉：《备忘录》，1925 年 1 月 27 日。

往北京。在萱野离开东京前，梅屋夫妇特意准备了一束鲜花，嘱咐萱野到北京后送给宋庆龄。[①]接着，梅屋拍电报给居住大连的养女梅子，要她代表双亲，速往北京参加悼念活动。[②]梅屋的女婿冈本理治很快回电："为悼念孙文先生，慰问孙夫人，梅子已代双亲赴北京。"[③]

几天后，日本的各家报纸纠正了孙中山逝世的误传。萱野长知抵北京后，于 2 月 4 日致电梅屋庄吉称："孙文尚可。"[④]梅屋闻讯，喜出望外，他立即分别致书宋庆龄、张继、居正、戴季陶、萱野长知等人，要求竭尽全力，设法使孙中山脱险。[⑤]当时，日本有一位治疗癌症的权威中井博士，梅屋计划请他前往北京参加会诊。同时将这一计划电告萱野，询问是否可行。北京医师团认为此举无济于事，反对中井来京，梅屋的计划因而未能实现。

来协和医院探望孙中山的日本友人当中，只有萱野长知被允许面见孙中山。当萱野轻步走到孙中山的病榻前时，孙中山认出了这位曾热忱援助中国革命的日本友人。他缓声问道："木堂翁（犬养毅）如何？立云翁（头山满）如何？"问过这两句后，他顿了一下，接着又问："烟波亭（梅屋庄吉）如何？在神户未晤仁兄（梅屋），甚感遗憾。"[⑥]

梅子随后也赶到北京。因孙中山生命垂危，医师不同意她入病房探视。宋庆龄见梅子来京，特意抽时间接待了她。两人九年未见，这时重逢，心情分外沉重。梅子紧握着宋庆龄的手说，我是代父母亲来的，请转告孙中山先生，我们全家都相信并躬祝（孙中山先生）一定康复，并希望能在孙先生康复后拜访他。[⑦]宋庆龄

---

① 梅屋庄吉：《备忘录》，1925 年 1 月 28 日。
② 梅屋庄吉：《备忘录》，1925 年 1 月 30 日。
③《梅屋庄吉文书》。
④ 梅屋庄吉：《备忘录》，1925 年 2 月 4 日。
⑤ 梅屋庄吉：《备忘录》，1925 年 2 月 4 日。
⑥《萱野长知致梅屋庄吉函》（日期不明），《梅屋庄吉文书》。
⑦《梅子采访记》，见田中让治：《国父孙文与梅屋庄吉——献身于中国的一位日本人的生涯》，第 365 页。

表示一定转告。接着，宋庆龄详细询问梅屋庄吉的病情，并嘱梅子转告梅屋，静心养病，争取早日痊愈。

　　远在东京的梅屋庄吉无时不在关注孙中山的病情。这段时间，在梅屋的《备忘录》中，有许多"关于孙文"的记载。当得知孙中山的病情恶化时，梅屋的心情十分沉重。因忧虑过度，加上身患重病，他常常不思饮食，彻夜不眠。2 月 24 日，梅屋再次写信向萱野长知询问孙中山的病情，他总是希望萱野会传来一些好的消息。然而，孙中山的病情不断恶化，萱野不能不如实向梅屋等人汇报。3 月 11 日，萱野就孙中山的病情给梅屋写了最后一封长信，详细叙述了孙中山的病情和治疗情况，萱野怀着悲痛的心情，在信中写下"孙中山生命垂危"的字样。[①]

巨星陨落

　　2 月 1 日，段祺瑞不顾全国人民的强烈反对，拼凑了一场善后会议。参加善后会议的各派军阀官僚为争权夺利，争吵不休。为反对段祺瑞的倒行逆施，国民党左派联合中国共产党于 3 月 1 日在北京召开了国民会议促成会全国代表大会。大会开了一个多月，着重揭露了善后会议的反人民的性质，否定了段祺瑞的反动主张。大会还讨论了中国革命的一些基本问题，并通过了相应的决议。

　　大会正在进行的时候，传来了不幸的消息，孙中山于 3 月 12 日在北京东城铁狮子胡同五号住处溘然长逝，终年五十九岁。中国人民、世界革命人民及孙中山的生前友好极度悲痛，各地沉痛举行追悼大会。孙中山在临终的时候，发出了"革命尚未成功，同志仍须努力"的呼吁，激励后人，奋勇前进。他还留下《遗嘱》

[①]《1925 年 3 月 11 日萱野长知致梅屋庄吉函》，见《梅屋庄吉文书》。

和《致苏俄遗书》，号召全国人民实行三大革命政策，坚持反帝、反封建，共同奋斗，完成他未竟的事业。

梅屋庄吉从晚报上得知孙中山逝世的消息时，不敢也不愿意相信这是事实。3 月 13 日，孙科拍来发丧讣电：

> 父孙中山于十二日晨九时三十分逝世。对生前厚谊谨致谢意。
>
> 　　　　　　　　　　　　　　　　　　孙科[1]

接孙科来电，梅屋确信孙中山已去世，顿时泪如雨下，泣不成声。同日，梅屋以极其悲痛的心情，分别向孙科、宋庆龄发出唁电，表示哀悼。电文如下：

> 肃启：
> 　　顷接贵电，惊悉尊父因病去世。
> 　　据本地报纸载北京电，已知此噩耗，正半信半疑，接贵电方知其属实，哀痛至极！
> 　　先生乃中国革命之大恩人，世界之伟人。今日仙去，诚为贵国乃至整个东洋之不幸。
> 　呜呼！先生于巨大忧患中离去。
> 　遥致微忱，深表哀悼。
> 　孙科[2]

> 恭声
> 　　遥闻孙文先生仙去，哀痛至极，问候之词无以言表，愁

---

① 此电系用罗马字写的日文，梅屋庄吉：《备忘录》，1925 年 3 月 14 日。原件见《梅屋庄吉文书》。

② 梅屋庄吉：《备忘录》，1925 年 3 月 14 日。

伤之情难尽笔端。

先生为国鞠躬尽瘁，吾人一向尊崇其为世界伟人，此当勿需赘言。

今贵国值多事之秋，先生去世，不仅使贵国前途未卜，更是日本之不幸。

吾人与孙文先生相识已久，忆及以往，感慨无量，如今只有仰天长叹。

语塞而意未尽，披微忱而悼之。

敬白

宋庆龄[1]

3月25日，北京各界人士在中央公园（后改名为中山公园）举行公祭。萱野长知以梅屋庄吉、头山满和自己的名义到孙中山灵前致祭，并献了花圈。[2]

4月12日，梅屋庄吉和孙中山的生前好友在东京青山会馆举行孙中山追悼会。梅屋在致悼词时，回顾了他与孙中山结交的往事，一见如故、广州起义、菲律宾独立运动、惠州起义、同盟会、黄花岗之役、辛亥革命、二次革命、第三次革命（护国运动）……孙中山为革命含辛茹苦、鞠躬尽瘁的面容，仿佛就在眼前。他百感交集，失声痛哭。

5月9日，日本各界人士在东京芝的增上寺举行孙中山追悼大会。孙中山的生前好友梅屋庄吉、犬养毅、头山满、萱野长知、秋山定辅、久原房之助、后藤新平、副岛义一等到会。日本首相加藤高明、司法大臣小川平吉、陆相宇垣一成等也被迫参加了追悼大会。[3]梅屋庄吉在孙中山遗像前深深鞠躬，久久不愿离去。

① 梅屋庄吉：《备忘录》，1925年3月14日。
②《萱野长知致梅屋庄吉函》（日期不明），见《梅屋庄吉文书》。
③ 梅屋庄吉：《备忘录》，1925年5月9日。

九 "愿英灵照览"

——梅屋庄吉与孙中山铜像

梅屋庄吉是一名实业家,同时又是孙中山革命事业的赞助者。自与孙中山结为知交以来,历经三十年,援助孙中山的革命事业成为他人生的主要内容和主要精神支柱。在孙中山逝去后的一段日子里,梅屋觉得人生黯然失色,终日精神恍惚。不久,他在亲友的帮助和启发下摆脱了消沉,认识到孙中山虽然逝去,但其思想和主义仍然留在人间。为实现孙中山的遗志,梅屋开始了新的人生。

"白石正一郎"

孙中山逝世后,梅屋庄吉因悲伤过度,心情沉闷,情绪低落。他常常独自坐在窗前,回忆往事,时而愁眉不展,时而唉声叹气。这个时候,梅屋的胃病有了一些好转,但高血压和腰痛症仍然纠缠着他。

培植盆景①是梅屋庄吉日常生活中的一大乐趣。他每天早晨起床后第一件事就是一边浇灌、修剪,一边欣赏自己亲手栽培的花木。多年来,他培植了一批珍贵的花木。过去,孙中山来梅屋宅

_____

① 盆景是自然和艺术的结合。它作为日本的传统文化之一,被看作是一种修身之道。

时，总要在这些千姿百态的盆景旁观赏一阵。故人的逝去，使梅屋看到这些花木便触景生情，忍不住阵阵悲伤。为摆脱伤感的情绪，1925 年秋，他将这些花木全部运出处理。①

梅屋总是心神不定，坐立不安。他爱吸雪茄，这时更是烟不离手。追忆故友，常常彻夜不眠，多病的身体因此更加虚弱。经医师反复劝导，自 9 月 14 日起，他戒掉了雪茄，②但是，精神状况依然如故，丝毫不见改善。亲友们看在眼里，急在心中。为了帮助梅屋恢复身心健康，他们着手筹集召开一次 M·百代旧友会。11 月 29 日，旧友会在东京浅草银锅召开，梅屋夫妇和从各地赶来的旧友、徒弟及曾在 M·百代商会工作过的职工等七十余人欢聚一堂，回忆往事，相互鼓励。这一天，梅屋非常高兴，他即席致辞，回顾了自己创办电影业的过程，对大家的协力表示了由衷的感谢。接着，与会者决定成立"M·百代俱乐部"，旨在加强联系，增进友谊，激励梅屋的晚年。故旧同仁的情谊使梅屋深受感动和鼓舞，他由此醒悟，应奋发作为，以不负故友孙中山生前的情谊。会后，梅屋在自我小传《我的影子》中写道：

> 在怀旧的谈笑中，引发长夜之雅兴，带来近日之愉悦。于是乎，吾人在深表感激之余，幡然醒悟，当奋发作为，以残年之躯，报效故人之深情。如此，方能感谢故旧不弃吾人，并给吾人以再起之机会。
>
> 更有惬意者，乃"百代俱乐部"之创设也。在人情淡薄之今日，以"勿忘往昔，与友相携"为宗旨成立的至纯至美之联谊组织，纵令其数甚少，然吾人深信其足以加深人之情谊。③

---

① 梅屋庄吉：《永代日记》，1925 年 12 月。
② 梅屋庄吉：《永代日记》，1925 年 9 月。
③ 梅屋庄吉：《我的影子》，第 1~2 页。

1926 年 1 月 18 日，M'·百代俱乐部成立大会在梅屋宅举行。来宾有犬养毅、头山满、后藤新平、古岛一雄、萱野长知等政界名流和知交旧友。加上 M·百代俱乐部成员，出席大会的共有五百余人。①梅屋宅的大院里人头攒动，问候声、祝贺声不绝于耳，一派喜庆的气氛。一些来宾先后致辞，赞扬梅屋庄吉与故旧同仁亲密无间的关系，对 M·百代俱乐部的成立表示祝贺，同时还高度赞扬了梅屋无私援助孙中山的革命事业的崇高精神。孙中山的旧友、曾任日本国会议员的古岛一雄在致辞中将梅屋比喻为白石正一郎。白石正一郎是日本幕末豪商，在下关经营贸易，立志维新，与维新志士高杉晋作等结交，参加奇兵队。他不求名利，倾注家产，投入倒幕。他的活动促进了倒幕核心势力长州、萨摩两藩的联合，加速了倒幕派的胜利。孙中山生前一再强调，"日本维新是中国革命的第一步，中国革命是日本维新的第二步。中国革命同日本维新实在是一个意义。"②因此，若将中国革命比喻为日本维新，那么，将梅屋庄吉比喻为白石正一郎则是一种最恰当的评价。古岛一雄等人还在致辞中希望梅屋化悲痛为力量，振奋精神，继续努力。③最后，梅屋走上讲台激动地说："盟友故去，便认为万事皆休的想法是错误的。日中亲善是老生多年的夙愿，也是实现盟友遗嘱之途径。为此，要鞭策残年，奋起作最大努力。"④

会上，梅屋向与会者赠送了《我的影子》这本小册子。这是梅屋亲自写的自我小传，简明地记述了他以往的人生。在这册小传中，梅屋提及孙中山和中国革命时写道："对于中国革命，与彼国志士结交，自始至终努力于信念。"⑤这句话言简意赅，概括了梅屋对孙中山领导的中国民主革命所做出的贡献。

---

① 梅屋庄吉：《我的影子》，第 13 页。
②《孙中山全集》第 11 卷，第 365 页。
③ 车田让治：《国父孙文与梅屋庄吉——献身于中国的一位日本人的生涯》，第 373 页。
④ 车田让治：《国父孙文与梅屋庄吉——献身于中国的一位日本人的生涯》，第 373 页。
⑤ 梅屋庄吉：《我的影子》，第 10 页。

自 1916 年以来，因资金短缺，梅屋被迫放弃电影制片，专营外国影片的发行业务。M·百代俱乐部成立后，梅屋打算重整旗鼓，回到电影界。1926 年 10 月，他与片冈松燕电影制片厂合作，计划拍摄几部影片。他不顾年老多病，终日奔波，全神贯注在实业中。他甚至亲自操作摄影机，拍摄一部名叫《地狱街道》的影片。然而，就在这个时候，片冈等人瞒着梅屋大借高利贷，其总额高达十余万日元。到还债期限时，片冈无力偿还，于是，债权人向法院提出诉讼。梅屋是片冈的合作者，受其连累，同时被起诉，并被指定承担五万五千四百余日元的债务。[①]债权人闯入梅屋宅，将金库、贮藏室以及家具等贴上了封条。后来，梅屋赔偿了债务的百分之七十，一时避免了破产。但是，影片的拍摄已无法继续进行。从此，他退出电影界，一心从事日中友好事业。

铸赠孙中山铜像

梅屋庄吉认为，孙中山逝世后最重要的问题是继续宣传三民主义和亚洲复兴的思想，执行孙中山的遗嘱。他思索着自己所能做的工作。经反复考虑，他决定铸造七尊孙中山铜像分别立于日本和中国各地。有一天，千势子问，爸爸，您为什么要铸造孙中山铜像？梅屋回答说：邻邦日本的民众如此尊敬孙中山，应该具体表现出来。树铜像可以提醒人们牢记孙中山的主义，竭诚遵守孙中山的遗嘱。中国文盲多，以形象进行宣传、教育的方式更为有效。同时，这也是宣传孙中山丰功伟绩的最好方式。[②]

1928 年初，梅屋着手进行这项工作。他聘请日本著名雕刻家牧田祥哉设计、雕刻，接着委托第一流铜像铸造业主——筱原雕

---

① 车田让治：《国父孙文与梅屋庄吉——献身于中国的一位日本人的生涯》，第 386 页。
②《国方千势子采访记》，车田让治：《国父孙文与梅屋庄吉——献身于中国的一位日本人的生涯》，第 387 页。

金店主筱原金作铸造四尊。这一工程的费用庞大，仅定金就支付了四千三百日元。[①]这时，梅屋的经济拮据，为筹集铸造铜像的费用，他一面投入米市经营，一面向千势子借款。梅屋夫人为千势子在银行存了一笔款，以备将来购置嫁妆。千势子乘母亲不在家时，悄悄将这笔款交给了父亲。[②]

这一时期，中日关系日趋恶化。1927 年 5 月，日本出兵山东，企图阻止北伐军前进，次年 5 月，制造济南惨案；6 月炸死张作霖，图谋霸占东北三省。梅屋对日本政府蓄意推行侵略政策，恶化中日关系的行径痛心疾首。他决定在日本树一尊孙中山铜像，以此疾呼日本人民珍惜日中之间的传统友谊，进而促使日本政府反省其对华政策。

梅屋选定东京府西多摩郡调布村为立铜像的地点，并在当地购买了面积九百平方米的土地。[③]调布村四周翠绿丛茵，多摩川清澈的河水从这里缓缓流过。梅屋请一家土木建筑公司修筑铜像像基，同时向东京警视厅总监官田光雄申请许可证。然而，东京警视厅于 1928 年 10 月 29 日发出四三三三〇号指令，声称"铜像建设一事，碍难照准"，[④]拒绝了梅屋的要求。其原因，据《报知新闻》报道："孙中山是革命家，考虑到他的思想影响及其后果，由内务省发下禁止的内部指令。"[⑤]梅屋得知这些情况后，顿足叹息，认为长此以往，日本将会走上一条危险的道路。他对日本的前途深感忧虑。

令梅屋感到安慰的是，孙中山铜像的铸造工程进展顺利。不久，第一尊铜像铸成。这尊铜像高三米六十厘米，重七吨。孙中

---

① 梅屋庄吉：《永代日记》，1928 年 3 月 29 日。
②《国方千势子采访记》，车田让治：《国父孙文与梅屋庄吉——献身于中国的一位日本人的生涯》，第 388 页。
③ 梅屋庄吉：《永代日记》，1928 年 3、4 月。
④《梅屋庄吉文书》。
⑤《报知新闻》，1928 年 10 月 22 日。

山身穿西服，神采奕奕地站在讲台上，左手叉腰，右手前伸，面向大众，讲述其主义的形象栩栩如生。1929 年 2 月 18 日，梅屋在给一位朋友的信中写道：这尊孙中山铜像将立于南京，以缅怀（中华）民国之先觉者孙中山的伟大人格和功绩，安抚英灵，报答明治二十八年①于香港握手以来，结盟三十年的故友。②

　　第一尊铜像铸成后，梅屋庄吉决定亲自护送至中国。1929 年 2 月 20 日，孙中山的生前好友及梅屋的朋友数十人在东京翠松园集会，为梅屋辞行。与会者缅怀孙中山，盛赞梅屋的壮举，表示要继续为日中友好努力。

　　2 月 28 日，梅屋庄吉偕夫人德子、女儿千势子及随员，护孙中山铜像乘"伏贝丸"由神户启程。日本的《东京每日新闻》《大阪每日新闻》等争相报道梅屋一行赴中国的消息，介绍梅屋支持、援助孙中山和中国革命的功绩。《大阪每日新闻》还刊登了梅屋夫妇与孙中山在 1914 年的合影。

　　"伏贝丸"斩波劈浪，于 3 月 4 日晨抵达上海港。上海港旗帜招展，中国军舰鸣放礼炮，军乐队奏迎宾曲，南京国民政府要人和梅屋的友人列队迎接梅屋一行。当天，上海的中国报刊和外国报纸都以显著的版面报道了梅屋一行抵沪的盛况。

"愿英灵照览"

　　梅屋庄吉在上海略事休整后，随即取道南京，直奔北平。3 月 9 日晚，梅屋抵北平。次日下午二时，梅屋由冯玉祥、张继、商震等人陪同，在哀乐声中，迈着沉重的步伐，缓缓步入香山碧云寺孙中山灵堂。他分别以自己和头山满、萱野长知的名义在孙中山灵柩前献上三个花圈后，深深鞠躬、默哀。接着，他怀着极

---

① 明治二十八年为 1895 年。
②《梅屋庄吉文书》。

其悲痛的心情致悼词：

　　维时中华民国十八年己巳三月十日，恭告前总理孙中山先生之英灵曰：

　　此次，我展墓之行，海波万里客愁多，今始拜遗骸，感极。然以国民景仰之至情，得安置于净城，我得特许，亲炙于咫尺之间，徐致追悼之词，思之思之所以自慰者不鲜。

　　初欲与头山满翁、萱野长知氏等同来，但头翁近时健康稍不胜，萱氏亦顷在病褥之中，遂未达本意，甚以为憾，请恕之。回顾先生与我故国相邻，生于现世，三十有五年前，一日于香港之敝屋始迎先生，兴酣，谈天下事，中日之亲善、东洋之兴隆以及人类之平等，所见全同，为求其实现，先行大中华之革命，先生雄图与热诚，甚激我之壮心，一午之谊，遂固将来之契。而人事言易行难，尔来先生注心血，碎肝胆，十有余年，初期革命，渐得遂行。逆运益甚，穷迫危难荐臻，困顿不可言喻，艰苦不可名状。先生毫不屈挠，势愈穷而志益伸，使我见之，喜不能已，赤心倾倒，交谊不渝。

　　我伸首更凝视遗骸唇微动，宛若有言，先生果逝耶？我欲疑之，呜呼哀哉！

　　惟先生之生涯，其浑身满现智仁勇，终始如一。三民主义，启发于先生绝伦智能，究古今哲理之根本，尽东西科学之精髓，能统和经纬之思想，不陷于固陋，不走于矫激，不仅为指导现代中华原理，恐将永为救国济民之经典，传之后昆。先生升天仅四星霜，其宿志着着遂行，昨春掉尾一举，忽就雄图，固由门下之高足逸才，排万难而奋斗，然若非三民主义精神之指导，焉能使全国人心归顺，得就大同也哉。更就四十余年中华革命之径路通观之，静察先生之行藏，到底为人力难企及者不鲜，先生之功绩，实天业也。今时将遗训训政之初期，济济多士，竞励国事，先生固足瞑目。然全国和平统一之事，犹有几多可考虑者，不无前途辽远之感，所冀雄魂，为护国之慈神，长护更生之中华。

潜心默祷，寂然如有灵应，是非我赤心纯情之感通者耶？吾人幸传之同志，并于先生之遗业，祷其永远光辉，愿英灵照览。墓前拜辞，胸塞愈切，低回不知所言。

梅屋庄吉①

怆悼故友，感慨万千。梅屋在悼词中追忆三十五年前与孙中山结盟的往事，缅怀孙中山的光辉业绩，言辞中充满仰慕崇敬之情。他哽咽着的声调时而激昂，时而低沉。不待悼词读完，早已泪流满面，泣不成声。在场的人深受感染，肃然起敬。梅屋站立在灵柩前，目视孙中山遗容，久久不愿离去。他说，孙中山虽然长逝，但其精神仍在。孙中山在给我的最后一封电报中强调要复兴全亚洲。我时刻将这一遗嘱铭记在心。他表示：决心留在中国，为实现遗嘱，奉献残年。②

梅屋庄吉正式向南京国民政府提出了留居中国的要求，并很快得到"同意"的答复。鉴于梅屋无私援助中国革命的功绩，南京国民政府将上海法租界金神父路一四四号住宅提供给他。不久，梅屋一家搬进了这栋住宅。在中国居住期间，梅屋送女儿千势子进上海圣心女子中学学习，自己则整日为中日友好事业奔忙。

南京中山陵修建完毕后，总理奉安委员会决定于 1929 年 5 月底至 6 月初举行孙中山灵柩的奉安大典。孙中山在日本的朋友犬养毅、头山满、萱野长知、平山周、山田纯三郎、古岛一雄、菊池良一、宫崎滔天夫人、宫崎龙介③等八十余人应邀来华参加奉

---

① 《梅屋庄吉文书》。
② 车田让治：《国父孙文与梅屋庄吉——献身于中国的一位日本人的生涯》，第 395 页。
③ 宫崎龙介，宫崎滔天之子，宫崎滔天于 1922 年 12 月 6 日逝世。

安大典。梅屋庄吉和山田纯三郎、菊池良一专程赶往北平，与宋庆龄等人一道，于5月26日护灵车南下。6月1日，孙中山灵柩安葬仪式在紫金山中山陵举行。晨4时，梅屋与犬养毅、头山满、宫崎龙介随宋庆龄等一道，起灵奉移至紫金山中山陵。下午2时25分，梅屋等三十余名日本友人进墓门公祭，瞻仰孙中山遗容。①

奉安大典后，梅屋回到上海。他数十年如一日，支持、援助中国革命，从未考虑过要得到回报。他对南京国民政府为自己提供住宅，深感不安。不久，他在江湾路大东街二十五号购置一处住宅，随即迁出金神父路一四四号。

总理奉安委员会决定将梅屋庄吉赠送的孙中山铜像暂立南京军官学校。1929年10月14日，南京军官学校举行孙中山铜像揭幕典礼，梅屋应邀出席。铜像立于军校大礼堂旁，像基为白石制成，石基四周用白石质的小栏杆环绕，其内绿草如茵。梅屋走上讲台，为铜像揭幕致辞：

> 维时中华民国18年10月14日，故孙中山先生铜像揭幕式举行。庄吉亦有幸自沪前来参加此仪式，呜呼，感慨万千！
>
> 回顾今春3月，予护先生铜像来华，5月先赴西山拜谒先生灵堂，6月又参加旷古盛仪之移灵式，今又再度有机会参加此揭幕式，先生与予之因缘实可谓深矣！
>
> 敬惟先生之鸿业伟绩，早已昭著于世，今更无须赘言。先生不仅是中国之国父，实为世界之伟人，为万众所敬仰。自由平等博爱，乃先生之主张，和平大同乃先生之宿志，且先生终生不渝贯彻此信条，夙夜致力于民生之幸福，南船北马，艰辛奋斗四十年。不幸革命未成，一朝殂谢。然同门同志之士，尊奉先生遗规，终成和平统一大业。国基巩固，乃

---

① 《总理奉安实录》。

有今日之盛典。先生之志，真乃不可泯灭也。呜呼哀哉。庄
吉虽不肖，知遇先生三十余年，自信为中日亲善、东洋和平，
附骥尾略效一臂之力。今值先生宿志初成之际，以满腔热忱
为之祝福，永远景仰先生之伟德，并欲纪念其知遇，曩将先
生一尊铜像敬献国民政府。承蒙嘉纳，及至基础建设工程告
竣，今日得参加典礼，庄吉欣幸之至。盖予之本愿，决非以
铜像作单纯之纪念，而在于万众一旦瞻仰，更为先生之至明
至德所感化，发奋遵奉其遗训，为建设三民主义国家和完成
统一和平而一致努力。

聊陈芜词，以作祝词云尔。

梅屋庄吉[①]

梅屋的致辞情真意切，充分表明了他铸赠孙中山铜像的崇高
目的。后来，这尊铜像移至中山陵，[②]供万民景仰。

梅屋来华时还携带了高五十厘米的孙中山半身铜像一百尊，
分别赠与孙中山的亲友。黄兴的儿子黄一欧接受梅屋赠送的孙中
山半身铜像时，激动万分，表示要继承孙中山和父亲的遗志，为
国家的复兴竭尽全力。

"总理的挚友、国民革命的同志"

为铸一尊孙中山铜像赠给孙中山亲自创建的黄埔军官学校，
梅屋夫人于 1929 年 8 月、1930 年 1 月两次回日本。5 月 3 日，她
护送孙中山铜像抵上海，22 日，梅屋乘"凉州号"海轮护送铜像
离沪，28 日抵广州。黄埔军校教育长林振雄和师生在港口列队迎
接梅屋一行。31 日，黄埔军校召开欢迎大会，参加大会的有广东

---

① 《梅屋庄吉文书》。
② 后又几经辗转，1983 年铜像移立至中山陵附近的藏经楼（现为孙中山纪念馆）前。

省军政要员和军校全体师生等，梅屋在一片热烈的掌声中步入会场。各界代表相继走上讲台，盛赞梅屋无私援助中国革命的功绩。梅屋也应邀做了热情洋溢的讲话。《广州市政日报》《广州民国日报》《广州日报》《黄埔月刊》及香港的《香港日报》等先后报道了梅屋护送孙中山铜像来粤的消息，介绍了梅屋的生平和他数十年如一日，支持、援助孙中山和中国革命的事迹。梅屋的故乡长崎的《长崎商报》也发表了《梅屋翁与广东的欢迎》一文，介绍了梅屋与孙中山结交的往事及广东欢迎梅屋的盛况。[①]黄埔军校的《黄埔月刊》于当天以头版头条刊载《欢迎梅屋庄吉先生》一文，指出：

　　　　他始终是主持人道正义，致力于人类平等；他对于被压迫的弱小民族的反抗运动，不但很表同情，并竭力的赞助，尤其我们中国的国民革命运动，更得他的助力不少！他的思想与精神，他的主张与人格，是十分值得我们景仰钦慕的！

　　　　梅屋先生不但是总理个人的挚友，且是我国国民革命的同志！他之爱护总理，帮助总理，也不但是爱护帮助总理之个人，而是爱护国民革命的势力，帮助国民革命势力的进展！他对于我们的三民主义，有坚确的信仰，对于我们的国民革命，有深刻的认识，我们对这个爱护帮助的国外老同志，当然要表示欢迎！[②]

　　不久，黄埔军校修建了一座高四十米的铜像台基，孙中山铜像屹立其上，景象十分壮观。经过半个多世纪的风霜，这尊铜像仍然矗立在黄埔军校旧址，供人们瞻仰。

　　广东是孙中山及其追随者长年从事革命活动的地区，许多烈

①《长崎商报》，1930年6月24日。
②《黄埔月刊》第18号，1930年5月31日。

士长眠在这里。梅屋怀念故去的友人和同志，抵广州的当天，他
即赶到黄花岗，拜谒七十二烈士墓，向烈士默哀。[①]接着，他沿孙
中山在这一带从事革命活动的足迹，参观访问。6 月 3 日，抵孙
中山青年时期行医的澳门，访问了孙中山前夫人卢慕贞。[②]次日，
至翠亨村参观孙中山故居。参观孙中山故居是梅屋多年的夙愿，
他抚摸着孙中山亲手种下的珊瑚树，仔细观看孙中山青少年时代
使用过的器物，重温孙中山青少年时代的故事，仿佛觉得青少年
时代的孙中山就在眼前。6 月 8 日，梅屋再赴黄花岗，向七十二
烈士墓献花圈。他在花圈上题"英灵千古"四字，以寄托哀思。[③]
结束在广东的访问后，6 月 24 日，梅屋离粤赴宁，26 日再谒中山
陵。

再访广东

10 月初，梅屋获悉自己订铸的另两尊孙中山铜像即将竣工，
于是赶回东京做护运准备。12 月 28 日，梅屋乘"白山丸"，携两
尊铜像抵上海。《东京朝日新闻》《东京日日新闻》和上海的一些
报纸争相做了报道。1931 年 1 月 10 日，梅屋偕夫人乘中国军舰
"靖安号"护铜像至广州，受到广东各界的热烈欢迎。这两尊铜像
分别赠给中山大学和中山县。如今屹立在中山大学校园内的孙中
山铜像就是当年梅屋赠送的。另一尊铜像在抗日战争时期由中山
县移至澳门国父纪念馆。赠送仪式过后，1 月 14 日，梅屋夫妇抵
翠亨村孙中山故居参观。随后至澳门拜访卢慕贞，并合影留念。[④]

1934 年 6 月，中山大学派何思敬教授前往日本，拜访已移居
千叶县长春町别墅的梅屋庄吉，向他致谢。梅屋向何思敬透露，

① 梅屋庄吉：《永代日记》，1930 年 5 月 28 日。
② 梅屋庄吉：《备忘录》，1930 年 6 月 3 日。
③ 梅屋庄吉：《永代日记》，1930 年 6 月 8 日。
④ 梅屋庄吉：《永代日记》，1931 年 1 月。

计划再铸造三尊孙中山铜像，分别立于北平、武昌和上海，以使
人们牢记孙中山的主义，确立东洋和平，安抚英灵。[①]然而，"九
一八"事变后，中日关系急剧恶化，梅屋因与中国关系密切而受
到日本军国主义分子的围攻，处境十分艰难。加上年迈多病，力
不从心，这一计划未能实现。

梅屋庄吉赠给中国四尊孙中山铜像义举，是近代中日关系史
上的一件大事，是中日两国人民友好的象征，在当时的历史条件
下，意义尤为重大。矗立在中国各地的孙中山铜像一直激励着中
国人民为实现孙中山的遗嘱，完成资产阶级民主革命而奋斗。

影片《大孙文》

梅屋在铸赠孙中山铜像的同时，积极筹备拍摄影片《大孙文》。
他与宫崎龙介等人一道，发起成立了《大孙文》拍摄协会。梅屋
等在协会的章程中简明地介绍了孙中山的光辉业绩，称孙中山是
可与列宁相匹敌的一大豪杰；指出拍摄这部影片的目的是使日本
人民通过影片了解中国革命和巨人孙中山，教育后代珍惜日中之
间的传统友谊。同时让中国人民了解日本曾经是以孙中山为首的
革命党人从事革命活动的重要基地，许多日本志士同情和支持孙
中山领导的中国革命。章程规定协会的宗旨为加深相互了解，促
进日中友好。[②]

协会很快组织编写了《大孙文》电影剧本（草稿），确定影片
在广东、香港、上海、南京、北平、武昌、汉口、长江、奉天、
伦敦、纽约、东京、横滨等地拍摄，以生动地再现孙中山光辉的
一生。剧本在热情地讴歌以孙中山为代表的革命力量的同时，揭
露、谴责了袁世凯等反动势力。剧本还对日本志士援助孙中山革

---

① 《读卖新闻》，1934年7月3日。
② 《梅屋庄吉文书》。

命事业的情况做了详细的描述。①

影片预算耗资十五万日元，计划三年完成。1931 年 5 月初，梅屋庄吉只身返回日本，暂住大阪，着手筹集资金，物色演员。梅屋原定与松竹株式会社合作，双方正在交涉的时候，七八月间日本侵略军在中国东北三省连续制造万宝山事件和中村大尉事件，日本军国主义分子乘机狂热鼓吹侵华，中日关系骤然紧张。松竹株式会社认为拍摄《大孙文》一片风险极大，转而拒绝合作，交涉随之破裂。在这种情况下，梅屋只得离开大阪，返千叶县长春町三门海岸的别墅。②不久，"九一八"事变爆发，梅屋拍摄《大孙文》的愿望最终化为泡影。

---

① 《梅屋庄吉文书》。
② 梅屋庄吉在东京大久保百人町的住宅已于 1929 年出租给他人。

十　惋惜

——梅屋庄吉逝世

1931 年 9 月，日本侵略军发动"九一八"事变，侵占了中国东北；次年 1 月，在上海点起战火，挑起"一·二八"事变；1933年 1 月初，进犯山海关，接着掠取热河省、长城各口和冀东。梅屋庄吉对日本政府、军部推行侵略政策，蓄意挑起事端，侵占中国领土非常忧虑。他抱着善良的愿望，多次努力，试图说服日本政府和军部停止侵华，以促使两国关系正常化，实现孙中山倡导的中日友好。然而，由于种种局限，他始终没有认识到仅凭善良的愿望是不能阻止侵略的。

善良的愿望

"九一八"事变爆发后，由于蒋介石政权奉行不抵抗政策，国民党军队闻风溃逃，大片国土失于敌手。日军得寸进尺，侵略气焰十分嚣张。日本军国主义分子乘机大肆鼓吹侵华。面对严重恶化的事态，梅屋庄吉忧心如焚。他认为要促使日本停止侵华，首先要说服军方。为此，他四处奔走，通过各种渠道接近陆军首脑。1932 年 12 月上旬，梅屋来到东京，与陆军大臣荒木贞夫、参谋本部作战课长小畑四郎少将等人面谈。[①]面谈中，梅屋回顾了与孙中山结交的往事，强调了日中友好对东洋和平、亚洲复兴的重要性。谈及因日军侵略而造成的严重事态时，他表示愿充当和平使者，出面斡旋。同时，他还致书蒋介石，阐述了同样的意见。[②]当时，日本军部正在加紧扩军备战，策划新的侵华行动，对梅屋的意见不屑一顾。

在这一时期，日本国内反侵略的民主人士先后密电国际联盟和中国国民政府，指出日本"退出国际联盟并非日本国民的意愿"，"山海关事件是日本军部的暴举"。电报内容公开后，日本政府恼羞成怒，下令严查。梅屋庄吉因与中国关系密切，热衷于日中友好事业而被警宪当局列为嫌疑对象。1933 年 2 月 28 日下午，四名宪兵突然闯入梅屋别墅，厉声质问梅屋为什么要拍"卖国电报"，并使用欺骗伎俩胁迫梅屋"从实交待"。梅屋镇定自若，严词驳斥了宪兵的无耻谎言。宪兵们气急败坏，翻箱倒柜将梅屋的《备忘录》三册、中国政府要人书信集及相册等珍贵资料搜走。[③]3 月 2日、9 日，东京宪兵队本部两次传讯梅屋，企图诱供，遭到梅屋反驳。一些军国主义分子早就对梅屋的"亲华"咬牙切齿，见梅屋被宪兵队本部传讯，乘机推波助澜，接连在几家报刊上发表题为"勾结国民政府，把祖国引向歧路""卖国贼的怪电——暗通南京政府，中国浪人梅屋被传讯""国贼梅屋庄吉""国民党间谍"的文章，攻击、诋毁梅屋。梅屋不顾个人安危，顶住军国主义的逆流，坚持不懈地从事日中友好活动。11 月，他手书一封亲笔信，通过犬养毅和头山满的关系，递交给外相广田弘毅，内称："实现日中亲善，是我多年的夙愿，也是故友孙中山的遗嘱，终日苦思

---

① 车田让治：《国父孙文与梅屋庄吉——献身于中国的一位日本人的生涯》，第 412 页。
② 同上书，第 413 页。
③ 梅屋庄吉：《永代日记》，1933 年 2 月。

其实现。"①可见，梅屋一刻也没有忘记孙中山生前的嘱托。12 月9 日上午，广田弘毅约见梅屋，②宣称愿听取他的意见。梅屋回顾了自己与孙中山的往事，指出孙中山生前一再强调中日两国是兄弟之邦，倡导中日友好，而日本政府一直未予重视。这时，日本还没有做好发动全面侵华战争的准备，为争取时间，日本政府决定调整自"九一八"事变以来严重对立的中日关系，缓和与英美间日趋激化的矛盾。在又一次约见中，广田弘毅假惺惺地请求梅屋赴中国进行友好访问，以奠定自己与南京国民政府首脑会谈的基础。梅屋未能识破日本政府的阴谋，他从善良的愿望出发，希望日本政府的态度从此朝好的方向发展。对不久将开始的中国之行更是激动万分。恰在这时，梅屋的胃病恶化。疼痛常使他彻夜不眠。梅屋夫人和医生都劝他暂时不要渡海远行。病魔的纠缠，使梅屋十分痛苦，但他充满信心，认为疼痛会像以往那样，过一段时间便自然消失。

1934 年 11 月 15 日，广田弘毅的秘书电告梅屋："请于明日进京，广田外相在恭候"。③次日清晨，梅屋抱着早日奔赴中国的急切心情，前往车站赶乘 7 时 30 分去东京的火车。离开别墅时，他高兴地向夫人说：我就要去中国了，你看我还像有病的样子吗？说完便大笑起来。这是梅屋夫人看到他的最后一次笑容。

梅屋庄吉辞世

梅屋兴冲冲赶到车站，就在要跨上火车车厢时，他只觉得天旋地转，瞬间便倒了下去。在半昏迷状态中，他被送回别墅，经医生反复检查，确诊为晚期胃癌。1934 年 11 月 23 日 0 时 15 分，

① 《梅屋庄吉文书》，车田让治：《国父孙文与梅屋庄吉——献身于中国的一位日本人的生涯》，第 417 页。
② 梅屋庄吉：《永代日记》，1933 年 12 月。
③ 《梅屋庄吉文书》。

梅屋庄吉与世长辞，终年六十五周岁。梅屋将一生献给了孙中山领导的中国革命和中日友好事业，他是孙中山的同盟者，是中国人民的真诚朋友。他的逝世，引起两国人民深切的悼念。日本的部分报纸以"援助孙中山的梅屋翁逝世"[①]"中国革命的恩人梅屋庄吉翁逝世"[②]"惋惜！志士梅屋翁与世长辞"[③]"援助孙文——日中亲善的隐藏英杰"[④]为题进行报道。梅屋庄吉逝世的消息传来，中国人民为失去一位忠诚的国际友人而悲痛万分，《申报》载文指出：梅屋庄吉是"孙总理的知友"，"与中国革命有密切关系"，"对于中国革命事业颇有功绩"。[⑤]中日各界有关人士及梅屋庄吉的生前好友纷纷来电来函，表示哀悼。11 月 27 日，三百余名中日人士怀着沉痛的心情，赶到位于千叶县三门海岸的梅屋别墅，参加了追悼会及葬礼。

梅屋庄吉在临终前给亲友留下"吾人为中国革命所作之一切，均是为恪守与孙中山之盟约"，"与此有关之日记、书信等，概勿外传"[⑥]的遗嘱。根据这一遗嘱，亲属们将梅屋庄吉与孙中山及中国革命有关的史料密藏多年。中日邦交正常化后，梅屋庄吉的女儿千势子于 1973 年 5 月将这批珍贵的史料公开。在这之前，人们提到支持孙中山领导的中国革命的日本友人时，往往忽略了梅屋庄吉。因此，在这批史料公开之际，日本的《读卖新闻》载文称梅屋庄吉是"鲜为人知的孙中山革命的支持者"[⑦]。

---

① 《时事新报》，1934 年 11 月 24 日。
② 《东京日日新闻》，1934 年 11 月 24 日。
③ 《东京日日新闻》，1934 年 11 月 25 日。
④ 《东京朝日新闻》，1934 年 11 月 25 日。
⑤ 《申报》，1934 年 11 月 25 日。
⑥ 《梅屋庄吉文书》。
⑦ 《读卖新闻》，1973 年 5 月 21 日。

十一 "同仁"

——梅屋庄吉的思想

梅屋庄吉出身于新兴的资产阶级家庭，只读过小学，成年后经营实业。他早期的思想主要受青少年时期的经历、当时日本资产阶级革命与改革的环境及传统文化的影响。他关心政治和时势，注重"信义"，提倡"互助"，推崇自由、平等、博爱，痛恨欧美列强对亚洲的殖民统治。这是他对孙中山的民主革命思想产生强烈共鸣的思想基础。以后，在援助孙中山领导的中国革命的过程中，他接受了孙中山的"三民主义"和"大亚洲主义"，坚信孙中山的思想和主张是中国民主革命成功和亚洲复兴的保证。

互助

梅屋庄吉认为人生之道在于互相帮助，并将其作为自己的奋斗目标之一。他在一则记事中写道，"目标：世界上富者和贫者互相帮助。这就是人生之道。"[①]要实现互助，他认为人人都应具备真诚的服务精神。他指出："金言：服务的信念"[②]，意即为人服务是人生的座右铭。梅屋庄吉从小就同情贫困的人。他代父亲外出收债时，常常将无力还债者的债务一笔勾销。有时还将家里的

---

① 梅屋庄吉：《备忘录》，1928 年。
② 梅屋庄吉：《永代日记》。

钱和自己的零花钱分给生活贫困的人。成年后，"互助观"逐渐在梅屋庄吉的思想中形成。他每年都把自己经营实业所获收入的一部分用于帮助他人。在他的日记和"备忘录"中，随处都可以看到赠款助人的记载。1910 年，东京一带遭受自然灾害，梅屋庄吉闻讯立即赠金赠物并租五艘船前往救援，受到灾区民众和舆论界的盛赞。①1921 年，仅赠给窘困者的扶助金就达五千八百余日元。②1925 年底，他在一则日记中回顾这一年时写道："今年也为可怜的人予以了满足。"③

扶人于困窘，救人于危难，这是梅屋庄吉为人服务思想的重要内容。而他的这种为人服务的思想是建立在自我牺牲的基础上的，他认为，人如果卷入自我的漩涡，就会陷入追名逐利的困境而难以自拔。"只有抛弃自我，才会有摆脱困境之机会。"他常告诫自己："抛弃吧，否则将一无所获。"④ "抛弃"是指自我牺牲。"获"，有两方面的内容。一方面是指修身。梅屋庄吉非常重视自我修养，无时不在注意"提高自己"，认为克己能修身。⑤另一方面是指理想的实现。梅屋庄吉认为，为实现理想而奋斗是人生的价值所在，而不做出自我牺牲，"就无法品尝到真正的美味"，⑥即无法实现理想。因此，他常在日记和备忘录中书写"牺牲"二字，以鞭策自己。

无情未必真豪杰。梅屋庄吉是一位充满爱与情的人。他常强调"人心中应有慈爱""情足为人"，认为"爱"和"情"是同义语，断言"爱是情，情是爱"。⑦若无"爱心"，就个人而言，不能成为一个真正的人；就群体而言，"服务"的精神无从培养，健康

---

① 《横滨日报》，1910 年 8 月 21 日。
② 梅屋庄吉：《备忘录》，1921 年。
③ 梅屋庄吉：《永代日记》。
④ 梅屋庄吉：《永代日记》。
⑤ 梅屋庄吉：《永代日记》。
⑥ 梅屋庄吉：《永代日记》。
⑦ 《梅屋庄吉文书》。

的"互助"不可能实现。他提倡"博爱柔和",认为博爱的实现,可以协调各阶级、阶层的利益冲突,缓和社会的各种矛盾。梅屋夫人也常教育女儿千势子要"以爱心帮助别人","以爱心和神之心待人"。①

梅屋庄吉认为,人们在社会中的地位理应是平等的。他说,我们"最好是飞上天,鸟瞰自己生活的世界",如此便会发现"无论是宏伟之邸宅,还是小酒铺,从天上观之并无何等之差别"。②而解决现实中的不平等的方法只能是"互助"。同时,梅屋庄吉认识到即使通过"互助"也难以实现绝对的平等,因此承认"平等无差别中有差别"③。

应该指出,由于时代的局限,梅屋庄吉的"互助观"中存在大量的阶级调和的成分。但是,当他将这种"互助"精神运用于援助孙中山领导的中国革命和亚洲复兴时,就放出了耀目的光彩。

"信"

梅屋庄吉只上过小学,但他勤于阅读。从他留下的文书、日记和备忘录中,可以知道他读过一些历史书及大批国内外人物传记。在读人物传记时,他特别注意历史人物注重信义的人生观,并深受其影响。他指出:"人乃以信义相连",④而"信义是无国境的"⑤。与孙中山一见如故时,他郑重表示:"君若举兵,我以财政相助。"⑥为实践诺言,他一方面热情向日本各界人士宣传孙中山的思想和主张,动员许多志士支持孙中山。一些日本志士在梅

---

① 《梅屋庄吉文书》。
② 梅屋庄吉:《备忘录》。
③ 梅屋庄吉:《永代日记》。
④ 梅屋庄吉:《永代日记》。
⑤ 《大道》第 2 号,1930 年 2 月 15 日。
⑥ 梅屋庄吉:《永代日记》。

屋庄吉的资助下多次奔赴中国，有的甚至直接参加了革命党人发动的起义。另一方面，他将自己经营实业的收入悉数用来援助孙中山领导的中国革命。他援助中国革命的物资，以现在的币值粗略计算，价值远远超过十亿日元。①梅屋庄吉称孙中山为"盟友"，并常用"与孙中山结盟"或"与孙中山的盟约"来解释自己与孙中山之间的义兄弟关系。这表明他无时不在遵守信义。1934 年 11 月，他在遗嘱中自豪地说："我完成了与孙中山先生的盟约。"②

梅屋庄吉崇尚信义，但并不盲目。他认为信义应以信人之"心"为前提，指出"心"是人的"魂"，即人的思想和精神。他说：人与人之间的"信"，"大莫于信其心，小莫于信其物"（明放大师语）。他坚信孙中山的三民主义是"救国济民的经典"，孙中山领导的革命运动是追求进步的"天下的大事业"，③因此，他坚定不移地予以全力援助。

针对当时社会上盛行的"信物不信心"的情况，梅屋庄吉指出：人的价值不在于其财产的多寡，而在于"魂"。④他结交朋友的首要标准是其人必须具备良好的"魂"，即有远大的抱负和理想，决心投身进步事业。他与孙中山一见如故，结为盟友，就是因为他敬佩孙中山的气魄、抱负、品德和才智，深信孙中山所从事的事业是正义的事业。梅屋庄吉认为，正确的思想是人们从事进步事业的保证。他在一则日记中写道："人心正，则业也正。"⑤他数十年如一日，始终不渝地无私援助孙中山领导的中国革命，从未接受过回报。而日本财界的一些大亨贷款给孙中山时，不但要计本息，而且还要索取政治上和经济上的特权。他认为这些人"心"不正而拒绝与之来往。石浦谦二郎曾是梅屋庄吉的朋友，1916 年

---

① 梅屋庄吉关系资料研究会编：《孙文与梅屋庄吉》。
② 《梅屋庄吉遗嘱》，《梅屋庄吉文书》。
③ 梅屋庄吉：《永代日记》。
④ 梅屋庄吉：《永代日记》。
⑤ 梅屋庄吉：《永代日记》。

任日本陆军大佐时，曾帮助过中华革命军东北军的举义。退役后，于1928年受聘为南京国民政府顾问。任职期间接受了他人贿送的三千块银元。梅屋庄吉知道这件事后，立即发表声明，宣布断绝与石浦谦二郎的一切关系。[①]

共鸣

梅屋庄吉是日本中间阶层的一员，青年时期受以中小资产阶级为主体的自由民权运动的影响，向往自由、平等、博爱，曾与自由民权运动的领导人有过密切联系。在青少年时期，他周游中国和东南亚各地，目睹这些国家和地区的人民在殖民统治下的苦难生活，激起了对殖民者的强烈义愤和对当地人民的深切同情。当他与孙中山相遇时，便立即与孙中山争取亚洲各国人民独立、解放、复兴和自由、平等、博爱的思想产生了强烈的共鸣，发誓要为孙中山领导的革命运动竭尽全力。

这以后，梅屋庄吉深受孙中山民主革命思想的影响。"天下为公"，这是孙中山的政治理想和人生哲学，他多次挥毫劲书这四个大字，赠给国内外的同志和朋友。梅屋庄吉极力推崇"天下为公"的思想，认为只有"天下为公"，理想社会才能实现。他爱好书法，常仿效孙中山握毫书写"大道之行天下为公"送给亲朋好友，以扩大影响。

孙中山总是将中国革命和亚洲各国的民族独立和解放联系在一起。他多次呼吁亚洲各国联合起来，互相援助，反对欧美列强的殖民统治，实现各国的独立和解放，以最终复兴整个亚洲。后来，孙中山将这一思想和主张称为"大亚洲主义"。梅屋庄吉共鸣于孙中山的大亚洲主义，主张日本立即停止侵略扩张，并与中国

---

① 《梅屋庄吉文书》。

及亚洲各国携手，相互援助，复兴亚洲。但是，日本统治阶级对孙中山和日本志士的呼吁置若罔闻，顽固地追随欧美列强，对邻国进行侵略、扩张。对此，梅屋庄吉痛心疾首，他认为这种只强调日本利益的行径是狭隘的岛国根性所致。因此，他常对人说："应有更多的日本人去国外学习"，若"固守岛国根性，只会心怀狭窄"。①他与孙中山一道，热情援助菲律宾独立运动，联络印度革命者，就是在大亚洲主义思想指导下进行的。

梅屋庄吉认为，孙中山领导的中国革命不仅仅是为了一个国家，而是为了复兴整个亚洲。他指出："孙总理有统一和复兴亚细亚民族的大理想，决非仅为中国统一的事业而致力革命的"。②孙中山逝世后，梅屋庄吉时常提醒自己，"孙中山虽逝，其精神未死。全亚细亚民族复兴主义作为遗训留在人间"，"实现孙中山先生提倡之大亚细亚主义，久要不忘"。为执行孙中山的遗训，推动亚洲早日复兴，他"决心在中国度过余生"。③他在给一位朋友的信中说："现在我只有为实现孙总理之遗嘱，为全亚洲民族复兴之至诚。"④

由于帝国主义之间重新瓜分世界和争夺势力范围的矛盾冲突愈演愈烈，终于酿成一场空前的世界大战。第一次世界大战爆发后，孙中山于 1917 年 5 月发表《中国存亡问题》，揭露帝国主义发动战争的罪恶，反对中国参战。梅屋庄吉在痛斥帝国主义战争时指出："五年大战使世界人民认清了（帝国主义的）杀人、放火及其他一切罪恶。"⑤大战爆发的消息传来，日本统治阶级欣喜若狂，认为这是"天佑神助"。他们乘西方列强在欧洲战场火并，无暇东顾之机，加紧推行其侵华政策，强提"二十一条"，抛出"西

---

① 《梅屋庄吉文书》。
② 《黄埔月刊》第 18 号，1930 年 5 月 31 日。
③ 梅屋庄吉：《永代日记》。
④ 《1930 年 3 月 22 日梅屋庄吉致竹内直光函》。
⑤ 梅屋庄吉：《备忘录》，1920 年。

原借款"等，妄图从政治上、经济上和军事上控制整个中国。由
于认识上和策略上的原因，在大战及战后的一段时期，孙中山曾
多次呼吁日本放弃侵华政策，援助革命党。梅屋庄吉也呼吁日本
政府放弃"黑暗外交"，指出："以强权恫吓、征服他国的时代已经
过去了。诉诸公理，开诚布公，一定要成为今后外交的精神。"①

　　孙中山在革命屡遭挫折后，于1918年提出"知难行易"说。
他认为人类早就会做许多事情，但是，在相当长的时间内并不知
道其中的道理。人们先行而后知。因此，"知"和"行"比较，"知"
困难，"行"容易。"知难行易"说是孙中山唯物主义认识论的重
要组成部分。梅屋庄吉对孙中山的这一学说颇有同感。他认为中
日两国如果都接受了孙中山的"三民主义"和"大亚洲主义"，中
国人民就会团结一致，打倒北方军阀政府，建立一个统一的民主
共和国。日本也会诚心帮助以孙中山为首的革命党，加速中国革
命的胜利。进而，亚洲人民最终会团结一致，协调斗争，赶走西
方殖民者，完成复兴亚洲的任务。而实现这一切的关键就在于
"知"，即深刻理解孙中山的思想和主张。由于中国新旧军阀混战
不止，日本统治阶级顽固推行侵华政策，梅屋庄吉因此常感叹"知
难行易"。②他晚年铸赠孙中山铜像等活动，目的就在于让更多的
人了解和牢记孙中山的思想和主张，以求使人"知"。

　　三民主义是孙中山政治思想的核心，它是在长期的革命斗争
实践中逐渐形成和发展的。梅屋庄吉非常重视对三民主义的学习
和研究，他在日记和备忘录中记述了三民主义的内涵，他指出：
孙中山的三民主义"究古今哲理之根本，尽东西科学之精髓，能
统和经纬之思想，不陷于固陋，不走于矫激，不仅为指导现代中
华之原理，恐将永为救国济民之经典，传之后昆"③。可见，梅屋

---

① 梅屋庄吉：《永代日记》。
② 梅屋庄吉：《永代日记》。
③ 梅屋庄吉：《悼词》，《梅屋庄吉文书》。

庄吉对三民主义有着一定的理解。

孙中山领导的中国革命屡遭挫折时，一些革命党人对革命前途丧失了信心，有的甚至走向革命的反面。而梅屋庄吉始终坚信："革命乃求进步之事业，其力量是无可比拟的。故革命之力量一经发动，不成功乃无止境。"[①] "二次革命"失败后，孙中山亡命日本。在流亡期间，他常与梅屋庄吉相聚，两人畅谈革命前途，充满必胜信心。在许多中国革命者情绪低落时，孙中山为日本有一位始终与自己共鸣的真诚友人而欣慰，他十分激动地题写"同仁"二字，赠给梅屋庄吉，以表示自己的敬意。[②]

---

① 梅屋庄吉：《永代日记》。
② 《梅屋庄吉文书》。

十二　友谊长存

——梅屋庄吉的亲人与中日友好

梅屋庄吉逝世了，但是他高尚、正直的品格和无私奉献的精神并未因此消失。亲属们在极度悲痛中，缅怀庄吉光明磊落、追求进步的一生，决心继承他的遗志，发扬他的精神，投身日中友好事业。日本发动全面侵华战争后，中日关系长期处于不正常状态之中。1972 年，两国恢复邦交，中日关系进入了一个崭新的阶段。梅屋庄吉的后代不断努力，为友好的百花园增添了几朵艳丽的鲜花。

"贤母"

梅屋庄吉的逝世，令亲属们悲痛万分。回顾以往，一家人和睦相处，欢乐幸福的情景，便有说不尽的追念，想到庄吉未竟的事业，更感到肩上担子的沉重。这一时期，中日关系十分紧张，日本统治阶级一边加紧扩军备战，一边喋喋不休地鼓吹侵华。日本社会中，军国主义分子的反华、排华言论甚嚣尘上。梅屋夫人感到在日本难以有所作为，于是偕女儿、女婿及外孙女再次渡海，来上海定居。她希望在中国度过余生，以完成梅屋庄吉的遗愿。

1937 年 7 月，日本发动全面侵华战争，中日间开始了一场侵略和反侵略的生死搏斗。1945 年 8 月，日本战败，无条件投降。

日本投降后，中国方面着手遣返在华日侨。国民政府嘱令：

梅屋夫人及家属免予遣送，并给以特别保护和优待。第三方面军上海日侨管理处专此训令："查狄思威路五五八号系国父旧友梅屋先生之夫人梅屋德子寓所，在其未归国前外人不得侵占，仰区长随时注意为要。"①1946 年，梅屋夫人婉言谢绝国民政府的挽留，偕家人乘船返回日本。1948 年 11 月，她因病去世，享年七十三岁。梅屋夫人是一位家庭主妇，数十年如一日，任劳任怨，勤俭持家。她又是一位中国革命志士的"良朋益友"。在孙中山领导的民主革命时期，她理解、支持梅屋庄吉援助中国革命。革命受到挫折时，她热情接待逃亡日本的革命者，在生活上和精神上给他（她）们以极大的帮助和安慰。正如孙中山题字所指出的那样，梅屋夫人是一位具有双重意义的"贤母"。②

《梅屋庄吉文书》的公开

千势子幼时就多次见过孙中山、宋庆龄及其他一些中国革命志士。青年时期跟随父母护送孙中山铜像来中国，以后又在上海读过中学，受家庭的熏陶，她对中国有着特殊的感情。1955 年，她与丈夫国方春男商量，筹划在日本建一座孙中山纪念馆。纪念馆内拟设陈列室、研究室、编纂室、会议室、小礼堂等，陈列她珍藏多年的孙中山文物千余件及有关历史文献，研究和宣传孙中山及其光辉业绩。建设这座纪念馆需要资金四千万日元。为此，两人决定献出在千叶县三门海岸长春町的 6.6 万平方米土地和别墅，价值达两千万日元。另外两千万日元向有关人士征集。为实现这一计划，千势子奔波各地，呼吁各界支持。她的活动得到舆论界的赞扬，一些报纸开设专栏详细报道了她的计划，指出孙中山纪念馆在日本落成对中日友好和东亚和平具有重大意义。然而，

---

① 《梅屋庄吉文书》。
② 《梅屋庄吉文书》。

由于种种原因，千势子的计划竟未能实现。

中日关系度过漫长的寒冬后，终于在 1972 年 9 月冲破冰封，迎来了一个百花争妍的初春。

这时，千势子已年逾花甲，作为梅屋夫妇与孙中山、宋庆龄之间珍贵友谊的见证人，她深感自己肩负着重大的责任。在中日邦交正常化新形势的鼓舞下，1973 年 5 月，千势子向新闻界公开了她珍藏多年的《梅屋庄吉文书》，引起舆论界的强烈反响。5 月 21 日，日本四大报之一的《读卖新闻》用很大的篇幅，分"君若举兵，我以财政相助""鲜为人知的孙中山革命的支持者""梅屋庄吉往返书信——逝世三十八年后公开""请看《武器订货单》"等几个部分，分别做了详细报道，并刊登了梅屋夫妇与孙中山的合照。1974 年 7 月 7 日，东京 TBC 电视台在《历史旅行》节目中，以"寄托于亚洲的宏大梦想——梅屋庄吉的生涯"为题，介绍了梅屋庄吉的事迹和有关史料。[①]7 月 26 日，《妇女民主新闻》发表题为"支持、理解孙中山——'君若举兵，我以财政相助'"的文章，报道了采访千势子和观看《梅屋庄吉文书》的情况。《梅屋庄吉文书》的公开，使日本人民逐步了解了梅屋庄吉，更加珍惜来之不易的中日友好。

友谊长存

宋庆龄与梅屋一家往来已是半个多世纪以前的往事了，回首往事，她十分怀念故友，惦记千势子。有几次，宋庆龄向身边的人说："如果梅屋的女儿还活着，希望能见到她。"[②]1975 年，宋庆龄委托中日友好协会会长廖承志向千势子转交了一封邀请信，

---

① 《东京新闻》，1974 年 7 月 7 日。
② 《读卖新闻》，1981 年 9 月 27 日。

恳切表示"健在时希望见一面"①。千势子接到邀请信后，异常高兴，恨不得立即飞往中国，拜会宋庆龄。但是，由于当时中国的"文化大革命"仍在持续，千势子未能成行。

"四人帮"垮台后，中日关系沿着友好的道路飞速前进。千势子访问新中国，拜会宋庆龄的愿望终于要实现了。1978 年 10 月 22 日，千势子怀着万分激动的心情，偕丈夫国方春男飞越东海的万里碧波，来到新中国首都北京。次日下午，千势子和国方春男由日籍华人鲁朝臣②引路，来到宋庆龄邸宅。宋庆龄见到步入大厅的千势子时，千势子当年活泼可爱的小姑娘形象立即浮现在眼前，她迎上去热烈拥抱千势子。千势子印象中的宋庆龄是二十余岁的新娘形象，望着眼前的宋庆龄，虽然已是八十六岁高龄的老人，但她觉得其当年风采仍在。③这次重逢，她们交谈了很久。宋庆龄回忆起六十余年前随孙中山在梅屋宅与梅屋庄吉纵论天下大事、策划讨袁的情景，及在梅屋夫妇的帮助下，与孙中山举行婚礼的往事，梅屋夫妇诚挚的面容不断在眼前闪过。接着，宋庆龄设宴款待千势子和国方春男。夜渐渐深了，她们仍沉浸在往事的回忆中。宋庆龄说，"您的父母亲是我非常缅怀的人，是绝不能忘怀的重要人"。④第二天，千势子将去参观万里长城，宋庆龄说，那里风大，请你拿我的风衣去。最后，三人合影留念，依依惜别。

这以后，宋庆龄与千势子之间的信件往来不断。千势子回日本后，即收到宋庆龄的一封回信，原文如下：

　　　　国方春男先生、
　　　　国方千势⑤夫人：

---

① 《读卖新闻》，1981 年 9 月 27 日。
② 鲁朝臣，日籍华商，长期从事中日贸易，曾任北京高尔夫俱乐部副董事长、总经理。
③ 《读卖新闻》，1981 年 9 月 27 日。
④ 《小坂主和子采访记》。
⑤ 日本的女性出嫁后，一般改从夫姓；千势为爱称。

接到十二月一日来信和在我餐厅里的合影两张，感到非常高兴！

您们的访问，引起我对往事的回忆，即对梅屋庄吉先生和夫人与孙中山先生和我之间的友情的回忆。时间和形势永不能①抹掉这宝贵的友谊，什么也不能抹掉它的。

我和隋家姐妹②以深切的友好愿望，祝你们健康。

宋庆龄

一九七八年十二月九日③

同日，宋庆龄在寄给国方夫妇的贺年卡上题词：

我们所共有的快乐回忆乃是一种特殊的纽带，它随着岁月的日驰而使我们在思想上和心底里保持密切接近。④

宋庆龄　一九七八年

接着，宋庆龄应国方夫妇的要求，挥毫题字：

中日两国人民
世世代代友好下去

国方春男先生
国方千⑤势女士　留念

宋庆龄

一九七八年

---

① 这条下划线是宋庆龄加的。
② 隋家姐妹二人是宋庆龄晚年收养的女儿，见张戎、乔恩·哈利戴著，傅伍仪、张爱荣译：《孙逸仙夫人》，中国和平出版社，1988年，第103页。
③ 《1978年12月9日宋庆龄致国方夫妇函》，见《梅屋庄吉文书》。
④ 该题词原系英文，见《梅屋庄吉文书》。
⑤ 原件中没有"千"字。

同时，修书一封并附上礼品寄给国方夫妇。宋庆龄在信中写道：
"您们要的留作纪念的字已经写好，现在送上。由于手痛写得不好，
望原谅并请转告鲁朝臣先生。礼物赠您们留念。"①

以上信文和题字表明，宋庆龄十分珍惜往日的宝贵友谊，同
时也殷切希望中日间的传统友谊后继有人。接到宋庆龄的亲笔信
和题字，千势子一家激动万分，表示决不辜负宋庆龄的期望，为
日中友好不懈努力。

1979 年元旦，宋庆龄在一张精致的贺年卡上题写贺词寄给国
方夫妇，随后发出一封信，表示在"不久的将来，希望见到你
们"②。千势子也写信表示盼望着有机会再次拜访宋庆龄。然而，
宋庆龄不久因慢性淋巴性白血病病情转重而被迫停止了许多活
动。以后，千势子也受到皮肤癌的纠缠，她们再次相会的愿望竟
未能实现。

家族美德

千势子辞世后，她的女儿小坂主和子、女婿小坂哲琅继承前
辈们未竟的事业，积极为中日友好奔走。

拍摄一部反映孙中山革命生涯的影片是梅屋庄吉的遗愿。中
日复交后，千势子曾协助《新国剧》剧团③排演话剧《孙文》。该
剧原计划于 1974 年 5～6 月在东京、大阪和名古屋等大城市上演。
然而，当时的中国仍处在"文化大革命"时期，"四人帮"从极"左"
的立场出发，恣意干涉、阻挠《孙文》一剧上演，《孙文》剧组最
后被迫解散。"四人帮"被粉碎后，日本文化界友好人士提议拍摄
一部反映孙中山革命活动的影片。中日双方协商后，决定合作拍

---

① 《1978 年底宋庆龄致国方夫妇函》，见《梅屋庄吉文书》。
② 《1979 年 1 月 9 日宋庆龄致国方夫妇函》，见《梅屋庄吉文书》。
③ 《新国剧》剧团，成立于 1917 年，1954 年、1956 年分别在日本演出过鲁迅的《阿
Q 正传》和《藤野先生》。

摄。小坂主和子和小坂哲琅应邀积极参加协作。经多方努力，1987年、1988年，影片《孙文》先后与中日两国观众见面了。小坂主和子在观看这部影片时，感动得热泪盈眶，她心里默默说道：外祖父若九泉有知，一定会为遗愿的实现而欣慰。

小坂哲琅是日本食品服务协会会长，应宋庆龄基金会的邀请，1987年6月他与小坂主和子率日本食品服务协会代表团来中国访问、交流，受到时任全国政协副主席谷牧及时任全国政协副主席、宋庆龄基金会主席康克清的亲切接见，并与中国的同行建立了正式联系。在此之前，小坂夫妇曾在东京积极承办"中国刺绣服装展销会"，以促进中国服装的出口。

宋庆龄日本基金会成立后，小坂一家热情向日本人民宣传宋庆龄日本基金会成立的意义，并积极为基金会的活动提供场所，认捐款项。小坂一家的活动受到中日两国基金会和友好人士的赞扬。不久，小坂哲琅、主和子和他们的大女儿玛利、小女儿文乃被分别选为宋庆龄日本基金会的常务理事、评议员和执行委员。

1986年11月12日是孙中山诞生一百二十周年纪念日。中国政府和人民为纪念民主革命的先驱孙中山，在北京举行了隆重的纪念大会。小坂夫妇应邀专程来京参加这一纪念活动。会后，他们赴南京谒中山陵，并景仰了屹立在陵区的外祖父铸赠的孙中山铜像，决心为日中友好继续努力。

1988年，日本友好人士组成孙中山纪念会，小坂夫妇受聘为名誉会员。他俩认为，进一步向日本人民宣传孙中山和中日两国人民的传统友谊是自己义不容辞的责任。1989年3月1日至20日，小坂夫妇在东京宪政纪念馆开办展览，首次公开展出了家藏的有关孙中山和梅屋庄吉的全部史料。展览开办的二十天里，参观者络绎不绝，其中有东京都知事铃木俊一、社会党委员长土井多贺子和部分国会议员及社会各界人士。参观者对孙中山艰苦卓绝的革命斗争肃然起敬，对梅屋庄吉的无私精神赞叹不已。日本的主要报纸《朝日新闻》《读卖新闻》《日本产经新闻》《北日本新闻》及日中友协机关杂志《日本与中国》等纷纷载文盛赞这次展览，指出展览的成功对增进日中友好具有重大意义。

　　小坂主和子把全家几代人都致力于中日友好看成是家族的美德。她来信说，要把梅屋精神一代一代传下去，希望中日之间世世代代像梅屋庄吉与孙中山之间那样亲密友好。

孙中山宋庆龄与梅屋庄吉夫妇关系年表

1866 年	
11 月 12 日	孙中山出生于广东省香山县翠亨村一个贫苦的农民家庭。
1868 年	
1 月	日本明治维新开始。
11 月 26 日	梅屋庄吉出生于长崎市西滨町一个新兴贸易商人家庭。
1872 年	
1 月	梅屋庄吉入长崎市煅冶屋町私塾读书。
6 月	梅屋庄吉在河边钓鱼时掉入河中，得救。
1874 年	
5 月 4 日	日本派兵侵略中国台湾。
是年	板垣退助等建议设立民选议院，日本自由民权运动开始。
1875 年	
1 月	梅屋庄吉转入榎津小学学习。
5 月 8 日	香椎德子生于长崎县壹岐郡壹岐岛。
9 月	日本军舰侵入朝鲜海域，制造江华岛事件。
1876 年	
是年	孙中山入村塾读书。
1877 年	
2 月	日本反对改革的旧士族拥西乡隆盛为首领发动叛乱，9 月被平息。

1878 年	
3 月	梅屋庄吉只身漫游大阪、京都等地。
5 月 2 日	孙中山赴檀香山，6 月至孙眉在茂宜岛茄荷蕾埠开设的商店协理店务，学习记账、珠算和当地方言。不久，入盘罗河学校补习算术等科。
1879 年	
3～7 月	梅屋庄吉 3 月在榎津小学毕业后再次外出漫游。
9 月	孙中山入火奴鲁鲁的意奥兰尼学校读书。
是年	梅屋庄吉在父亲开设的商店里做零活。
1880 年	
3 月	日本自由民权运动的全国性组织"国会期成同盟"成立。
1882 年	
5 月	梅屋庄吉偷航上海。在上海做苦力、当小招待数月，边劳动，边学习中、英文。
7 月	孙中山在意奥兰尼学校毕业。不久，入火奴鲁鲁美基督教公理会设立的奥阿厚书院读书。
1883 年	
1 月	梅屋庄吉由上海返回长崎。
3 月 15 日	梅屋庄吉率梅屋商店粮食加工厂工人除暴安良。
7 月	孙中山启程回国。回翠亨村后因毁坏村庙北极殿中的偶像，遭豪绅地主等追究，被迫离乡赴香港。
12 月 16 日	中法战争爆发。
1884 年	
11 月	孙中山再赴檀香山。
1885 年	
4 月	孙中山回国。
4 月 18 日	《中日天津条约》订立。
5 月 26 日	孙中山在翠亨村与同县外垦村（今珠海市外沙村）人卢慕贞（1867－1952）结婚。
6 月 9 日	中法条约订立，中法战争结束。

8 月	孙中山赴香港中央书院求学。
1886 年	
夏	梅屋庄吉赴美国，途中遇难，得救后返回长崎。
年底	梅屋庄吉率梅屋商店的职员、水手乘"高千穗丸"赴朝鲜贸易。
是年	孙中山在香港中央书院毕业后，入广州博济医院附设南华医学堂读书。
1887 年	
10 月	孙中山转学到香港西医书院（香港大学医学院前身）。
是年	梅屋庄吉经营粮食贸易遭受重大损失。
1888 年	
3 月 24 日	孙中山之父孙达成病逝。
1889 年	
2 月	日本帝国宪法颁布。
10 月 20 日	孙中山之子孙科出生。
1890 年	
是年	梅屋吉五郎收香椎德子为养女。
1891 年	
是年	梅屋庄吉投资采矿业。 孙中山结识改良主义者郑观应。
1892 年	
7 月	孙中山以"最优异"的成绩接受了教务长康德黎颁发的西医书院第一名毕业执照。
秋	孙中山到澳门镜湖医院当西医师。
12 月	孙中山在澳门开设中西药局。
是年	梅屋庄吉从事粮食交易，屡遭损失，债台高筑。
1893 年	
1 月 27 日	宋庆龄出生于上海。
春	孙中山改赴广州行医。
是年	梅屋庄吉出逃，经中国厦门、广东、香港，至新加坡定居，开设梅屋照相馆。

1894 年	
3 月	梅屋庄吉回日本访大井宪太郎，倡议开发南洋。
6 月	孙中山上书李鸿章，主张实行资本主义改良措施。
6 月	梅屋庄吉返回长崎，与香椎德子订婚，18 日父逝。
7 月 25 日	中日甲午战争爆发。
10 月	孙中山经日本赴檀香山。
10 月	梅屋庄吉由新加坡迁至香港，仍开照相馆。
11 月 24 日	孙中山在檀香山创立中国第一个资产阶级革命团体——兴中会。
1895 年	
1 月	孙中山返回香港。梅屋庄吉与孙中山一见如故，约定援助革命。
4 月 17 日	清政府与日本政府签订《马关条约》。
10 月	孙中山领导的广州起义未及发难即遭失败。
11 月 12 日	孙中山偕陈少白、郑士良经澳门、香港抵日本。
11 月 17 日	兴中会横滨分会成立。
12 月中旬	孙中山赴檀香山，梅屋庄吉提供旅费。
是年	孙中山之长女孙金琰出生。
1896 年	
6 月	梅屋庄吉资助宫崎滔天等。
10 月 11 日	孙中山被清政府驻英使馆人员绑架，囚禁于使馆中。康德黎等闻讯全力援救，23 日，清使馆被迫释放孙中山。
1897 年	
8 月	孙中山抵日本横滨，结识宫崎滔天、平山周。
9 月	孙中山移居东京。先后结识犬养毅、大隈重信、平冈浩太郎、头山满、山田良政、内田良平、福本诚、宗方小太郎等日本朝野各界人士。
1898 年	
1 月	梅屋庄吉结识菲律宾的阿奎那多和彭西。
4 月	美西战争爆发。

6 月 11 日	光绪帝下《明定国是诏书》，戊戌变法开始。9 月 21 日变法失败。
6 月 29 日	孙中山与菲律宾独立军代表彭西会晤，答允协助代购军械。
7～8 月	梅屋庄吉赴菲律宾，在马尼拉前沿阵地目睹菲独立军攻打马尼拉城。
9～10 月	梅屋庄吉帮助宫崎滔天营救康有为。
1899 年	
6 月	孙中山协助菲律宾独立军购运军械，租"布引丸"轮在日本门司起航运军械往菲律宾。但 7 月 21 日"布引丸"在浙江马鞍岛海面触礁沉没。
9 月 6 日	美国国务卿海约翰提出对华"门户开放"政策。
是年	梅屋庄吉捐款 27 万美元充作菲律宾独立军军费。
1900 年	
6 月中旬	八国联军入侵中国，镇压义和团运动，8 月中旬攻陷北京。
8 月	沙俄派遣侵略军十余万人入侵东北。
10 月 6 日	惠州起义发动，同月下旬失败。
是年	宋庆龄入上海中西女塾读书。
1901 年	
9 月 7 日	《辛丑条约》订立。
是年	孙中山在日本、檀香山活动。
1902 年	
1 月 30 日	英日缔结军事同盟，准备以武力同沙俄争夺中国东北。
12 月 13 日	孙中山抵香港，小住梅屋宅。
是年	孙中山在日本、香港、越南活动。 梅屋庄吉在香港修复日本人墓地，建寺庙。
1903 年	
年初	梅屋庄吉请京都东本愿寺僧侣高田栖岸来香港主持大法会。
3 月	梅屋庄吉之母逝世。
是年	梅屋庄吉与香椎德子完婚。 孙中山在越南、泰国、日本、檀香山活动。

1904 年	
2 月 8 日	日俄战争爆发。
2 月 15 日	华兴会在长沙成立。
5 月	清政府以梅屋庄吉援助"乱党"为由，要求香港当局逮捕梅屋庄吉，梅屋庄吉被迫出走新加坡，不久，梅屋庄吉开始经营电影院。
7 月 3 日	科学补习所在武昌成立。
11 月	光复会在上海成立。
是年	孙中山在美、英等国活动。
1905 年	
1 月 22 日	1905～1907 年的俄国第一次资产阶级民主革命爆发。
5 月	梅屋庄吉等大闹俄国驻新加坡领事馆。
6 月	梅屋庄吉返回日本。
8 月 20 日	中国同盟会在东京成立。
是月	梅屋庄吉等组织成立"中国同盟会后援事务所"。
9 月 5 日	日俄签订《朴次茅斯和约》。
11 月 26 日	中国同盟会机关报——《民报》在日本东京正式发行。梅屋庄吉提供资助。
1907 年	
3 月	孙中山离日，赴西贡、河内，领导西南边境地区的起义。梅屋庄吉协助筹集军费。
1908 年	
5 月下旬	孙中山在西南边境领导的武装斗争完全失败。
11 月 30 日	美国务卿罗脱与日驻美使臣高平签订《罗脱—高平协定》，确认对华侵略"机会均等"。
是年	宋庆龄赴美求学，先入新泽西州斯密特城私立学校，后入佐治亚州梅肯市威斯里安女子学院。
1909 年	
年初	梅屋庄吉创建 M·百代商会——日本第二家电影制片厂。
5 月 19 日	孙中山由新加坡启程赴欧洲，筹集革命经费。

7月25日	梅屋庄吉之女千势子出生。
8月	日本强迫清政府签订《吉长新奉铁路合同》和《安奉铁路节略》，加紧对东北地区的侵略。
1910 年	
5月	日本政府制造"大逆事件"，镇压社会主义运动。
6月10日	孙中山经美国抵日，25日被迫离日赴槟榔屿。
7月19日	孙中山之母杨氏病逝。
8月29日	日本正式并吞朝鲜。
11月13日	孙中山在槟榔屿召集秘密会议，部署广州起义，随后赴欧美筹款。
是年	梅屋庄吉率先将儿童剧——"伽剧"搬上银幕。
1911 年	
4月27日	广州起义爆发，经激战，起义失败。
夏	中国川汉、粤汉铁路沿线的保路风潮高涨，9月，四川人民发动全省规模的武装暴动。
7月	梅屋庄吉援助南极探险，派摄影师摄制南极考察纪录片。
10月10日	武昌起义爆发。10月中旬至11月7日，梅屋庄吉两次捐款援助中国革命。
是月	梅屋庄吉派遣摄影师荻屋坚藏赴武汉三镇，拍摄起义纪录片。
11~12月	日本民间成立友邻会和善邻会，积极声援中国革命。梅屋庄吉为革命军印制一批军票。
11月上旬	梅屋庄吉等组织医疗队赴中国前线。
11月11日	中华共和促进会派员向梅屋庄吉颁发募捐委任状。
12月18日	南北议和开始。
是年	武昌起义爆发后，孙中山在欧美活动，谋求外国的援助和排除外来干涉。12月25日从欧洲返抵上海，29日当选为中华民国临时大总统。
1912 年	
1月3日	中华民国临时政府在南京成立，5日，孙中山发表《对外宣言》。

是月	梅屋庄吉等组织"中国共和国公认期成同盟会"。28 日，该会一致通过劝告日本政府尽快承认南京临时政府的决议。 梅屋庄吉参与创立日本第一家电影托拉斯——"日本活动照相株式会社"（简称"日活"）。
2 月 12 日	清帝溥仪宣告退位，清王朝统治结束。
2 月 14 日	孙中山辞去临时大总统一职。次日，临时参议院选举袁世凯为第二任临时大总统。
3 月 11 日	《中华民国临时约法》颁布。
是年	梅屋庄吉退出"日活"，另组 M·香椎商会。
1913 年	
2 月 11 日	孙中山一行六人自上海启程赴日本访问，14 日抵东京。不久，离东京赴横滨、名古屋、京都、大阪、神户、广岛、下关、福冈、长崎访问。3 月 23 日离长崎回国。
3 月 20 日	袁世凯指使凶徒在上海车站枪杀宋教仁。
是月	孙中山致函梅屋庄吉，对其在访日期间所给予的盛情款待表示感谢。
4 月 26 日	袁世凯政府与五国银行团签订两千五百万英镑的"善后大借款"合同，用作对国民党用兵的经费。
7～8 月	二次革命兴起，旋即失败。孙中山、黄兴等亡命日本。
10 月 6 日	国会在袁世凯的武力威胁下，选举袁为正式大总统。
是年	宋庆龄毕业于威斯里安女子学院，旋赴日本与孙中山相会。 9 月 19 日她第一次随孙中山访梅屋宅。 日本发生第一次护宪运动，延续至次年 2 月。
1914 年	
1 月 10 日	袁世凯下令解散国会，停止参、众两院议员职务。5 月 1 日颁布新"约法"，废除《临时约法》。
7 月 8 日	孙中山在东京组成中华革命党。
8 月初	德国对俄、法、英宣战，第一次世界大战爆发。8 月 23 日，日本对德宣战。
10 月 6 日	日军侵占济南，11 月 7 日占领青岛。山东大部分为日侵略军控制。

1915 年	
1 月 18 日	日本向袁世凯提出"二十一条",企图独占中国。5 月 9 日,袁世凯接受"二十一条"修正案。
夏末	孙中山指令陈其美、居正、胡汉民和于右任等组织中华革命军东南、东北、西南和西北四军。
10 月 25 日	孙中山与宋庆龄在梅屋宅举行婚礼,同日,孙中山与梅屋庄吉结为义兄弟。
10 月 28 日	日、英、俄三国劝袁世凯延期称帝。
11 月 3 日	梅屋庄吉捐款一万日元给孙中山。
12 月 12 日	袁世凯悍然下令称帝。
12 月 15 日	日、英、法、俄再次劝告袁世凯延期称帝。
12 月 25 日	唐继尧、蔡锷等通电各省,宣告云南独立。组织护国军兵分三路讨袁。护国战争开始。
1916 年	
2 月	中华革命军东北军举义。
3 月 7 日	日本政府决定支持中国南北的反袁势力。
4 月 2 日	梅屋庄吉捐款四万七千日元给孙中山。
4 月 27 日	孙中山离开东京回国,宋庆龄于 5 月中旬回国。
是月	中华革命军东北军总司令居正委任梅屋庄吉为"中华革命军东北军武器输入委员"。
5 月 4 日	"中华革命党近江飞行学校"正式开学。梅屋庄吉提供办校经费。
6 月 6 日	袁世凯在北京暴死。次日,黎元洪继任大总统。
7 月	"中华革命党近江飞行学校"迁至山东,飞机投入战斗。
10 月 31 日	黄兴在上海病逝。
12 月中旬	中华革命军东北军解散。
1917 年	
7 月 1 日	张勋等在北京拥溥仪复辟。仅十二日即告失败。
8 月 14 日	段祺瑞政府对德宣战。
9 月	第一次广东军政府成立,孙中山当选为海陆军大元帅。

10 月 6 日	南、北军鏖战于湘南衡山、宝庆一带，护法战争开始。
11 月 7 日	俄国十月革命爆发，推翻临时政府，建立苏维埃政府。
1918 年	
5 月	孙中山辞去大元帅职。第一次护法运动失败。
6 月	孙中山抵日本访问。12 日，梅屋庄吉赶至箱根与孙中山相会。
9 月 29 日	日本寺内正毅内阁倒台。寺内内阁曾向北洋政府贷款一亿四千余万日元（"西原借款"）。
11 月 11 日	第一次世界大战结束。
年终	孙中山在上海撰写《知难行易的学说》和《实业计划》等。
1919 年	
5 月 4 日	五四运动爆发。
10 月 10 日	中华革命党正式改组为中国国民党，孙中山当选为总理。
1920 年	
8 月	粤军与桂军开战，10 月 29 日粤军攻克广州，桂军逃回广西。
11 月 29 日	孙中山返广州重组军政府。
1921 年	
2 月 21 日	梅屋庄吉被捕受审。孙中山闻讯致电安慰。不久，梅屋因无罪获释。
4 月 7 日	国会非常会议参众两院联合会通过《中华民国政府组织大纲》，选举孙中山为非常大总统，梅屋庄吉致电祝贺。
5 月 5 日	孙中山就任非常大总统，是日电告梅屋庄吉夫妇。
7 月	中国共产党宣告成立。
8 月 31 日	梅屋庄吉赠款给孙中山。
10 月 8 日	广东国会通过北伐案，15 日北伐军出征。
11 月 12 日	美国发起的太平洋会议在华盛顿开幕。
冬	苏俄专使马林来华，在广西桂林访孙中山。两人长谈三次。
1922 年	
2 月 6 日	太平洋会议结束，通过《九国公约》。
6 月 16 日	陈炯明叛变，所部炮轰总统府。孙中山避登军舰。
7 月 29 日	北伐军回师平叛，在韶关失利，全线退却。8 月 6 日北伐军迭次失利，分途向湘、赣退却。

8月9日	孙中山退避上海。
1923 年	
1月1日	苏维埃社会主义共和国联盟正式成立。
是日	《中国国民党宣言》发表。
1月26日	《孙文越飞宣言》发表。
2月21日	孙中山抵广州，就大元帅职，组织第三次军政府。
1924 年	
1~6月	日本发生第二次护宪运动。
1月20日	中国国民党第一次全国代表大会在广州开幕。会上确立"联俄""联共""扶助农工"的三大政策，把旧三民主义发展为新三民主义。
5月	黄埔军校开学。
9月17日	第二次直奉战争爆发。
10月15日	商团叛乱平定。
10月23日	冯玉祥发动北京政变。
11月10日	孙中山发表《北上宣言》。
11月28日	孙中山在日本神户以"大亚洲主义"为题做演讲。在此前后，梅屋庄吉委托萱野长知带信件至神户面见孙中山。
11月30日	孙中山致电梅屋庄吉，表示谢意。
12月4日	孙中山抵天津。
12月上、中旬	中国各大城市掀起促成国民会议运动高潮。
12月31日	孙中山扶病入京。
1925 年	
1月26日	孙中山入协和医院施行手术。确诊为肝癌。
2月1日	"善后会议"在北京开幕。
3月12日	孙中山逝世。
3月14日	梅屋庄吉分别向宋庆龄、孙科发出唁电。
4月12日	梅屋庄吉等在东京青山会馆举行孙中山追悼会。
11月29日	M·百代旧友会召开。

1926 年	
1 月 18 日	M·百代俱乐部成立大会召开，梅屋庄吉向到会者散发自我小传《我的影子》。
7 月	国民革命军开始北伐。
10 月	梅屋庄吉与片冈松燕电影制片厂合作拍片受挫。
是年	宋庆龄同国民党政府赴武汉。
1927 年	
6～7 月	"东方会议"在东京召开。
9 月	宋庆龄赴苏联。
1928 年	
5 月	日本侵略军制造济南惨案。
6 月	日军炸死张作霖。
10 月 29 日	日本警察当局禁止梅屋庄吉在日本立孙中山铜像。
年底	梅屋庄吉订铸的第一尊孙中山铜像竣工。
是年	宋庆龄赴柏林。
1929 年	
2 月 28 日	梅屋庄吉偕夫人、女儿乘"伏见丸"护送孙中山铜像启程往中国。
3 月 10 日	梅屋庄吉由冯玉祥等陪同，至北京香山碧云寺孙中山灵堂致祭。
5 月 26 日	梅屋庄吉与宋庆龄等一道护灵车南下，6 月 1 日参加国葬仪式。
10 月 14 日	南京军官学校举行孙中山铜像揭幕典礼，梅屋庄吉应邀出席并致辞。
1930 年	
5 月 3 日	梅屋夫人护第二尊孙中山铜像抵上海。月底，铜像运抵广州，赠给黄埔军校。
是年	宋庆龄赴欧洲。
1931 年	
1 月 10 日	梅屋庄吉偕夫人乘中国军舰"靖安号"护两尊孙中山铜像至广州，分赠中山大学和中山县。

5 月	梅屋庄吉回日本，筹划拍摄影片《大孙文》。
9 月 18 日	日本侵略军发动"九一八"事变。
是年	宋庆龄返回上海。
1932 年	
是年	宋庆龄等筹建中国民权保障同盟。
1933 年	
2 月 28 日	宪兵搜查梅屋宅。
3 月	东京宪兵队本部两次传讯梅屋庄吉。
12 月 9 日	日本外相广田弘毅约见梅屋庄吉。
1934 年	
春	梅屋庄吉病情转重。
11 月 23 日	梅屋庄吉病逝。
是月	梅屋夫人偕女儿、女婿及外孙女到上海定居。
1937 年	
7 月 7 日	抗日战争全面开始。
1945 年	
8 月 15 日	日本战败投降。
1946 年	
是年	梅屋夫人偕家人返回日本。
1948 年	
11 月	梅屋夫人病逝。
1973 年	
5 月	《梅屋庄吉文书》公开。
1978 年	
10 月 22 日	宋庆龄会见梅屋庄吉女儿国方千势子及其丈夫。
12 月 9 日	宋庆龄致函国方夫妇。
1981 年	
5 月 29 日	宋庆龄与世长辞。

本编后记

1986 年，我在日本早稻田大学研修时，偶然接触到了有关梅屋庄吉的微缩胶卷资料。在阅读这些资料时，我萌发了为梅屋庄吉写点什么的念头。1988 年，我在拙著《孙文的革命运动与日本》（1989 年 4 月由日本六兴出版株式会社出版）一书中初步介绍了梅屋庄吉对孙中山所领导的中国民主革命所做出的贡献。1988 年 12 月再赴日本时，我有幸在梅屋庄吉外孙女及其丈夫的热情协助下查阅了珍藏五十余年的有关梅屋庄吉的资料，并决定写这一部书，以进一步向中日两国人民介绍梅屋庄吉夫妇鼎力支援孙中山、宋庆龄革命事业的事迹。

梅屋庄吉夫妇为中国民主革命事业贡献了一切，但他们留下的资料却较少，尤其辛亥革命前的更少。加之，1933 年 2 月日本宪兵搜查梅屋宅时搜走了一批珍贵资料。1989 年春，我和我的研究生熊沛彪君动笔写作时，深感资料不足。因此，有些问题未能展开写，有些问题也有待继续考释，由于我们的水平不高，资料有限，缺点错误在所难免，衷心期待读者批评指正。

在写作过程中，我们吸收了日本作家车田让治先生以传记文学体裁写的《国父孙文与梅屋庄吉——献身于中国的一位日本人的生涯》一书的部分成果，同时得到梅屋庄吉外孙女小坂主和子女士及其丈夫小坂哲琅先生、日本女子大学久保田文次教授，中山大学段云章教授，南开大学周基堃教授、王振锁副教授等的热情协助，在此一并鸣谢。

1991 年 7 月，我与熊沛彪君合著的《孙中山宋庆龄与梅屋庄吉夫妇》一书在中华书局出版。此次编纂出版《俞辛焞著作集》时，征得熊君同意，将该书编入其中，为第六卷上编，谨致谢意。

下　编：
孙中山的革命运动与日本

前　言

　　孙中山领导的革命运动是中国近代资产阶级革命运动。孙中山是这一革命运动的先驱者和领导者，他为创建近代资产阶级共和国献出了毕生精力。

　　孙中山及其革命运动与日本的关系是近代中日关系史的一个重要组成部分。要全面阐明近代中日关系，除以往战争的历史外，还须研究孙中山及其革命运动与日本的关系。日本学界以孙中山及其革命运动与日本的关系作为孙中山研究的一环展开了大量研究，而中国学界却因种种原因，在这方面的研究反不及日本。

　　本书由上下两篇组成（下篇未收入本著作集——出版者注）。上篇在吸收前人研究成果的基础上，系统地阐述了自 1894 年至 1925 年约三十余年间的孙中山及其革命运动与日本的关系，并以政治、外交为重点，叙述了两者关系的建立和变迁的历史过程，探讨了两者相互关系的内在规律。下篇由 11 篇论文组成，其中 9 篇已在国内外刊物和论文集上刊载。这些论文就孙中山及其革命运动与日本关系中的重大专题，进行了深层次探讨，以国际关系理论和比较、考证等历史研究方法考析孙日关系中产生的种种矛盾及其原因，并评析了其在孙中山革命运动中产生的积极和消极的双重意义。

　　本书尽可能广泛地考察了孙中山及其革命运动与日本的关系，例如，除孙中山之外，考察了黄兴等主要革命领导成员与日本的关系，以及日本政府、军部、财界、民间与孙中山革命运动的多层关系。孙中山与日本的关系不单纯是两者之间的关系，本书把此种关系放在中国所处的国际环境中加以把握。由于篇幅所限，本书尽量压缩了对孙中山革命运动的历史背景——中国近代史以及孙中山革命运动自身变迁的记述，这一点希望读者谅解。

孙中山将中日两国视为东洋同文化圈的兄弟友邦，希望维新后迅速近代化的强国日本支援中国革命运动。孙中山及其革命运动对日本的希望和期待很大，是属于理想主义性的。而日本对孙中山革命运动的政策却是短视的、实利主义的。孙中山要废除保障日本和欧美列强在华殖民权益的不平等条约，建立独立的共和国；而日本则要通过对孙中山革命运动的政策来扩大日本在华殖民权益。因此，两者的根本目的始终是对立的。但是，两者在部分问题上利害有时又暂时一致，即两者为实现各自的目的，其手段和方法在特殊的历史条件下有时一致。

孙中山领导的革命运动与日本的关系已是半个世纪以前的历史，我们将此作为过去的历史来研究。如果像孙中山所希望的那样，日本废除对华不平等条约，中日两国在平等互利的原则下，互相援助、合作，那么就不会有后来的不幸战争。历史具有发展、变化的必然性，但各个时代的人也拥有选择的余地。今后，在中日关系的发展、变化中怎样选择是时代赋予人们的责任。本书倘能就这种选择对中日两国人民有所启发，将十分荣幸。

因史料的限制等原因，孙中山领导的革命运动与日本的关系研究中还存在许多不明之处。另外，对孙日关系的内在思想及理论研究也尚不充分。本书中即有对不明点的回避以及未能充分展开之处。孙中山在逝世前曾在病榻上询问"犬养翁、头山翁如何？"这令人感到，对犬养毅、头山满等众多的日本民间志士与孙中山领导的革命运动在文化、思想以及个人之间的关系等需进一步研究。总之，要全面、深入研究孙中山及其革命运动与日本各方面的关系并非易事,本书的出版也不意味着完成了这一领域的研究,希望它能成为新研究的出发点。诚望中日两国读者批评、指正。

值本书出版之际,谨向曾给予过热情相助的日本辛亥革命研究会的野泽丰、藤井升三、久保田文次等诸位先生以及与孙中山结交的日本志士后代小坂哲琅、小坂主和子、秋山一等恭表感荷之意。本书上篇原以日文撰写并于1989年4月在日本出版。此次经笔者的增补、修改后,承蒙博士研究生熊沛彪的鼎力协助,译成中文。

本书出版幸得日本友人吉永正藏先生的慷慨资助。他是南开大学顾问、教授,为发展我校的日本研究,在兴建日本研究中心楼时捐助巨款。对吉永先生的友好感情和奉献精神,谨表敬意。

本书出版还得到了人民出版社及该社中国历史编辑室主任乔还田副编审和责任编辑张润生同志的大力支持,在此一并致以谢忱。

俞辛焞

1995年春　南开园

绪　论

孙中山自 1895 年（明治二十八年）赴日以后，十余次出入日本，滞留日本达十余年，这就是说孙中山革命生涯的三分之一是在日本度过的。孙中山将日本作为中国革命的一个根据地，并对日本寄予很大期望。

孙中山与日本的结合

孙中山领导的革命运动与日本的密切联系与 20 世纪前后日本在东亚的国际地位有关。自 19 世纪中叶以来，东亚各国因遭受欧美列强的侵略，均面临沦为殖民地、半殖民地的民族危机。日本自 1854 年开港后，被迫与各列强缔结了一系列不平等条约，民族危机十分严重。1868 年，日本开始推行明治维新，走上了"富国强兵"的道路。日本依靠大量吸收西方近代文化和对外侵略战争迅速发展起来，从而成功地修改了与列强间订立的不平等条约，成为东亚唯一的近代化独立国家，并跻身于世界"五强"之列。日本国际地位的巨大变化使东亚各国志士仰慕，朝鲜金玉均的开化党及中国康有为、梁启超的变法派和孙中山的革命党均欲学习日本，走日本式的富强道路。他们还相信日本会给予支援，因而对日本寄予很大期望。

维新成功后的日本是东亚唯一能与列强对抗的强国。为与列强在东亚争夺势力范围和殖民地，日本不惜与西方列强诉诸战争。在日俄战争中，日本战胜沙俄，增强了东亚各国人民与白色人种抗争并获得胜利的信心，鼓舞了东亚各国人民争取民族解放的斗争。因此，东亚各国人民在与欧美列强的斗争中，期望得到日本的援助，并希望利用日本和欧美列强间在东亚的矛盾、对立来争取日本的支持。然而，日本却很快成为侵略东亚各国的最凶恶的侵略者，给东亚各国人民带来巨大的威胁和灾难。这就使东亚各国人民与日本的矛盾不断激化。为抵抗日本的侵略，东亚各国人民转而寻求欧美列强（以后有苏联）的支持和援助。

　　日本在东亚的国际地位所具有的多重性是孙中山和中国革命与日本结下不解之缘的重要原因。

　　将孙中山与日本联系起来的首先是明治维新。孙中山对明治维新的认识影响着他的对日观，是他的对日观的一个组成部分。关于明治维新的性质，即它是一场资产阶级革命，还是一次绝对王政的变革？孙中山没有直接论及。他于1894年（明治二十七年）在《上李鸿章书》中高度评价了明治维新。后来，他强调日本的维新是中国革命的第一步，中国革命是维新的第二步，中国革命与日本的维新实际上具有同一意义。这并不是孙中山肯定日本在维新后确立的天皇制，而是评价日本通过维新，吸收大量欧美近代文化，使一个落后国家转变为强盛的国家，并且表示了中国要以日本为榜样，由弱者变为强者的愿望。

　　清朝顽固守旧派的认识则与孙中山截然相反。他们对维新时期的日本推行文明开化政策，重视洋学，脱离中国文化圈的倾向十分蔑视，将维新政策视为恶政，断言改革不久必将失败。然而，清朝政权在中日甲午战争和义和团运动期间遭到重创后，不能不转而重视日本，并开始向日本派遣留学生。

　　20世纪初兴起的留日学生运动将孙中山的革命运动与日本广泛联系起来。留日学生是孙中山革命运动中最重要的骨干力量。革命阵营的主要成员中，留日学生占据绝对多数。留日学生通过日本学习欧美近代文明，吸收资产阶级革命思想，并极力引回国内。日本在客观上给留日学生吸收近代文明和革命思想，开展革命活动提供了条件和空间。如果没有这种条件和空间，孙中山革命运动是难以迅速集结如此众多的革命青年的。留日学生运动与孙中山革命运动相结合，使一个充满革命生机的资产阶级政党——中国同盟会诞生了。孙中山革命运动从此进入了一个崭新的阶段。不能忽视的是，众多的留日学生成为革命组织中的骨干，部分人成为革命的领导成员，这是后来革命运动与日本结下不解之缘的又一个重要原因。留日革命学生与日本的关系既是直接的，又是间接的。日本接受上万名中国留学生是为其对华政策服务的，但在客观上则加速了孙中山革命运动，间接地"支援"了中国革命。

近代日中关系在很大程度上是侵略与被侵略的关系。日本对华推行侵略扩张政策是日本走上资本主义道路的必然产物。日本的近代化——资本主义化是伴随着对外侵略战争实现的。孙中山革命运动与日本的关系是在近代日中间侵略和被侵略的关系中发生、展开和变化的。这是侵略国与被侵略国之间产生的一种特异现象。

因此，要考察孙中山革命运动与日本的关系，首先必须注重这种侵略与被侵略的关系。孙中山革命运动是鸦片战争以后中国民族危机日趋严重的产物。从这个意义上来说，孙中山革命运动的兴起中包含了日本向中国侵略扩张的要素。中日甲午战争以来日本与欧美列强对中国的侵略加速了孙中山革命运动的产生和发展。

日本侵华使清朝与日本的矛盾激化。孙中山则利用这种矛盾争取日本的支援。孙中山革命运动与日本的关系于是产生。孙中山与日本在1895年广州起义和1900年惠州起义时的关系、针对袁世凯的关系等都是在日本向中国侵略扩张的过程中产生的。

头山满、内田良平等日本大陆浪人与孙中山革命运动的关系也是在日中间侵略和被侵略的关系中产生的。这些浪人是玄洋社、黑龙会的头面人物，主张国家主义。他们与孙中山革命运动在指导思想方面毫无共同点。虽然他们也表示对孙中山革命运动有一定理解，但在本质上，他们的活动是为日本侵华服务的。孙中山则为了实现革命的目标，力图有效地利用日本与清政权及袁世凯等军阀政权之间的矛盾，于是与日本大陆浪人有了短暂的合作。

孙中山与犬养毅的关系也具有这种特点。犬养主张对外推行强硬政策，强调侵略邻国的必要性。为此，他企图利用孙中山革命运动。不过，犬养是主张资产阶级立宪政治的政党领袖。立宪政治与孙中山主张的共和思想之间既有差异，又有相对的共同点。因此，犬养能够理解孙中山革命运动。他指出：孙中山革命党"是要一举推翻满清朝廷，断行全面政治改革，创建文明新国家的一派"[1]。他还说自己对孙中山"有深刻了解，他无疑是难得的人杰"[2]。他对孙中山革命运动表示理解和同情。就此而言，犬养具有对孙中山革命运动既同情、支援，又阴谋利用的两面性。

孙中山革命运动与宫崎滔天的关系也具有这种两面性。孙中山与宫崎在主义上有共同之处，孙中山希望宫崎在思想、主张上给予支持，同时要求宫崎协助供给革命所需军资和武器。宫崎抱有革命思想，为了支援孙中山革命运动，他奔走于日本政府、军部和财界之间，但他的一些活动又间接地有利于日本的侵华政策。他的这种思想与行动相矛盾的现象与孙中山矛盾的对日观是直接相关的。这点，在孙中山的另一日本友人秋山定辅身上也有所反映。

但是，这不等于说孙中山与所有日本人的关系都是在侵略与

---

① 犬养毅：《中华民国的过去及将来》，《太阳》第18卷，1912年12月号，第111页。
② 犬养毅：《清国的革命党》，《太阳》第15卷，1909年1月号，第70页。

被侵略中产生的。例如，孙中山与梅屋庄吉的关系就具有特殊性。梅屋是经营一家电影会社的实业家，他基于自己的理想和人生观，倾家荡产，真诚支援孙中山革命运动。为了援助孙中山，他与大陆浪人保持横向关系，但他与大陆浪人又有区别。他不接触日本政府、军部和财阀，没有从事过有利于日本侵华的活动。

另外，在明治、大正年间与孙中山交往的日本人具有一种舍己救人的侠义精神。犬养毅、头山满及众多的大陆浪人在政治上与孙中山是对立的，他们在支援孙中山革命运动的活动中表现出侠义精神，这是今后有待进一步研究的课题。

支援或企图利用孙中山革命运动的日本人之间的相互关系也是值得探讨的。这些日本人个性坚强，都抱有各自的理想和信仰。他们之间在立场、性格、理想、认识等方面存在微妙的差异。他们分别利用自己的社会地位对孙中山发挥一定的作用。他们在支援或利用孙中山革命运动的过程中缺乏严密的组织，只是根据当时的形势，以横向联系实现短暂的统一行动。他们之间的纵向关系是相对的。头山满等人的行动也是如此。

革命需要拥有包含政治、经济、军事和文化等综合条件的根据地。第一、二、三次军政府时期的广东就是这种根据地。孙中山革命运动将日本作为根据地则是在中国国内反动派的残酷镇压，大批革命者流亡海外的特定条件下出现的。孙中山选择日本为革命的根据地，对革命具有有利的因素。这种选择必须有一个先决条件，即日本政府至少在一个短时期内允许孙中山等革命党人滞留日本。这种选择之所以成立是因为日本政府认为孙中山革命运动有利于侵华的可能性，也因为孙中山欲利用日中间因侵略和被侵略而产生的矛盾。

孙中山最初并不认为日本是海外唯一的、理想的根据地。1902年3月，孙中山向法国方面提示了《吾纲要与目标》这篇文章，透露了他的革命计划，同时指出：法国"是在强国之中我们可寻求协助之唯一国家",并提出要以法国的政治体制为榜样。[①]在1905 年 8 月中国同盟会成立前后,孙中山将本部设在东京,摆出将日本作为根据地的态势,但实际上他正以越南为根据地,筹划西南各省的武装起义。自同盟会成立至 1907 年 3 月孙中山被日本政府驱逐出境的 20 个月中,孙中山有一半时间在河内、西贡、新加坡开展革命活动。在这段时间,他以越南为根据地,筹划 1907年、1908 年的武装起义。孙中山之所以除日本之外还选择越南为根据地是因为越南拥有比日本更有利的条件。但是,1908 年 3 月,法国殖民当局将孙中山驱逐出越南,孙中山只得远赴欧美活动。"二次革命"失败后,孙中山将日本作为唯一的根据地,这是那个时代的历史条件所规定的。

孙中山对日本的期望

孙中山对日本抱有很大期望。他要求日本支援中国革命运动,废除中日间的不平等条约,联合亚洲各国抵抗欧美列强等。同时,他谴责日本的侵华行径。1919 年,他谴责日本为帝国主义,但这以后,他仍然对日本抱有期望。应如何解释这种矛盾现象?孙中山一面对日本抱有期望,一面又谴责日本,原因有:一是基于对帝国主义的认识而对日本加以谴责,一是为了实现期望的目的而谴责日本。从某种意义上来说,期望是目的,谴责是为了实现目的的一种手段。在孙中山的讲演、书简中,这两方面总是相对照的。并且,这种谴责往往是在期望落空的失望中出现的。因此,可以说,孙中山的对日观是期望→失望→谴责→期望的不断循环往复。

孙中山自 1919 年谴责日本为帝国主义以后,转而向日本国民

① 巴斯蒂:《论孙中山在法国政界中的关系》,第 4～5 页。

倾诉他对日本的期望和要求。但这并不等于他不再对日本政府、军部抱有期望。孙中山因对日本军政当局的期望落空，转而向日本国民倾诉他的期望。他希望以此赢得日本国民的同情和支持，并希望借助日本国民的力量，向日本军政当局施加影响，使其转变态度。这说明孙中山在提出三大政策后，对日本国民力量的认识达到了一个新的高度。同时又可以说，孙中山的这种活动是为了使日本军政当局转变态度的一种手段。因为他对日本的期望单以日本国民的意愿和力量是难以全部实现的。

孙中山期望日本支援的主要内容首先是提供借款。借款牵涉到不动产或国家主权的抵押。1912 年孙中山提倡实行对外开放政策时，强调借款无抵押，维护国家主权和利益。但日本对此充耳不闻。为了获得革命运动所需资金，孙中山又不得不承诺以部分国家主权和利益为抵押。这与他的思想和主张无疑是相矛盾的，但在特定的历史条件下又是难以避免的。可以说，为了实现革命的最终目标，他的这种策略选择是必需的。大政治家为了实现远大的理想和最终目的，往往在特定的短时期内采用与其理想和目标相矛盾的方法。这是在各种政治体制下的大政治家身上都能看到的现象。孙中山也不能例外。

那么，孙中山为什么对日本抱有期望，要求日本支援？其原因有：

第一，与中国传统文化有关。历史是在对传统文化的继承与否定中变化、发展的。孙中山的革命思想是在否定中国传统文化的同时，吸收欧美文化及儒学中的部分有益成分的过程中形成的。孙中山提出的"天下为公"一语就引自孔子的"大道之行，天下为公"。但是，孙中山的用意在于论证三民主义的合理性。

孙中山在论述中日关系与国际关系时，利用中日间的传统关系，希望以此实现对日本的期望。孙中山强调："中国同日本是同种同文的国家，是兄弟之邦。"[①]"是基于同一东方道德的邻邦，两国国民皆受到相同道德的熏陶，因此，在思想上无造成感情隔阂之虞，在道德上也无发生冲突之理由。"[②]

第二，是由孙中山革命运动主体的软弱性所决定的。19 世纪 70 年代起步的中国近代产业发展十分缓慢，至 20 世纪 30 年代在国民经济中的比重仍只占 10%。在这种经济基础上产生的资产阶级及其革命运动不可避免地具有严重的软弱性。革命在国内不能不依靠会党和军阀，在国外则不能不争取日本等列强的支援。

第三，尽管孙中山革命运动的主体非常软弱，但仍在很长一段时期不愿依靠中国革命的原动力——广大人民群众。孙中山提出三大政策后，对日期望相对淡漠。这是因为孙中山已认识到工农等广大民众是革命可依靠的坚强力量。

第四，孙中山的革命思想不是通过中国自身的启蒙运动产生的，它是适应中国国内革命形势的要求从国外引进的。革命思想的外来性使革命运动带有依靠外国的色彩。

第五，革命策略使然。以往，一般认为孙中山对日本寄予希望，要求日本支援是因为他对日本的侵华本质认识不足。笔者认为，孙中山对日本的侵华本质早有认识（关于这点将在后文详加论述），但仍对日本抱有期望。因革命运动主体的软弱性，孙中山力图利用日本与清朝、日本与袁世凯等军阀之间的矛盾，推翻清朝及袁世凯等军阀政权。如果说孙中山对日本抱有期望是因为对日本的侵华本质认识不足，那么，就难以解释 1919 年孙中山谴责日本为帝国主义后仍对日本抱有期望的事实。

孙中山对日本的期望与要求具有对革命运动有利和不利的两个方面。有利的一面尽管是短暂的，但获得了日本的借款和武器，得到日本友人和大陆浪人的支援，将日本作为革命根据地，将更

---

① 《孙中山全集》第 11 卷，中华书局，1986 年，第 4 页。
② 《大阪朝日新闻》，1917 年 1 月 1 日。

多的留日学生吸收到革命阵营等。但是，不利的一面也很大。

甲午、日俄战争后，日本取代英、法等国成为侵略中国最凶恶的国家。在这种情况下，孙中山应利用欧美列强来抵抗日本的侵略。孙中山对欧美列强的侵华本质、日本与欧美列强争夺中国产生的矛盾与对立等有明确认识。他指出，尽管遭受日本与欧美列强的侵略，但这又是中国不会灭亡的原因。因为抱有这种认识，孙中山自 1900 年前后寻求法国支援，1909 年始争取美国支援，辛亥革命爆发后游说欧美支援，1917 年始又谋求美国和德国的支援。这说明孙中山不单是对日本寄予期望，而且也对其他列强抱有希望。孙中山谋求欧美列强支援是在难以得到日本支援的情况下进行的。如 1909 年至辛亥革命爆发的这段时期，日本加紧推行侵华政策。为了对抗日本，孙中山力图利用日美在东北三省的矛盾和对立，争取美国的支援。1917 年以后的一段时期中，日本积极扶植段祺瑞政权和张作霖奉系军阀。为了牵制日本的援段政策，孙中山谋求利用美德二国对抗日本。不过，这些都是孙中山一时的策略，至 1923 年，孙中山又转而希望联合日本对抗欧美。欧美列强则由于对孙中山革命运动的认识、孙中山在中国政治舞台上的地位、孙中山的所谓亲日倾向及中国在其世界战略中的位置等多种原因，拒绝了孙中山的要求。在这种情况下，孙中山最后采取了联苏的方针，将革命运动推向了一个新的阶段。不过，孙中山在采取联苏方针后的一段时间里，仍未放弃对日本的期望。直到 1924 年 11 月孙中山最后一次赴日后，对日期望才破灭。他在遗嘱中提出的"联合世界上以平等待我之民族，共同奋斗"[①]，可以说是对以往期望日本的自我否定。

日本和欧美列强在侵华方面与孙中山是对立的存在，但它们在中国相互争夺的矛盾和对立又使它们变成孙中山希望利用或联

_____

① 《孙中山全集》第 11 卷，第 639 页。

合的存在。利用谁，对抗谁，孙中山主要是根据北洋军阀政权与日本和欧美列强的关系来决定的。北洋政权亲欧美时，孙中山即谋求联合日本来对抗。反过来，北洋政权亲日时，则谋求联合欧美来对抗。这种选择不是根据谁是侵华的最凶恶的敌国来决定，而是由孙中山制定的先推翻国内军阀政权的革命战略所决定的。可以说，孙中山与日本和欧美列强关系的问题焦点就在于此。

孙中山对日本帝国主义的认识

孙中山革命运动的一大任务是反对帝国主义侵略，争取民族独立和解放。孙中山反帝的主要内容是废除不平等条约，这与他对帝国主义的认识密切相关。以往一般认为，孙中山对帝国主义的认识和对日本的态度自1919年前后起发生了重大变化。笔者认为，这以后孙中山对帝国主义，尤其是对日本帝国主义的认识和态度是应该进一步加以探讨的问题。

帝国主义的最早定义是列宁于1916年提出的帝国主义的五大特征确定的。关于日本帝国主义的形成问题，日本国内在20世纪30年代就进行过反复争论。二战后，日本学界大都认为日本帝国主义是在第一次世界大战前后形成、确立的。1919年6月，孙中山谴责"日本武人，逞其帝国主义之野心"[1]。这时恰好正是日本帝国主义形成、确立的时期，孙中山的谴责是及时的。但是，这一时期孙中山还没有完全理解列宁提出的帝国主义的五大特征，他只是根据对外侵略的特征对帝国主义加以批判。日本帝国主义是在发动对外侵略战争的过程中形成、确立的，这一特点使日本具有更大的侵略性，日本帝国主义就是侵略。可以说，孙中山的帝国主义论是从这个角度得出的。

---

[1]《孙中山全集》第5卷，中华书局，1985年，第72页。

在 1919 年之前，孙中山没有将日本谴责为帝国主义，这是否意味着他对日本的侵略本质认识不足？因认识不足而乐观地对日本抱有幻想，并寄予期望？这是应该进一步探讨的重要问题。

回顾一下孙中山革命运动的历史就知道，孙中山自 1894 年创建兴中会时起即认识到日本侵华的严重性。他在兴中会章程中指出："方今强邻环列，虎视鹰瞵，久垂涎于中华五金之富、物产之饶。蚕食鲸吞，已效尤于接踵；瓜分豆剖，实堪虑于目前。"①这时，中日甲午战争正在进行，孙中山洞察日本发动的侵华战争将给中国带来被瓜分的后果，因而大声疾呼"亟拯斯民于水火，切扶大厦之将倾"②。孙中山基于对日本及欧美列强侵华的明确认识，创建了兴中会，走上了革命的道路。从这个意义上来说，兴中会是中日甲午战争的产物。1903 年孙中山发表《支那保全分割合论》一文，谴责日本的中国分割论者"北收朝鲜，南领闽浙"，以扩大日本版图的侵略野心。③日俄战争爆发后，孙中山对日本的用意在于侵略中国也有明确的认识。1905 年孙中山赴巴黎会见法国外交部的雷奥时力陈联合抵抗日本侵略中国的重要性。他预言：在这场战争中，"假如日本战胜从此以后便会支配北京政府的政策；假如日本战败，日本便会在华南寻求补偿"④。1911 年 2 月，孙中山在给宫崎滔天的一封信中说：日本"既吞高丽，方欲并支那"⑤。同年八月，他致信咸马里，指出日本有向中国开战的可能性，只是迄今仍未做好准备。⑥这些说明，孙中山在辛亥革命之前，即对日本侵华抱有明确的认识和警戒。因此，武昌起义爆发后，孙中山对外最担心的是日本及俄国出兵干涉。革命爆发的一段时间，

---

① 《孙中山全集》第 1 卷，中华书局，1981 年，第 19 页。
② 《孙中山全集》第 1 卷，中华书局，1981 年，第 19 页。
③ 《孙中山全集》第 1 卷，中华书局，1981 年，第 220 页。
④ 巴斯蒂：《论孙中山在法国政界中的关系》，第 10 页。
⑤ 《孙中山全集》第 1 卷，第 508 页。
⑥ 《孙中山全集》第 1 卷，第 532～533 页。

孙中山在欧美各国从事外交活动的一个重要目的是牵制日本及俄国出兵干涉。

但是，孙中山回国后，对日态度有了很大的变化。他接受黄兴、宫崎滔天、池亨吉等人的意见，转而决定争取日本支援。1913年2、3月间，他赴日访问时发表多次讲话，称：日本与中国"利害相关，绝无侵略东亚之野心"[①]。"维持现今之东亚和平，犹不能不多所望于日本。"[②]这种变化是在特定历史条件下出现的，持续的时间也是短暂的。这以后，孙中山不断揭露、谴责日本的侵略政策即是力证。

1917年，孙中山在《中国存亡问题》一文中，对日本一时反对北洋政权参战表示满意，但同时指出："日本占南满、东内蒙、山东、福建，均在（中国全国幅员）百分之五以上。"[③]同年一月，他发表《日支亲善之根本义》一文，谴责日本向中国扩张的侵略行径。[④]

以上事实说明，孙中山在1919年以前即对日本侵华有明确的认识。自1919年起，孙中山谴责日本的次数更多、更严厉，这也是事实。但与其说这是对日认识的飞跃，毋宁说是对以往克制的解放，也是革命策略的变化。

废除不平等条约，是孙中山反帝斗争的一个主要任务。1924年1月，孙中山在国民党第一次代表大会上将废除不平等条约作为一项主要内容列入国民党纲领之中。他废除不平等条约的思想主张是在组织、领导兴中会和同盟会的过程中酝酿、产生的。在当时的历史条件下，孙中山对日本侵华的认识与反侵略的斗争是难以同步的。在废除不平等条约的问题上，孙中山采取了灵活的策略，并对日本寄予很大期望。1913年孙中山访问日本时，在东

---

① 《孙中山全集》第3卷，中华书局，1984年，第26页。
② 同上书，第14页。
③ 《孙中山全集》第4卷，中华书局，1985年，第45页。
④ 《大阪朝日新闻》，1917年1月1日。

京实业家联合欢迎会上的演说中第一次公开向日本提出要废除不平等条约。在这次演说中，孙中山指出，中国政治的一大障碍为不平等条约，希望日本协助废除。①1914 年 5 月，他在致大隈重信书（一说为伪物）中向日本提出修改不平等条约。在上述《日支亲善之根本义》一文中也要求日本协助修改不平等条约。1924 年 11 月孙中山访问神户时更是进一步向日本提出要修改、废除不平等条约，并断言：没有日本的支持，中国就难以修改、废除不平等条约。②

　　另一方面，孙中山又不得不对外表示承认不平等条约。他于 1906 年在《中国同盟会革命方略——对外宣言书》、1912 年 1 月南京临时政府的《对外宣言书》中及其后的第一、二次广东军政府时期，均表示继续承认既有的不平等条约及日本和欧美列强的在华权益。

　　以往，对这种矛盾现象产生的原因大致解释为：一是对帝国主义的认识不充分，二是由中国民族资产阶级的软弱性派生的妥协性，三是害怕列强干涉革命，四是期望列强援助革命。这些解释在某种意义上无疑是有一定道理的，但笔者认为此外还有以下四个原因：

　　第一，与孙中山的革命战略有密切关系。孙中山革命运动担负着对内和对外两方面的革命任务。对内先是推翻清王朝，随后是打倒袁世凯等军阀政权，确立共和政体，振兴国内产业，建设富强的国家。对外是反对列强侵略，废除不平等条约，恢复国家平等与独立。依靠当时的革命力量是难以同时完成这两大革命任务的。孙中山认为对内革命任务是首要的，决定先行完成。他这种国内优先的革命战略是贯彻始终的。这是因为先完成对内的革命任务后，对外的反帝任务较为容易完成。

---

①《孙中山全集》第 3 卷，第 18 页。
②《孙中山全集》第 11 卷，第 375 页。

第二，为了完成对内革命任务，对外最重要的是防止列强的武力干涉。这是从义和团的失败中吸取的重要教训。因此，孙中山采取了灵活的革命策略，暂时承认了以往的不平等条约，以保证对内革命任务的完成。辛亥革命时期孙中山的对外言行，就是这种策略选择的典型。这与革命的理想和原则是相矛盾的，但与革命战略又是相统一的。孙中山的灵活策略在抵制日货运动中也屡有表现。1908 年因"第二辰丸"事件引发的抵制日货运动，1923年广东、福建一带爆发的抵制日货运动中，孙中山都持反对态度。其中虽有种种原因，但孙中山为了完成国内革命任务，对外不能不采取权宜政策。革命目的与革命政策应是统一的，但在特定的历史条件下往往会出现两者相矛盾的现象。但是，从革命的最终目的来说，这种矛盾应该是统一的，但客观上又出现矛盾。

第三，与对日本和欧美列强的二元观有关。所谓二元观是指一方面敬佩资本主义国家的先进文明，希望效法各强国，在国内建设欧美式资本主义的政治、经济及文化体制；另一方面则反对其对外侵略扩张。从历史的源流来说，资本主义是国内近代文明与对外野蛮侵略的矛盾统一体。这就使孙中山对资本主义的认识具有上述的两面性。这种认识在争取废除不平等条约斗争中也有所反映。1911 年武昌起义爆发后，孙中山在美国活动时，一法国记者问革命是否会出现排外暴动？他回答说：我党了解英、法、美，并能掌握宪政的要义，不会出现排外暴动。这表明对资本主义列强国内文明的敬佩能牵制其对外行动的这一要素。对此，资产阶级革命家孙中山与无产阶级革命家毛泽东存在很大差异。毛泽东在反对帝国主义列强对外侵略的同时，也反对其政治体制。因此，在反帝的内容和方法上，两者是不同的。

第四，孙中山出于敬佩各列强国内文明，主张实行对外开放政策，断然反对排外主义。他指出，清朝与列强缔结不平等条约的原因之一是固守排外主义，若取开放主义，就不会有不平等条约，他主张引进外国资本、技术及管理方法，创办合资公司，振兴国内产业，强调实行对外开放政策，可修改不平等条约，收回治外法权。①

孙中山的行动、他所采取的战略战术和对各列强国内文明的认识，与其革命理想和争取民族独立、民族解放、废除不平等条约的革命任务之间产生了矛盾。这种矛盾，在某种条件下是可以统一的，但在另一种条件下依然是矛盾的。统一是相对的、短暂的，矛盾是绝对的、长远的。

日本对孙中山政策

日本对孙中山的政策也是应该深入探讨的重要课题。孙中山对日本寄予很大期望，但日本政府和军部只在 1912 年南京临时政府时期和 1916 年上半年的一段时期向孙中山提供了部分借款和武器，1913 年 2～3 月孙中山访日时给予欢迎。此外，日本军政当局对孙中山的态度极为冷淡，有时甚至将孙中山驱逐出境。日本的对孙政策受多种因素制约，这些因素因日本政治体制复杂的结构及政治舞台上各种势力的相互作用而复杂多样。日本政府、军部内部就对孙政策存在各种意见分歧和对立。决定这种复杂多样的对孙政策的因素，大致如下所述。

日本政府、军部的对孙政策是日本对华政策的一部分，是为实现对华政策总目标服务的。甲午战争以来，日本对华政策的目标是维护和扩大在中国的殖民权益。日本的对孙政策就是围绕这一总目标考虑是否利用孙中山及其革命运动的问题，亦是需要时如何利用的问题。日本的对华政策的总目标是决定对孙政策的原则和前提。根据这一原则和前提，日本政府、军部在决定对孙政

①《孙中山全集》第 2 卷，中华书局，1982 年，第 340、499 页。

策时一般要考虑以下五个因素。

第一，考虑与孙中山的政敌之间的关系。辛亥革命前，日本是在调整与清朝的关系中决定对孙政策的。1897年8月孙中山赴日时，日本外务次官小村寿太郎对是否允许其居留踌躇再三。1907年3月和1910年6月，日本应清朝政府的要求，两次将孙中山驱逐出境。1911年又拒绝了孙中山访日的要求。当时，在日本的对华政策中面临这样一个问题，即如何对待孙中山和清朝政府这两个对立面提出的要求。当时的孙中山在中国政治舞台上地位尚低，日本对孙中山所抱的期望也较小。相反，日本在中国的殖民权益已全部为清朝政府承认。因此，维持清朝政权，改善甲午、日俄战争后日益恶化的日清关系比孙中山的存在更为重要，于是，日本最后接受了清朝政府的要求，将孙中山驱逐出境。

1913年，二次革命失败后，孙中山亡命日本，以日本为根据地筹划第三次革命。袁世凯多次要求日本政府驱逐、引渡孙中山，但遭拒绝。这是因为日本认为袁世凯亲英美，对日本不抱好感。1915年末至翌年春，日本为推翻袁世凯政权，暂时采取了援助孙中山的政策，向孙中山提供了借款和武器。

袁世凯暴死后，孙中山在中国政治舞台上与段祺瑞、吴佩孚等军阀对立而存在。孙中山的主要敌手是亲日的段祺瑞时，日本对孙中山的期望不予理睬，并扶植亲日势力镇压中国革命党人。当孙中山的主要敌手是亲英美的吴佩孚时，日本则相对向孙中山表示好感。

第二，日本对孙中山成为中国最高统治者的可能性所做出的判断。日本的这种判断与其对孙政策的关系是成正比例的。日本认为这种可能性大时，对孙政策就表现积极；认为可能性小时，对孙政策则表现消极。日本与各列强在中国争夺最为激烈的是控制中国的统治者为其代理人。1912年，孙中山就任南京临时政府临时大总统，显示出一统天下的趋势。这时，日本的对孙政策转而积极起来。1913 年 2～3 月，孙中山作为日本贵宾访问日本时，受到日本朝野的热烈欢迎。这也是因为日本判断孙中山将成为统治中国的人物之一。

1913 年 8 月，二次革命失败，孙中山再次亡命日本。这次，日本虽然允许孙中山居留，但对他筹划第三次革命，拒绝给予任何援助。另一方面则企图利用孙中山及其革命党为筹码，占领青岛，与袁世凯交涉"二十一条"。这一时期，孙中山在日本对华政策中的地位和日本的对孙政策与辛亥革命时期及孙中山于 1913 年 2～3 月访日时相对照，是截然不同的。因为日本判断，这一时期袁世凯完全控制了中国南北的局势，孙中山东山再起，成为中国统治者的可能性极小，甚至不复存在。

第三，围绕孙中山的国际关系。这种国际关系是指日本与欧美列强、日本与孙中山及其政敌、欧美列强与孙中山及其政敌之间的相互关系等。日本和其他列强为扩张各自在华殖民权益，争夺十分激烈。因此，这种国际关系因素就必然会在日本决定对孙政策时占据重要地位。

武昌起义爆发后，日本政府和军部企图出兵支援清王朝，武力干涉辛亥革命。后因种种原因而未能出兵，其中一个重要的原因是英美对日本的牵制。武力干涉辛亥革命，必然要向长江流域及其以南地区出兵。这一地区属英国的势力范围，也是美国贸易权益集中的地区。若各列强联合出兵干涉，就只得像义和团运动时期那样，听任日本出动大量军队。这就使日本得以倚仗军事力量攫取比英美更大的权益，后果将对英美不利。因此，英美设法牵制日本出兵，使日本武力干涉的企图未能得逞。英美牵制日本的方式是借日英同盟中关于对华政策协调一致的规定。华盛顿会议后，英美则以《九国条约》及门户开放、机会均等的原则牵制日本的对华政策及其组成部分之一的对孙政策。在英美的牵制下，日本这个二流的帝国主义国家不得不与英美的对华政策及对孙政策相协调。

　　不过，1911 年 12 月英国支持袁世凯实施南北停战、议和，打破了与日本的协调时，日本极为不满，其采取的对策之一是暂时支援孙中山。日本为避免由政府、军部公开出面支援，以维持与欧美列强的关系，采取了由财界和民间支援的方式。

　　针对孙中山与其政敌的日本与列强、日本与孙中山、日本与孙中山的政敌、列强与孙中山、列强与孙中山的政敌等之间的相互关系是日本与欧美列强在中国的争夺中产生的，中国国内政治也是伴随这种争夺展开的。因此，日本根据这两方面的情况来决定对孙政策。例如，辛亥革命后，日本针对孙中山与袁世凯的对立采取的对孙政策就是根据这两方面的情况来决定的。英国认为，中国的各种政治势力中，袁世凯是最强有力的人物，因而自辛亥革命时期就支持袁世凯，袁世凯也主要依靠英国，在清王朝被推翻后窃据中国的政治、军事大权。另一方面，英国认为孙中山是亲日人物，是一名无实力的政治家，因此对孙中山不予理睬。日本政府、军部则认为袁世凯是亲英美人物，对其不感兴趣。大陆浪人等甚至认为袁世凯是反日人物，密谋将其暗杀。然而，辛亥革命后袁世凯统治中国的事实及英国在其背后给予的支持，使日本的对孙政策摇摆不定，在一段时期表现极为冷淡（二次革命及其后的一段时间），有时则表现出积极的态势（1915 年末至翌年春）。

　　日本的对孙政策因与其他列强在中国的争夺而不时表现出两面性。如在第三次广东军政府时期的关余问题和商团事件中，为了维护共同的殖民权益，日本与其他列强一道对孙中山采取了强硬的态度。但另一方面，日本又采取了一些单独措施，以对孙中山留下余地。这在商团事件中表现明显。日本与各列强既协调又不完全一致的原因在于两者在中国的争夺。当时，北洋政权由英美支持的吴佩孚把持，日本为了与其对抗，在北方积极支援奉系军阀张作霖，在南方则对孙中山统率的广东军政府表示"好意"。1924 年 10 月，因直奉战争和北京政变，吴佩孚遭惨败，亲日的张作霖、段祺瑞再次把持了北洋政权。孙中山应他们之邀请，北上与张、段及冯玉祥商议收拾局势时，日本出于自身利益需要，支持孙中山北上，因而不能不表现出一定的"好意"。

第四，对经济利益的权衡。经济问题是日本对华、对孙政策的终极问题。从这个意义上来说，日本决定对孙政策的基础是经济问题。日本在中国的经济权益包括：殖民经济特权、资本输出、贸易等。辛亥革命时期，日本对孙中山的支援主要是提供借款——资本输出。辛亥革命时期的三项借款交涉、1913 年孙中山访日时成立的中国兴业株式会社、1916 年久原房之助提供的借款均为资本输出。日本企图以各种类型的资本输出，进一步扩大在华经济特权。这表明日本将进入帝国主义阶段时，对外政策出现了新的特点。

辛亥革命时期，日本对华输出和输入同时锐减，这种状况持续约半年，给日本对华贸易以严重打击。日本因此害怕孙中山革命运动使中国引起动乱。"二次革命"时，日本始终劝告孙中山使用和平方法，避免以武力"讨袁"，并拒绝像辛亥革命时期那样支援孙中山。其中虽有多种原因，但其中一个重要的原因是贸易问题，不愿再次承受直接经济损失。不过，日本决定对孙政策时，决定性因素不是财界的要求，而是政府、军部的意思。财界的经济力量只是执行政府、军部决定的手段之一。财界的要求从属于政府、军部的意见。

最后谈谈日本政府和军部决定对孙政策时，如何对待孙中山的共和思想及其革命运动的性质。

孙中山于 1897 年赴日时即公开宣布了自己的共和思想。这一政治思想和要以暴力推翻君主制的革命性质与日本统治阶级的观念主张存在明显的差异。日本是实行君主立宪的天皇制国家。孙中山与日本在政治上绝难相互接近。辛亥革命时期，在南北议和中就实行君主立宪制还是共和制发生争论时，日本赞成君主立宪制，反对孙中山的共和制主张。但另一方面，日本又向孙中山提供军资和武器，并允许大陆浪人直接参加中国革命。在中国国内，积极响应革命的人们当中，有很多人抱有君主立宪的旧观念。孙中山曾声称接近自己的人当中有不少右翼分子。这无疑是一种矛盾现象。在此必须看到，共和制和君主立宪制都属于资产阶级政体。主张共和制的革命派在革命的进程中若承认日本在华既得权益，就不会在政治上与同属于一个政体范畴的日本发生根本性矛盾。若革命派不承认日本在华既得利益，即使主张与日本同样的君主立宪制，两者的矛盾和对立也是难以调和的。当时，袁世凯主张日本式的君主立宪制，但日本仍对袁无好感。另外，1915 年袁世凯复辟帝制时，日本先表示支持，后又予以反对。以上说明，孙中山的共和思想及其革命运动的性质在原则上不构成日本决定对孙政策的重要因素。

更重要的是主张某一种政体者的倾向，即倾向日本还是倾向英美。倾向英美者虽主张君主立宪制，但仍得不到日本支持；倾向日本者虽主张共和制，日本却给予支持。其根本原因是，日本企图乘辛亥革命之机，支持倾向日本的一方，并使之统治中国，以维护和扩大在华殖民权益。不过，孙中山共和革命的性质在事实上对日本的对孙政策有一定影响，但不构成重要因素。

孙中山的联俄、联共、扶助农工三大政策给日本决定对孙政策产生了什么影响？孙中山提出三大政策表明他的对内、对外政策发生了很大的变化，但这不是他的共和制思想和政治体系的变化。日本却叫嚣孙中山的联俄政策是"共产化"，害怕孙中山会倾向苏联。这给日本的对孙政策以一定影响，因为共产主义和资本主义是完全不同的两种思潮和体制。

总之，日本决定对孙政策是在维护、扩大在华权益的原则下，受以上各种因素制约的。因时间或事件的不同，以上各种因素作用的程度也不尽相同，但其中总会有一两个因素起着极其重要的作用。因此，对日本就孙中山决定的具体政策应进行具体分析。

第一章　孙中山领导的革命运动之勃兴与日本

孙中山领导的革命运动是中国近代资产阶级民主革命运动，是中国近代社会变化的必然产物。本章拟阐明这一革命运动勃兴的社会背景、革命的课题以及革命派的形成过程，探究革命运动与日本的关系是如何结成的等问题。

一、中国资产阶级革命运动的课题

20 世纪前后的中国社会

古代中国是一个具有悠久文明史的庞大帝国。直至 15～16 世纪，中国仍是世界上最先进的国家之一。16 世纪中叶，商品经济发达的江南地区已经有了资本主义生产方式的萌芽。从人类历史发展的一般法则来看，当时的中国是完全可以由封建社会自然地向资本主义社会发展的。然而，列强的侵略阻断了中国向近代资本主义前进的道路，中国因而沦为半封建、半殖民地社会。

鸦片战争前，中国是清王朝统治下对外"闭关"的封建国家。虽然已有了资本主义萌芽，但小农业和家庭手工业相结合的自给自足的封建经济在整个社会经济中占着主导地位，清王朝实行以满族为中心的专制统治，地主阶级与农民阶级之间的矛盾逐步激化。自 18 世纪下半叶始，清王朝走上衰败的道路，鸦片战争以来列强的侵略和清朝的屡战屡败更加速了这一进程。鸦片战争后，列强强迫清政府签订《南京条约》等一系列不平等条约，夺占了香港等中国领土，攫取了关税决定权、沿海贸易权、内河航行权、内地通商权、治外法权及片面最惠国待遇等大量殖民特权。列强还在中国各地设置租界，将其作为侵华据点，争相掠夺原料，倾销商品，中国开始沦为半封建、半殖民地社会。

1894～1895 年的甲午战争中，清朝战败，被迫与日本签订《马关条约》，丧权、割地、赔款。日本通过《马关条约》向中国勒索的战争赔款相当于清政府全年总收入的三倍。为支付赔款，清政府不得不向英、法、俄、德大举借债，列强通过巨额政治贷款进一步控制了中国。《马关条约》规定准许日本在中国设厂，列强援引"利益均沾"的最惠国待遇条款，同时都享有这项特权。其时，资本主义正过渡至帝国主义阶段，列强以巨额政治贷款为背景，扩大了对中国的资本输出，中国成了其投资市场。《马关条约》签订后，列强掀起了瓜分中国的狂潮，英、俄、德、法、日先后将长江流域、满蒙、胶州湾和山东、两广和云南、南满和福建划为自己的势力范围。同时，列强还争相扩大在天津、上海、汉口、杭州、苏州、重庆、沙市等地的租界。中国面临着被瓜分的严重危机。

中国人民对列强的侵略极其痛恨，不断进行反抗，1900 年义和团运动兴起，各列强旋即组织联军镇压。8 月，八国联军侵占北京，翌年，迫使清政府签订《辛丑条约》，勒索赔款四亿五千万两白银，分三十九年还清，年息四厘，本息合计九亿八千万两白银，攫取了在北京和京山线的驻兵权。

《马关条约》和《辛丑条约》的签订，使中国完全沦为列强的半殖民地。孙中山称这种半殖民地为"次殖民地"，其地位可以说比殖民地更次之。中华民族与列强之间的矛盾从此愈益尖锐，成为中国社会最主要的矛盾。

义和团运动以后，清政府彻底投降列强，禁止和镇压人民的反帝斗争，企图以此维持其摇摇欲坠的反动统治。列强也由瓜分中国的政策转向"保全中国"的政策，重新确定清统治者为它们的在华代理人。清朝统治阶级与列强的这种新关系使清政府完全成了"洋人的朝廷"，殖民者与清朝统治阶级联为一体，形成中华大地上最黑暗的反动统治集团。因此，中国人民的反帝斗争就必然与反清斗争联系在一起。

清政府为了偿付巨额的赔款和外债，横征暴敛，搜括民财，中国人民生活在水深火热之中，人民的反封建斗争日益高涨，封建统治阶级与人民大众的矛盾愈加激化。

如前所述，近代中国因遭受列强侵略而沦为半殖民地。列强的侵略又加速了中国封建社会的解体，持续两千年的封建社会转为半封建社会，中华民族与帝国主义的矛盾、封建统治阶级与人民大众的矛盾是这一时代的两大矛盾。孙中山领导的革命运动就是这种历史条件下的产物，中国民族资产阶级作为新兴的政治力量登上了中国的政治舞台。

中国革命的课题与新兴资产阶级知识分子

中国近代社会的两大主要矛盾向中国近代革命运动提出了两大革命课题：第一，反对帝国主义，恢复国家主权，争取民族独立；第二，推翻封建统治，建立共和政体，建设富强国家。一言以蔽之，就是反帝、反封建。这两个革命课题是不可分割的有机统一体。1840年以来中国人民的革命运动逐步走上完成这两大革命课题的道路，成为中国近代史的主流。

然而，历次人民革命运动对这一历史潮流的认识又存在差异和缺陷。1841年的三元里斗争是近代中国人民反帝运动的起始。但这次运动只是单纯的反英斗争。1851～1864年的太平天国是一场反清革命运动，沉重地打击了清王朝的反动统治。但这场革命仍属于旧式的农民起义。它没有提出近代的政治、思想和理想，因对列强的侵略认识不足，基本上没有开展反帝斗争。最后遭到中外反动势力的联合镇压而失败。甲午战争后，列强掀起瓜分中国的狂潮，中国人民的反帝斗争随之高涨。1900 年，义和团运动爆发，这次运动提出"扶清灭洋"的口号，沉重打击了帝国主义的侵略气焰。但它拥护清王朝，并带有浓厚的宗教色彩，当然不可能提出近代的政治、思想和理想。

所谓近代的政治、思想是指近代资产阶级的政治和思想。它随着资本主义经济的发展而产生并发展，对资本主义经济的发展起促进作用。列强的经济侵略加速了中国封建社会的解体，使城市、农村中的商品经济有所发展。随之而来，农村中作为资本主义要素之一的富农阶层人数逐步增加，城市中外国资本建立了一批近代工厂，中国民族资本相继涌现。中国的近代工厂在甲午战争之后获得迅速发展，工厂数 1894 年为 72 家，至 1911 年增至 491 家，注册资本随之由 2090 万元增至 10855 万元。[①]其中，民族资本的工厂数 1894 年 53 家，1911 年增至 416 家，增加 7.8 倍。注册资本由 470 万元增至 8277 万元，增加 17.6 倍。[②]在海外，华侨中也产生了资产阶级。自 19 世纪 60 年代始，破产的手工业者和农民出走海外求职，在东南亚和欧美历尽艰辛，经营起一批近代企业，成为中国民族资本的主要组成部分。[③]这些民族资本代表中国社会中新的生产方式，成为中国资产阶级革命运动的经济基础。

中国民族资产阶级因其形成的特点而分为上、中、下三个阶

---

① 严中平编：《中国近代经济史统计资料选辑》，科学出版社，1955 年，第 93 页；汪敬虞编：《中国近代工业史资料》第二辑（1895～1914）下册，科学出版社，1957 年，第 870～919 页。

② 严中平编：《中国近代经济史统计资料选辑》，科学出版社，1955 年，第 93 页；汪敬虞编：《中国近代工业史资料》第二辑（1895～1914）下册，科学出版社，1957 年，第 870～919 页。

③ 1907 年的华侨（不包括台湾和香港）总人数为 631 万人。

层。其上层与封建统治阶级及帝国主义列强有着千丝万缕的联系，因而他们不希望现存的封建体制被推翻，只是要求将其改良为君主立宪政体。康有为、梁启超等改良派就是代表他们的政治、经济利益而登上中国近代政治舞台的。他们与要求对社会进行根本性变革的革命派对立起来。中、下层则与封建统治阶级及列强较少联系。由于受到帝国主义和封建主义的压迫，他们具有比较强烈的反帝反封建的要求，希望进行社会变革。

华侨资产阶级在海外遭受当地资本的压制而又无法得到清政府任何形式的保护。他们与国内封建势力的联系极少，同时还因受西方文明的影响，其革命性比中、下层民族资产阶级更强，且较彻底，是中国资产阶级革命运动中的激进势力。

民族资产阶级的中、下层和华侨资产阶级要求在中国发展资本主义，希望中国成为独立、民主、自由、富强的国家。中国资产阶级知识分子和小资产阶级知识分子是其利益的代言人。知识分子阶层是中国近代社会新兴的社会势力，在资产阶级革命运动中起着先锋的作用。他们来自19世纪末去海外的留学生和国内新学堂及教会学校的青年学生。他们通过留学或翻译过来的日本及欧美各国的书籍，提高了对日本和欧美各近代化国家的认识，吸收了资产阶级的政治学说和文化思想，树立了变革社会的理想。他们具有强烈的爱国心和救国意识，认为美国独立运动和法国资产阶级革命是中国实现独立、民主的榜样，希望以西方资产阶级革命时代起过积极作用的进化论、天赋人权论及共和思想解决中国的民族独立和民主、自由和富强的问题。知识分子阶层很快成为中国资产阶级革命运动的骨干力量，孙中山即是其中的一员。在革命运动的发展过程中，他逐渐确立了领袖地位。

二、革命运动的兴起

孙中山的青少年时代

孙中山走上革命的道路与其青少年时代有密切的关系。1866年11月12日（清同治五年十月初六），孙中山出生于广东省香山县（1925年改称中山县）翠亨村一个贫农家庭。幼名帝象，稍长取名文，字德明，号日新。广东话的"日新"与"逸仙"谐音，因而后来又改号逸仙。以后，欧美各国都称其为孙逸仙。流亡日本时曾更名为中山樵，因而又号中山，孙中山一名很快在中国家喻户晓。

孙家自孙中山的祖父敬贤一代起就是没有土地的佃耕农。孙中山的父亲孙达成年轻时为谋生计漂流到澳门去干缝纫，当鞋匠。孙中山有同胞兄妹六人，三男三女，他排行第五。当时孙家非常贫寒，孩子们都得赤脚上山砍柴，下田劳作。家里以番薯为主要粮食。幼年时的孙中山对农民的痛苦境遇已有切身感受，对他后来走上革命道路具有极其重要的影响。但这还不是决定性的因素。

当时广东猪仔贸易繁盛，渡海出洋的人很多。孙中山有两位叔父为谋生远涉重洋赴美国加利福尼亚金矿，但一人折回至上海，一人在加利福尼亚病故。孙中山的长兄孙眉十七岁那年跟随亲戚渡海去檀香山，开始在一家菜园里当工人，历尽艰辛，逐渐致富，经营农场、牧场、商店和酿造业等，成为华侨资本家，周围的人们称其为毛伊岛王。因孙眉不断寄回侨汇，孙家的生活逐渐改善，并开始转化为资产阶级的家庭。

孙眉在海外成功对孙中山影响很大。孙中山十岁入私塾，读《三字经》《千字文》及四书五经等，十二岁那年（1878年）他跟随母亲杨氏赴檀香山，在孙眉开设的米店当店员。翌年入火奴鲁鲁英基督教监理会开办的意奥兰尼学校，学习西方政治学说和自然科学的基础知识及《圣经》等。在学期间，孙中山特别爱读华盛顿、林肯等资产阶级革命家的传记。三年后以英文文法第二的优异成绩毕业。接着又进檀香山的最高学府奥阿厚书院（高级中学）学习。他原希望毕业后去美国继续攻读。然而，由于孙眉坚决反对，迫使他停止了学业，并于 1883 年 7 月启程归国。

　　在檀香山五年的生活体验和所受到的西式教育对孙中山政治思想的形成具有极其重大的影响，从此他有了师法西方，改造中国的理想。不过，他一时还不知道如何去实践自己的理想。孙中山回到翠亨村后，以自己所学分析家乡现状。他对封建压迫和剥削、迷信和腐败十分痛恨，公开谴责皇帝和清王朝的反动统治。他的儿时好友陆皓东历史知识丰富，不满现状，两人重逢，常议论时事，抨击现状。为使村中的人们破除迷信，两人毁坏了村庙"北极殿"中的神像，结果遭到人们的猛烈攻击，认为此系亵渎神灵，大逆不道，纷纷向孙家兴师问罪。孙中山被迫离开家乡避往香港。

　　孙中山到香港后于 11 月进英基督教圣公会开办的拔萃书室读书，不足一月即退学。翌年 4 月入中央书院，继续读书。不久，孙中山应哥哥孙眉的请求，于同年 11 月赴檀香山，仍在孙眉的商店里当店员，一直至次年 4 月。8 月再赴香港，回到中央书院复学。其时正值中法战争结束，清王朝战败，签订丧权条约。此事对孙中山的冲击很大。后来他在可视为其自传的《孙文学说》中说："予自乙酉中法战败之年，始决倾覆清廷、创建民国之志。"[1]

　　1886 年，孙中山在中央书院毕业后，就进陆军或海军学校成为一名军人，还是攻读法律当一名律师做过一番考虑，最后却决定学习医科，认为"医亦救人之术"。他先进广州博济医院附属南

---

[1]《孙中山选集》，人民出版社，1981 年，第 192 页。

华医学堂，不久转学至香港的西医书院。学费由孙眉提供。在西医书院学习的五年内，他刻苦攻读，成绩名列前茅。同时一直关心政治问题。他与三合会骨干郑士良及陈少白、杨鹤龄、尤列等人交往甚密，他们常在一起谈论天下大事和中国前途，极力倡言革命。①孙中山对太平天国革命领袖洪秀全十分敬仰，尊称他为"反清第一英雄"，并自许为"洪秀全第二"。孙、陈、杨、尤四人常在香港的杨家商店相聚，鼓吹革命，被人们称为"四大寇"。可以认为，孙中山的革命思想这时已开始产生。正如孙中山自己所做的评价，这几年是他的"革命言论之时代"②。

1892 年 7 月，孙中山以总成绩"最优异"获西医书院毕业执照，结束了学生时代。他先在澳门开设中西药局，后又至广州创办东西药局。1893 年他计划与陆皓东、郑士良、尤列、魏友琴等八人创建以"驱除鞑虏，恢复中华"为宗旨的革命团体，但未成功。③其原因是，这个时期的孙中山还未成为一名坚定的革命者，他摇摆于革命论与改良论之间，甚至对自上而下进行改良寄予很大希望。

明治维新与孙中山

孙中山为探索政治改良的道路，于 1894 年 6 月向直隶总督兼北洋大臣李鸿章递交《上李鸿章书》。这是孙中山现存最早的几篇文章之一，也是他第一次言及日本的文章。在上书中，孙中山提出救国方略，力陈欲效西方、图自强，须"人能尽其才，地能尽其利，物能尽其用，货能畅其流"，认为这四件事是"富强之大经，治国之大本"④，强调要培养人才，振兴农业、矿业和商业，要求立即实施改良。他断言，若中国仿效西方，实现这四件大事，"不

---

① 《孙中山选集》，第 192～193 页。
② 《孙中山选集》，第 193 页。
③ 广东文物展览会编：《广东文物》中册，香港中国文化协进会，1941 年，第 437 页。
④ 《孙中山全集》第 1 卷，第 8 页。

过二十年，必能驾欧洲而上之"①。

在这篇文章中，孙中山以日本为例证，指出："日本一国，与西人通商后于我，仿效西方亦后于我，其维新之政为日几何，而今日成效已大有可观，以能举此四大纲而举国行之，而无一人阻之。"②孙中山对日本明治维新所做出的评价，表明他在主张学习"西法"的同时，已开始重视日本。后来，他在论及日本明治维新时，总是强调："日本维新是中国革命的第一步，中国革命是日本维新的第二步。中国革命同日本维新实在是一个意义。"③

如前所述，孙中山与日本的关系始自明治维新，明治维新是孙中山与日本之间产生联系的桥梁。对明治维新的这种认识，给孙中山对日观的形成以一定影响，成为其对日观的一个组成部分。不过，孙中山对明治维新的性质，即其是一场革命还是一场改革没有直接论及。《上李鸿章书》与其说有革命倾向，毋宁说提出了自上而下改革的要求。因此可以说，孙中山这个时期对中国的现状有类似变法派的认识，幻想通过改良走明治维新的道路。

这时，孙中山尚未去过日本，对明治维新及维新后日本的认识可以说是通过阅读国内刊行的有关日本的书刊而来的。当时，这类书刊有：清政府首任驻日公使何如璋所撰《使东述略》和《使东杂咏》、公使馆参赞黄遵宪的《日本杂事诗》和《日本国志》、王韬的《扶桑游记》、首任驻日副公使张斯桂的《使东诗录》、王之春的《谈瀛录》、顾厚焜的《日本新政考》、陈其元的《日本近世记》、李筱圃的《日本纪游》和《日本杂记》、陈家麟的《东槎闻见录》、傅云龙的《游历日本图经》等。以后康有为所撰《日本变政考》是对明治维新的正式研究。前面所列各书对明治维新也有所涉及。孙中山阅读过以上哪些书，尚不能确知，但可以说，

---

① 《孙中山全集》第 1 卷，第 15 页。
② 《孙中山全集》第 1 卷，第 15 页。
③ 《孙中山全集》第 11 卷，第 365 页。

他的对日认识是后来选择日本为革命运动根据地之一的思想起点。

兴中会与广州起义

6 月，孙中山偕陆皓东来到天津，通过李鸿章的幕僚罗丰禄向李鸿章递交了上书。结果是李拒绝接见他，对他的意见不屑一顾。孙中山原希望说动清政府中"识时务之大员"，推行自上而下的政治改良。上书失败，幻想破灭，使他从而认识到和平方法无济于事。不久，他即走上了革命的道路。甲午战争中，清王朝腐朽无能，遭到惨重失败，民族危机愈加严重。这使孙中山开始坚信革命是唯一出路。

上书失败时，恰逢中日甲午战争爆发。孙中山预感清王朝将失败，于是，于 1894 年 10 月乘船由上海出发，经日本赴檀香山。此行的目的是筹措革命资金，组织革命团体，准备举兵"反清复汉"。这得到孙眉等人的支持，11 月 24 日创建了兴中会。[1]这是中国资产阶级革命派组建的第一个革命团体。短短数月，会员即由 20 人增至 126 人，其中 88 人为爱国华侨。孙中山在《兴中会章程》中指出当时的严重局势，谴责清政府的昏庸无能，"上则因循苟且，粉饰虚张；下则蒙昧无知，鲜能远虑"；疾呼列强侵略使中国面临严重的民族危机，"方今强邻环列，虎视鹰瞵，久垂涎于中华五金之富、物产之饶。蚕食鲸吞，已效尤于接踵；瓜分豆剖，实堪虑于目前"。[2]兴中会的入会誓词是："驱除鞑虏，恢复中国，创立合众政府。"[3]这是中国历史上第一个资产阶级革命纲领，明确规定了革命所要达到的目标。

创建兴中会，是孙中山发动革命运动的起点。孙中山通过兴

---

① 冯自由：《革命逸史》初集，中华书局，1981 年，第 14～16 页。
② 《孙中山全集》第 1 卷，第 19 页。
③ 《孙中山全集》第 1 卷，第 20 页。

中会筹措革命资金，同时偕会员中激进分子邓阴南、宋居仁等六人抵香港，准备发动广州起义。

孙中山领导的革命运动的一个重要特征是：自始至终强调武装斗争。1895 年春，孙中山约集陆皓东、陈少白、郑士良等人分别在香港和广州两地组建了兴中会组织，并设立了秘密据点，筹划武装起义。这次武装起义的领导者和组织者是孙中山等资产阶级和小资产阶级知识分子，他们依靠的力量则是以三合会为主力的"反清复汉"会党、营勇（被解散的部分清军）、民团和绿林（农民起义军）。

孙中山在准备这次起义的过程中，非常重视与列强的关系，要求各列强对起义保持中立。他通过《德臣西报》的主笔黎德、《士蔑西报》的主笔邓肯，在香港的几家英文报纸上宣传中国革命的目的以及将给列强带来的利益，要求列强不要像太平天国运动时期那样帮助清王朝镇压革命。[①]

孙中山还要求德国和日本为起义提供武器，3 月 1 日，孙中山访日驻香港领事中川恒次郎，提出在广东举事尚缺军械，要求日本提供长枪两万五千支，短枪一千支。[②]在这之后，孙中山数次登门访中川，要求日本支援。这是孙中山首次对日本寄予希望，从此，他始终对日本抱有期望。

中川领事分别于 3 月 4 日和 4 月 17 日向日本外务省通商局长原敬函告孙中山的要求。中川在函件中指出，在清国，受过良好教育，并通晓海外情况的许多人对现政府的施政，特别是对官僚的腐败非常不满，但孙中山等"举事成功是难以置信的"，其理由有：（一）举事后没有足够才干、资历和声望的人任总统。（二）各派的联络不充分。（三）举事的程度、手段等也准备不足。[③]

---

① 史扶邻：《孙中山与中国革命的起源》，中国社会科学出版社，1981 年，第 61～71 页。
② 原敬文书研究会编：《原敬关系文书》第 2 卷，日本放送出版协会，1984 年，第 392 页。
③ 原敬文书研究会编：《原敬关系文书》第 2 卷，第 393、396 页。

比以上理由更重要的是，这时，甲午战争正在进行。自开战以来，日军接连攻占平壤、旅顺和威海卫等地，并摧毁了清王朝的北洋舰队，清王朝的失败已不可避免。3月14日，李鸿章赴日本马关乞和，4月17日与日本签订了《马关条约》。根据这个条约，日本向清政府勒索了巨额赔款和大片领土，攫取了增开港口、设立工厂和内河航行等殖民权益。因此，这时日本已没有必要为攫取新权益而支持孙中山革命。如果战事对日本不利，中川则主张支援孙中山。他在函件说："若清国在北方聚集军队，坚决抵抗我方，则在南方让彼等（孙中山等——笔者注）举事。这不失为造成后顾之忧，以消其势之一策。"①然而，清王朝未做积极抵抗便屈膝接受了苛刻的和约。因此，日本在这一时期还无须利用孙中山发动革命，以从背后牵制清王朝。另外，如中川所述，当时的日本军政当局"无暇分手他图，即使能促成其举事，结果则会是内地虽已开放，本邦人也难以充分扩张通商，享其利益"②。这样反而会有被欧美列强商人利用的可能性。因为日本当时无力将其经济势力扩大至广东。因为以上原因，日本拒绝支持孙中山发动广州起义。

孙中山为什么希望得到日本的援助？首先，《上李鸿章书》表明他对明治维新后的日本有一定了解，希望中国也能像日本那样成为近代化的国家。因此，他对日本支援其革命抱有幻想。其次，革命家在发动武装起义时一般都要考虑当时的客观条件，选择对革命有利的时机。孙中山认为，清王朝与日本矛盾激化，是发动起义的有利时机，希望争取日本援助，推翻清王朝。另外，广东当时盛传日军将进攻当地，孙中山不会不考虑这个因素。

① 原敬文书研究会编：《原敬关系文书》第2卷，第393、396页。
② 原敬文书研究会编：《原敬关系文书》第2卷，第393、396页。

与日本人结交

广州起义原定于 10 月 26 日举行，但计划在事前泄露，陆皓东等牺牲，另有四十余人被捕入狱。孙中山领导的第一次武装起义未及发动，便告失败。起义的组织者只得避逃日本和东南亚。

孙中山与陈少白、郑士良等经澳门、香港，于 11 月 9 日（一说 10 日）乘"广岛丸"轮船抵达神户，首次踏上了日本国土。有一种说法称，孙中山等在神户上岸后购得日本报纸，上有"中国革命党孙逸仙"或"中国革命党首领孙逸仙抵日"等报道，[①]这似与事实不符。当时，《大阪朝日新闻》（11 月 3、5、14 日）、《大阪每日新闻》（11 月 5、9 日）、《神户又新日报》（11 月 6、9、10、30 日）等只报道了广州起义未遂的消息。11 月 10 日的《神户又新日报》诬指广州起义的性质为"颠覆满清政府的阴谋"，其他报纸也称起义是会匪的阴谋，首谋者为"黄"或"范某"。[②]

12 日，孙中山一行由神户赴横滨。横滨是华侨的聚居地之一。1859 年神奈川开港时即有华侨四五十人居住该地。1893 年增至 3325 人。后因受甲午战争的影响，人数骤减，至 1895 年只剩 1172 人。[③]孙中山抵横滨后即以当地的华侨为基础，成立了兴中会横滨分会，由冯镜如任会长。[④]不过，孙中山这时还没有将日本作为革命根据地的计划。广州起义失败后，清政府悬重赏花红白银一千两通缉孙中山，同时严令驻外公使馆缉捕孙中山，并且还有消息称日本政府可能会将孙中山引渡给清政府。12 月，孙中山剪掉发辫，改着西装，只身乘轮船再赴檀香山进行革命活动。同年 1 月

---

① 冯自由：《革命逸史》初集，第 1 页。
② 安井三吉："'中国革命党首领孙逸仙'考"，载《近代》57 号，第 58～71 页。
③ 松本武彦：《兴中会在孙中山革命运动中的意义》，载《近代中国》第 9 号，第 186～190 页。
④ 冯自由：《革命逸史》第 4 集，第 14～16 页。

在香港结交的梅屋庄吉闻讯即寄给孙中山 1300 美元充作旅费。[①]
离日时，孙中山委托郑士良和陈少白分别负责香港和日本的革命
工作，并将陈少白介绍给菅原传。

菅原传（1863—1937）是与孙中山交往的第一个日本政治家。
1894 年，孙中山在火奴鲁鲁与他相识。菅原传生于日本宫城县远
田郡涌谷村，曾就读于帝国大学，1886 年赴美留学。日本国内自
由民权运动高涨的时候，他在美国加入自由党，并在旧金山组建
爱国同盟。归国后，创办、发行爱国同盟的机关刊物《十九世纪》。
1893 年至 1895 年再度赴美，其间结识孙中山。尽管菅原的自由
民权思想和孙中山的革命思想有差异，但在要求变革方面有相似
之处，这是两人交往的基础。后来，在惠州起义和孙中山于 1913
年亡命日本的时期，两人一直保持往来。

菅原传在孙中山领导的革命运动中地位并不重要，但孙中山
以他为桥梁，开始与日本人交往。从这个角度来看，他又是一个
具有一定意义的人物。不久，陈少白通过菅原传→曾根俊虎→小
林樟雄的渠道，结识了宫崎滔天。宫崎滔天则通过陈少白结识了
孙中山。孙中山也由此逐步结识了犬养毅、头山满等一批日本朝
野人士。他们之间的交往有其历史的必然性，但孙中山与菅原传
在火奴鲁鲁偶然相遇，是这种必然性发生连锁反应的起点。孙中
山指出："此为革命党与日本人士相交之始也。"[②]

12 月，孙中山离开日本后，先后赴檀香山、旧金山、芝加哥
及纽约等地联络华侨，宣传革命。1896 年 9 月 30 日，他转抵英
国。清政府驻伦敦公使馆秘密张网缉捕孙中山。10 月 11 日，孙
中山被清公使馆人员诱捕，囚禁于公使馆内。清公使馆阴谋将孙
中山绑架回国杀害。孙中山在香港西医书院读书时的老师康德黎

---

① 梅屋庄吉：《永代日记》，明治二十九年 2 月 10 日，小坂哲琅、主和子（梅屋庄吉
的外孙女）藏。

② 《孙中山选集》，第 194 页。

等人闻讯，四处奔走，呼吁伦敦各界人士营救。消息公开后，立即在伦敦舆论界激起轩然大波，伦敦人民强烈谴责清公使馆的卑鄙行径。在这种情况下，清公使馆被迫于23日释放孙中山。[1]从此，孙中山作为革命家，名扬世界。

日本杂志《日本及日本人》（第31号，1896年11月）在国外通讯栏目中登载了这次囚禁事件的消息，但其标题竟是"驻伦敦清公使馆拘禁策划广东阴谋的清国医生宋某"。这表明日本舆论界对革命家孙中山还缺乏理解。[2]翌年，孙中山将这次事件的始末整理成《伦敦被难记》出版后，立即为世人瞩目。后来，这本书被翻译为日文出版，成为日本友人与孙中山结交的一个重要桥梁。

孙中山脱险后，至翌年7月初继续居住在伦敦。在这期间，他不知疲倦地到大英博物馆等处博览群书，主要研读政治、外交、经济、农业、畜牧、机械工程等方面的书籍。研读中受到美国经济学者亨利·乔治土地单税论的影响。在伦敦居住的这九个月，对孙中山的革命理论——三民主义的形成具有非常重要的意义。

在伦敦期间，孙中山与日本生物学者南方熊楠（1867－1941）结为知交。南方熊楠1886年赴美国就读于兰辛大学农学科，1889年任民权主义者报纸《大日本》的主笔。以后转赴英国，在伦敦学会悬赏征集的天文学论文中，他的论文《远东的星座》获得首席，扬名科学界。后来从事黏菌研究，发表论文一百五十篇。1896年11月10日，南方从关于清国公使馆囚禁事件的新闻报道中得知孙中山的名字，翌年3月16日始与孙中山面谈。[3]其后，孙中山与南方熊楠相会二十四次，友谊日深。孙中山在与南方熊楠初次相会时问他"一生之所期为何？"他答道："愿我东方人一举将

① 《孙中山全集》第1卷，第19～77页。
② 野泽丰：《报刊描写的孙中山》，载《思想》1957年6月号，第88页。
③ 《南方熊楠全集》别卷2，平凡社，1975年，第77页。

西洋人悉逐于国境外。"①南方作为东方人，民族自尊心很强，富有正义感。1897 年 11 月德国侵入中国山东，南方对此极其愤慨，痛斥西方列强凌辱东方民族。追求东方民族解放的这一思想是他与孙中山结交的基础。南方极力协助孙中山从事革命活动，1897年 7 月孙中山经加拿大赴日本时，他通过友人向尾崎行雄、冈本柳之助、菊地谦让及佐藤寅次郎等人做了介绍。孙中山为自己在海外又遇到一位知音而感到高兴。他将黄宗羲为批判皇帝而写的两篇文章《原君》《原臣》赠给南方。6 月 27 日，即离英的前几天，孙中山挥毫写下"海外逢知音"五个大字赠给南方。②

　　7 月 2 日，孙中山由伦敦启程，途经加拿大，于 8 月 16 日抵达横滨。这一时期，国内变法声势高涨，对旅居日本的华侨影响很大。兴中会横滨分会在当地华侨中的地位为康有为派取代，横滨华侨对孙中山态度冷淡。

　　在这种情况下，孙中山产生了去越南的念头。1895 年广州起义失败后他也曾考虑过由香港转赴越南。由此可以认为，这时他已有将越南作为革命的一个根据地的打算。但随后他又决意留在日本，并选定日本为革命根据地。其原因有：（一）他对明治维新以来的日本社会有一定理解，对维新后获得迅速发展的日本社会有一种亲近感。（二）在日本，有得以开展革命活动的自由环境。（三）日本与中国之间的交通方便。（四）特别是已有一批协助和支援中国革命的日本民间志士。

　　孙中山到日本后，与宫崎滔天等许多大陆浪人交往，相互引为知己。孙中山通过他们将革命运动与日本联系在一起。1895 年12 月孙中山离开日本转赴檀香山时，让陈少白留在横滨负责当地的革命工作，经菅原介绍，陈少白当年年底即在芝（东京港区的一个地名——笔者注）的红叶馆结识曾根俊虎。1897 年，曾根将

①《南方熊楠全集》第 8 卷，平凡社，1972 年，第 196 页。
②《南方熊楠全集》别卷 2，第 93 页。

陈少白介绍给宫崎滔天。陈少白则向宫崎介绍了孙中山的《伦敦被难记》。[1]孙中山到日本后住在横滨陈少白的寓所，通过陈少白的介绍，对宫崎有了一定了解。

宫崎滔天之所以致力于协助中国革命，最初是受到他三哥宫崎弥藏的影响。宫崎弥藏认为，要在日本发动革命，必须先进行中国革命，推翻腐朽无能的清政府，建设新国家。这样，不但可以中国为根据地，收回黄种人的权利，实现亚洲解放，而且还可以继而号令世界，将东方精神传遍世界。在民族问题上，他主张实行世界同胞主义。宫崎滔天继承了宫崎弥藏的思想和主张。这是他与孙中山革命思想产生共鸣的原因。

甲午战争后，日本担心清王朝有朝一日会向其复仇，因而试图利用中国南方的会党等秘密结社力量从后方牵制清政府。日本外务大臣大隈重信从外务省机密费中拨出资金，委托犬养毅调查中国秘密结社的情况。[2]犬养毅将实地调查的任务交给宫崎滔天、平山周和可儿长一三人。[3]宫崎因病比平山、可儿启程稍后。1897年7月23日宫崎来到香港，不久又赴广州、澳门，调查这三地的兴中会及其他秘密结社的情况。调查期间，宫崎等从香港的欧风塾处得知孙中山已自英国启程，准备到横滨从事革命活动。于是宫崎和平山于9月初赶至横滨。[4]两人在横滨上岸后便径直来到陈少白的寓所拜访孙中山。[5]与孙中山见面后，宫崎劈头就问："听说君立志开展中国革命，能告诉我革命的内容、方法和手段吗？"孙中山答道："余相信人民自己治理国家为政治的最高原则，因而主张在政治精神上取共和主义。为实现之，余当不辞革命之责。何况满清统治近三百年，向以愚民为治世之第一义。搜刮民脂民

① 《宫崎滔天全集》第1卷，平凡社，1971年，第109～110页。
② 《吉野作造博士民主主义论集》第6卷，新纪元社，1947年，第13～14页。
③ 《宫崎滔天全集》第1卷，第255～256页。
④ 《宫崎滔天全集》第1卷，第257～259页。
⑤ 《宫崎滔天全集》第1卷，第116页。

膏则为官吏之能事。总之，满清积弊过甚，导致今日之衰弱，陷入大好河山任人宰割之悲惨境地。有志者谁能忍心袖手旁观？……"①孙中山还向他讲述了在中国推翻皇帝，实现以万民为王的共和政体的必要性，力陈共和政治最能适应中国的传统、理念、风土和社会结构。宫崎听后表示完全赞成，并开始认识到孙中山是一位新型的革命家。后来，他在《三十三年之梦》一书中回忆与孙中山初次见面时写道：

> 孙逸仙极为诚恳、坦率。他思想高尚，见识卓越，抱负远大，且情真意切。我国人士中，有几人如他，则诚为东亚之瑰宝。②

宫崎告辞后，将与孙中山会面的情况向犬养毅做了汇报。犬养听后即肯定"这实在是好的收获"③，并命宫崎向外务省次官小村寿太郎汇报。宫崎见到小村次官时说："此次带来了孙，这比对中国秘密结社的千百万份报告都要实在。若需要，明日即可陪他来，请尽速会见。"④小村闻言十分惊讶，当即表示，这样做"会引起外交上的纠纷，不要领来东京，可暗中安排（孙中山）住横滨"⑤。这表明，当时日本政府对孙中山的态度及政策是：欲加以利用，但又害怕公开后引起外交问题而对己不利。

随后，犬养毅找外务大臣大隈重信交涉，结果允许孙中山以平山周的家庭老师身份进京，居住在早稻田鹤卷町。⑥孙中山到东京后，经宫崎介绍去牛込马场下访犬养毅。犬养对孙中山的态度

---

① 《宫崎滔天全集》第 1 卷，第 117 页。
② 《宫崎滔天全集》第 1 卷，第 119～120 页。
③ 《宫崎滔天全集》第 1 卷，第 259 页。
④ 《宫崎滔天全集》第 1 卷，第 260 页。
⑤ 《宫崎滔天全集》第 1 卷，第 260 页。
⑥ 平山周：《中国革命党及秘密结社》，《日本及日本人》1911 年第 569 号，第 79 页。

是：一方面从自己提倡立宪政治的立场出发，对孙中山领导的革命运动表示同情和理解；另一方面从主张对外强硬、侵略中国的立场出发，又试图利用孙中山领导的革命运动。犬养要求在组成宪政党问题上与他接近的九州煤矿主、玄洋社成员平冈浩太郎（众议院议员）向孙中山提供生活费。平冈答允以一年为限。后来，因犬养和宫崎的介绍，孙中山结识了头山满、大隈重信、尾崎行雄等一批日本朝野人士。[①]从此，孙中山将日本作为中国革命的一个根据地。

11 月，宫崎陪孙中山来到自己的家乡熊本县荒尾，[②]孙中山于是结识了宫崎的二哥民藏。民藏认为土地是上天赐给人类的，反对土地私有制，并组织土地复权同志会，与土地私有制展开斗争。孙中山对民藏所著的书籍颇感兴趣，离开荒尾时带走数册。[③]可以认为，民藏反对土地私有的种种主张对孙中山有一定影响，后来孙中山提出"平均地权"时吸收了他的部分观点。

11 月 20 日，孙中山在荒尾结识宗方小太郎。[④]宗方对孙中山的印象非常深刻。他在日记中写道：孙中山"才学兼优，豪迈果敢，有改造天下之志。与之促膝交谈，彻夜讨论东方大事"[⑤]。

孙中山与众多的日本志士交往，使日本人逐渐加深了对他的了解。孙中山的名字开始公开出现在日本的报刊上。佐藤宏在《日本及日本人》1898 年 3 月号上的一段评论中，介绍孙中山创建兴中会，举义反清，后在伦敦遇难，转赴美国的情况，并高度评价说，只有这样，"才会成为真正的革命党，才会有一线光明"[⑥]。这是日本报刊上最初描述的中国革命家孙中山的形象。

---

① 《孙中山选集》，第 196 页。
② 《宫崎滔天全集》第 5 卷，第 666 页。
③ 上村希美雄：《宫崎兄弟传——亚洲篇》上，苇书房，1987 年，第 147 页。
④ 当时宗方常至中国山东、福建收集政治、军事方面的情报，提供给日本海军。
⑤ 神谷正男：《宗方小太郎文书》，原书房，1975 年，第 670 页。
⑥ 野泽丰：《报刊描写的孙中山》，《思想》1957 年 6 月号，第 68 页。

1898 年 5 月 10 日至 7 月 16 日，宫崎滔天翻译的《伦敦被难记》在《九州日报》上连载。译序中指出，孙中山是一位胆识过人的、在中国出类拔萃的革命家。[①]《九州日报》虽然是一份地方报纸，但它在日本首次全面地介绍了革命家孙中山，对孙中山领导的革命运动与日本关系的发展意义深刻。

这个时期，犬养毅一面支援孙中山的革命运动，另一面又对康有为、梁启超的改良运动表示好感。其目的是欲在日本的对华政策中加以利用。1898 年 8 月下旬，戊戌变法出现失败的征兆，犬养毅派遣宫崎滔天和平山周去香港和北京。[②]其目的尚不明。戊戌变法失败后，平山周和宫崎滔天分别将梁启超、康有为营救至日本。这次营救是日本外务省支持下的行动。而宫崎则是出于友情前往相助，[③]并非出于自己的思想主张。[④]不过，孙中山非常重视康、梁等人在戊戌变法中的作用，希望与他们联合。经犬养毅和宫崎滔天斡旋，10 月 26 日，孙中山、陈少白与梁启超在犬养宅商讨联合之事。[⑤]自 1899 年春至 5 月，犬养及宫崎等人在孙中山和康有为两派之间往来协调，欲使两派提携合作。经宫崎努力，康派勉强同意派代表欧榘甲与孙中山、陈少白在东京爱宕下的对阳馆会谈。然而，因立场上的根本对立，会谈归于失败。[⑥]

孙中山在日本结交的上述日本人可分为以下四种类型：一是宫崎滔天等主张自由、民主和民权的民权派志士，二是头山满和内田良平等玄洋社、黑龙会系统的大陆浪人，三是犬养毅和尾崎行雄等主张立宪政治的政界人士，四是平冈浩太郎等财界人士。这四种类型的日本人支援孙中山的革命运动的目的当然不会是一

---

① 《宫崎滔天全集》第 1 卷，第 425～428 页。
② 《宫崎滔天全集》第 5 卷，第 666 页。
③ 《宫崎滔天全集》第 1 卷，第 263 页。
④ 《宫崎滔天全集》第 1 卷，第 385 页。
⑤ 《宫崎滔天全集》第 5 卷，第 667 页。
⑥ 《宫崎滔天全集》第 5 卷，第 667 页。

致的，但客观上有利于孙中山的革命运动，孙中山也希望得到他们的援助。

三、惠州起义与亚洲民族解放运动的联合

出于团结亚洲各民族反对欧美列强的需要，中国、日本和菲律宾三国志士不分国籍，联为一体开展革命运动是孙中山革命运动初期的特点，这在支援菲律宾独立运动、两广独立运动和惠州起义中明显地反映出来。

支援菲律宾独立运动

广州起义失败后的四五年间，如孙中山所言，是极为艰难辛苦的时代。[①]恰在这时，菲律宾民族独立运动的领导人向孙中山请求帮助。孙中山认为，对西方白种人斗争的胜利，将成为亚洲黄种人的共同胜利。首先援助菲律宾人民，加速独立运动的胜利，然后乘势一举使中国革命获得成功。因此，孙中山积极地援助菲律宾独立运动。

菲律宾于1565年成为西班牙殖民地，自19世纪中叶开始，菲律宾人民发起独立运动，1892年成立秘密组织卡的普南。为推翻西班牙殖民统治，实现民族独立，1896年8月在波尼法秀领导下发动武装起义。然而，不久内部出现分裂，阿奎那多掌握了独立运动的领导权。1897年12月，阿奎那多暂时与西班牙殖民当局妥协，流亡香港。1898年4月，美西战争爆发。阿奎那多在美国的支持下回国开展独立运动，6月成立革命政府，翌年1月菲律宾共和国成立，阿奎那多就任总统。1898年12月，美国与西班牙在巴黎签订和约，西班牙将菲律宾"转让"给美国。刚从西

---

① 孙中山：《革命源起》，《辛亥革命资料丛刊》第1册，中华书局，1980年，第7页。

班牙殖民枷锁中解放出来的菲律宾人民，为捍卫民族独立，又被迫投入反对美国侵略的战争。菲律宾人民认为在甲午战争中获胜的日本是东方强国，希望日本像法国援助美国独立运动那样，援助菲律宾独立运动。阿奎那多革命政府在香港设立外交本部。1898年10月，外交本部委员长波西布里（音译）派彭西前往日本。彭西得到梅屋庄吉的协助，于29日抵达横滨。彭西到日本后历访大隈首相等日本军政界要人，要求援助。然而，日本已就菲律宾问题发表中立宣言，顾忌与美国的关系，拒绝向菲律宾革命政府提供武器。

彭西在求援一无所获的情况下于11月10日赴横滨访孙中山，要求孙中山援助菲律宾独立运动。孙中山认为，中国革命和菲律宾革命都要依靠亚洲人民的团结来抵抗列强侵略，两国革命在争取民族独立和国家富强的意义上是一致的。因此表示愿尽一切力量给予援助。孙中山找宫崎滔天和平山周商议，并要求犬养毅协助。犬养表示"美国的行为很残酷"，随之将他们介绍给信州出身的原众议院议员中村弥六。[1]中村窃喜这是"为帝国他日之天赐"，当即承诺相助。[2]

中村通过在参谋本部第二部（情报部）部长的密友福岛安正会见了陆军大臣桂太郎和陆军次官中村雄次郎，并托他们筹措武器。桂太郎说，"菲律宾群岛是南北太平洋之门户，扼东亚海道之咽喉。于该地设置海军基地，以武力与列强抗衡，以称霸东洋。实施此事，未必要俟有识之士。"[3]这表明其赞成提供武器。但同时他又唯恐消息泄露。中村弥六则发誓："若事发，余即牺牲自身，决不累及政府中当事者。"于是双方决定，形式上以大仓组的名义自军部购入武器，大仓组再转卖给居住在横滨的德国商人温贝凯

---

① 《宫崎滔天全集》第1卷，第389～390页。
② 中村弥六：《布引丸事件颠末秘录》，《梅屋庄吉文书》，小坂哲琅、主和子藏。
③ 中村弥六：《布引丸事件颠末秘录》，《梅屋庄吉文书》，小坂哲琅、主和子藏。

尔，然后输往菲律宾。①货款十五万五千元由梅屋庄吉通过孙中山支付给中村弥六。装载武器的船只是用三万八千元从三井物产买下的一艘旧船"布引丸"（1440吨），其中一万元由孙中山向横滨华侨募集而来。

1899年6月14日，平山周作为先遣队成员与原祯、中森三郎曹长、宫井启造军曹、西内真铁陆军少尉、稻富朝次郎陆军少尉以及数名民间人士一道启程。②7月13日，"布引丸"由神户港起航，至门司装货。7月17日自门司出航时，船上共载有：步枪一万支、子弹五百万发、旧式山炮一门、机关枪十挺。整个过程是彭西与孙中山、宫崎滔天商量决定的。"布引丸"经长崎驶向菲律宾的途中遇暴风雨，7月21日在东中国海的东马鞍岛触礁沉没，担负护送任务的日本志士林政文、永野义虎陆军中尉、船长、机关长等十八人牺牲。

孙中山援菲计划虽未实现，但"布引丸"事件是孙中山欲联合亚洲被压迫民族反抗欧美列强侵略的一次直接行动，在亚洲民族解放斗争史上具有深远的历史意义。

当时，陈少白即指出，孙中山等人援助菲律宾独立运动的目的是："使菲岛先行独立，借其余力助中国革命成功，奠定亚细亚同盟之基础，以反抗口中倡导博爱而实质上行非人道之列强，并将其逐出亚洲。"③

为了再次向菲律宾运送武器，孙中山等人接受了菲律宾革命政府送来的十万五千元，并很快用其中的六万两千五百元购买了一批武器弹药。④然而，由于菲律宾形势的变化以及日本政府严令禁止输出武器，孙中山等人只得中断了运送武器的计划。

不久，日本《万朝报》等报刊相继发表文章，指出"布引丸"

①中村弥六：《布引丸事件颠末秘录》，《梅屋庄吉文书》，小坂哲琅、主和子藏。
②中村弥六：《布引丸事件颠末秘录》，《梅屋庄吉文书》，小坂哲琅、主和子藏。
③《宫崎滔天全集》第1卷，第402页。
④车田让治：《国父孙文与梅屋庄吉》，六兴出版，1975年，第126页。

沉没事件是令人吃惊的奇怪事件，揭露中村弥六从大仓组购入廉价报废枪弹，而向孙中山佯称是优良武器。其间，中村还贪污数万元。为掩盖丑行，他特意选用了一艘易在途中沉没的破船，并使其超载装运，最后导致沉没。

这种报道与日本顾忌美国有关。美国为孤立菲律宾独立运动，非常关注日本在提供武器问题上的动向，在获悉日本将向菲秘密输送武器的情报后，美国驻日公使巴克向日本外务省递交了一份备忘录，用以警告日本。"布引丸"沉没事件后，巴克向日本外务省提出严重抗议，"布引丸"事件一时成了日美间的外交问题。警视厅首先调查大仓组，为逃避责任，大仓组推说运走的武器都是报废枪弹。日外务省接到调查报告后，即交给美国公使，并做了外交辩解，日本新闻机构很快报道了这一情况。①

"布引丸"事件后，孙中山又结交了一位新友人秋山定辅。秋山是冈山县人，1890年毕业于东京帝国大学法学部，1893年创办《二六新报》，四次当选为众议院议员。秋山看了有关"布引丸"事件的新闻报道后非常气愤。恰在这时，中西正树和宫崎滔天劝他去见孙中山，他当即应允。②起初他还只是怀着一份同情心，见面后，他发现自己与孙中山意气相投，于是他开始尽力为孙中山的革命运动奔走。不久，他根据孙中山的要求，在东京购买印刷机和铅字提供给陈少白等人在香港开办的《中国日报》。

两广独立计划

援助菲律宾独立运动失败后，孙中山准备再次在国内发动起义。这一时期，孙中山计划首先在广东举兵，实现两广独立，在此基础上创建共和政府。这是辛亥革命前孙中山的革命战略。

1900年义和团事件爆发前后，两广总督李鸿章、广东富豪刘

---

① 中村弥六：《布引丸事件颠末秘录》，《梅屋庄吉文书》，小坂哲琅、主和子藏。
② 村松梢风：《秋山定辅自述》，大日本雄辩会讲谈社，1938年，第268～272页。

学询、香港总督卜力和香港议政局议员何启等人密谋策定所谓两广独立计划。孙中山闻讯也希望参加这个计划。这个计划有何目的、首谋者是谁，至今还存在多种说法。[①]但孙中山对这个计划抱有幻想却是事实。

在孙中山与李鸿章、刘学询就独立计划进行的谈判中，部分日本人士居间穿针引线，有的甚至直接充当谈判代表。孙中山与李、刘的谈判始于1899年。这年7月，刘学询作为西太后的特使来到日本。其任务是设法使日本政府将在日本活跃异常的康有为、梁启超等改良派驱逐出境。其间，经宗方小太郎从中活动，7月27日夜，孙中山与刘学询在东京（帝国饭店？）举行密谈。[②]刘是李鸿章的宠商，孙中山的同乡。1895年孙中山为发动广州起义而设立农学会时，他是会员之一。因此，他是孙中山和李鸿章之间起媒介作用的合适人选。宗方小太郎虽然也与西乡内相和清政府驻日公使李盛铎接触，但却促成了孙、刘密谈。在宗方的日记中有与他们接触的日期记载，但缺乏具体内容。[③]不过，翌年6月，内田良平代表孙中山赴广州与刘学询会谈后，向孙中山汇报说，刘学询让他转告孙中山，"李大人理解孙先生的运动，并正在考虑广东独立，设立特别区域的问题。关于政体和其他各点，希望依据先生的意见决定。"[④]当时，孙中山也在考虑在两广创建一个新共和国。[⑤]

孙中山就与李鸿章面谈一事找犬养毅、宫崎滔天和内田良平等日本友人商量，他们担心这是李鸿章暗杀孙中山的计划，因而向刘学询提议派孙中山的代表前往广州。刘学询回国后与李鸿章

---

① 藤井升三：《孙文研究》，劲草书房，1983年，第30～31页。

② 神谷正男编：《宗方小太郎文书》，第675页。

③ 神谷正男编：《宗方小太郎文书》，第675页；《孙中山全集》第1卷的《致犬养毅书》中指出与刘学询会谈的日期为8月27日。

④ 黑龙俱乐部编：《国士内田良平传》，原书房，1967年，第207页；平山周：《中国革命党及秘密结社》，《日本及日本人》1911年第569号，第87页。

⑤ 《孙中山全集》第1卷，第189、196页。

商议，同意孙中山派遣代表。刘学询为此赠给孙中山五千元旅费。
6月9日，孙中山偕宫崎滔天、内田良平和清藤幸七郎自东京出
发，17日（一说16日）到达香港海面。李鸿章派军舰"安澜号"
迎接孙中山的代表宫崎、内田和清藤，三人至广州与刘学询谈
判。①宫崎首先提出先决条件：（一）赦免孙中山，保证其生命安
全。（二）为清理孙中山多年流亡生活的债务，贷给十万两（也说
六万元②）等。刘学询很快同意第二项，允次日在香港先交款五万
两，其余半数将送至指定地点。对于第一项，刘学询请示李鸿章
后也表示同意。③

　　孙中山在与李鸿章谈判的同时，积极准备在广东发动武装起
义。他经西贡赴新加坡，宫崎滔天等三人结束与刘学询的谈判后
于6月29日直接赶去。这时，康有为也在新加坡。在此之前，犬
养毅、头山满等人于6月6日在东京芝的红叶馆为孙中山等人召
开归国壮行会时，犬养向孙中山强调要与康有为联合，孙中山表
示赞成。宫崎则因戊戌变法失败后曾将康有为援救至日本，所以
希望在促使康、孙联合中起媒介作用。他欲与康有为交涉，而康竟
认为他是刺客，于是向新加坡当局报警，宫崎和清藤随即被捕。④
7月8日，孙中山抵达新加坡后，立即为宫崎、清藤出狱而四处奔
走。二人被拘留一星期后获释。7月12日，孙中山偕宫崎、清藤
等人乘"佐渡丸"离开新加坡，途经西贡，于7月16日返抵香港。

　　这时，香港总督卜力也在密拟两广独立计划。他企图乘八国
联军镇压义和团运动之时拥立李鸿章成立独立政权，以建立英国
巩固其对华政策的一个桥头堡。卜力与刘学询的关系尚不清楚。
不过，卜力是孙中山在香港医科学校读书时的老师，他通过香港

　　① 黑龙俱乐部编：《国士内田良平传》，第210～211页；冯自由：《革命逸史》第4集，第92～93页。
　　② 吴相湘：《孙逸仙先生传》上，远东图书公司，1982年，第262页。
　　③ 黑龙俱乐部编：《国士内田良平传》，第211～212页。
　　④《宫崎滔天全集》第1卷，第169～185页。

议政局议员何启，设法使孙、李合作，以推进两广独立运动。同时他还促使陈少白去劝说孙中山。7月12日，李鸿章再次出任北洋大臣兼直隶总督。他取道香港北上，预定18日向卜力告别。卜力欲利用与李见面的机会，劝其留任，并力图实现孙、李密谈。17日，他派出密使将自己的意图通知留在"佐渡丸"上的孙中山。①孙中山认为，李鸿章没有实行道义的信念和洞察大局的目光，估计他不会同意合作。尽管如此，孙中山还是征询了宫崎的意见。②宫崎则积极主张与李鸿章商议。然而，李鸿章拒绝了卜力的劝告，并于18日北上。孙、李密谈遂无从实现。但是，孙中山并未因此放弃两广独立计划。

7月25日孙中山暂至东京活动。但8月22日又自横滨启程，28日返抵上海后短滞数日。其目的是利用八国联军占领北京，清政府统治处于崩溃状况的机会，联络国内的政治改革派，实现江苏、两广等南方六省独立，并创建共和国。平山周和内田良平也随孙中山抵上海。孙中山在上海与刘学询进行了密谈，其内容是组织广东独立政府的问题。③

跟随孙中山来中国的平山、内田的意见与孙中山不同，他们计划暗杀李鸿章、张之洞和刘坤一，认为即使只刺杀其中一人，就必然引起天下动乱，孙中山等革命派就会有崛起的机会。于是二人暗做准备。④但是，他们的计划遭到孙中山的反对。这是孙中山在中国革命策略问题上与日本志士发生的第一次意见分歧。

惠州起义

为实现两广一带的独立，孙中山做了两手准备，一是谈判两

---

① 《孙中山全集》第1卷，第196～197页；黑龙俱乐部编：《国士内田良平传》，第222～223页；平山周：《中国革命党及秘密结社》，《日本及日本人》1911年第569号，第91页。
② 《孙中山全集》第1卷，第197页；《宫崎滔天全集》第1卷，第191～192页。
③ 吴相湘：《孙逸仙先生传》上，第278～279页。
④ 黑龙俱乐部编：《国士内田良平传》，第223～234页。

广独立计划，一是筹划武装起义。这两手虽然并行，但武装起义是首要手段。这次武装起义是 1897 年 8 月孙中山到日本结交了一批日本友人后计划发动的第一次起义。孙中山与日本友人不分国籍，共同完成了起义前的各种准备。日本友人参加筹划起义，是孙中山的革命运动与日本关系初期的一大特征。

孙中山等人自 1900 年春开始筹划起义。这时，华北一带兴起了义和团运动。孙中山得到夏季义和团将发动起义的消息后，立即与日本友人商议，共同筹集资金，同时授权给内田良平和福本日南等人着手组建日本援军——由三百余名日本人组成的义勇军，并要求这支军队在广东一带革命起义发动时，立即驰往中国，支援起义。①

孙中山原拟在广州发动起义，不久改变计划，决定在惠州发动。因为香港当局禁止孙中山和宫崎滔天等人上岸，孙中山于是以"佐渡丸"为大本营，就武装起义一事召开军事会议。中国革命党人杨衢云、陈少白、邓荫南、谢缵泰和李纪堂等参加了会议，日本志士则有宫崎滔天、清藤幸七郎、福本日南、平山周和原桢等人出席。会议决定成立惠州起义统帅部，任命郑士良为起义总指挥，杨衢云、原桢为参谋，福本日南任民政总长，平山周任副总长。②由于内部出现异议，在 7 月 19 日夜的会议上，重新做了安排：郑士良任司令官，原桢任参谋总长，杨衢云任财务部长，毕永年任民政部长，平山周任外交部长。五人负有组织、指挥起义的重任。③任命郑士良为总指挥或司令是因为起义军主力是新安县的绿林和嘉应州一带的三合会。郑士良曾是三合会的重要成员，因而也就成了兴中会联合会党的得力人物。

这时，梅屋庄吉也在香港为起义奔走，他出资购买了一批武

---

① 黑龙俱乐部编：《国士内田良平传》，第 206 页。
② 《宫崎滔天全集》第 1 卷，第 193~194 页。
③ 上村希美雄：《宫崎兄弟传——亚洲篇》上，第 366 页。

器，并派人去广州等处侦察清军布防情况，用重金买通驻广州清军一营队长。①7 月 20 日，孙中山偕宫崎滔天和清藤幸七郎由香港启程，25 日抵达东京，继续筹备起义。内田良平决定率日本义勇军四十人自东京出发奔赴广东加入郑士良起义军。然而，就在这时，原祯和福本日南突然退出起义筹备工作，返回东京，给起义带来消极影响。

恰在这时，厦门事件发生。甲午战争后，日本侵占了台湾，不久又将与台湾隔海相望的福建省划为自己的势力范围，并企图夺占厦门作为其侵华的桥头堡。义和团运动时期，西方列强将注意力集中至中国北方。台湾总督、陆军大将儿玉源太郎认为这是侵占厦门的绝好时机，遂决定在陆、海相的有力支持下出动台湾驻屯军占领厦门。为了制造出兵的借口，炮制了厦门本原寺纵火事件。②儿玉总督乘机派遣台湾驻屯军一个旅团乘船驶入厦门。为争夺福建，西方列强与日本之间存在矛盾，见日军侵入厦门，各国纷纷将军舰派往厦门示威。主张国际协调的日本枢密院议长与反对出兵的外相青木周藏等遂设法阻止了陆军占领厦门的计划。台湾总督儿玉源太郎见计划破产，恼怒地提出辞任。这时，孙中山经平冈浩太郎（一说中村弥六）从中斡旋，于 9 月 25 日赴台湾，会见了儿玉及民政长官后藤新平，要求他们为起义提供武器。据孙中山 1918 年回忆，"时台湾总督儿玉颇赞中国之革命，以北方已陷于无政府之状态也，乃饬民政长官后藤与予接洽，许以起事之后，可以相助。"③儿玉承诺援助孙中山，用意仍在于伺机侵略福建，决非支持革命的武装起义。当时随孙中山赴台湾的平山周回忆道，儿玉提出援助条件时说，"若孙以己之势力搅乱厦门，为（日本）制造（割让）的借口，使（日本）得以占领厦门，以后当

① 《宫崎滔天全集》第 1 卷，第 210 页；梅屋庄吉：《永代日记》，小坂哲琅、主和子藏。
② 平山周：《中国革命党及秘密结社》，《日本及日本人》1911 年第 569 号，第 94 页。
③ 《孙中山选集》，第 198 页。

可援助武器。"①

郑士良组织以会党为主力的起义军于10月6日夜在三洲田举义，先后攻克沙湾、佛子坳、镇隆、永湖、崩墟和三多祝。起义军一度发展至两万人。②这时，义军的枪支弹药严重短缺，亟须补充。恰在这时，日本伊藤博文内阁取替山县有朋内阁，严禁向起义军提供武器和日本人参加起义军，并禁止孙中山等人在台湾活动。③

孙中山闻讯，迅即致函犬养毅，要求他说服伊藤内阁，向起义军提供一万支枪和十门野炮。④接着又致函菅原传，要求他设法说动伊藤博文，"借我以士官，供我以兵械"⑤。然而，伊藤内阁仍然禁止向孙中山提供武器。其原因与厦门事件相同，即在八国联军占领北京的时期，日本政府担心援助孙中山，进而扩大日本在福建的权益，会破坏其与西方列强的协调外交，引起与列强的对立，招致列强的干涉。

孙中山还要求中村弥六迅速向前线运送武器。"布引丸"沉没后，彭西曾通过孙中山及中村弥六用六万两千五百元购买了一批武器，由于日本禁止输出武器及菲律宾独立军失败而未运出日本。彭西希望将这批武器用于援助中国革命。惠州起义爆发后，孙中山通过宫崎滔天与中村弥六交涉，要求将这批武器迅速运往前线。由于日本新闻界已揭露了中村在购买武器中的贪污等劣行，这批武器被日本军部扣住不放，宫崎等人也就无从得手。⑥

就这样，孙中山等为起义军补充武器的努力均告失败。同时，

---

① 平山周：《中国革命党及秘密结社》，《日本及日本人》1911年第569号，第94页。
② 冯自由：《革命逸史》第5集，第15～20页。
③《孙中山选集》，第198页。
④《孙中山全集》第1卷，第200页。
⑤《孙中山全集》第1卷，第201页。
⑥《宫崎滔天全集》第1卷，第195页；平山周：《中国革命党及秘密结社》，《日本及日本人》1911年第569号，第95～96页；冯自由：《革命逸史》第5集，第95～96页。

台湾总督府奉日本政府的命令，将孙中山和平山周驱逐出台湾。[①]
起义军兵械失继，遭到清军优势兵力的围攻，形势万分危急。孙
中山不得已派山田良政持自己的手书火速赶往三多祝前线，传达
"政情忽变，外援难期；即至厦门，亦无所为。军中之事，请司令
自决进止"[②]的指示。郑士良打算留下持枪者千余人，其余遣散。
然而，在清军的追击中，起义军损失惨重，余下的部分将士散落
各地。惠州起义随之宣告失败。

　　惠州起义是孙中山领导的十余次起义中与日本关系最为密切
的一次。除前述梅屋庄吉外，不少日本友人为起义提供了慷慨的
援助。如儿岛哲太郎赠款三千日元，煤矿主中野德次郎贷款五万
日元，[③]岛田经一拍卖自己的豪华住宅援助起义。[④]有的日本友人
还担任重要的职务直接参与了起义。值得特书的是，山田良政为
完成孙中山交给的任务献出了宝贵的生命。山田良政于 1868 年 1
月生于青森县弘前，在水产讲习所毕业后到北海道海带会社上海
支店当职员。1898 年戊戌变法失败后，与平山周一道将梁启超、
王照援救至日本。不久，赴南京同文书院任教授兼干事。中国革
命党人发动惠州起义后，他奉孙中山之命，预定与陈南自台湾出
发，到广东海丰、陆丰一带发动起义，未果。随后奉孙中山之命
赶赴三多祝前线传达指示，归途中于虎头山下遇清军战死。为纪
念他为中国革命献身的精神，中日志士于 1919 年 9 月共建墓碑深
切追悼。孙中山亲写碑文："山田良政君，弘前人也。庚子又八月，
革命军兴起惠州，君挺身起义，遂战死。呜呼！其人道之牺牲、
兴亚之先觉也，身虽殒灭，而志不朽矣。"[⑤]

---

① 平山周：《中国革命党及秘密结社》，《日本及日本人》1911 年第 569 号，第 95 页。
② 平山周：《中国革命党及秘密结社》，《日本及日本人》1911 年第 569 号，第 95 页。
③ 陈固亭：《国父与日本友人》，幼狮文化事业公司，1965 年，第 76 页。
④ 陈鹏仁：《孙中山先生与日本友人》，大林书店，1973 年，第 45 页。
⑤ 此文写于 1913 年 2 月 27 日，见《民国档案》1985 年第 2 期，第 42 页。

第二章　中国同盟会与日本

中国同盟会与在日中国留学生运动有千丝万缕的关系。本章拟探究同盟会的成立与日本的关系,考察同盟会的活动以及1907年、1908年的武装起义与日本的关系等问题。

一、20世纪初的中国留日学生运动

20世纪初,中国出现了留学日本的热潮。留日学生经过近代思想的启蒙,很快成为中国革命中的一支重要力量。辛亥革命之前,孙中山依靠这支力量,将革命运动迅速推向了一个新的阶段。如果不存在明治维新后资本主义获得迅速发展的日本这样一个客观体,也就难以出现大批留日学生及其学生运动,其与孙中山革命运动的结合也就无从谈起。因此,从这个意义上可以说,日本接受大批中国留学生,客观上有利于孙中山革命运动。而从这个视角来探究留日学生运动及其与孙中山革命运动相结合和同盟会成立的过程是不无意义的。

留日学生运动的兴起

孙中山过去依靠的主要力量是华商、会党等。惠州起义失败后,孙中山开始从失败中探索新的革命战略。这时,留日学生作为新兴的革命力量登上了政治舞台。孙中山非常重视这股革命力

量，希望以留日学生中的革命分子为基础，将革命推向一个新的
阶段。

中国学生留学日本始于甲午战争之后的 1896 年。开始时人数
极少。1900 年义和团运动以后，大批留学生涌入日本。自 1901
年起，清政府陆续推行所谓"新政"。主要措施有：调整官制，整
顿吏治，改定刑律，编练新军，奖励实业、西学，兴办大、中、
小、师范学堂，废止科举之类。这些"新政"是洋务运动和戊戌
变法的继续和发展。

随着客观环境的变化，在甲午战争、义和团运动失败中受到
冲击的中国青年在寻找爱国救亡的道路，许多人东渡日本留学，
迅即掀起了一个留学日本的热潮。大批中国青年选择日本为留学
地的主要原因有：日本距离近、费用少。更重要的是，希望学习
日本成功的经验。留学生对日本文化虽也颇有兴趣，但主要所学
是促使日本成功的西方近代政治和文化。在当时的条件下，能去
西方各国留学的人极少，而留学日本能够学习和消化西方文化的
主要内容。日本在日俄战争中获胜及清政府于 1905 年废止科举
制，使留日学生人数更是猛增（见下表）。

表1 中国留日学生人数

年份	人数
1898 年	61 人
1901 年	274 人
1902 年	608 人
1903 年	1300 人
1904 年	2400 人
1905 年	8000 人
1906 年	12 000 人
1907 年	10 000 人
1909 年	3000 人

中国留学生大多进了专为中国留学生设置的宏文学院、东京

同文书院、经纬学堂、早稻田大学清国留学生部、法政大学附属法政速成科、实践女子学院附属中国女子留学生师范工艺速成科、东亚女子学校附属中国女子留学生速成师范学堂等，也有部分人进了高中和实业专科学校，还有为数不多的人进了东京帝国大学。孙中山革命运动中的主要成员黄兴（宏文学院）、宋教仁（法政、早稻田大学）、胡汉民（宏文学院、法政大学）、张继（善邻书院、早稻田大学）、陈其美（警监学校）等人都是这一时期的留日学生。

　　学习军事学的学生先在成城学校留学生部和振武学校接受预备教育，随后入陆军士官学校等军事院校。①清政府为限制军事学校的入学人数，规定由驻日公使馆推荐的官费留学生方可入学。支持孙中山革命运动的寺尾亨于1903年创办东斌学堂，接受私费留学生，施以军事预备教育。蔡锷（成城学校、陆军士官学校）、吴禄贞（成城学校、陆军士官学校）、蓝天蔚（成城学校、陆军士官学校、陆军大学）、吴玉章（成城学校）、蒋介石（振武学校）、张群（振武学校）等分别毕业于日本的各军事学校。

　　留日学生在学习新知识的同时，组织各种团体，积极开展形式多样的社会活动。各种团体包括励志会（1900年）、编译社（1900年）、广东独立协会（1901年）、青年会（1902年）、留学生会（1902年）、同乡会（1902～1903年）、浙学会（1903年）、土曜会（1903年）、共爱会（1903年）、拒俄义勇队（1903年）、红十字社（1905年）、军国民教育会（1903年）、演说练习会（1904年）、新华会（1904年）、洪门三合会（1904年）、革命同志会（1904年）、十人会（1905年）、社会主义研究会（1905年）、明明社（1905年）及丈夫团（1905年）等。从其活动的内容来看，有些是爱国团体，有些是以推翻清朝为目的的革命团体，也有些是学术团体。

　　这些团体在日本创办了许多刊物，内容最初是介绍故乡的历

---

　　① 1900～1910年留学日本陆军士官学校的中国留学生人数为647名。

史、风土人情以及政治、经济等情况，用以激发青年学生的爱国心。自 1903 年开始，大部分刊物都愤怒揭露帝国主义列强侵略中国的罪恶行径，抨击清政府丧权辱国，昏庸腐败，疾呼中华民族已面临亡国灭种的危险，鼓吹发动革命，推翻清政府。同时还尖锐批判中国传统的封建伦理道德，极力倡导资产阶级民主主义及其政治理论。其中，《国民报》《游学译编》《二十世纪之支那》《醒狮》和《复报》等刊物宣传反清革命思想最为猛烈。

部分留日学生为鼓吹反清革命，宣传民主、自由，写作、出版了多种单行本书籍。代表性的作品有：邹容的《革命军》、陈天华的《猛回头》和《警世钟》等。《革命军》一书出版后，受到广大读者的欢迎，风行海内外，销售逾百万册，对民主革命思想的传播起了很大的作用。

留日学生出版的刊物、书籍对推动中国革命向前发展具有极其重要的意义。

留日学生思想的急剧变化与其在日本受到的各种影响有着密切的关系。

第一，日本自明治维新以后，迅速走上了近代化的道路。日本社会的各种新事物给刚踏上日本国土的中国留学生以强烈的直观印象。翻开留日学生的日记或寄回国内的书信，就可以发现，他们接触日本社会后即非常羡慕日本的近代化。然而，在甲午战争中获胜的日本却歧视中国人，留着发辫的中国留学生经常遭到日本人的嘲笑和鄙视，这就激发了留学生的民族自尊心，启发了他们的民族意识。

第二，留学生在日本的各学校学习近代新知识，并通过各种读物了解日本和世界，思想上得到启蒙。

第三，当时日本社会的客观环境为留学生提供了一个开展革命活动的空间。自 19 世纪末开始，日本的思想界异常活跃，各种社会团体，如社会主义协会（1900 年）、社会民主党（1901 年）

等相继成立，介绍社会主义的读物也时有出版。从社会环境来看，日本社会这一时期的自由、民主气氛是封建专制的中国社会所不能比拟的。尽管这种环境十分短暂，但它使留学生得以吸收了革命思想，并组织革命团体，开展革命活动。

　　第四，日本起了留学生学习西方文明的桥梁作用。幕府末年，日本对世界的认识迟于中国。但明治维新以来，因实行文明开化等变革措施，迅速吸收了西方文明，推进了日本社会的近代化。留学生渴望在日本学习西方文明，而日本的客观环境则适应了他们的这一需要。19世纪末，日本翻译、出版了大批西方的政治、思想和哲学等方面的名著。留学生在日本可以自由阅读这些名著。当时在留学生中最受欢迎的有：卢梭的《民约论》、孟德斯鸠的《万法精理》、约翰·穆勒的《自由原论》，以及《法国革命史》和《美国独立宣言》等。这些名著对留学生的影响极大，特别是"近代之父"卢梭的《民约论》成了留学生革命理论的支柱。以民族主义为根基，倡导共和主义革命的邹容在《革命军》一书中指出，卢梭《民约论》中的天赋人权、自由平等、契约立国和主权在民的学说是中国"起死回生之灵药，返魄还魂之宝方。金丹换骨，刀圭奏效，法美文明之胚胎，皆基于是。我祖国今日病矣，死矣，岂不欲食灵药投宝方而生乎？苟其欲之，则吾请执卢梭诸大哲之宝幡，以招展于我神州土"[①]。同时，他还以华盛顿、拿破仑为革命和独立的榜样。这些西方名著很快被留日学生通过日文版译成中文。据载，1902年至1904年三年间，共翻译或摘译了这类书籍321册，占同一时期翻译书籍的60%。

　　日本的侵略，加深了中国的民族危机，另一方面又在客观上为中国青年提供了拯救民族危机的短暂活动空间。日本政府和军部原企望在中国青年中培养一批为其侵华服务的亲日分子，因而

---

① 中国史学会编：《辛亥革命》（1），上海人民出版社，1956年，第335页。

接受了大批中国留学生。然而，为数众多的留学生通过留学成长为爱国者和革命者，投入了反对帝国主义侵略，谋求祖国独立，实现近代化的斗争。这是日本当局始料不及的。

留日学生运动与孙中山

留日学生在从事启蒙活动的同时，大造革命舆论，并开展革命活动。留学生运动与孙中山的革命运动有着共同的目的，因而逐步结合在一起。

惠州起义失败后，孙中山于 1900 年 11 月 19 日潜赴横滨，至 1903 年止，一直逗留在日本。孙中山历来依靠华侨和会党的力量从事革命。留日学生作为新兴的政治力量崭露头角后，孙中山非常重视这股革命力量。然而，孙中山与这股革命力量之间有一个相互认识和理解的过程。

1901 年春，法国将广东划为自己的势力范围。广东籍的留日学生和在日华侨立即组织广东独立协会，抗议法国的侵略行径，主张广东独立。这个组织的领导人王宠惠是曾协助过孙中山革命活动的传教士王煜子的儿子。孙中山首先通过他和冯自由与广东籍留日学生的革命活动保持联络，广东独立协会的领导成员常到孙中山住处求教。[①]这是孙中山与留日学生运动的最初接触。不过，孙中山这时所接触的留日学生为数很少，只有王宠惠、冯自由、吴禄贞、吴圣与、郑贯一、廖仲恺、李自重等数人。这是因为严复翻译的赫胥黎的《天演论》（今译《进化论与伦理学》）和康有为、梁启超的改良思想在留学生中还有很大影响，孙中山的革命主张一时还未被普遍接受。另一方面，孙中山自身也仍然相信会党的力量，对青年知识分子还抱有一些疑虑。但是，随着民主思想的广泛传播，留日学生迅速倾向革命。推翻清王朝这一共同目

---

① 冯自由：《革命逸史》初集，第 98 页。

标使两者日益接近。

1902 年春，《国民报》编辑秦力山和章太炎至横滨拜访孙中山，三人讨论了土地和税制等方面的改革问题，并欲共同制定一部《均田法》。随后，章、秦二人邀请孙中山参加 4 月 26 日在东京召开的"支那亡国二百四十二年纪念会"。孙中山与部分旅居横滨的华侨一道出席了留学生举办的这次纪念会。由于日本警察当局应清政府驻日公使的要求下令禁止举办这次政治集会，[①]孙中山与留学生转换形式召开了纪念会。这次会议对加深孙中山与留学生之间的相互了解起了促进作用。孙中山于当日返回横滨后，与当地华侨一道举办了内容相同的会议。这表明，旅日华侨也受到留学生民族主义宣传的影响。

1903 年 1 月 29 日，留学生在东京举办迎新会。留学生马君武和刘成禺当着清政府驻日公使蔡钧及公使馆留学生监督王大燮的面，公开发表打倒清朝，拯救祖国的演说。两人演说的内容事先受到孙中山的指点。[②]

就这样，孙中山开始接触留学生，并介入其运动。这一时期，宫崎滔天著有《三十三年之梦》一书。这是一部以至惠州起义失败止援助孙中山革命运动为主要内容的自传性作品。如吉野作造所言，宫崎在书中宣传了中国革命的内在精神。自 1902 年 1 月开始，这本书在《二六新报》上连载。《二六新报》是由秋山定辅编辑的报纸，发行量十五万份，是日本最大的报纸之一。中国留学生通过阅读宫崎的作品，加深了对孙中山的了解。[③]

1903 年 4 月，东京的中国留学生发起拒俄运动。1901 年 4 月，当签订的《中俄交收东三省条约》规定俄国撤军的第二期临近时，俄国拒不撤军，并提出撤军的前提条件。《东京朝日新闻》

---

① 冯自由：《革命逸史》初集，第 59~60 页。
② 姜龙昭：《英风遗烈——田桐传》，近代中国出版社，1984 年，第 40 页。
③ 冯自由：《革命逸史》第 2 集，第 125 页。

披露了俄国所提条件[①]后，日本对外强硬同志会及日本舆论纷纷主张对俄开战。日、英、美三国出于各自的目的向俄国提出了抗议。中国人民更是强烈反对俄国的侵略行径。在这种内外形势下，留学生钮永建、蓝天蔚和黄兴等得到青年会的协助，率先行动，于4月29日在东京的锦辉馆召开有五百余人参加的集会。到会者争相发言，慷慨激昂，严厉谴责了俄国的侵华行径。会后，留日学生组织拒俄义勇队，进行军事训练。拒俄义勇队原意应是驱逐俄军的先头组织，但它作为反清革命的一大组织，集结了留日学生中的一批革命分子。日本为与俄国争夺中国东北，与英国订立同盟，积极准备对俄开战。但另一方面又限制留日学生的拒俄运动，并应清政府驻日公使的要求强行解散了拒俄义勇队，义勇队的军事训练被迫中止。钮永建和黄兴等于是另建地下组织——军国民教育会，[②]继续从事反清革命的活动。

现在还没发现孙中山与留日学生拒俄运动有关的史料。但是，日本人日野熊藏和小室健次郎应留日学生的要求，于8月在东京青山练兵场附近开设青山军事学校，讲授游击战战术等军事知识及火药的制造方法等。[③]同年9月21日，孙中山在留日学生的杂志《江苏》第六期上发表《支那保全分割合论》[④]一文，与留日学生廖仲恺、何香凝等人讨论革命救国的方法。

孙中山与留日学生之间的往来，加深了相互理解，但还并不意味两者这时已相结合。孙中山这时仍主要在华侨中活动，对留日学生还不十分信任，没有吸收一名留日学生加入兴中会。9月26日，孙中山自横滨启程，至火奴鲁鲁从事革命活动，暂时中断了与留日学生的直接联系。孙中山以留日学生为革命运动的基本力量，大量吸收进革命党；留日学生进一步加深了对他的理解，

①《东京朝日新闻》，1903年4月28日。
②冯自由：《革命逸史》初集，第109～111页。
③冯自由：《革命逸史》初集，第133～134页；第5集，第35～38页。
④《孙中山全集》第1卷，第218～224页。

并尊他为革命领袖还在稍后。

在孙中山离开日本前后，部分毕业于速成科的留学生陆续回国。他们在学堂和新军中宣传革命，在各地组织革命团体，积极筹备反清起义。黄兴在拒俄运动之后，于宏文学院毕业，5 月底回国，应聘至长沙明德学堂任教。他以明德学堂为中心，开展革命活动，刻印《革命军》《猛回头》《警世钟》等书籍，向学生、新军及民间散发。11 月 4 日，黄兴与留日学生宋教仁、刘揆一、章士钊、周震鳞等二十余人举行秘密会议，决定成立华兴会，推举黄兴为会长。华兴会一成立立即着手准备发动长沙起义。1904年暑假期间，军国民教育会成员杨笃生、苏鹏等六人组织暗杀团，计划在上海、天津及北京等地暗杀清政府要员，但未成功。随后，蔡元培等将暗杀团改组、扩大，于 1904 年 11 月成立了光复会。①许多留日学生加入了光复会，秋瑾便是其中一员。另外，留日学生还在湖北省的科学补习所、日知会和江苏省的励志学会、知耻学社、强国会以及四川省的公强会等各地的反清革命团体中起着重要的领导作用。这样，留日学生运动开始与国内革命运动相结合。

二、同盟会的成立与留日学生运动

留日学生受日本和西方近代文明的影响，思想受到启蒙，在日本和国内展开了革命运动。因此，留日学生及其革命运动直接或间接与日本相关。以留日学生为骨干组成的同盟会也与日本有各种关联。

---

① 冯自由：《革命逸史》第 2 集，第 79～80 页；第 5 集，第 54～66 页。

同盟会的成立

1905 年 8 月 20 日，中国同盟会在日本东京成立。同盟会是中国民族资产阶级政党，同盟会制定的革命纲领是比较完整的资产阶级民主革命的纲领。同盟会成立大会上通过的《中国同盟会总章》宣布革命的目标为："驱逐鞑虏，恢复中华，创立民国，平均地权"。[①]

然而，同盟会的会员大都是留日学生和结束留学回国发动起义失败后到日本的亡命者。留学生不是独立的阶级，没有独立的阶级利益和意志。他们各自依据自己的政治立场和主张，分别从属于各阶级、阶层。从当时留学生中的革命团体及其创办的刊物来看，他们之间的政治立场和主张存在种种差异。但从综合倾向来看，在反对清王朝的封建专制统治，建立民主共和政治的主张上，又是一致的，即与孙中山一道代表着中国新兴阶级——民族资产阶级的政治要求，代表着中国近代史的主流。

同盟会成立时，即选举孙中山为总理。但这之前，孙中山在留学生中确立领袖地位却经历了一个过程，这个过程与日本有一定关系。

孙中山于 1903 年 9 月 26 日离开横滨后，经火奴鲁鲁，至翌年 3 月到达美国本土。孙中山抵美后，将邹容的《革命军》一书再版一万一千册向旅居美国和南洋的华侨散发；并在华侨中鼓吹革命思想，吸收兴中会会员，以及筹集资金等。[②]1904 年 8 月，孙中山与留美学生王宠惠共同执笔，撰写《支那问题真解》一文，呼吁美国援助中国革命党以推翻清王朝，建立民主共和政府为目标发动的革命。[③]然而，由于这时客居美国的康有为、梁启超等改

---

① 《孙中山全集》第 1 卷，第 284 页。
② 冯自由：《革命逸史》第 2 集，第 92～120 页。
③ 《孙中山全集》第 1 卷，第 243～248 页。

良主义者从中阻挠、破坏，没有达到预期目的。

　　12月中旬，孙中山自纽约赴伦敦，欲在留欧的中国学生中发展革命力量。1905年春，孙中山应在比利时留学的朱和中、史青和贺之才等人之邀，前往布鲁塞尔，正式与留欧的中国青年学生进行了接触。孙中山向他们鼓吹革命思想，说明自己关于民族主义及民主社会主义等的见解和"五权宪法案"的内容。留学生们赞成孙中山的革命理论和革命目标，对孙中山仅仅依靠会党力量发动武装起义的战略则提出了异议。他们强调知识分子和新军在革命运动中的作用。孙中山与留学生们就这个问题争论了三天。结果，孙中山接受了留学生们的意见，承认知识分子——留学生在革命运动中的作用与会党的作用同样重要，指出留学生中忠诚的革命者可成为革命的领导人。接着，孙中山吸收当地留学生三十余名加入没有正式名称的革命党。其入党誓词为："具愿书人□□□当天发誓：驱除鞑虏、恢复中华、创立民国、平均地权、矢信矢忠、有始有卒、倘有食言、任众处罚。"[1]这是孙中山革命运动与留学生运动相结合过程中迈出的重要的一步。随后，孙中山赴柏林，通过与当地中国留学生的争论，吸收二十人加入革命党。再赴巴黎，又吸收十四人。[2]就这样，约有半数留欧学生集结到了孙中山革命的旗帜下，孙中山这次欧洲之行因此取得很大的成功，这给孙中山返回东京以当地留学生为骨干组建新党增强了信心。另一方面，留欧学生纷纷写信寄给在日本留学的友人，要求他们支持孙中山，这就更加提高了孙中山在留日学生中的威望。6月11日，孙中山自马赛启程，经新加坡，于7月19日到达横滨。

　　这时，留日中国学生正由1903年的一千三百名猛增至八千名。经过拒俄运动，留日学生已认识到清政府极端腐朽反动，要救国就必须反清，因而大都转向革命。华兴会、光复会和科学补

---

[1] 冯自由：《革命逸史》第2集，第125～127页。
[2] 萱野长知：《中华民国革命秘笈》，帝国地方行政学会，1940年，第82页。

习所的领导人黄兴、宋教仁等因策划长沙起义失败及在上海刺杀卖国贼王之春未遂，也先后流亡至日本。他们常与留学生一起分析中国革命的形势，探究革命的前途。以往，各革命团体受地域性限制，非常分散，革命形势的急速发展，迫切要求成立一个统一的政党，以领导全国规模的民主、民族革命。在这种形势下，中国同盟会应运而生。而其成立则是具体通过孙中山与留日学生事实上的领袖黄兴、宋教仁及众多的华兴会、光复会成员和留日学生的联合实现的。

　　日本友人宫崎滔天在他们的联合过程中起了桥梁作用。孙中山于 6 月 4 日通知宫崎滔天自己将于 7 月 19 日抵达横滨。[①]这时，宫崎比留学生更了解孙中山的革命思想及其革命活动，并撰《三十三年之梦》一书向人们做了介绍。他常与中国留学生和黄兴、宋教仁等人交往，并向他们介绍孙中山。宫崎与黄兴于 1902 年冬或 1903 年春在东京相识。[②]1903 年 5 月黄兴回国后因策划长沙起义受挫及万福华事件[③]，于同年 11 月再次来到日本。抵日后，黄兴即拜访了宫崎滔天[④]，两人畅谈中国革命，十分投机。1905 年 7 月 19 日，孙中山到达日本后即托宫崎："介绍留学中的有为之士。"[⑤]不几日，宫崎陪孙中山到牛込神乐坂拜访黄兴。[⑥]这是孙中山与黄兴初次见面，是孙、黄联合的第一步。孙中山由此开始与黄兴、张继及宫崎、末永节等共商革命派的联合问题。经宫崎介绍，孙中山还结识了宋教仁和陈天华等人。7 月 19 日，宋教仁、程润生拜访宫崎时，宫崎高兴地告诉他们孙中山即将来日的消息，并怀着敬仰之情断言：孙中山是世界罕见的伟人。[⑦]7 月 28 日，

① 《孙中山全集》第 1 卷，第 274 页。
② 毛注青：《黄兴年谱》，湖南人民出版社，1980 年，第 21 页。
③ 冯自由：《革命逸史》第 2 集，第 78 页。
④ 《宫崎滔天全集》第 5 卷，第 680 页。
⑤ 黑龙会编：《东亚先觉志士记传》中卷，原书房，1977 年，第 374～375 页。
⑥ 《宫崎滔天全集》第 1 卷，第 282～283 页。
⑦ 《宋教仁日记》，湖南人民出版社，1980 年，第 86～87 页。

宫崎陪同孙中山访问了宋教仁等组织的廿世纪支那社，并为孙中山介绍认识了宋教仁、陈天华等人。[①]孙中山向他们阐述了革命派联合的必要性。

7月29日，黄兴、宋教仁在神乐坂黄兴的住所与华兴会的会员们商议与兴中会联合的问题。次日，中国同盟会成立筹备会议在赤坂区桧町的黑龙会召开，兴中会、华兴会、光复会、科学补习所等组织的成员和留日学生及日本友人等七十余人出席了会议。[②]会议决定新组织的名称为中国同盟会，并采用孙中山提出的"驱除鞑虏，恢复中华，创立民国，平均地权"为同盟会纲领。内田良平提供会议场所，宫崎滔天和末永节出席会议表明日本民间人士支持成立中国同盟会。

8月13日，黄兴、宋教仁、张继、程家柽等组织召开东京中国留学生欢迎孙中山大会，千余留学生出席，会议盛况空前。孙中山在会上发表了以民族主义为中心内容的演说，得到青年学生的普遍共鸣。[③]就这样，孙中山在留学生中的领袖地位开始确立。

8月20日，中国同盟会成立大会在赤坂灵南坂的坂本金弥宅召开。经黄兴提议，会议选举孙中山为总理，[④]黄兴被选为执行部庶务总干事，居协理地位。加盟者三百余人，其中，青年留学生占绝对多数。日本人有宫崎滔天、平山周和萱野长知等三人加入同盟会，至1907年，陆续又有五人入会。

以往，兴中会主要由广东人和华侨组成，中国同盟会则是除甘肃省之外有湖南、湖北、广东等各地革命党人参加的全国性革命组织，其基础由华侨扩大至青年知识分子阶层。孙中山革命运动因华侨、青年知识分子及会党这三者的联合而发展到了一个新的阶段。

---

① 《宋教仁日记》，第90～91页；《宫崎滔天全集》第5卷，第681～682页。
② 陈锡祺主编：《孙中山年谱长编》上，中华书局，1991年，第342～345页。
③ 陈锡祺主编：《孙中山年谱长编》上，第345～349页。
④ 冯自由：《革命逸史》第2集，第135～142页；《宋教仁日记》，第98～99页。

坂本金弥与孙中山的友人秋山定辅关系密切，曾协助秋山经营《二六新报》，1905 年任《二六新报》改订版《东京二六新闻》的社长，坂本常听秋山谈及孙中山，对孙中山十分敬仰。他听说孙中山等中国革命党人召开会议需要会场时，当即允诺以自己的住宅为会场。

最后，还不应忽视日本在日俄战争中获胜对中国同盟会成立的影响。孙中山指出："自日本战胜俄国之日起，亚洲全部民族便想打破欧洲，便发生独立的运动。"[①]当时人们大都认为日俄战争是黄色人种对白色人种的胜利，是立宪政治对专制政治的胜利，这就强烈地刺激了中国的民族主义思想。日俄战争是日、俄两国为争夺中国东北而进行的一场帝国主义战争。它之所以能给孙中山等中国革命党人以强烈刺激，是因为他们以种族论的国际观来看待这场战争。

《民报》与《革命评论》

没有革命的理论，就没有革命的实践。中国同盟会为了探究中国资产阶级革命理论，宣传革命思想，在同盟会成立大会上决定将宋教仁等人编辑的《二十世纪之支那》作为同盟会的机关杂志。[②]但是，仅过一周，日本警察当局即以其第二号发表的《日本政客之经营中国谈》一文妨碍社会安定为借口，予以全部没收，并六次传讯宋教仁和田桐，[③]杂志因此被迫停刊。随后，同盟会决定创办《民报》为机关杂志。11 月 26 日，《民报》创刊。至 1910年，包括增刊版，《民报》共出版了二十七期。孙中山在《〈民报〉发刊词》中提出民族、民权、民生三大主义，即三民主义。

《民报》的出版，得到日本友人的多方协助。《民报》的印刷

---

① 《孙中山全集》第 11 卷，第 403 页。
② 《宋教仁日记》，第 98～99 页。
③ 《宋教仁日记》，第 100～105 页；姜龙昭：《英风遗烈——田桐传》，第 48～52 页。

人是末永节，发行所的招牌则挂在宫崎滔天的住宅门前，编辑部设在牛込区新小川町二丁目八番地。梅屋庄吉在有乐町成立中国同盟会后援事务所援助同盟会，为《民报》的发行提供了资金。①

《民报》提出了革命的六大任务和主张：

　　一、颠覆现今之恶劣政府。

　　二、维持世界真正之和平。

　　三、主张中国日本两国之国民的大联合。

　　四、建设共和政体。

　　五、土地国有。

　　六、要求世界各国赞成中国之革新事业。②

　　第一、四、五项是三民主义提出的国内革命任务，第二、三、六项则是对外主张。这三项对外主张揭示了同盟会在这一时期的国际观及对日观。胡汉民在《民报》第3号中就"《民报》的六大主义"所揭示的国际观和对日观做了如下解释。

　　当时，国际上一般用均衡论来解释国际关系，并力求以均衡外交解决国际问题。胡汉民也试图用国际均衡论或东亚均衡论来解释、解决列强与中国、中国革命与列强之间的问题。胡汉民分析说，争夺中国东北的日俄战争是因均衡问题而引起的战争，远东、中国问题之所以不能解决是因为均衡问题没有得到解决。其原因是清政府用权谋术数诱使列强间发生冲突。③列强间的殖民地争夺战或地域、世界霸权的争夺战中，势力均衡是暂时的现象，争夺是绝对的，战争就是在这种争夺中发生的，世界和平因而遭到破坏，因此，要解决远东、中国问题，必须反对列强对中国的

① 陈固亭：《国父与日本友人》，第83页；车田让治：《国父孙文与梅屋庄吉》，第179页。
② 《民报》第1号，另见汉民：《民报之六大主义》，《民报》第3号。
③ 汉民：《民报之六大主义》，《民报》第3号。

侵略，制止列强间侵略中国的争夺战。然而，胡汉民指出，如果中国因革命成功而成为强国，远东、中国问题就能得到解决，均衡问题和世界和平问题也能得到解决。[①]这是利用列强的均衡外交论，谋求列强支持中国革命的一种尝试。他还论述，中国的独立不能依靠反对列强侵略的斗争来实现，应以发动国内革命来完成。

因比，胡汉民反对像义和团那样利用民气掀起排外运动，主张对外采取符合国际法的措施。他认为，革命军或革命政府若采取这种措施，就能得到列强对革命事业的赞成和支持。[②]他还说，在国际法上，"旧政府虽倾覆，而其外交所订之条约则当承认于新政府，而不失其效力。新政府当继续其债务及一切之义务。……革命军起，必恪守国际法，而行其遂逐满政府，则新立政府必承认其条约，即分割数省而宣告独立，于各国之债权亦断许其无损失也。"[③]他预言，若采取这种措施，列强就会承认革命军为交战团体，并宣布中立，最后还会承认革命派的新政府。这表明，胡汉民对日本和欧美列强的认识还非常幼稚。

这不仅是胡汉民的认识，也是这一时期革命党人的共同认识，它指导着同盟会的对外政策。1906年秋制定的《中国同盟会革命方略》的对外宣言中有如下规定：

一、所有中国前此与各国缔结之条约，皆继续有效。
二、偿款外债照旧担认，仍由各省洋关如数摊还。
三、所有外人之既得权利，一体保护。[④]

为牵制革命爆发后列强援助清王朝，对外宣言又规定：

① 汉民：《民报之六大主义》，《民报》第 3 号。
② 汉民：《民报之六大主义》，《民报》第 3 号。
③ 汉民：《民报之六大主义》，《民报》第 3 号。
④ 《孙中山全集》第 1 卷，第 310～311 页。

一、所有清政府与各国所立条约、所许各国权利及与各国所借国债，其事件成立于此宣言之后者，军政府概不承认。

二、外人有加助清政府以妨害国民军政府者，概以敌视。

三、外人如有接济清政府以可为战争用之物品者，一概搜获没收。①

《民报》提出的六大主义指导下制定的这一对外政策，是辛亥革命对外路线的基础。武昌起义后成立的湖北军政府及1912年1月成立的南京临时政府的对外宣言，都是基于这几项规定。

胡汉民就《民报》的六大主义中提出的中日两国国民的联合问题指出，"吾人所谓两国国民的结合，则为两方之交谊。为中国者，讲求实力，以保其对等之资格，使交际间自无所屈辱。而日本亦当泯厥雄心，推诚相与。"②因此，在两国间的交往中，不应放任权谋术数横行。日本的侵略主义或吸收主义——戴着假面具的侵略主义及中国方面的排日、亲日都不是双方所应采取的政策。中日相互间应平等联合。

然而，中日两国就国民这一概念有着不同的理解。中国方面认为国民是指中国人民，抛开了清朝统治阶级，日本方面则没有将日本统治阶级和日本国民明确区分开来。

日本友人宫崎滔天和萱野长知等人于1906年9月创刊《革命评论》，旨在协助中国和俄国这两大专制国家内部的革命和政体变革。该刊向日本人介绍中国革命的历史，展望中国的未来，呼吁日本人同情、支持中国革命。《革命评论》发刊后，与《民报》成为姊妹杂志，两刊相互呼应，相互援助。孙中山、黄兴等中国革命党人对《革命评论》的发行非常重视，常与革命评论社同仁相往来。③

---

① 《孙中山全集》第1卷，第310~311页。
② 汉民：《民报之六大主义》，《民报》第3号。
③ 《宫崎滔天全集》第5卷，第686页。

《革命评论》第五号（1906 年 11 月 10 日）系统地介绍了同盟会的章程及其人物、经纶和现状等，对同盟会与会党的异同做了分析，从而加深了日本人对同盟会和中国革命的认识。①第四号（1906 年 10 月 20 日）的首页刊登了中国革命党领袖孙中山的画像。在第六页"志士的风骨"一文中介绍了孙中山的履历、主义、思想和精神。在评价孙中山时指出，"他的半生既是战斗的历史，又是失败的历史，失败的历史反给他以成倍的自信与勇气，并正推动他自身及其事业之大成。（中略）他是认识到在支那国变成自由共和的新国家之前，必须坚持战斗的无畏战士。（中略）他是具有雄才伟略的世界性人物。"②第七号（1907 年 1 月 1 日）在《支那革命党大会概况》一文中，报道了《民报》发行一周年庆祝会的情况，并登载了孙中山在会上的演说全文。③该号还介绍了中国革命的殉难者史坚如、邹容、陈天华和吴樾等人的英雄事迹。④第九号（1907 年 2 月 25 日）介绍了在惠州起义中殉难的山田良介（山田良政）支援孙中山革命运动的事迹，指出，"山田君帮助支那革命军的事迹在两国传为佳话，应为日本人引以自豪。（中略）革命党若取得最后的胜利，山田君将作为新支那的伟勋者为支那国民永远铭记。"⑤

《革命评论》还设置"支那革命之大势"专栏，向日本人介绍中国国内的革命起义等情况。萍乡、浏阳、醴陵起义后，该刊数次登载长文做了详细报道。对清政府的所谓预备立宪，《革命评论》与同盟会一道坚决予以揭露。清政府宣布实施所谓"新政"后，于 1905 年派遣出洋考察政治大臣赴日本和欧美"考察宪政"，

① 劳动运动史研究会编：《明治社会主义史料集》第 8 集，明治文献资料刊行会，1962 年，第 169 页。
② 劳动运动史研究会编：《明治社会主义史料集》第 8 集，第 158 页。
③ 劳动运动史研究会编：《明治社会主义史料集》第 8 集，第 185～187 页。
④ 劳动运动史研究会编：《明治社会主义史料集》第 8 集，第 188～189 页。
⑤ 劳动运动史研究会编：《明治社会主义史料集》第 8 集，第 203、208 页。

1906 年 9 月正式宣布"预备仿行宪政"。《革命评论》登载《支那立宪问题》（第二号）、《清廷排斥新学》（第八号）、《滑稽的支那立宪问题》（第九号）等多篇文章，指出清政府的所谓"立宪"目的在于消弭革命，维系清王朝的统治，同时预言，预备立宪不能挽救清王朝，革命起义将如暴风雨般迅猛发动。[①]中国革命的发展，应验了这一预言。

《革命评论》在对待俄国革命的问题上有强烈的无政府主义倾向。其第一至三号先后登载了无政府主义始祖巴枯宁、名士施蒂纳、女杰苏菲亚等人的画像，并在各号中介绍了他们的主义和思想。《革命评论》的这种倾向对中国革命党人有一定影响。

《民报》极力鼓吹资产阶级民主革命思想，发行量达四五万份，每期都有相当数量通过各种渠道从日本传送回中国国内，加速了革命思想的传播。清政府对《民报》等革命刊物的发行极端仇视，于 1907 年 9 月 4 日正式要求日本政府禁止《民报》等七种刊物在日本发行。日本政府因此加强了对《民报》等刊物的检查，并监视其活动。1908 年 10 月 19 日，日本内务大臣平田东助、警视总监龟井三郎借口《民报》的简明章程和第 24、25 号中的《革命之心理》等文章的登载违反日本出版条例第三十三条，发布了停止《民报》发行的禁令。《民报》编辑长章太炎多次向日本当局提出抗议，并诉诸法律，东京地方法院先后于 11 月 26 日、12 月 12 日两次开庭审理《民报》案。最后秉承日本政府的旨意，判决《民报》停刊，并对章太炎罚款五十日元。就这样，《民报》被迫停止发行。[②]

日本政府在这一时期禁止《民报》发行的原因主要是其欲恢复与清政府的"亲善"，以牵制日益密切的清、美关系。这一时期，

---

① 劳动运动史研究会编：《明治社会主义史料集》第 8 集，第 135、198、207 页。
②《民报》被迫停止公开发行后，于 1910 年初在东京秘密印发了两期，总计发行了 26 号及增刊《天讨》。

美国驻奉天总领事利用曾留学美国的唐绍仪就任奉天巡抚之机，展开积极的对华外交，攫取了在东北设立银行和修筑铁路等权利，同时提议将庚子赔款返还中国用于教育。清政府则委派唐绍仪为特使赴美访问，向美国政府致谢，同时传言双方就在中国东北投资等问题进行了协商。在这种情况下，日本桂内阁为牵制清、美接近，谋求改善与清朝的关系，以维护并扩大日本在中国东北的权益。因此，日本政府对《民报》发布了禁令。

在此之前，日本当局还下令禁止《革命评论》继续刊行。1907年3月25日《革命评论》坚持印发了第十号之后被迫停刊。《革命评论》虽然停刊了，但她因使日本国民加深对中国革命的理解，极力宣传孙中山和中国革命的活动，而在近代中日关系史上留下了令人难以忘怀的一页。

留学生反管束规则的斗争

中国同盟会的成立使留学生运动发展到了一个新的阶段。在同盟会的领导下，留学生首先开展了反日运动，这是一场反对日本政府限制留学生从事革命活动的运动。张之洞曾首先提倡派遣留学生赴日本留学，但他发现这一时期留学生运动的发展将在国内诱发革命，因此上奏西太后，提议依靠日本政府管束留学生，清政府随即要求日本政府管束留学生。1905年11月2日，日本文部省发布《关于准许清国人入学之公私立学校之规程》十五条。东京等地留学生闻讯，立即自发地掀起了反对运动。斗争的矛头首先指向第九条规定的"受选定之公立或私立学校，其供清国学生宿泊之宿舍或由学校监管之公寓，须受校外之取缔"和第十条的"受选定之公立或私立学校不得招收为他学校以品行不良而被饬令退学之学生"。[①]随着斗争的发展，留学生进一步要求日本政

---

① 实藤惠秀：《中国留学生史谈》，第一书房，1981年，第223页。

府全面取消十五条规定。

恰在这时，孙中山赴河内，黄兴也到香港、桂林等地从事革命活动，同盟会本部的日常工作由张继负责。张继等召开同盟会会员会议，讨论开展反日本政府限制留学生的斗争问题。会议决定，由宋教仁、胡瑛组织中国学生联合会，领导留学生的这次运动。中国学生联合会成立后胡瑛被推选为会长。12月1日，联合会向日本文部省递交了"学生公禀"。5日，组织留学生等三百余人在东京富士见轩召开了大会，发表了《东京留学生对文部省管束规则的反驳》的声明书。同时，留学生还欲与清公使馆交涉取消规则事项，但遭到清公使馆的拒绝。

留学生在这些努力都无法实现预期目的之后，改变了斗争方式，以罢课和集体回国来表示抗议。12月8日，宏文学院的留学生率先罢课，并呼吁各校留学生罢课。经纬学堂、早稻田大学、大成学校和法政大学等校的留学生热烈响应，并争相宣布罢课。① 实践女子学校的秋瑾等女生也参加了这一斗争。12月中旬，留学生纷纷退学，相约集体回国，总数达两千余人。

在斗争中，法政大学的留学生陈天华于12月8日在大森海岸投海自杀。他在《绝命书》中宣布自己是以死来抗议管束规则和日本舆论对中国人的污蔑。陈天华指出，"该国文部省有清国留学生取缔规则之颁。其剥我自由，侵我主权，固不待言"，愤怒地谴责日本各报对留日学生的抗争"诋为乌合之斥，或嘲或讽，不可言喻。如朝日新闻等，则直诋为放纵卑劣，其轻我不遗余力矣"。表白：若"雪日本报章所言，举行救国之实，则鄙人虽死之日，犹生之年矣"。这就明确地表示了他投海自杀的目的。② 陈天华是《猛回头》《警世钟》《狮子吼》的作者，在作品中，他以通俗易懂的口语体向留学生和国内民众宣传革命思想。他是孙中山的助手

① 黄福庆：《清末留日学生》，"中央研究院"近代史研究所，1975年，第294页。
② 《陈星台先生绝命书》，《民报》第2号，第2页。

之一，曾任《民报》的编辑、同盟会的书记。因此，他的赴义，对反对管束规则运动影响巨大。

留学生的罢课和回国风潮给日本当局以强烈冲击，日本文部省不得不宣布取消管束规则，随后，没有回国的留学生返校复课，运动取得了胜利。

这次留学生运动不仅仅是反对管束规则的斗争，而且也表明留学生对日本侵略主义已有戒备，留学生认为管束规则是将中国变为第二朝鲜的第一步，因此进行了坚决斗争。

这次运动具有双重意义：一是运动在同盟会领导下，由同盟会会员站在前列，第一次直接与日本当局对抗并取得胜利。二是促进了同盟会组织在国内的扩展，加速了资产阶级民主革命的进程。运动中及运动结束后回国的留学生中的同盟会会员在各地建立同盟会分会，他们或以学堂为据点，宣传革命思想，或进入会党和新军中开展革命活动。

日本当局驱逐孙中山

1907 年 3 月，日本政府将孙中山驱逐出境。这是日本政府乘同盟会成立后中国国内革命运动高涨之时，为缓和日俄战争后日益恶化的日清关系而采取的又一个措施。

同盟会成立后，孙中山、黄兴等人分赴国内和东南亚各地组织同盟会分会，准备发动武装起义。1906 年秋、冬，孙中山与黄兴、章太炎一道制定《革命方略》，并拟定了革命爆发后预备公布的《军政府宣言》《军政府与各国军民的关系》《军队的编制》《军人纪律》及《对外宣言》等内外方针、政策，这就为辛亥革命的发动做好了政策准备，武昌起义后成立的军政府即是根据这一方针、政策开始施政的。

这一时期，同盟会会员在国内开展了自发的革命运动。1906年 12 月，自东京回国的同盟会会员刘道一与蔡绍南（留日学生）、魏宗铨等人联合会党首领龚春台在湘赣两省交界的萍乡、浏阳、醴陵发动了大规模的武装起义，安源煤矿工人及贫苦农民、防营士兵群起响应，参加起义军的人数达两万以上，势力扩展至湖北、湖南和江西三省的部分地区。起义爆发后，东京的同盟会本部派遣谭人凤、宁调元、胡瑛等人驰赴当地。然而，起义军因遭大量清军包围，寡不敌众，很快失败。

　　萍浏醴起义虽然被镇压了，但它猛烈地冲击了清王朝的反动统治。封建统治阶级因此极欲破坏以东京为根据地的同盟会组织。清政府镇压了起义后，由庆亲王写信给伊藤博文，要求日本政府将孙中山驱逐出境。伊藤这时任朝鲜统监府统监，接信后找来正在极力协助他的内田良平商量，内田提议，"取让孙自动出境之策为宜"[1]。其理由是，根据形势来看，驱逐孙中山并不能阻止中国革命，因此，日本政府在这时压制中国革命党，会对将来不利。伊藤对此表示赞成，同时派遣内田赴东京与外务省政务局局长山座圆次郎商议具体办法。内田向山座提出，以三年后可再来日本为条件说服孙中山，山座接受了他的意见。[2]随后，内田与宫崎滔天到东京牛込筑土町拜访孙中山，陈述了他的意见，得到孙中山的承诺。内田说服孙中山后，又设法使外务省资助孙中山离境费七千日元，其中，六千元交给孙中山，一千元用于2月25日在赤坂三河屋举办的告别宴。[3]东京证券商铃木久五郎与孙中山在日本的结义兄弟梅屋庄吉交情甚深，非常敬仰孙中山。他闻讯后即捐献一万日元给孙中山。[4]3月4日，孙中山偕胡汉民、汪兆铭、萱野长知、池亨吉等人自横滨启程，经香港赴新加坡。

　　日本政府迫使孙中山离境的措置取得了一箭双雕的效果。第

---

　　① 黑龙会编：《东亚先觉志士记传》中卷，第436页。

　　② 黑龙会编：《东亚先觉志士记传》中卷，第436页；一又正雄：《山座圆次郎传》，原书房，1974年，第68～69页。

　　③ 黑龙会编：《东亚先觉志士记传》中卷，第437页；《宫崎滔天全集》第5卷，第687页。

　　④ 本田让治：《国父孙文与梅屋庄吉》，第193页。

一，满足清政府的要求，便于改善日清关系，为进一步侵略中国和朝鲜取得了一个有利的外交态势。日俄战争后，日本于 1905年12月22日强迫清政府订立《中日会议东三省事宜正约及附约》，继承了沙俄从中国所攫取的长春以南的全部利权。同时，日本还迫使朝鲜订立《日韩保护条约》，将朝鲜置于自己的"保护"之下，并欲进一步将朝鲜完全变为自己的殖民地，这就一时恶化了日清关系。日本政府驱逐孙中山出境，使日清关系有所缓和。第二，采取自动离境的方式，给孙中山和中国革命党留下了余地。待孙中山和中国革命成功之时，日本仍然能从中渔利。

　　日本政府在驱逐孙中山的问题上欲达到上述目的，出乎意料的是，同盟会因此而发生了内部冲突。参加同盟会的日本人也介入了这场冲突。孙中山从一万六千元馈赠中拿出两千元交给章太炎作《民报》的经营费，剩下的一万四千元随身带走，准备用于西南地区的武装起义。日本外务省所赠七千元离境费是由山座秘密交给内田，然后内田以个人名义馈赠孙中山。但是，孙中山赴新加坡后，同盟会日本籍会员平山周、北一辉、和田三郎从内田处得知这一情况，立即向同盟会本部报告，并推测日本政府暗地里可能有什么阴谋。2 月，同盟会部分会员在确定国旗的问题上已与孙中山发生过意见分歧。赠款问题发生后，对孙中山怀疑和不满的意见更加激烈，受无政府主义影响的张继、章太炎、刘师培及日本人平山周、北一辉、和田三郎等人猛烈指责孙中山，章太炎甚至将民报社悬挂的孙中山像摘下来。他们要求罢免孙中山的总理一职，改组同盟会。同盟会面临分裂的危机。平山周、北一辉、和田三郎等站在排孙的前列，宫崎滔天则始终拥护孙中山，3 月 9 日，他设宴招待黄兴、张继、宋教仁和章太炎等人，谋求缓和同盟会内部激烈的冲突。[①]因同盟会发生内部冲突，革命评论

---

①《宫崎滔天全集》第 5 卷，第 688 页。

社内部宫崎滔天与北一辉、和田三郎也发生了意见分歧，这是《革命评论》于 3 月 25 日发行第十号后停刊的原因之一。

日本外务省赠款引起的同盟会内部的冲突，因 1907、1908 年多次武装起义均告失败而进一步激化。该赠款在客观上起了促使同盟会分裂、涣散的作用，并在孙中山和日本民间人士之间打进了一个楔子。

无政府主义的影响

中国同盟会和中国资产阶级民主革命以孙中山提出的三民主义为纲领，在三民主义的旗帜下，革命运动迅猛向前发展，但是，同盟会内部也存在改良主义的社会主义、国家社会主义、基督教社会主义和无政府主义等思潮的影响。这些思潮主要是通过日本向同盟会内部渗透的。19 世纪末，这些思潮自欧美传入日本，经过中国留学生的媒介作用，这些思潮又被导入中国。1902 年，幸德秋水的《二十世纪之怪物帝国主义》《广长舌》，岛井满都夫的《社会改良》等书籍被翻译成中文。1903 年，村井知至的《社会主义》、福井准造的《近世社会主义》、岛田三郎的《社会主义概评》、西川光次郎的《社会党》、大原祥一的《社会问题》等书籍被翻译成中文后，流行一时。[①]在这些思潮中，无政府主义对同盟会的影响非常强烈。

幸德秋水是日本无政府主义的代表人物，他于 1905 年赴美国，在美国受到克鲁泡特金的影响，由改良性的社会主义转向无政府主义，1906 年回国后，他以"世界革命之清流""我的思想变化"等为题，撰文鼓吹在日本社会中采取直接行动的无政府主义。1907 年 2 月，幸德秋水在日本社会党第二次大会上与主张改良主义的田添铁二等发生对立，并在辩论中获胜，在社会党中占

---

① 黄福庆：《清末留日学生》，第 245 页。

据了主导地位。部分同盟会会员和留日学生受到幸德秋水无政府主义的影响，代表人物有张继、刘师培和何震等。张继在1903年就翻译过介绍无政府主义的书籍，1906年又将幸德秋水翻译的意大利无政府主义者马拉泰斯塔所著《无政府主义》翻译成中文，并通过北一辉结识了幸德秋水。1907年3月，张继和章太炎联名写信给幸德秋水求教。以后，双方往来频繁，同年春抵日的刘师培、何震也参与其中，6月，他们创办了无政府主义杂志《天义》。张继和章太炎当时是《民报》的编委和发行人，因此，无政府主义的影响直接波及《民报》，加深了同盟会内部的思想分歧和冲突。这时，东京的同盟会内部出现了反孙中山的倾向。无政府主义者刘师培主张改组同盟会，并欲排斥孙中山，遭到黄兴和刘揆一等人的反对而未实现。随后，张继和刘师培于8月31日组织社会主义讲习会，鼓吹无政府主义，公开与同盟会的纲领对立。幸德秋水应邀在创立大会上发表了演讲，界利彦、山川均、大杉荣等人也先后应邀分别在各次讲习会上发表了演讲。

如前所述，《革命评论》的无政府主义倾向，对《民报》和同盟会产生了一定的思想影响。这种影响一方面引起同盟会内部的思想分歧和组织涣散，另一方面，中国的无政府主义与日本一样，作为一种社会主义的思潮，对革命运动又起着促进的作用，这是不应忽视的。[①]1908年1月，张继因星期五屋顶演说事件而被日本政府驱逐出境，亡命法国，受无政府主义影响一时的章太炎不久也转而反对无政府主义，其与刘师培又发生矛盾，无政府主义杂志《天义》随之于1908年3月停刊。同盟会内部的无政府主义思潮暂时沉寂。然而，至1920年前后，无政府主义思潮又重新活跃于中国革命的舞台。

---

① 金冲及、胡绳武：《辛亥革命史稿》，上海人民出版社，1985年，第259～260页。

三、1907、1908 年的武装起义

西南边境的武装起义

孙中山离开日本后，辗转新加坡、西贡，于 1907 年 3 月下旬抵达河内。孙中山以河内为根据地，筹备在广东、广西和云南等省发动武装起义。

武装起义是孙中山革命运动的基本手段和方法。同盟会成立后，舆论宣传、组织扩大等工作由以留学生为主体的知识阶层具体负责，孙中山和黄兴自 1905 年 9 月开始筹备武装起义。孙中山与黄兴之间就首先在以广东为重点的西南地区，还是在以湖南、湖北为主的长江流域发动武装起义发生过争论，但两人从便于与海外联络和输送武器考虑，很快决定先在西南地区，特别是与越南交界的地域发动武装起义，随后占据广东，并挥师北伐，推翻清王朝。因此，孙中山于 1905 年 10 月至翌年 10 月赴西贡、新加坡等地，黄兴于 1905 年 12 月至翌年 9 月经香港到桂林、梧州、河内、新加坡等地组织同盟会，筹备起义。1906 年 12 月萍浏醴起义失败，长江流域的革命势力受到很大损失，在短期内不宜再在这一地域发动起义，这就使孙中山和黄兴更坚定了在西南地区发动武装起义的决心。

孙中山、黄兴以河内为根据地策划起义，表明日本不是孙中山革命运动的唯一基地，越南在短时期内也成了一个重要基地。以越南为根据地与日本比较，有利点在于：（一）与中国西南部边境接近，距离近，交通较方便。（二）更便于接受西贡、新加坡、槟榔屿等东南亚各地华侨的援助。在孙中山领导的十次起义中，越南和泰国华侨提供了八万九千四百余元军资，在各地华侨提供

的资金额中占首位。①（三）尽管时间短暂，但法属印度支那殖民当局对孙中山革命表示了相对的好感。日俄战争后，日本积极推行其满蒙政策，在与清王朝政治交易中，对孙中山等中国革命党人采取压制的姿态。而法国与清王朝的关系相对稳定，在法、清之间，利用孙中山等革命党人进行交易的必要性相对很小。

除上述有利条件之外，孙中山与法国当局有直接的往来和接触。孙中山在 1897 年就曾考虑过以越南为革命的根据地，1900年 3 月，他在东京会见法国驻日公使阿尔芒，要求法国提供武器，派遣参谋军官。②翌年 3 月孙中山向法国当局出示《我们的纲要和目标》一文，文中介绍了中国共和革命的内容，同时强调，为实现革命目标，法国是我们在强国中寻求援助的唯一国家，要求法国援助。③1902 年 12 月，孙中山经阿尔芒介绍赴西贡，与法属印度支那总督的办公室主任阿杜安会谈，谋求援助。④更重要的是，孙中山于 1905 年 2 月至 6 月先后两次访问法国，并在 2 月 9 日和5 月 18 日与外交部的雷奥举行了两次会谈。这时，日俄为争夺中国东北，正在相互厮杀，孙中山预测，这场战争可能使法日之间为争夺中国的矛盾激化，并欲利用法日矛盾争取法国的援助。孙中山向雷奥说，日本如赢得这场战争，将会左右清政府的政策，如果失败，则会加强对中国西南地区的扩张，以挽回失败造成的损失，并从西南地区在地理上与越南接近的事实提议与法国共同抵抗日本扩张。⑤孙中山希望联合法国对抗日本，表明他对日本投入战争，旨在侵华已有明确认识。当时的法国众议院议长韬美也从日俄战争后将与日本对抗的立场考虑，希望利用孙中山及其革

---

① 张玉法主编：《中国现代史论集——辛亥革命》第 3 辑，联经出版事业公司，1980年，第 264 页。

② 巴斯蒂：《论孙中山在法国政界中的关系》，第 2 页。

③ 巴斯蒂：《论孙中山在法国政界中的关系》，第 4～5 页。

④ 巴斯蒂：《论孙中山在法国政界中的关系》，第 8 页。

⑤ 巴斯蒂：《论孙中山在法国政界中的关系》，第 10 页。

命运动，他的主张得到法国共济会和工商界人士以及陆军部长贝尔托的支持。贝尔托非常重视所谓中国问题及孙中山，同年3月，他设立中国情报处，任命布加卑上尉为处长，在中国收集情报。[①]对此，孙中山和同盟会予以了协助。

　　孙中山自1905年7月抵日至1907年3月被驱逐出境的二十个月之间，两次赴越南和新加坡，从事革命活动达十个半月之久，从孙中山抵日后的这些活动及抵日前与法国当局的接触来看，中国同盟会本部虽然设立在东京，但发动武装起义的根据地却已选择在越南。因此，孙中山并未因为1907年3月被驱逐出日本而受到突然打击。然而，日俄战争结束后，日本与美、英的矛盾冲突日趋激烈，日法关系却相对稳定，加之，法国陆军部长贝尔托于11月辞职，法国政府认为没有必要利用孙中山及其革命运动，对孙中山领导的革命起义仅仅给予好意的容忍。但这仍旧给筹备、发动1907、1908年的武装起义提供了客观条件。孙中山和黄兴利用这一条件，以河内为革命根据地，自1907年5月至1908年4月连续发动了六次武装起义，即1907年5月的黄冈起义，6月的惠州七女湖起义，9月的钦廉起义，12月的镇南关起义，1908年3月的钦廉、上思起义和4月的云南河口起义。

　　这几次起义与日本仍有一定联系。用于起义的武器一部分购自西贡，一部分则来自日本。跟随孙中山从事革命活动的萱野长知主要负责自日本购入武器，宫崎滔天、三上丰夷等人则在日本协助萱野，但其具体活动不详。萱野在黄冈起义后和9月的钦廉起义之际，两次奉孙中山的命令返回日本，购买、输运武器。[②]1907年9月，宫崎滔天得到神户海运业者三上丰夷协助，租"幸运丸"（两千八百吨），密载三十八年式村田步枪两千支、手枪三十支及一批弹药，计划供给在广东省汕尾筹备武装起义的许雪秋，日人

　　① 巴斯蒂：《论孙中山在法国政界中的关系》，第11～12页。
　　② 宋越伦：《总理在日本之革命活动》，"中央文物供应社"，1953年，第14～16页。

金子克己、前田九二郎、定平伍一和陈九二、邓慕韩等随船护送。船行驶至汕尾海面，久候接应未至，且被清朝官宪察觉，派小兵轮驶近"幸运丸"侦查，船主遂令将武器弹药全部推下海中，启碇南驶。[1]

1908年1月3日，孙中山自河内寄信给萱野长知和三上丰夷，要求两人处理密藏在神户的武器弹药。[2]这说明萱野和三上在筹备、输送武器中起着重要作用。三上在援助孙中山时说，"中山之大业必有成就，予不怀疑其成功。但事成将在予之子孙时代。随着时世之推移，将渐次接近理想。"[3]三上就是抱着这种理想援助孙中山革命的。为纪念他的功绩，孙中山题字相赠："革命　丁未正月　三上先生属"。

然而，购买武器问题使同盟会内部的冲突进一步激化。萱野长知等在"幸运丸"上密载武器离开日本后，平山周、和田三郎到民报社向宋教仁和章太炎说，在日本购买的武器都是废品，不能使用。宋、章闻言，即电告香港的《中国日报》，主张通过其他途径购买。[4]孙中山获悉这一情况后，批评宋、章泄露、破坏武器购买、输运计划，并在9月13日寄给宫崎滔天的信函中批评平山周、北一辉及和田三郎等人破坏同盟会内部的团结。[5]由于黄冈、惠州七女湖等起义相继失败，同盟会本部的排孙活动愈演愈烈，甚至发生了张继与拥护孙中山的刘揆一相互殴斗事件。

在这种情况下，孙中山更加信任萱野长知、三上丰夷、池亨吉和宫崎滔天等日人，将在日本筹集资金、购买武器的全权委任给宫崎滔天，并委任池亨吉全权负责中国革命事业资金筹集工

① 冯自由：《革命逸史》第4集，第178～182页；《宫崎滔天全集》第5卷，第689页；冯自由：《革命逸史》第5集，第110～115页。
② 《孙中山全集》第1卷，第356～358页。
③ 陈德仁、安井三吉：《孙文与神户》，神户新闻出版中心，1985年，第73～74页。
④ 冯自由：《革命逸史》第4集，第179～180页。
⑤ 《孙中山全集》第1卷，第342～343页。

作。①孙中山还对犬养毅抱有期望，与他通信联络，并指示宫崎滔天与其协商。②

这一时期，跟随孙中山从事革命活动的日本人是池亨吉。应孙中山的邀请，池亨吉参加了孙中山领导的武装起义。孙中山此举的目的在于，由池亨吉作为中国革命的见证人，"将亲身见闻，自始至终，笔之于书"，向人们宣传。③太平天国革命时期，英国人吟唎将目睹洪秀全、李秀成等英雄的事迹及其人格、理想著成《太平天国革命史》，使人们读后对太平天国革命有了正确认识。孙中山希望池亨吉"以日本的吟唎自任"，"务将天下人有所误解之处，为我革命志士阐明，并使他们的值得赞颂地方为世所知"。④

池亨吉于1907年3月4日随孙中山由横滨启程，后在潮州一带活动，12月镇南关起义时，随孙中山奔赴前线。12月31日，他持孙中山写给后藤新平的亲笔信返回东京。随后，他撰写长文，描述目睹革命起义的情况。1908年5、6月，《大阪朝日新闻》连载了他的文章。该报在连载之前向读者预告，"近悉孙逸仙指挥的革命军之一部在云南地域起义，已攻克河口、临安、开化等十余城，今正向首府昆明迫近，声势浩大。吾社欲披露起义之由来及支那革命之全貌。（中略）吾社深信，该文一经本报载出，必将深深吸引四方读者。"⑤随后，池亨吉很快将连载各文汇集成《支那革命实见记》。

1908年6月，孙中山亲为该书撰写序文，向日本国民推荐。⑥该书于1911年11月在日本出版，使更多的日本国民了解了孙中山和中国革命。

---

① 《孙中山全集》第 1 卷，第 343、351 页。
② 《孙中山全集》第 1 卷，第 343 页。
③ 《孙中山全集》第 1 卷，第 343 页。
④ 《孙中山全集》第 1 卷，第 333 页。
⑤ 断水楼主人：《支那革命实见记》，金尾文渊堂，1911 年，绪言，第 1～2 页。
⑥ 《孙中山全集》第 1 卷，第 374～375 页。

"第二辰丸"事件与抵制日货

1908 年 2 月 5 日即钦廉起义前夕,日本商船"第二辰丸"为向中国革命党人输送武器①,秘密驶入临近澳门的海域,被清朝巡逻船拘捕押往广东,"第二辰丸"事件发生。该船所载武器弹药系贸易商安宅弥吉由粟谷商会购入,计有毛瑟枪一千四百六十支、子弹九十四万发。②

事件发生后,日本政府通过驻北京公使和驻广东总领事,以拘捕不当为名向清政府提出强烈抗议。对此,广东总督张人骏强调拘捕的正当性,拒绝让步。日本政府则以侮辱日本国旗为借口,扬言要派遣军舰或采取其他自由行动,以高压手段胁迫清政府接受解决事件的五个条件:(一)关于摘下国旗的谢罪。(二)无条件释放"第二辰丸"。(三)由清廷购买该船所载武器。(四)处罚有关当事官吏。(五)赔偿"第二辰丸"损失。③清政府唯恐秘密输运的武器落入革命党人手中,慌忙于 3 月 14 日接受施放谢罪礼炮、赔偿损失、处罚有关官吏等条件,释放了"第二辰丸"。

广东人民为反对日本的强暴和清政府的腐朽无能,在自治会的领导下掀起了抵制日货运动,运动持续到 12 月底。这是一场促进民族觉醒的中国民族资产阶级和人民的反日民族运动。运动期间,由神户、横滨、长崎向香港和广东的输出明显减少。1908 年日本对广东的贸易输出比前一年减少三分之一。如海产物由九十五万两减至六十万七千两,纸烟由四百五十余箱减至九十五箱。④

---

① 据冯自由回忆,"第二辰丸"事件与革命党无关,系澳门柯某由日本购买武器欲转售内地图利,见冯自由:《革命逸史》第 4 集,第 183～184 页。
② 1908 年 2 月 9 日,大阪府知事致珍田外务次官电,日本外交史料馆藏。据该电载,有步枪五百支,子弹四万发。
③ 藤井升三:《孙文研究》,劲草书房,1983 年,第 51～52 页。
④ 松本武彦:《抵制日货与在日华侨——围绕"第二辰丸"事件》,辛亥革命研究会编:《中国近现代史论集》,汲古书院,1985 年,第 227 页。

对香港的输出也在贸易、海运业和保险业中损失四百一十万元。①

　　与孙中山的革命党政治上对立的势力几乎都支持抵制日货运动，如在日本的梁启超等保皇党支持抵制日货，香港的保皇派、立宪派则成了当地抵制日货运动的组织者。4月22、24两日，在日的广东留学生召开集会，决议反对抵制日货，并派遣委员分赴商品输出口岸横滨、神户和长崎，宣传反对抵制日货的主张。②横滨、长崎的华侨对此表示赞成，处于梁启超直接影响下的神户华侨则表示目前应视情况而定。华侨采取这种态度主要是出于商业贸易的原因，留学生则受到内田良平的策动。但是，孙中山的革命党对这场运动采取了反对的态度。日本政府在贸易、外交上受到打击后，派遣与中国革命党保持联络的内田良平与在新加坡的孙中山联系，要求制止抵制日货运动。宫崎滔天也在设法使这场运动停止。③对此，孙中山回电内田良平：

　　　　排日团体在新加坡、暹罗、西贡者，已为吾党破除。广东的主导者为康徒的徐勤、江孔殷，出资者为李准（提督）、张督。故彼辈财雄、权大，四方鼓动，吾党财力难与匹敌，若能得三十万元，即能尽数破除之。日本商团能出资否。④

　　这封电报表示了与日本政府为抑止抵制日货运动合作的态度。其原因有：第一，以推翻清王朝为目的的武装起义需要从日本秘密输入武器，支持抵制日货运动，将会造成禁止武器密输的后果，因此，孙中山不能公开赞成抵制日货，这种做法似乎与孙中山以实现民族独立为目标的民族主义背道而驰，但实际上，要实现民族独立，必须进行武装斗争，推翻清王朝。由此考虑，孙

① 松本武彦：《抵制日货与在日华侨——围绕"第二辰丸"事件》，第225页。
② 松本武彦：《抵制日货与在日华侨——围绕"第二辰丸"事件》，第233页。
③ 《宫崎滔天全集》第5卷，第691页。
④ 藤井升三：《孙文研究》，第53页。

中山采取了反对抵制日货运动的立场，这是孙中山为反对帝国主义侵略，谋求中国独立的两面性战略即一面反对帝国主义，一面又欲争取日本及西方列强援助的再现。

第二，这次抵制日货运动由国内的立宪派以及香港的保皇会、在日本的保皇党等起主导作用，支援这场运动，将会使立宪派、保皇党（会）的势力扩大，反而会妨碍革命势力及其革命运动的发展，这也使孙中山不能不采取反对的态度。从这个意义上可以说，这仍是孙中山革命派与梁启超等保皇派在革命与改良论战问题上的继续。孙中山革命党对抵制日货运动的态度，客观上对日本政府有利，同时对输入起义所需武器也有利，这是一个矛盾现象，但在孙中山革命运动中又暂时是统一的。

孙中山抵达日本

1910 年 6 月 10 日，孙中山自火奴鲁鲁抵达横滨。为完成新的革命任务，孙中山总是要到日本活动。这次抵日，目的在于推行在美国人荷马里、布思等人协助下拟定的新的革命计划。

1907 年，革命党发动的武装起义此起彼伏，清政府惶恐不安，要求法属印度支那当局驱逐孙中山，法国殖民当局接受了这一要求，于 1908 年 3 月将孙中山驱逐出越南。孙中山只得赴新加坡领导 1908 年的起义，但几次起义均以失败告终，随后，孙中山经欧洲于 1909 年 11 月 8 日到达纽约。当时，容闳在美国正与荷马里及财界的布思等人共同拟定推翻清政府的计划。经容闳的介绍，孙中山于 1910 年 3 月中旬，在洛杉矶长滩旅馆开始在荷马里的协助下拟定中国革命的新计划。[①]早在 1904 年，孙中山即与荷马里面谈过一次，对荷马里的了解则是在读了他所著《无知之勇》（The Valor of Ignorance）一书之后。这是一本反日的书籍。书中分析了

---

① 韦慕廷：《孙中山——壮志未酬的爱国者》，中山大学出版社，1986 年，第 74 页。

日本对美国的威胁。因此，可以说荷马里是一位反日人士。孙中山与他拟定了以下革命军事计划：

一、暂时中止长江流域和中国南部的武装起义计划。

二、在北部湾沿岸地域租借土地，设立军事训练基地和弹药库。

三、由美国派遣将校、技师、医师及翻译。

四、任命布思为国外唯一的财务代表。布思作为同盟会的全权代表处理借款等事务。①

孙中山希望根据这个计划建立军队。以准备发动下一阶段的武装起义。为此所需的预算为三百五十万美元，布思与美国摩根财团协议，预定筹集这笔资金，附加条件是将中国的铁路、矿山等方面的特权提供给美国财团。

日俄战争后，美国希望向中国东北进行经济渗透，日美矛盾开始突出起来。孙中山这一时期在美国活动，意欲利用美日矛盾。日本战胜俄国后，迅速扩大了在东三省的殖民权益，1909年迫使清政府签订了关于安奉铁路的备忘录、关于间岛的协约、关于大石桥至营口线成为满铁支线等东北五案协约，企图确立在东三省的独占统治体制。1909年2月，塔夫脱（Taft）、诺克斯（Knox）分别出任美国总统和国务卿后，积极推行美元外交。同年10月，美国前驻奉天总领事司戴德与东三省总督锡良订立了关于铺设自锦州至瑷珲南北纵贯铁路借款预备条约。诺克斯随后于12月向日本提出东三省诸铁道国际管理方案，即东北铁道中立化方案，试图以此取代日本在东三省的优越地位，并使美国的势力得以向东三省渗透、扩张。这就使因1906年3月加利福尼亚州议会通过的

---

① 韦慕廷：《孙中山——壮志未酬的爱国者》，中山大学出版社，1986年，第74～75页。

日本人移民限制和同年 10 月旧金山市教育局颁布的日本人学龄儿童隔离令等引发的日美矛盾进一步激化。荷马里的活动及其著述的反日倾向即反映了这一历史背景。孙中山欲利用美国向中国东三省渗透的欲望及随之而来的日美矛盾，争取美国的支持和援助。孙中山和荷马里、布思组成三人辛迪加，孙中山任会长，荷马里任总指挥，布思任军需部长。

孙中山为实行这一计划，将筹集军资的任务委托给布思，于 5 月 30 日乘"蒙哥利亚"号自檀香山启程。启程前，孙中山委托东京的日本友人到政界活动，以得到能在日本居留的许可。得到使用别名即可的回复后[①]，孙中山在乘客名簿上填写了"S. Takano"一名，他认为，"此回来日，实为冒险一行，且以验日政府待吾党政策之善恶。"[②]6 月 9 日，孙中山电告池亨吉，要求他与宫崎滔天一道来横滨接船。[③]次日，孙中山抵达横滨。这次到日本的目的是欲以日本为基地，在中国南部沿海地区实行与美国人联合拟定的新的革命军事计划。对日本政府只是提出了允许居留的要求。宫崎滔天、池亨吉、萱野长知等人到横滨迎接孙中山，并与水上警察署交涉登岸许可事项。[④]

桂内阁获悉孙中山在横滨登岸，即召开内阁会议商议，小村寿太郎外相面有难色，寺内正毅则对孙中山表示"同情"，其他阁员均附和寺内的意见。[⑤]清政府驻日公使听说孙中山抵日，即向日本外务省提出质询。日外务省从外交上考虑，不便公开允许孙中山居留，于是始而回答不知其事。接着指示横滨警察署劝告孙中山离境。孙中山于当日晚在横滨西村旅馆住宿一夜。次日潜至东

---

① 《孙中山全集》第 1 卷，第 462～463 页。
② 《孙中山全集》第 1 卷，第 463 页。
③ 《孙中山全集》第 1 卷，第 461 页。
④ 萱野长知：《中华民国革命秘笈》，帝国地方行政学会，1940 年，第 82 页。
⑤ 《孙中山全集》第 1 卷，第 463 页。

京,住宫崎滔天宅。①横滨警察署长向内务大臣报告孙中山已他去,
外务省随之通告清公使,经警方劝令,孙中山已离境。清公使对
此一时无可奈何。孙中山于是认为,"此次日政府如此委曲优待,
真出意料之外,诚为日本政府向来待革命党未有之奇典也。"②

　　寺内正毅陆相等对孙中山态度的转变,与中国革命党的战略
转变有关。1907、1908 年西南边境的武装起义,主要是联合三合
会等会党发动的起义,均告失败,而这时许多留日学生和进步知
识分子参加了清朝新军,影响不断扩大,因此,革命党转而采取
了以新军取代会党发动武装起义的战略。1910 年 2 月 12 日爆发
的广州起义就是革命党领导下的新军起义,表明革命党的势力已
渗透到各地新军之中,这意味着革命势力得到了新的发展,日本
陆军对此非常关注,寺内陆相派遣与他关系较近的儿玉右二和宫
崎滔天赴中国探查中国革命党的内情。③儿玉、宫崎于 4 月 22 日
自东京出发赴香港,当时在新加坡的黄兴赶来香港迎接,向他
们介绍了广州起义及革命党与军队的关系等情况。④宫崎等于 5
月 17 日返抵神户,并于 24 日在《万朝报》上以"革命党领袖黄
兴——在热带地区"为题,发表文章,介绍中国革命党积极开展
革命活动的情况。在这种情况下,寺内陆相对中国革命党颇感"兴
趣",虽然是短暂的,但对孙中山来日表示了"同情"。

　　孙中山认为因得到寺内正毅等日本政府要员的"同情",在日
本活动必得种种便利,于是迅速着手革命工作。在孙中山抵达横
滨之前,部分革命党领导人已先期来日本。6 月 7 日,黄兴自香
港来到东京,10 日赶至横滨,在西村旅馆与孙中山秘密相会。⑤孙

　　①《宫崎滔天全集》第 5 卷,第 699 页。
　　②《孙中山全集》第 1 卷,第 463 页。
　　③《宫崎滔天全集》第 5 卷,第 698～699 页。
　　④ 毛注青:《黄兴年谱》,第 96～97 页;《宫崎滔天全集》第 1 卷,第 513～517 页。
　　⑤ 萱野长知:《中华民国革命秘笈》,第 381～382 页;《宫崎滔天全集》第 5 卷,第 669 页。

中山至东京后，即与宋教仁、赵声、谭人凤等商议革命计划。①孙中山主张按照自己与荷马里等拟定的计划，首先中止同年冬在长江流域或国内南北方发动起义的计划，待在美国筹集军资后再行动。宋教仁等均表示赞成。②于是，孙中山在东京设立秘密机关，准备实施新的革命计划。

然而，日本政府因清政府提出强硬要求，于6月23日通告孙中山必须于6月25日离境。其原因为，1909年8～9月，日本强迫清政府签订了安奉铁路、间岛问题及东北五案等协约，恶化了日清关系。驱逐孙中山因此成了小村寿太郎外相缓和日清关系的一个措施。同时，日本还发现孙中山来日本的目的是为与美国人共同实施革命计划，这意味着孙中山欲与美国人联合对抗日本。日本政府暂时允许孙中山登岸是为了日本的利益，反过来驱逐孙中山也是如此。孙中山于是只得于24日自东京出发，25日由神户港乘"安芸丸"去槟榔屿。黄兴也因日本政府限令离境，于7月17日自东京返香港。

不久，孙中山与荷马里等拟定的军事计划因布思筹集军资无果而遭受挫折。原因在于美国政府当时对孙中山及其革命运动毫无好感。孙中山一时对美国非常失望。

孙中山的对日意识

这一时期，孙中山在行动方面与日本关系密切，但在思想、认识方面则很少论及日本。不过，从孙中山的书信、著述及其发表的谈话来看，他在这一时期的对日意识具有二重性。一方面，他希望学习明治维新后的日本，另一方面则非常警惕日本侵略中国。首先，孙中山憧憬明治维新后的日本。1901年春，孙中山在会见美国《展望》杂志（The Outlook）记者时，就中国是否有希

---

① 毛注青：《黄兴年谱》，第103页。
②《孙中山全集》第1卷，第465、474、484～485页。

望实现日本化这一问题满怀信心地回答说，一定要实现。①同时还指出，中国人民学习新事物和汲取新思潮的能力，都超过日本人。"日本人用了三十年才办到的事情，我们最多用十五年就能办到。"②

同时，孙中山于 1903 年撰《支那保全分割合论》一文，批判了日本的保全分割论。孙中山指出，日本的所谓保全论是为了保全清王朝的统治体制，因"支那一裂，日本其必继之。为日本计，是宜保全支那"；日本的所谓分割论则认为列强已在中国各地划分势力范围，"分割之局已定，保全之机已去。为日本计，莫若因时顺势与俄结盟，让之东并满、蒙，西据伊、藏，我得北收朝鲜、南领闽浙，以扩我版图，张我国势。"③这可以说，孙中山对日本的侵华本质已经有了明确的认识。日本不断向朝鲜扩张势力并最终吞并朝鲜，使孙中山愈加警惕日本。1911 年 3 月，他在写给宫崎滔天的书信中指出，日本政策已变，"既吞高丽，方欲并支那。"④这表明孙中山对日本的侵华本质已有了深刻的认识。

不过，孙中山认为，日本暂时还不会发动侵华战争。1911 年 8 月，他在给荷马里的书信中分析 7 月 13 日缔结的第三次日英同盟协约对中国革命党的影响时说，"英日续订同盟，表明日本迄今仍未作好准备（中略）当前，日本人民背负增税的重担，日本政府或许尚需十年时间来经营开发朝鲜和满洲，此时他们仍需要金钱与和平。因此，在新的征服者准备动手之前，我们尚有余裕改造中国。"⑤这再次表明，孙中山对日本的侵华本质已有明确的认识和敏锐的警惕，这种警惕持续到同年 12 月自欧洲回国。

---

① 《孙中山全集》第 1 卷，第 210 页。
② 《孙中山全集》第 1 卷，第 210、280 页。
③ 《孙中山全集》第 1 卷，第 219～220 页。
④ 《孙中山全集》第 1 卷，第 508 页。
⑤ 《孙中山全集》第 1 卷，第 532～533 页。

第三章 辛亥革命与日本

辛亥革命是一场推翻清王朝封建统治，结束延续两千余年的封建制度，建立共和体制的资产阶级革命。辛亥革命虽然是一场遭受挫折的民主共和革命，但从推翻封建专制统治，建立共和体制的意义上来说，又是一场在中国历史上具有划时代意义的重大革命。本章拟探究在这场革命中孙中山和南京临时政府对日本有何期待与日本政府、军部及大陆浪人对这场革命的态度，并将日本和欧美列强的态度加以比较。

一、辛亥革命的爆发

武昌起义

孙中山于 1910 年 6 月 25 日被日本驱逐出境后，经香港、新加坡至槟榔屿筹备发动新的武装起义。11 月 13 日，孙中山在槟榔屿召开同盟会骨干会议，决定翌年发动广州起义，先占领广州，接着由黄兴、赵声率军沿湖南、江西向长江流域进击，并汇合长江流域各省的革命势力举行北伐。[①]

会议后，孙中山为筹集起义所需军资，于 12 月 6 日自槟榔屿

---

① 广东省哲学社会科学研究所历史研究室等编：《孙中山年谱》，第 111 页。

赴巴黎、纽约、旧金山和温哥华等地向华侨宣传革命，募集军资。黄兴与赵声则以香港为根据地，做起义准备。派往日本的黎仲实等人在日本购买了步枪六百二十八支和一批弹药（总额银三万五千余两），运至广东。①宫崎滔天、前田九二四郎也与黄兴的儿子黄一欧一道为购买武器奔波。②

为领导广州起义，孙中山希望由美国再赴日本。1911 年 2 月 3 日，孙中山写信给宫崎滔天，要求他"设法向陆军大臣处运动，能得许我到日本居留"③。随后又分别数次寄信给宫崎滔天、萱野长知和宗方小太郎，表达了赴日本居留的迫切要求。④这次，孙中山赴日本的目的与前次不同，并非为实施与美国人拟定的军事计划，然而，日本政府拒绝了孙中山来日居留的要求。对此，孙中山指责日本政府说，"英美政府皆疑日本有大野心欲并吞支那者也"，日本政府"不容居留一事证之，亦不能不疑贵国之政策实在如是"⑤。

黄兴等在广州设立秘密机关三十八处，预定于 4 月 13 日从香港派由革命党人组成的"先锋"八百人至广州发难，分十路占据广州。由于饷械均未及时运到，起义被迫延期。另外，因清官署密探混入革命党内部，部分起义计划泄露，广州地方当局发布戒严令，开始大搜查，潜入广州的"先锋"大都被迫退出广州，情况万分紧急。这时黄兴认为，"事已至此，我不杀敌，必被敌杀"，临时决定于 4 月 27 日发动起义。下午五时三十分，黄兴亲率革命志士一百余人攻占两广总督衙门，但随即在激烈的巷战中牺牲多人，起义遭到惨重失败。⑥事后，殉难者遗骸七十二具合葬于广州

---

① 黄彦、李伯新编著：《孙中山藏档选编》，中华书局，1986 年，第 34～35 页。
② 毛注青：《黄兴年谱》，第 113 页。
③《孙中山全集》第 1 卷，第 508 页。
④《孙中山全集》第 1 卷，第 512、519～520、523～525、538 页。
⑤《孙中山全集》第 1 卷，第 512 页。
⑥ 冯自由：《革命逸史》初集，第 218～229 页。

黄花岗，史称"黄花岗七十二烈士"。孙中山高度评价了这次起义，他说，"黄花岗七十二烈士轰轰烈烈之概已震动全球，而国内革命之时势实以之造成矣。"①

广州起义虽然失败了，但以武昌为中心的长江流域的革命势力仍在不断发展。宋教仁、谭人凤、陈其美等于同年 7 月末在上海建立了同盟会中部总会，②推行先在中部地区发动起义，然后向南北扩大的革命路线。在湖北，共进会、文学社等革命团体在新军、青年学生及会党中宣传和组织革命。湖北新军是张之洞作为"湖北新政"的一环而编练的，大批农民子弟及部分革命知识分子加入新军。革命党的宣传、组织工作使湖北新军日益倾向革命。

恰在这时，川汉、粤汉铁路沿线的保路风潮不断高涨。9 月，四川人民组织保路同志军，发动武装起义，猛烈地冲击了清王朝在四川的统治，同时震动了全国。革命形势日益成熟，革命一触即发。同盟会中部总会抓住时机，联合文学社和共进会，并派人至香港迎接黄兴，准备发动武装起义。③黄兴获悉起义计划后，即向在美国的孙中山要求速送起义所需资金。

武汉地区革命派于 9 月 24 日组成了统一的起义领导机构，推举文学社领导人蒋翊武为总指挥，共进会领导人孙武为参谋长，并拟定了起义的详细计划等，做好了起义的准备。四川人民组织的保路同志军发动起义后，清政府从湖北抽调大批新军前往四川镇压，革命派看到新军中的革命骨干将随军离去，起义计划有半途而废的危险，因此决定于 10 月 6 日举义，并通知宋教仁、谭人凤等火速自上海赶赴武昌。但是，由于准备不及，举义日期后延。10 月 9 日，孙武在汉口俄租界制造炸弹失慎爆炸，次日，革命派设在武昌的秘密指挥机关又遭破坏，领导人数人或被捕，或逃脱。

---

① 《孙中山选集》，第 207 页。
② 冯自由：《革命逸史》第 2 集，第 87~90 页。
③ 李云汉：《黄克强先生年谱》，第 188 页。

新军内的革命军人在失去指挥机关的紧急情况下，自行联系，毅然决定立即发动起义。10 日夜，武昌起义爆发。新军工程第八营的革命党人打响了起义的第一枪，旋即占领了楚望台军械库。接着，各营革命军人纷纷起义。一夜之间，三千革命军人占领了湖广总督衙门，推翻了武昌的反动地方政权。次日，革命派完全控制了武汉三镇，建立了中华民国湖北军政府。当时，黄兴、宋教仁等尚未到达武昌，革命派只得推举新军二十一混成协协统黎元洪为军政府的都督。黄兴于 28 日到达武昌，11 月 2 日被推举为革命军总司令，指挥武汉地区的战斗。①武昌起义的胜利，敲响了清王朝的丧钟。

中华民国湖北军政府于 10 月 12 日向驻汉口的五国领事表示：革命的目的是推翻清王朝，建立民国；清政府与外国缔结的条约仍然有效；保护各国在华既得权利及居留民的生命财产，并通告，因援助清政府而给军政府造成危害的行为将被认为是敌对行为，其援助物品将全部没收。对此，五国领事于 17 日向黎元洪表示将严守中立。军政府的这一措施目的在于防止列强干涉。

孙中山的外交活动

10 月 12 日，孙中山在美国科罗拉多州的丹佛获悉武昌起义的消息。虽然他未直接参与筹划起义，但这是他自 1894 年以来为推翻清王朝的专制统治，建立共和政体而进行多年斗争的结果。

武昌起义后，日本驻美大使馆及驻各地总领事非常重视孙中山在美国的活动，驻华盛顿、纽约、芝加哥、旧金山及驻加拿大温哥华的总领事馆随时将孙中山的活动电告内田康哉外务大臣。②10 月 12 日，孙中山在丹佛做了一次演讲后，经堪萨斯城，于 13 日抵芝加哥，潜身中华街，14 至 16 日召开秘密会议，20 日转

① 毛注青：《黄兴年谱》，第 132～135 页。
② 《清国革命叛乱之际该国人之动静、态度及舆论关系杂纂》（一），日本外交史料馆藏。

抵纽约，在纽约，他向华侨做了关于共和政治的演讲，并向美国朝野志士介绍了中国革命的目标，要求他们给予支持、同情。孙中山还写信给美国国务卿诺克斯，希望与他举行秘密会谈，未果。[①]在这期间，孙中山还会见了法国《卢·马丹》（音译）报记者，表示"对革命军之最后成功坚信不疑"，并说，"为了远东新共和国，希望列强严守中立"。[②]

在火奴鲁鲁的华侨于 10 月 24 日召开大会，要求美国在列国中率先严守中立，并对日本可能出兵干涉表示了戒意。[③]

孙中山在纽约的另一重要活动是设法以公开身份赴日本。他向萱野长知的友人鹤冈永太郎表示希望去日本，并要求将这个意思转告日本驻美临时代理大使。在此之前，孙中山电示宫崎滔天，要求查明日本政府对他赴日的态度。宫崎等人通过板垣退助，向日本内相原敬转达了孙中山的赴日要求。对此，原敬回答说："若更名来，也许佯装不知，但不能许诺在任何情况下都默认。"[④]萱野长知复电孙中山："如允更名，则登陆或停留均无妨碍。"[⑤]从萱野的复电及原敬的回答来看，日本政府研究了孙中山赴日的问题，并决定允许孙中山更名来日本。

辛亥革命爆发后，日本政府向清王朝提供武器，以维系其统治。但随着中国革命形势的发展，日本政府的政策很快发生了变化。10 月 24 日，日本政府召开内阁会议，决定"今后应着重致力于中国本土培植势力"，"不应仅将势力局限于北边，对本土也应实施相应的政策。"[⑥]自此，日本对中国南方的革命党也开始实

---

① 韦慕廷：《孙中山——壮志未酬的爱国者》，第 79 页。
② 日本海军：《清国革命乱特报》，附录第 8 号，日本外交史料馆藏。
③ 1911 年 10 月 25 日，驻火奴鲁鲁上野总领事致内田外交大臣电，第 35 号，日本外交史料馆藏。
④ 《原敬日记》第 3 卷，福村出版，1965 年，第 178 页。
⑤ 1911 年 10 月 26 日，驻纽约总领事水野致内田外务大臣电，第 160 号，日本外交史料馆藏。
⑥ 《日本外交文书——清国事变（辛亥革命）》，第 50～51 页。

施所谓相应的政策，因此改变了以往对孙中山的态度，允许其来日本居留。但是，日本顾忌清政府与列强的关系，仍然不允许孙中山以公开身份来日本。孙中山则表示，无论时间如何短暂，必须以公开身份停留。他之所以坚持己见是因为："若公开居留，则表日本有同情之态度，可振奋革命军之士气，同时可解日本政府暗中庇护北京政府之疑，一举两得也。"①武昌起义爆发前，孙中山即疑虑日本侵华。至这一时期，更是非常警惕日本出兵干涉。因此，孙中山欲以公开身份赴日的目的之一是欲牵制日本出兵干涉辛亥革命。孙中山通知鹤冈永太郎，说自己打算自欧洲经印度洋回国，但若允许以公开身份登岸，则"愿再经美国西雅图赴日"②。然而，日本政府拒绝了他的要求。

　　孙中山对日俄联合干涉辛亥革命非常警惕，他在美国活动，得到牵制日本的某种保证③之后，于11月2日自纽约出发，转至欧洲从事外交活动。他在分析这时的国际形势及列强的态度时指出："美、法二国，则当表同情革命者也；德、俄二国，则当反对革命者也；日本则民间表同情，而其政府反对者也；英国则民间同情，而其政府未定者也。是故吾之外交关键，可以举足轻重为我成败存亡所系者，厥为英国；倘英国右我，则日本不能为患矣。"④孙中山抵英国后首先向英国政府提出三项要求："一、止绝清廷一切借款，二、制止日本援助清廷，三、取消各处英属政府之放逐令。"三项要求均得到英国政府的允诺。⑤在伦敦，孙中山与四国银行团交涉了对革命政府借款的问题，但遭婉言回绝。应该注意的是，孙中山还与同行的荷马里一道，向英国外交部递交了一份

---

　　① 1911年10月26日，驻纽约总领事水野致内田外务大臣电，第160号，日本外交史料馆藏。

　　② 1911年10月26日，驻纽约总领事水野致内田外务大臣电，第160号，日本外交史料馆藏。

　　③《孙中山全集》第1卷，第565页。

　　④《孙中山选集》，第209～210页。

　　⑤《孙中山选集》，第210页。

备忘录，意欲联合英、美，对付日本可能进行的干涉。①但是，时过两日，英国外交大臣格雷即指示驻华公使朱尔典支持袁世凯。

随后，孙中山赴法国。在巴黎，他"曾往见其朝野人士"，他们对孙中山和革命军"皆极表同情"。②但是，东方汇理银行总裁西蒙以中立为借口，拒绝了孙中山的借款要求。孙中山访问巴黎的另一目的是为牵制俄国联合日本出兵干涉辛亥革命。法国为对抗德、奥同盟，于1892年与俄国缔结了军事协定，两国结成同盟关系。孙中山在与西蒙会谈时要求法国政府劝告俄国不要与日本采取共同行动。③但西蒙借口无权答复，拒绝了孙中山的要求。

如上所述，孙中山回国前途经欧洲的目的之一是阻止欧洲列强援助清政府，并要求各国援助和承认新生的革命政权。同时，希望与英、美联合，对抗欲出兵干涉辛亥革命的日本，并通过法国，牵制欲与日本联合出兵干涉辛亥革命的俄国，以在国际上孤立日本，抑止其出兵干涉的企图。另外，孙中山为抑止日、俄两国的这种企图，在欧洲两次表示尊重日、俄与清政府缔结的不平等条约及其在华权益。④

孙中山于11月24日自马赛启程，经槟榔屿、新加坡，于12月21日到达香港。途中，孙中山电告宫崎滔天将于12月22日抵香港，请他与池亨吉一道来香港迎接。⑤宫崎与池亨吉、山田纯三郎、郡岛忠次郎（高田商会）、太田三次郎（预备役海军大佐）等提前来到香港，⑥21日约请日本驻香港代理总领事船津辰一郎一道拜访了孙中山。随后，宫崎随孙中山乘船赴上海。

孙中山因对日本出兵干涉辛亥革命心怀戒备，见到宫崎等人

---

① 韦慕廷：《孙中山——壮志未酬的爱国者》，第81页。
② 《孙中山选集》，第211页。
③ 《孙中山全集》第1卷，第565页。
④ 《孙中山全集》第1卷，第561页。
⑤ 《孙中山全集》第1卷，第566页。
⑥ 《宫崎滔天全集》第5卷，第702页。

便说："非常怀疑日本的意向，日本会不联合英俄压迫、掣肘革命军吗？"①回忆到1907年和1910年先后两次被日本政府驱逐出境时说："我甚为怨恨日本"，②并指责日本："在我主动[与日本]握手时，[日本]却回避不握；而其自身需要时，则来握手了。"③他对"常遭到日本政府苛刻之对待，甚为不满"④。这就不加遮掩地表达了孙中山当时对日本的看法。宫崎等人为清除孙中山的警戒心和不满，边指着自己身着和服公开来见他及随身佩戴亲华义会徽章的事实，边陈述日本朝野人士同情中国革命党。池亨吉甚至秘密告诉孙中山，"日本国不但决无去[干涉]之意思，而且对革命党非常同情。"⑤当时，在汉阳指挥战事的黄兴也于11月2日向波多野翻译官表示："甚为关心日本对革命军之态度。"⑥黄兴还坚决表示："如外国干涉，一是在湖南，一在广东，继续抗战到底。"⑦因身边的日本人反复解释，孙中山和黄兴暂时消除了对日本的顾虑。

孙中山与宫崎滔天等日本人的接触，在很大程度上缓和了中国南方特别是广东地区的反日倾向。日本政府在辛亥革命爆发后向清王朝提供武器，广东因此出现了短暂的抗议性的抵制日货的动向。台湾银行广东分行向日本政府报告：孙中山会见宫崎滔天等人后，"一般士民对本邦人的态度有迅速融和的倾向。"⑧

孙中山回国后，日本方面仍然非常注意他的对外态度，在华的大陆浪人和陆军将校密切监视孙中山与同行的美国将军荷马里

① 1911年12月22日，驻香港代理总领事船津辰一郎致内田外务大臣电，机密第47号，日本外交史料馆藏。
② 驻上海宗方小太郎书简，1911年12月30日收，日本外交史料馆藏。
③ 驻上海宗方小太郎书简，1911年12月30日收，日本外交史料馆藏。
④ 1911年12月27日，驻上海本庄繁少佐致参谋总长电，第155号，日本外交史料馆藏。
⑤ 1911年12月21日，驻香港代理总领事船津辰一郎致内田外务大臣电，第123号，日本外交史料馆藏。
⑥ 1911年11月6日，驻汉口川岛第三舰队司令官向斋藤海军大臣提出的关于清国事变警备报告要领（第18次），日本外交史料馆藏。
⑦《南京特派员情报（甲）》，日本外交史料馆藏。
⑧《1912年1月台湾银行广东分行情报》第16件，日本外交史料馆藏。

的关系，派太田大佐离间两者之关系，并随时向外务省和军部报告情况。相反，在上海的美国人则非常关注自香港同行的日本人与孙中山的关系，在上海发行的美国报纸《大陆报》编辑长采访孙中山时，公开质问他与日本的关系，[①]显示了牵制的态度。

留日学生的活动

留日学生在辛亥革命中起着核心的作用。辛亥革命的主要领导人黄兴、宋教仁、张继、胡汉民、孙武等都曾是留日学生。据不完全统计，自1896年至1912年留日学生总数近四万人。他们回国后分布各地开展革命活动。如在武昌起义中起重要作用的共进会于1907年在东京成立，曾是留日学生的会员焦达峰、孙武和刘仲文、张伯祥、邓文辉分别在湖南、湖北、四川和江西活动，在发动辛亥革命的过程中起了重要的作用。同盟会中部总会的宋教仁、谭人凤等都曾是留日学生。1911年广州起义的殉难者——黄花岗七十二烈士中有八名留日学生。

活跃在辛亥革命舞台上的新军指挥官——协统、管带、督办、统制等，大都是日本陆军士官学校毕业的留学生，特别是湖北的吴禄贞、浙江的蒋尊簋和东北的蒋方震等担任了新军中的重要职务，在各省的独立过程中起了很大的作用。武昌起义后，各省的军权大体上由留日学生掌握，许崇智、陈其美、蒋尊簋、王天培、李烈钧、蔡锷、阎锡山、张凤翙、尹昌衡、张绍曾等分别出任福建、上海、浙江、安徽、江西、云南、山西、陕西、四川和直隶的最高军事指挥官。革命政府海军部的军谘处次长谢刚哲、军务局长刘华式、教务长陈复、总长副官王铳以及许多课长以上职务者均为日本士官学校毕业生。另外，第一舰队参谋李协和、第二舰队参谋李隆伊和叶匡、上海海兵队团长凌霄及上海海军处参谋

---

① 《孙中山全集》第1卷，第572页。

谢刚哲、郑礼庆、沈鸿烈等毕业于日本海军炮术学校。南京军官学堂总办金永炎、吴炳元，教官覃师范、陈朴、李俊、周燊儒、杨邦藩、江煌、陈经、黄恺元等为日本陆军士官学校第四、五、六、七期毕业生。1912 年 3 月 31 日成立的南京留守府总参谋李书城、参谋处处长耿观文、总务处处长何成濬、警备局长杨言昌、军务处处长张孝准、军械局长彭琦、军需局长曾昭文、招待处处长高秉彝、副官长徐少秋等也都曾留学日本。

各省都督及其属下各职也有许多人曾留学日本，如安庆都督孙毓筠，湖南省都督府顾问刘邦骥，福建省司法部长郑烈，参谋长王麒、参谋林仲墉，广东省军政部部长魏邦屏、参谋部长王肇基，云南省都督府军务部总长曲同丰、军政部总长罗佩金、第一师师长翰国镜，贵州省都督杨尽诚，陕西省外交部主任宋元恺等。

辛亥革命爆发的消息传来，在日本的中国留学生奔走相告，激动万分。他们纷纷相约回国献身革命。1911 年在日本的中国留学生总数有两千余人，辛亥革命爆发后，他们大都迅速回国参加革命。仅据一些报纸 10 月和 11 月的报道，月余时间即有南起熊本，北至北海道的中国留学生八百四十人回国。[①]10 月，东京中国同盟会本部的领导人刘揆一等四十人率先回国，自 11 月起，大多数留学生都争相回国。在大学及医科专门学校学医的留学生于 11 月 2 日召开留日医学会联合会，决定创立留日医药学界中国红十字团，组织红十字卫生队回国赴前线救护伤病员。[②]会后，该红十字团团长陈任梁取道上海赴汉口前线，后来参加广东政府的北伐军，并担任军医部长。

很多留学生回国后都积极参加革命军，如日本陆军士官学校的留学生潘印佛、张国威等八人参加了上海起义；10 月下旬自日

① 小岛淑男：《辛亥革命时期中国留学生的动向》，辛亥革命研究会编：《中国近现代史论集》，第 318～319 页。
② 小岛淑男：《辛亥革命时期中国留学生的动向》，辛亥革命研究会编：《中国近现代史论集》，第 318～319 页。

本陆军炮工学校回国的史久光任江浙联军参谋长，参加了攻克南京的战斗；11 月 2 日到达上海的日本海军炮工学校留学生吴景英任江苏都督府海军处处长，王时泽则策动清海军起义成功，后任江浙联军海军陆战队指挥官；①留学东京女子医学校的苏淑贞等八人于 10 月 25 日到达汉口后即参加了战地救护活动。

因留日学生担任了南京临时政府及陆海军的主要职务，宫崎滔天等日本人欣喜地发现，在政府各机关中讲话无需翻译。②日本认为这种情况有利于其对中国革命党的政策。日驻广东总领事赤冢正助向内田外相报告说，广东都督胡汉民是留日学生，政府的陆、海及司法等部的要职"大部分为留日学生占据，我官民因之获极大便利。（中略）对彼等施以怀柔利导，则可资于我国发展之处不少。且此现象不仅为该省，支那各省几乎同样"③。

新广东政府为奖励青年赴日留学，继续支付旧政府派赴日本留学的五十四人的学费。赤冢总领事就此向内田外相报告说，他们没有像以往那样采取放任主义，更郑重、亲切地给留日学生以便利和保护，改善留日学生的待遇，以令其将来抱有好感回国，他们回国后得到相当地位时，对日本有利。④

大批留日学生就任南京政府及陆海军要职，给孙中山和南京临时政府以较大的影响。日本在辛亥革命初期对留日学生怀有敌意。日驻汉口总领事松村贞雄电告内田外相说，留日学生在革命前就是极端的利权回收论者，同时还具有排外思想，并极力向全国鼓吹其主张，这种"危险的排外思想将随着革命军势力之发展

　　① 小岛淑男：《辛亥革命时期中国留学生的动向》，辛亥革命研究会编：《中国近现代史论集》，第 318～319 页。
　　②《宫崎滔天全集》第 2 卷，第 634 页。
　　③ 1912 年 7 月 12 日，驻广东总领事赤冢正助致内田外务大臣电，机密第 17 号，日本防卫研究所藏。
　　④ 1912 年 7 月 12 日，驻广东总领事赤冢正助致内田外务大臣电，机密第 17 号，日本防卫研究所藏。

而愈盛"。①这也可以说是留日学生在辛亥革命中所起作用的另一个侧面。

二、日本的对华政策与孙中山的期待

出兵的企图

在辛亥革命时期,列强所采取的对策与义和团运动时期不同,没有出兵干涉。但是,武昌起义爆发后,日、俄两国欲出兵干涉,英、美、法则不愿出兵,并巧妙地牵制了日、俄两国。

日本是军事封建帝国主义,或称军国主义国家,遇有事态,总是首先考虑以军事手段解决,其对辛亥革命的态度也不例外。1910年,日本陆军省预测中国将要发生政变,于是在12月起草《对清策案》。该策案指出:一旦发生政变,列强不可避免地要出兵干涉,并强调,届时日本应成为其中心。②十个月后即爆发了辛亥革命。石本新六陆相在1911年10月13日的内阁会议上质问其他阁员:"清国有事之际,我国能安于现状吗?难道不应占领一地?若占领,则占何地?"并出示了陆军省内部的提案。③同日,田中义一军务局长也向海军出示了《关于对清国用兵》一案,提出以得到南满洲为满足;或占据直隶、山西,领有清国中部资源;或扼住长江河口,占据长江的利权及大冶矿山;抑或割占广东、福建,并要求先确立政略上的要求,然后再制订作战计划。④次日,陆军省次官冈市之助向参谋本部次长福岛安正表示,在华北和长江方面应与海军共同出兵,并提议将海军主力配置在主要地点,

---

① 1911年11月22日,驻汉口总领事松村贞雄致内田外务大臣电,机密第76号,日本外交史料馆藏。

② 北冈伸一:《日本陆军与大陆政策》,东京大学出版会,1978年,第66页。

③《原敬日记》第3卷,第174页。

④《清国事变书类》第1卷,日本防卫研究所藏。

不失时机地使用先制其他列强的手段。^①陆军参谋本部还向中国各地派遣军官，收集情报，准备出兵。例如，作为出兵汉口一带的准备，10月16日派遣高桥小藤治大尉赴上海，令他在吴淞附近选定据点，调查输送兵员的实施方法及上海至汉口水路情况。^②

10月17日，斋藤实海相向第三舰队司令川岛及驻上海的加藤定吉中佐发出十条训令，其第五条指令为："对于长江咽喉重地之江阴，应予以充分注意，应做好一切准备，以期在必要之时不致落于他国之后……应经常在该地区配置一舰"。^③早于这个训令之前，日本海军已于14日分别从旅顺、横须贺、濑户内海向中国派遣四艘军舰，在中国沿海和长江的日本军舰于是增至八艘。日本海军省也于10月14日起草《对辛亥革命的方针》，决定了自渤海湾至长江、南海的海军配置及其任务，如就大冶铁矿规定："大冶和我国关系极为密切，如有以武力加以保护之必要，则实行事实上的军事占领也可。"^④以上事实表明，辛亥革命爆发后，日本军部有向中国出兵的企图。但后来，日本未能将出兵企图付诸实施，原因有：

第一，辛亥革命的矛头是指向列强统治中国的工具——清王朝，没有直接反对列强。如湖北军政府承认以往列强与清政府缔结的条约，保护列强在华的既得权益，并保障外国人的生命、财产，没有直接给列强以打击。辛亥革命没有直接开展针对列强的斗争与义和团运动之后列强的对华政策有密切关系。义和团运动之前，列强争相瓜分中国，中华民族与列强之间的矛盾十分尖锐，中国人民掀起义和团运动，极大地打击了列强的侵略气焰。列强镇压了义和团运动后，一改直接瓜分的办法，鼓吹"保全中国"，利用清政府这一"洋人的朝廷"达到其侵华目的。列强的侵略因

---

① 《清国革命动乱关系书类》第1卷，日本防卫研究所藏。
② 《密大日记》，日本防卫研究所藏。
③ 《日本外交文书——清国事变（辛亥革命）》，第48页。
④ 《清国事变书类》第1卷，日本防卫研究所藏。

此较之前隐秘，中国人民和清王朝之间的矛盾不断激化，成为中国社会最突出的主要矛盾。因此，辛亥革命采取了不同于义和团运动的斗争形式。

第二，英、美等列强与日本在争夺中国的过程中有矛盾，因而对日本出兵采取了牵制措施。当时，英国是世界上最大的殖民帝国，日本依据日英同盟作为其外交的主轴，因此，日本在出兵干涉的问题上需要与英国达成协议。辛亥革命爆发后，日本政府多次向英国提出出兵或增兵的意向，对此，英国表示反对采取军事行动[①]，并以日英同盟和"各国协调一致"的原则牵制日本。美国也预计到日本可能出兵干涉，因此通过代理驻日大使向石井菊次郎外务次官发出未与美国协议不可采取行动的警告。俄国虽也欲出兵干涉，但由于德国在西线的牵制，使其感到力不从心，只能作罢。这种国际环境牵制了日本出兵干涉的企图。

第三，不久，因辛亥革命迅猛发展，革命党与清朝的势力一时出现了均衡的状态，日本在这种情况下感到今后中国南北的形势变化难以预料，认为"此际，我国应密切注视形势之演变，并慎重决定态度，万不可过早作出结论，或贸然采取各种措施"。[②]（日外相内田语）

第四，日本因日俄战争期间的巨额军费支出而在战后陷入经济危机，至 1910 年日本经济才开始复苏。不久，由于陆海军军备的扩大，军费开支直线上升，财政入不敷出，无力负担出兵干涉辛亥革命所需军费。

第五，大陆浪人等日本民间人士组织各种团体，鼓动舆论，支援中国革命党，并在政府和军部的部分要员中游说，力促他们支援孙中山及其革命党。其结果，日本政府和军部以大陆浪人为桥梁，向中国革命党提供了贷款和武器。

①《日本外交文书——清国事变（辛亥革命）》，第 57～58、388～389 页。
②《日本外交文书——清国事变（辛亥革命）》，第 56～57 页。

以上原因使日本出兵干涉辛亥革命的企图未能付诸实施，但日本从其侵略本性出发，始终都致力于维护和扩大其在华的殖民权益。

大陆浪人

孙中山在回国前即指出，对辛亥革命，日本"民间表同情，而其政府反对者也"。[①]他说的所谓民间，主要是指大陆浪人。辛亥革命爆发后，大陆浪人采取各种方式支援中国革命党。

首先，部分大陆浪人奔赴武汉前线，直接参加战斗。武昌起义爆发后，大原武庆第一个参加了革命军的军事行动。大原是日本陆军中佐，自1897年起的五年间，在张之洞所办新军的武备学堂担任军事教官，为在武昌地区扶植日本势力多方活动，后转入预备役。武昌起义爆发时，他以东亚同文会干事的身份赶至武昌，并作为革命军的幕客，参与出谋划策。大原之后赶赴前线的大陆浪人是末永节。他自大连经上海来到汉阳前线，紧随黄兴参加战斗。接着协助军政府在汉口外国租界从事外交活动。斋藤某、石川某等也随后来到武昌，协助革命军。武昌起义爆发后，黄兴火速乘船赶往武昌，途中，他电告萱野长知起义的消息，并要求尽量多购炸药带往前线，[②]梅屋庄吉闻讯，立即捐款七万日元给萱野购买武器炸药。[③]萱野很快召集金子克己、布施茂、三原千寻、龟井祥晃、岩田爱之助、加纳清藏、大松源藏等奔赴汉阳，追随黄兴参加了汉口、汉阳方面的战斗。萱野一行还得到日驻上海及汉口的陆军武官本庄繁和寺西的协助。[④]这表明日本军部派出的部分武官支持大陆浪人的行动。

日本陆军的现役军人也参加了革命军，如步兵大尉野中保教、

①《孙中山选集》，第210页。
② 萱野长知：《中华民国革命秘笈》，第148页。
③ 车田让治：《国父孙文与梅屋庄吉》，第224页。
④ 萱野长知：《中华民国革命秘笈》，第150页。

工兵军曹斋藤某等投入了汉阳前线的战斗。在战斗中，金子步兵大尉战死，甲斐靖步兵中尉负伤。

日本几家大报的特派员与大陆浪人一道赶赴汉阳战场采访。《大阪每日新闻》特派员山田剑南不断向日本发回"革命军奋战大胜"等新闻报道，宣传革命军英勇奋战的事迹。当时开办电影公司的梅屋庄吉派摄影师荻屋坚藏赴中国，拍摄了辛亥革命纪录片（1913 年 2 月梅屋庄吉在孙中山访日时送给他一部）。为支援辛亥革命，梅屋庄吉捐款二十八万六千日元，为革命军购买武器弹药等。①

10 月 17 日，黑龙会的内田良平收到宋教仁发来的电报，电报要求："请尽力与贵国当局者交涉，承认革命军为交战团体。"②内田当即承诺尽力活动，并派遣北一辉、清藤幸七郎、葛生能久赴上海、武昌方面。北一辉随黄兴由武昌赶赴南京，参加了攻克南京的战斗。日本人中田群次、松本藏次、长江清介、冈本柳之助等也随黄一欧参加了这次战斗。③

12 月 2 日，革命军攻克南京后，大陆浪人金子克己、三原千寻、布施茂、岩田爱之助等被派往天津和北京两地，他们联合驻天津的平山周、小幡虎太郎等策划伏击袁世凯，但未成功。平山周等还与在天津的革命党人一道拟定袭击天津镇台衙门和总督衙门的计划，但计划刚开始实施，便遭到清军的围追，岩田爱之助和布施茂被捕，谷村幸平太战死。④末永节则至山东芝罘与三菱公司上海支店长中岛久万吉交涉以山东渔业权担保借款问题，以为蓝天蔚的北伐军筹集军资。

在日本，以内田良平、头山满为核心，大陆浪人积极活动，敦促日本政府支援中国南方的革命派。10 月 17 日，大陆浪人在

---

① 梅屋庄吉：《永代日记》，小坂哲琅、主和子藏。
② 小川平吉文书研究会编：《小川平吉关系文书》（二），三铃书房，1973 年，第 397 页。
③ 黑龙会编：《东亚先觉志士记传》中卷，第 442~444 页。
④ 萱野长知：《中华民国革命秘笈》，第 168~169 页。

东京的三浦梧楼召开会议，要求日本政府对中国革命采取严正中立的态度。次日，内田良平往见日本外务省政务局长仓知铁吉，要求对中国革命军取善意态度，并劝告，不要因庇护清政府而招致汉人的仇视。①

内田良平在日本吞并朝鲜的过程中，曾利用朝鲜的一进会，活动十分频繁，深得桂太郎、寺内正毅等军政要员的信赖。他通过桂太郎和寺内正毅在元老山县有朋和西园寺内阁成员中游说，力图促使日本政府援助中国革命派。他又赴朝鲜游说寺内总督和石元二郎宪兵司令官。②在赴朝鲜途中，于10月26日写信给三井公司的益田孝，要求三井、大仓、高田三家公司立即中止向清王朝供给武器，③并望转而援助革命派。益田孝将此意转告井上馨，并得其同意。接着他与桂太郎劝说西园寺首相，要求政府改变对中国革命派的态度。同时，内田通过宫崎滔天，促使孙中山和黄兴向西园寺首相、井上馨和桂太郎发出表示适当希望的电报。益田孝的活动与日本政府的赞同，促使三井公司转而向中国革命派提供了三十万日元的贷款。④10月29日，井上馨访内相原敬，出示了内田写给益田孝的书信，指出向清王朝出售武器将会遭到中国革命派的敌视，希望他采取适宜的措施。⑤

日本大陆浪人等民间人士还组织了支援中国革命派的团体。11月上旬，头山满、小川平吉、古岛一雄、美和作次郎、福田和五郎等组织成立有邻会。该会派遣宫崎滔天、尾崎行昌、伊东知也分赴上海、汉口和武昌，收集辛亥革命的情报，同时支援革命派。接着组织以牛丸友佐为队长的医疗救护队赶往革命前线，抢

① 《东京朝日新闻》，1911年10月20日。
② 黑龙会：《东亚先觉志士记传》中卷，第439～440页。
③ 小川平吉文书研究会编：《小川平吉关系文书》（二），第398～399页。
④ 黑龙会：《东亚先觉志士记传》中卷，第441～442页。
⑤ 《原敬日记》第3卷，第181页。

救革命军伤病员。①有邻会得到日本陆军省军务局局长田中义一提供的武器及日本邮船会社优惠乘船的待遇。②这表明该会在一定程度上得到日本军部及财界的支持。12 月 27 日，根津一、头山满、杉田定一、小川平吉、河野广中等组织善邻同志会，分别在东京、大阪召开讲演会，介绍中国革命形势，强调援助中国革命派的必要性。③

　　大陆浪人积极活动，多方支援辛亥革命，做了许多有利于中国革命派的工作，但是，他们之间对辛亥革命的认识存在差异，支援辛亥革命的动机也截然不同。内田良平指出，辛亥革命具有极其重要的国际意义，他说：这次"支那革命是二十世纪世界上最重大之事件，将如十八世纪法国革命促使欧洲大陆局势变化那样，促使亚细亚诸邦局势的变化，其结果，将极大地影响国际力量的消长，"并强调：这场革命"与义和团那种突然发生的动乱不同，是一场具有永久持续性的国民革命。"④头山满指出："这次革命完全是时运使然，决非外部刺激和他人煽动引发的。革命坚决主张废除帝制、建立共和政体，因此不是轻举即成之事。"⑤池亨吉则指出："这次武汉之乱虽是突然发生的，但其运动均受革命方略之约束，且其策略也是遵循孙中山之意实行的。"⑥犬养毅评价说：孙中山革命派是激进派，他们要"推翻满清朝廷，断然进行一切政治上的改革，创建文明的新国家。"⑦

　　基于以上认识，内田良平主张日本应采取下列措施：

　　一、引导列国协助中国建设联邦共和政治，避免"支那

---

① 黑龙会编：《东亚先觉志士记传》中卷，第 463～464 页。
② 黑龙会编：《东亚先觉志士记传》中卷，第 464 页。
③ 黑龙会编：《东亚先觉志士记传》中卷，第 481～482 页。
④ 初濑龙平：《内田良平研究》，九州大学出版会，1980 年，第 137 页。
⑤ 《大阪每日新闻》，1911 年 12 月 25 日。
⑥ 《新日本》1911 年 12 月号，第 58 页。
⑦ 《太阳》1912 年 12 月号，第 111 页。

分割"。

　　二、劝助清政府同意实施联邦共和政治。

　　三、与列国协同，充当革命党和清王朝之间的调停者，以尽快结束战事。

　　四、促使革命党发布宣言拥护门户开放、机会均等及外国既得权益。①

　　聚集在以内田良平为首的黑龙会和以头山满为首的玄洋社中的大陆浪人力图通过支援中国革命派，扩大日本在中国的权益。内田良平在其《支那改造论》一文中要求在满洲巩固日本势力，在华东、华中和华南攫取殖民权益，确立"日中提携"的经济基础，扩大对华贸易，聘请日本人参与中国的政治、经济、军事、教育和技术等。

　　原属于自由民权派的宫崎滔天等人与黑龙会、玄洋社系统的浪人不同，他们支援革命派是为了中国和世界革命。宫崎滔天说："坚信人类同胞之义，故憎恶弱肉强食之现状……崇奉世界一家之说。"②他主张以中国为实施世界革命的根据地，首先"将支那建成理想国家，随后即可以其力量号令宇内，使万邦归化"③。宫崎虽在三井财阀与中国革命派的交涉中主张在主权上做出让步以换取三井财阀的援助，但其目的是为了使革命派获得亟须的武器和军饷，主观上没有以此谋求扩大日本权益的目的。梅屋庄吉援助中国革命则主要是出于与孙中山之间的情谊，共鸣于孙中山的革命思想，履行援助中国革命的诺言。

　　如上所述，大陆浪人在支援孙中山和中国革命方面是一致的，但在目的上却因人而异，不过，客观上都有利于孙中山和中国革命。

---

　① 初濑龙平：《内田良平研究》，第137～138页。
　②《宫崎滔天全集》第1卷，第12页。
　③《宫崎滔天全集》第3卷，第248页。

南京临时政府

日本政府和军部对革命军的态度随着革命的发展，逐渐发生了变化。10 月 16 日，日本政府决定向清政府提供枪炮弹药用于镇压革命军；23 日，泰平组与清政府订立供给二百七十三万余日元武器的合同。[①]这表明日本政府对革命军最初采取了敌视的姿态。日参谋本部曾考虑同时向南方革命军供应武器，但因政府和陆军省的反对而未实现。[②]日本政府称革命军为"叛军"，不承认其为交战团体，拒绝与革命军函件往来。[③]

但是，至 10 月下旬，随着中国革命形势的迅猛发展，日本政府对革命军的态度开始发生变化。10 月 24 日，日本内阁会议决定，虽然仍以永久维持满洲现状为根本方针，但"今后应着重致力于在清国本土培植势力，并努力设法使其他各国承认帝国在该地区之优势地位"[④]。原敬内相就内阁做出这个决定说，倾向于承认前次阁议采取毫不同情革命军的一边倒政策"并非得策"。[⑤]日本海军方面对革命军采取了相对缓和的态度。11 月上旬，日海军大臣签名的一份备忘录指示在华舰队："在实际上归于反军（指革命军——笔者）管辖之地区，帝国海军指挥官应事实上承认反军在该地区的权力，尊重反军为维持秩序采取的必要措施。"[⑥]日本以及诸外国居留民的生命财产需要保护时，应与革命军方面的领导人"在事实上进行直接交涉"。[⑦]但在承认革命军为交战团体、军政府为革命政权的问题上采取了回避的态度。

随着各省宣布独立，革命军方面向日本和欧美列强表示了要

①《日本外交文书——清国事变（辛亥革命）》，第 138～140 页。
②《原敬日记》第 3 卷，第 176～177 页。
③《日本外交文书——清国事变（辛亥革命）》，第 108 页。
④《日本外交文书——清国事变（辛亥革命）》，第 51 页。
⑤《原敬日记》第 3 卷，第 178 页。
⑥《清国事变书类》第 1 卷，日本防卫研究所藏。
⑦《清国事变书类》第 1 卷，日本防卫研究所藏。

求否定清政府，承认革命政权的意向。11 月 13 日，中华民国军政府湖北都督黎元洪代表中华民国中央政府，要求各国对关系中华民国全局的问题均须与本都督协议，并宣布武昌起义后各国与清政府缔结的借款条约及其他条约，军政府概不予承认。[①]对此，日外相内田在征得陆、海相的同意后，指示日驻华使领馆：在革命军事实上行使权力的地域，"不妨与革命军作适宜交涉"。[②]这表明日本政府避免徒然采取损害与革命军关系的措施。革命军方面也采取措施，与日本接触、联络。11 月 4 日上海宣布独立后，李平书、王正廷与日驻上海总领事有吉明联络。[③]另派遣何天炯为黄兴的代于 12 月 5 日赴日本，与有关方面联络。[④]日本政府对革命军态度的此种变化，起因于中国南北形势的复杂化及与欧美列强间的协调，日本一面密切注视南北形势的变化及欧美列强的动向，一面在这一时期对南北双方采取"两面交易"的措施。

清王朝为收拾局势，于 11 月 16 日组成了袁世凯内阁。英国支持袁世凯以君主立宪制使南北妥协，企图以此加强自己对中国的统治权。日本虽然对袁世凯组阁及英国的这种单独行动感到不满，但表示赞成在中国实行君主立宪制，并力图以促成南北妥协来实现。这表明日本在拒不承认南方革命军为交战团体的同时，又承认革命军和革命政权存在的事实。英国得知日本赞成君主立宪制，立即转而主张建立共和制。12 月 22 日，日本内阁又表示赞成英国主张的南北共和制，并决定给南方革命军提供一定程度的支援，以作为对抗英国支持的袁世凯的一个措施。

孙中山回国后，与黄兴等人一道着手创建中华民国临时政府。12 月 29 日，宣布独立的十七省代表四十五人在南京召开各省代

---

① 《日本外交文书——清国事变（辛亥革命）》，第 109～110 页。
② 《日本外交文书——清国事变（辛亥革命）》，第 111～112 页。
③ 1911 年 12 月 7 日，驻上海总领事有吉明致内田外务大臣电，机密第 104 号，日本外交史料馆藏。
④ 小川平吉文书研究会编：《小川平吉关系文书）（二），第 431 页。

表会议，选举孙中山为临时大总统。1912 年 1 月 1 日，孙中山在
南京就任临时大总统；3 日，组织中华民国临时政府，黎元洪任
副总统，黄兴任陆军总长。孙中山在《临时大总统宣言书》中宣
布，中华民国临时政府对内要实现民族、领土、军政、内治、财
政的统一；对外"当尽文明国应尽之义务，以期享文明国应享之
权利。满清时代辱国之举措与排外之心理，务一洗而去之；与我
友邦益增睦谊，持和平主义，将使中国见重于国际社会，且将使
世界渐趋于大同"。①

　　1 月 5 日，孙中山发布《对外宣言书》，向各国宣布中华民国
要推翻清朝专制政府、建设共和民国，"凡革命以前所有满政府与
各国缔结之条约，民国均认为有效，至于条约期满而止"，"满政
府所借之外债及所承认之赔款，民国亦承认偿还之责"，"满政府
所让与各国国家或各国个人种种之权利，民国政府亦照旧尊重
之"，"各国人民之生命财产，在共和政府法权所及之域内，民国
当一律尊重而保护之"。②同时宣布：革命爆发以后，清政府与各
国缔结之条约及借贷之外债，民国均不予承认。孙中山主张废除
不平等条约，但为了排除列强的武力干涉，争取列强承认新诞生
的共和国，又承认了革命前种种不平等条约的有效性。孙中山在
三个月的任期内，主持制定了三十余项关于政治、经济、社会的
法律和政令，谋求以此巩固民主、共和的政治体制。

　　1 月 28 日，临时参议院在南京成立，作为临时政府的立法机
关，着手制定《临时约法》。3 月 8 日，参议院通过《临时约法》。
约法由七章五十六条构成，规定立法、行政、司法三权分立和实
行责任内阁制，确保了资产阶级共和政体。这部约法是民国的临
时宪法，是辛亥革命的原点，也是革命的一大成果，在中国宪政
史上具有极其重要的意义。

---

①《孙中山全集》第 2 卷，第 1～2 页。
②《孙中山全集》第 2 卷，第 8～10 页。

这一时期，孙中山对日本的态度有了很大的变化。如前所述，孙中山在回国途中非常警惕日本出兵干涉，对日本袒护清政府，驱逐革命党人的行径十分不满。不久，因与日本人接触及黄兴的劝说，转而希望利用日本。1月7日，他在会见日参谋本部派遣来华的古川岩太郎中佐和本庄繁少佐时说："实际上……倘不依靠日本，最终难以成功"，并说要修正以往从英、美、法等国招聘军事顾问的计划，以后的军事指导将完全委任给日本。①

1月6日，南京临时政府聘请犬养毅为政治顾问，寺尾亨和副岛义一为法律顾问。副岛参与了《临时约法》的制订，犬养则拒绝就任。阪谷芳郎、原口要就任财政顾问。另外，池亨吉、萱野长知、北一辉分别担任孙中山、黄兴、宋教仁的秘书，在临时政府工作，主要处理对日关系问题。

在南京等地的陆军学校中，部分教官由日本军人担任。海军中因多数曾是留学日、英两国的学生，临时政府希望从日、英各聘请一名军事顾问。日本海军省提出派遣军事顾问的条件为：第一，"此际，让革命军充分信赖我方，并预先约定完全服从于我方指导。"第二，"革命军海军部的要害部门配备相当数目的我方武官，万事皆咨询于这一武官。"第三，"已招聘的英国武官不必排斥……但将来不再招聘他国武官。"②

对日本的期待

孙中山和南京临时政府对日本抱有种种期待。第一，要求日本政府正式承认南京临时政府。孙中山认为日本将对共和体制表示友好态度。③1912年1月他与黄兴联名致电山县有朋，要求日

---

① 1912年1月8日，驻上海本庄繁少佐致奥保巩参谋总长电，第172号，日本防卫研究所藏。
② 1912年1月8日致外波少将照会。
③《孙中山全集》第1卷，第582页。

本对民国表示承认之意。[①]1 月 17 日，南京临时政府外交总长王宠惠致电日本外相内田：“迅速承认我政府为得策……切望考虑”。[②]孙中山在通告其他列强之前，派秘书池亨吉访日驻南京领事馆，传达“将为最先承认新政府的强国提供某种重大利权之内部意向。”[③]孙中山也向日本陆军中佐井户川辰表示了这一意向。[④]2 月中旬，孙中山与日本驻南京领事铃木会谈时问：“各国对承认共和国的意向如何？”铃木避而不答，并反问道：“阁下对此究竟有何期望？”孙中山答道：“现在共和国政府在南方掌握实权，但各国尚不承认。我认为这是由于各自相互观察对方态度的结果，实为不必”，并透露美军中国舰队司令已向自己表示愿意承认共和国，暗示日本应尽早承认南京临时政府。[⑤]铃木就此电告外相内田康哉：“此际，想采取什么方法扩大帝国的权益，［承认南京临时政府］并非全然不可能之事。”[⑥]但是，内田考虑到与列国的协调，不打算立即承认。

南京临时政府为争取各国承认，根据参议院的决议，拟派遣宋教仁赴日本游说日本朝野。宋教仁希望依靠日本谋求列强的承认。内田良平等黑龙会的日本浪人对宋教仁赴日极为关心，[⑦]小川平吉高度评价宋教仁为“第一次革命（指辛亥革命——笔者）中极为重要的功臣……国民党中第一位的人物。”2 月 2 日，他在上海与宋教仁彻夜谈论时事,相约今后缔结中日同盟。[⑧]小川回国后，在日本政府和舆论界多方游说，争取日本政府早日承认南京临时政府。2 月 29 日，小川致电宋教仁：“日本政府终于率先开始运

① 李廷江：《孙文与日本人》，《日本历史》1987 年 8 月号，第 88 页。

② 1912 年 1 月 17 日，中华民国外交总长致内田外务大臣电，日本防卫研究所藏。

③《日本外交文书——清国事变（辛亥革命）》，第 127 页。

④《日本外交文书——清国事变（辛亥革命）》，第 127～128 页。

⑤ 1912 年 2 月 14 日，驻南京领事铃木致内田外务大臣电，机密第 12 号，日本外交史料馆藏。

⑥《日本外交文书——清国事变（辛亥革命）》，第 128 页。

⑦ 小川平吉文书研究会编：《小川平吉关系文书》（二），第 443～451 页。

⑧《小川平吉文书》，日本国会图书馆宪政资料室藏。

动列国共同承认中华民国，此举实应视为将来必然缔结之日华同盟的第一步。"①但是，宋教仁的赴日计划因南北议和而未实现。另一方面，日本民间人士梅屋庄吉等在致孙中山就任大总统的贺电中，"宣誓为早日承认贵共和国，努力奋斗"，1月28日，他们在东京筑地精养轩成立了"中国共和国公认期成同盟会"，并通过了劝告日本政府早日承认中华民国的决议。②

第二，期望日本提供武器和军资。1911年11月27日汉阳失守后，黄兴认为革命军失败的最大原因是武器不良，主张从日本购买新式武器。他首先要求日本向革命军出售步枪两万支、野炮五十四门、机关枪七十余挺及其所需弹药。但是，由于缺乏资金而未实现。③江苏军、浙江军要求日本出售武器和马匹，也因无资金而无法成交。派赴东京的何天炯于12月中旬历访有邻会和犬养毅等，要求协助筹集资金和武器。④

内田良平通过三井的益田孝→井上馨→西园寺首相的渠道，游说援助革命军。西园寺内阁也暗地准许财阀向革命军贷款和提供武器。由内田良平派遣的北辉次郎、清藤幸七郎在上海与宋教仁等交涉贷款和购买武器等事项。结果是，上海都督府派遣文梅村、吴嵎赴日本，1912年1月24日，三井物产与上海都督府之间订立了三十万日元的借贷条约，革命军用这项借款，通过三井物产购买了三十一年式野炮六门、三十一年式速射山炮六门、机关枪三挺。⑤其后，利用江苏省铁路担保的二百五十万日元和汉冶萍公司的借款三百万日元从日本购买了大量武器。三井物产的借款实际上是由日本政府暗中提供的，武器则由日军部提供。在这些交涉中，大陆浪人起了桥梁的作用，可以说，日本政府、军部、

① 《小川平吉文书》，日本国会图书馆宪政资料室藏。
② 车田让治：《国父孙文与梅屋庄吉》，第234页。
③ 日参谋本部：《清国事变特报附录》第28号，日本外交史料馆藏。
④ 1911年12月13日，《清国革命党员渡来之件》，乙秘第1917号，日本外交史料馆藏。
⑤ 初濑龙平：《内田良平研究》，第145～146页。

财阀、大陆浪人采取了一致行动。

因缺乏具体史料，尚不明这些武器是由何途径向革命军输送的。但有史料记载，1911 年 12 月 8 日，日本"云海丸"将枪一万支、佩剑和短枪等约三百吨运至上海。① 1912 年 1 月 8 日，日本"巴丸"将大仓洋行提供的步枪一万两千支、机关炮六门、山炮六门及弹药运至南京。② 1 月 12 日，日本"御代丸"将三井物产提供给广东新政府的步枪七千二百支和子弹发运至广东。③ 1 月 26 日，"御代丸"又将三井物产提供给汕头革命军和商团的步枪一千九百支及刺刀、弹药运至汕头。④ 2 月 24 日，"荣城丸"搭载村田式步枪三万支、子弹八百万发驶入广东虎门。⑤这些武器大多是日俄战争期间的废枪炮。尾崎行昌在写给小川平吉的书信中揭露："所输送之废军械将成为大事件"⑥，北辉次郎在 2 月 6 日致内田良平的书信中也揭露："各商馆向南京出售废枪。"⑦

日本政府、财阀、军部向革命军提供武器的目的在于欲以支援革命军的名义，扩大日本在中国南方的势力和权益。不过，在其他列强拒不提供武器的情况下，日本提供的这些武器缓解了革命军缺乏枪弹的困境。

第三，期望日本对蓝天蔚指挥的北伐军作战采取中立的态度。南京临时政府为在北方给清王朝以军事打击，以东北都督蓝天蔚为总司令组织了北伐军。1 月 14 日，蓝天蔚率三艘军舰和三个步兵营携机关枪八挺、山炮八门分乘三艘运兵船由吴淞出发，16 日抵达山东半岛的芝罘。20 日，又有四艘运兵船随后而至。在这支

①《日本外交文书——清国事变（辛亥革命）》，第 169 页。

②《日本外交文书——清国事变（辛亥革命）》，第 181～182 页。

③《日本外交文书——清国事变（辛亥革命）》，第 203、187 页。

④ 1912 年 1 月 25 日，日驻汕头矢野领事致内田外务大臣电，第 1 号，日本防卫研究所藏。

⑤ 1912 年 2 月 24 日，日驻广东濑川总领事致内田外务大臣电，第 19 号，日本防卫研究所藏。

⑥《小川平吉文书》，日本国会图书馆宪政资料室藏。

⑦ 1912 年 2 月 6 日，驻上海北辉次郎致内田良平书简，日本外交史料馆藏。

北伐军中，有太田大佐等六位日本军人跟随。

　　1月17日，蓝天蔚向关东州都督大岛表示："尽力保护外国人的生命财产"，并希望日本"为维持和平，确保南满铁路之中立，对于民军及清军均应一律同等对待"。[①]大岛表示同意，但是，内田外相指示其阻止北伐军在租界地及中立地带登陆，"在此以外地点登陆时，不妨取旁观之态度"[②]，意在保护日本在辽东半岛和满铁沿线的权益。日本虽未对北伐军进行露骨的军事干涉，但对北伐军在渤海湾沿岸登陆的军事行动采取了限制措施。

　　北伐军自2月1日起在关东州北端的中立地带高丽城子附近和碧流河登陆。同日，清政府外交部通过日驻华公使伊集院，要求日本阻止革命军在中立地带或中立地带以外地域登陆，同时希望利用满铁运送清军的增援部队。伊集院拒绝清军使用满铁，并指出革命军在中立地带登陆是中立地带外之误传，表示日本对中立地带以外的登陆行动不予干涉。[③]这是对北伐军有利的一个侧面，但日本强硬要求清军和北伐军同时自这一地带撤退，北伐军只得撤往辽宁省西部地区。

　　日本虽然对北伐军的军事行动施以限制，但未公然进行军事干涉。这种微妙的政策与当时清王朝皇帝退位大势已定及东北形势随之变化密切相关。如内田外相所言，"此际，对革命党施加压力，究应保持何种分寸，亦须慎重考虑，如果革命党势力日益壮大，即使满洲秩序一时发生紊乱，亦未尝不可能因此而造成我国对满洲政策待以向前推进一步之契机。此际，多少应斟酌既定方针之实行。"[④]这表明日本企图利用北伐军的势力推进其满蒙政策。

---

①　1912年1月18日，大岛关东州都督致内田外务大臣电，日本防卫研究所藏。
②《日本外交文书——清国事变（辛亥革命）》，第301页。
③《日本外交文书——清国事变（辛亥革命）》，第308页。
④《日本外交文书——清国事变（辛亥革命）》，第312页。

南北议和

如上所述，孙中山和南京临时政府对日本抱有种种期望，日本则因采取与各列强协调的政策及对共和政体的恐惧，虽然向孙中山和南京临时政府提供了部分贷款和武器，但未给予公开的、积极的援助。英国支持袁世凯组织新内阁，并撇开日本，暗中策动袁世凯实现南北两军停战，从而取得了 1911 年 12 月 18 日开始的南北和谈的主动权。英国将强硬主张君主立宪制的日本排除在外，欲以袁世凯为大总统的共和制促进南北妥协，以加强对中国的发言权。袁世凯赞成英国的主张，企图以共和体制迫清帝退位，并将南京临时政府统一于自己的管辖之下，从而达到一箭双雕的目的。

在这种国际环境和国内形势下，孙中山于 1 月 22 日得到各省代表会议的同意，通过南北议和的南方代表伍廷芳，提出五项议和条件①，并表示愿将临时大总统的位置让给袁世凯。孙中山的这些对策，是为了利用欧美列强支持的袁世凯，早日实现共和、统一，并争取列强的承认。因为他认为，若能利用袁世凯推翻持续二百六十余年的清王朝封建专制统治，胜于出动十万兵力。

袁世凯指使北洋军将领段祺瑞等人，要求以皇帝退位、支持共和来打开局面，并向清室施加压力。清室贵族见大势已去，只得于 2 月 1 日命袁世凯与南京临时政府交涉皇帝退位的优待条件，得到优待条件的承诺后，清帝溥仪于 2 月 12 日发布退位诏书，至此，结束了清王朝的统治及延续两千余年的封建专制统治。这是辛亥革命的必然结果，也是孙中山与袁世凯妥协的产物。

2 月 13 日，孙中山向参议院提交两份咨文，指出：清帝"今既宣布退位，赞成共和，承认中华民国，从此帝制永不留存于中

---

① 《孙中山全集》第 2 卷，第 34～35 页。

国之内，民国目的亦已达到"，因此辞去临时大总统一职，并推荐袁世凯接任临时大总统。①14 日，参议院即选举袁世凯为临时大总统。3 月 22 日，袁世凯提名唐绍仪为内阁总理，在南京组织第一届内阁，4 月 1 日，孙中山正式辞去临时大总统一职，5 日，参议院决定临时政府迁往北京，南京临时政府就此结束。

早在袁世凯受命组阁之时，日本就企图策划袁世凯实施以清帝为核心的君主立宪制来收拾局面，其原因虽与日本的国体为君主立宪制有密切关系，但其目的之一是为了抑制孙中山和革命派。日驻华公使伊集院向内田外相说，这次事变中，有势力和实权者大致为主张共和主义的革命派，即使袁世凯主宰统一政府，新政府的实权仍将归于革命派手中，"其结果必于我不利，因此，为抑制此一派势力，本使尤须常向袁世凯表明反对共和之意见"。②12月下旬，内田康哉派遣密使至上海，企图游说革命派放弃共和制主张，在君主立宪制的基础上实现南北妥协。③但是，英国和袁世凯于 12 月下旬转而赞成共和制，12 月 22 日召开的日本内阁会议只得决定放弃其在中国实行君主立宪制的主张。

头山满、犬养毅等大陆浪人强烈反对南北议和及孙中山对袁妥协。犬养毅和头山满来华之初尚不知南北议和的内容，孙中山、黄兴为防止大陆浪人干涉中国内政，闭口不谈和谈情况。内田良平在东京风闻南北议和的内容后，立即派葛生能久至上海游说宋教仁，力图阻止孙、袁妥协。葛生奉内田之命，邀请宋教仁迅速赴东京会见日本当局要员，以商议开辟援助革命军的途径，但是，宋教仁回绝了这一邀请。④

12 月末来华的小川平吉也反对南北妥协，他极力劝说孙中山和黄兴无论如何也应以武力使北伐成功。小川回国后，于 2 月 9

---

① 《孙中山全集》第 2 卷，第 84～85 页。
② 《日本外交文书——清国事变（辛亥革命）》，第 568 页。
③ 《日本外交文书——清国事变（辛亥革命）》，第 457 页。
④ 黑龙会编：《东亚先觉志士记传》中卷，第 446～450 页。

日致电宋教仁说："吾等绝对反对由袁世凯左右时局。恳请孙、黄两君注意，不为袁所欺骗，断然贯彻初志"。[①]再次表示反对与袁世凯妥协。同日，小川还致电宫崎滔天，指示其向南京临时政府提出这一警告。[②]

犬养毅、头山满于1912年1月偕宫崎滔天、萱野长知、寺尾亨等来南京总统府拜访孙中山，表示反对孙中山对袁世凯的一切让步。[③]头山满反对南北妥协，劝告孙中山彻底实行北伐。犬养毅于1月21日和22日两次寄信孙中山说，即使日本和列强干涉中国革命，若毫不踌躇，勇敢前进，北京将会归于阁下。[④]犬养毅为构成对抗袁世凯的势力，劝告孙中山与岑春煊、康有为、梁启超等实行大同团结，并进而联络北方的段祺瑞。[⑤]但是，孙中山与康有为等主张本质相异，岑春煊自任湖广总督以来又一直是革命派的宿敌，孙中山当然不会接受其劝告。头山、犬养反对孙中山北上，并劝说让袁世凯来南京就任大总统。[⑥]孙中山采纳了这一意见，要求袁世凯南下就职。

大陆浪人等强硬反对南北议和及将大总统一职让给袁世凯，可以说意在不使革命的目的化为泡影，但实际原因是，他们反感亲英，更反感对日本不怀好意的袁世凯，同时，孙中山政权的转让，将使日本难以扩大在满蒙和南方的权益。然而，即使从这一目的出发的劝告和反对，不可否定，在客观上是正确的。

---

① 小川平吉文书研究会编：《小川平吉关系文书》（二），第443页。
② 小川平吉文书研究会编：《小川平吉关系文书》（二），第443页。
③ 头山满翁正传编纂委员会编：《头山满翁正传（未定稿）》，苇书房，1981年，第247～248页。
④ 黄彦、李伯新编：《孙中山藏档选编》，第453页。
⑤ 岩渊辰雄：《犬养毅》，时事通信社，1986年，第117～118页。
⑥ 黑龙会编：《东亚先觉志士记传》中卷，第477页。

三、日本对满蒙、福建的侵略

辛亥革命时期，日本政府和军部对华的根本政策是维持、扩大其在华的殖民权益。为此，日本从中国的北、中、南部三面进行侵略、扩张。在福建，以海军为主体，采用购买土地的方式，建立侵略南方的桥头堡；在长江流域，以财阀为主体，利用借贷的方式，加强经济渗透；在满蒙，政府、陆军、财阀及大陆浪人等以第三次日俄协约、第一次满蒙独立运动及租借满洲的方法，扩大其权益。下面，拟考究日本对满蒙和福建的侵略行径。

第三次日俄协约

辛亥革命时期日本对满蒙的政策是 19 世纪 90 年代以来大陆政策的继续和发展。经过甲午、日俄战争，日本攫取了辽东半岛和满洲的铁路，并力图以此为侵略据点，进一步扩大在满蒙的势力圈。

1911 年 10 月 24 日，日本内阁议决《关于对清政策问题》，称："在满洲，延长租借地之租借期限，决定关于铁路之诸问题，进而确立帝国在该地区之地位，以求满洲问题之根本解决。为此帝国政府经常策划，不遗余力。一旦有机可乘，自应加以利用，采取果断手段。（中略）至于满洲问题之根本解决，要俟其机会最有利于我，且条件充分之时，方可始而实施，此为得策"。①根据此决定，在辛亥革命初期，日本静观形势变化，"暂取维持[满蒙之]现状，防其侵害"之方策，以等待有利时机。②

1912 年 1 月以来，清王朝统治体制的崩溃日见明了，同时，在南北停战及议和问题上，英国首先撇开日英协调，单独采取了

---

① 《日本外交文书——清国事变（辛亥革命）》，第 50～51 页。
② 《日本外交文书——清国事变（辛亥革命）》，第 50～51 页。

行动，日本利用这一时机，紧步英国的后尘，开始在满蒙采取单独行动。大陆政策的积极推进者山县有朋企图利用这一有利时机，先出兵占领满洲。1月14日，山县向石本新六陆相说："南北协商处于破裂的形势，在保护满洲租借地和铁路的关系上，出兵满洲的适当之机"日趋成熟[①]，并要求他与内田外相商议这一问题。次日，山县又向桂太郎说："不可不判断需要出兵满洲之适当时机"，并做了具体指示。[②]陆军省军务局局长田中义一根据山县的意见，计划向满洲派遣第十二师团。1月23日，向小仓的第十二师团下达动员令，做好了出兵准备。[③]日本内阁和议会因财政预算困难而反对出兵。同时，欧美列强也在牵制日本对满洲可能采取的军事行动。1月31日，德国代理外相亚米兹曼向日驻德大使杉村暗示，此时难以同意日本在中国采取单独行动，并通过德驻美大使向美国政府表示希望其牵制日本的军事行动计划。[④]对此，美国政府于2月3日向日驻美埴原临时代理大使说，在中国"不存在外国列强干涉的理由，并且，从最近的报道来看，确信今后的事态发展也无上述介入的必要"，否定了出兵干涉中国的必要性。山县等占领满洲的计划遂告受挫。山县因此痛呼"失去千载一遇之机会，实为国家痛愤不堪"，并以此激烈批评内阁和议会。[⑤]

　　另一方面，日本计划与俄国在蒙古瓜分势力范围。俄国也利用辛亥革命的机会，图谋首先扩大在蒙古的势力范围。1911年10月23日，俄国首相向日驻俄大使本野一郎表示了由日、俄两国共同在蒙古瓜分势力范围的意向[⑥]，随后，俄国于12月1日在外蒙古策动所谓"独立"，在库伦设立了蒙古政府。1912年1月11日，

---

①　内田康哉传记编纂委员会、鹿岛平和研究所编：《内田康哉》，第181页。
②　《桂太郎文书》，日本国会图书馆宪政资料室藏。
③　《东京朝日新闻》，1912年1月25日。
④　《日本外交文书——清国事变（辛亥革命）》，第530页。
⑤　山本四郎：《辛亥革命与日本的动向》，《史林》第49期第1号，第46~47页。
⑥　《日本外交文书——清国事变（辛亥革命）》，第501页。

俄国发表声明，声称俄在蒙古有重大的利害关系，因而不能无视这一政府，并与之缔结事务上的关系，事实上承认了这个政府。在蒙古问题上，日本紧步俄国的后尘，1 月 16 日，日本内阁会议通过《关于缔结第三次日俄协约问题》之决定，认为，"在当前清国因此次事变而使蒙古问题即将展现一新局面之际，日俄两国就内蒙古问题签订某种协定，实为最得机宜。"①并训令驻俄大使本野征询俄国的意向。俄国表示随时愿与日本达成协议。

日本于 1 月 22 日制定了以下瓜分内蒙古的提案：

第一条 延长第一次日俄协约秘密条约附加条款所定分界线。根据黑龙江省与内蒙古的境界线，托罗河与东经 122 度的交叉点以西沿乌珑楚尔河及木什画河，至木什画河及哈尔达台河的分水线，划定内外蒙古境界线的终点。

第二条 内蒙古以张家口至库伦的公路划分东西两部。日本承认俄国在西部内蒙古的特殊利益，俄国承认日本在东部内蒙古的特殊利益，约定两缔约国的一方不损害、干涉另一方的特殊利益。

第三条 本协约由两缔约国严守秘密。②

俄国对第一条所列内、外蒙古的境界线无异议。第二条瓜分内蒙古一项，从面积来看，东西大致相等，但其经济价值有很大差异。2 月 20 日，俄国外相沙查诺夫向本野大使递交了一份备忘录，指出张家口至库伦的公路对俄国至关重要，以此为分界线，等于俄国放弃以往享有的地位，因此，日本若不在这方面让步，俄国将无提出修正案之余地，从而无法接受日本方面的提案。③

---

① 《日本外交文书——清国事变（辛亥革命）》，第 287 页。
② 《日本外交文书》第 45 卷第 1 册，第 56～57 页。
③ 《日本外交文书》第 45 卷第 1 册，第 72 页。

因俄国态度强硬，日本不得不做出让步。4月20日，本野大使向沙查诺夫外相递交一份备忘录，提议将内蒙古的分割线从张家口至库伦的公路向东侧移进。①俄国对此表示满意，并于5月1日提出以北京的经度（东经116度27分）分割东西的议案，同时要求日本承认其在中国西部的特殊权益。②日本赞成以北京的经度分割东西，但表示绝对不能承认俄国在中国西部拥有特殊权益，并声称俄国若固执己见，将只得中止交涉。俄国因而不得不撤回这一要求。可以说，这个交涉过程是日俄两国在辛亥革命时期对内蒙古的激烈争夺战。交涉的结果是，沙查诺夫外相与本野大使于7月8日在俄国首都签订了瓜分内蒙古的第三次日俄协约。就这样，日俄两国趁火打劫，完成了对内蒙古的瓜分。

第一次满蒙独立运动

大陆浪人和部分日本陆军军人在参谋本部和政府的支持下，策划所谓的满蒙独立运动，企图在满蒙建立"王国"，并使其成为日本的殖民地。

这次满蒙独立运动首先与日本的反袁运动密切相关。1911年11月，袁世凯组阁，掌握清王朝的军政大权时，伊集院公使、公使馆武官青木宣纯少将及大陆浪人川岛浪速等人策动清政府陆军大臣铁良和良弼推翻袁内阁，企图组织以铁良为核心的君主立宪内阁。但是，主张君主立宪的良弼于1月26日被彭家珍等暗杀。这时，袁世凯图谋在英国支持下，以共和制实现南北妥协，迫使清帝退位，并由他任大总统。清王朝的部分贵族见大势已去，为自保逃出北京。川岛等利用这一机会，于2月2日将肃亲王带出北京，经秦皇岛至旅顺隐居，并根据外务、陆军、海军三省的指示，给他以优厚待遇。

---

① 《日本外交文书》第45卷第1册，第74页。
② 《日本外交文书》第45卷第1册，第78页。

日本方面于 7 月 23 日与肃亲王订立以下《誓约书》，企图将满蒙变为日本的殖民地。

第一条　南满铁路、安奉铁路、抚顺煤矿、关东州旅顺大连一带日本所得权利等件，以后展为长期，以至永久。

第二条　吉长铁路、榆奉铁路、吉会铁路、其他将来于满蒙布设一切铁路，均俟独立之复兴。

第三条　鸭绿江森林、其他森林、渔业、开垦、牧畜、盐务、矿山等之事业，均协商以为两国合办。

第四条　于满蒙地方应允日本人之杂居事宜及一切启业。

第五条　外交、财政、军事、警察、交通及其他一切行政皆求大日本国政府之指导。[①]

川岛与陆军大尉松井清助、木村直人等一道，将喀喇沁王、巴林王带出北京，策划"内蒙古独立运动"。1912 年 1 月 29 日，川岛与喀喇沁王又订立了以下条约：

一、应将内蒙古联合为一团体，这个团体设立统一内蒙古的机构，并掌握一切军政要权。

二、以喀喇沁王为这个团体的首领，川岛为总顾问，参与筹划一切军政事宣。

三、订立相应的条约，由川岛负责筹集蒙古统一事业所必需的武器和军费及招聘必要的日本人。

四、内蒙古团体成立后，在军事上应受日本帝国援助和保护。

---

① 曾村保信：《辛亥革命与日本》，《日本外交史研究——日中关系的展开》，有斐阁，1961 年，第 50～51 页。

五、内蒙古团体要与日本帝国保持特别良好的关系，并保护日本人的实业计划。

六、与俄国的外交，应与日本政府秘密协商处置。[①]

这个条约暴露了日本以独立的名义将内蒙古变为其殖民地的野心。

喀喇沁王为筹集军用资金，向川岛提出以卓索图盟内矿山权为担保，借款二十万日元的要求。伙同川岛参与满蒙独立运动的高山公通大佐向福岛安正参谋次长说："目前，在蒙古掌握各种权利之时机已到"，要求除以上金额外，再赠送五万日元。[②]内田外相支持这项贷款，2月2日，指示伊集院公使："帝国政府鉴于内蒙古东北和满洲间的密切关系，若能在该地建立某种利权关系，在万一时可能对我国有利。"[③]17日，内田外相再次指示伊集院公使与喀喇沁王订立十五万日元的借贷合同，利率等不必过重，力求能长时期羁束对方。[④]结果，大仓洋行天津支店先提供了九万日元的贷款。这项贷款名义上是由大仓组支付的，但实际上全部"由政府支付，其发生之权利、义务亦均由政府承担"[⑤]。因此，应指出这是日本政府的贷款。另外，川岛还与巴林王交涉了一两万日元的借贷。

喀喇沁王等用这项借款自日本购买了一批武器。5月下旬，这批武器经大连、公主岭运至内蒙途中，与东北军发生军事冲突，死伤者众，武器弹药均被焚毁或抛弃，秘密进行的满蒙独立运动也被公之于众。日本政府和军部只得命令川岛和高山大佐终止这一运动。但是，日本并没有因此放弃其野心，1916年又挑起了第

---

① 黑龙会编：《东亚先觉志士记传》中卷，第326～328页。
② 《日本外交文书——清国事变（辛亥革命）》，第367页。
③ 《日本外交文书——清国事变（辛亥革命）》，第367页。
④ 《日本外交文书——清国事变（辛亥革命）》，第369页。
⑤ 《日本外交文书——清国事变（辛亥革命）》，第372页。

二次满蒙独立运动。

租借"满洲"的企图

井上馨、桂太郎、益田孝、森恪等在 1912 年 1、2 月间，企图向孙中山和黄兴租借"满洲"，这个计划虽未实现，但它是辛亥革命时期日本对满政策的重要一环。

1911 年 12 月 21 日，孙中山自香港乘船赴上海。途中，孙中山向同行的山田纯三郎表示，希望从三井物产借款一两千万日元。因山田斡旋，孙中山到达上海后，在三井物产上海支店长藤濑政次郎家与藤濑和森恪会谈，提出了向三井借款的意向。[①]因巨额借款须由总社决定，森恪于翌年 1 月 5 日赶回东京[②]，向总社和益田孝等汇报。[③]在此前后，井上馨也收到黄兴委托其筹款的信件。[④]

对此，益田孝分别与井上馨、森恪商议，他向森恪说："彼若依赖我，可乘机赢得革命党，即须与其订立密约，将东三省割让予我。"[⑤]森恪回答说："此事可行。"[⑥]随后，益田孝访井上馨，向他转告森恪的意见。井上速至小田原与山县有朋商议，这时山县正策划出兵占领"满洲"，他当即表示："赞成乘此机会，与革命党订立密约，使东三省归于我。"[⑦]经过一阵策划，森恪赶赴南京开始实施以贷款租借"满洲"的计划。森恪 2 月 1 日抵上海，翌日赴南京。关于森恪在南京与孙中山就这一问题进行两次会谈的情况，日本学者藤井升三在其论文中有较详细的记述[⑧]，不过，在

---

① 山浦贯一：《森恪》上卷，高山书院，1943 年，第 382～383 页。
② 三井物产株式会社《社报》，第 2 号，1912 年 1 月 6 日，三井文库藏。
③《原敬日记》第 3 卷，第 210 页。
④《原敬日记》第 3 卷，第 210 页。
⑤《原敬日记》第 3 卷，第 211 页。
⑥《原敬日记》第 3 卷，第 211 页。
⑦《原敬日记》第 3 卷，第 210 页。
⑧ 藤井升三：《辛亥革命时期孙中山关系资料——围绕"满洲问题"的森恪书简》，亚洲经济研究所，1982 年；《孙中山的对日态度——以辛亥革命时期"满洲"租借问题为中心》，《现代中国与世界——其政治的展开》，庆应通信，1982 年。

中国还没有发现有关史料。

对福建省的侵略

日本在侵略满蒙的同时，又将侵略的黑爪伸向了福建。1895年日本迫使清政府割让了台湾，随后，越过台湾海峡，将福建省划为自己的势力范围。1898年，日本要求清政府保证不将福建省割让给其他列强，1903年日本得到这一保证，防止了其他列强向福建扩张。辛亥革命爆发后，日本政府于10月24日召开内阁会议，决定："今后应着重致力于在清国本土培植势力。"①所谓"清国本土"，当然包含福建省。12月，英国打破日英协调的原则，单独介入南北议和后，日本开始了在福建省扩大日本权益的行动。12月28日，日海军省参事官山川端夫制订《时局策》，指出："租借或占有我海军必需之宁口厦门及三都澳一带地区，进而将自福州至九江或武昌的铁路紧密联结，此为急务"，并提议在浙江、福建、江西等省扶植、扩大利权。②这个意见企图以福建省沿岸地带为侵略据点，在浙江、江西扩大日本的权益和势力范围。这与满蒙和长江流域方面侵华并列，是日本又一条重要的侵华线路。山川认为此时不宜采用出兵占领的方法，他提议日本政府特别是海军以收买必需的岛屿和地域的方式占有以下四个地区：

> 厦门：虬松屿之全部及其南方之突角。
>
> 福州：罗星塔（去年已由我国人收买其一部）。
>
> 三都澳：长腰岛南部之全部、三都岛南岸之一部及其前方地域。
>
> 罗源湾：自三角岛至加藤岬沿岸一带之海滩③（记忆中清

---

① 《日本外交文书——清国事变（辛亥革命）》，第51页。

② 山川海军省参事官：《时局策》，1911年12月28日稿，日本防卫研究所藏。

③ 指水退潮后露出的海滩。

国对海滩拥有主权）。①

　　山川主张收买这些地域的理由有：（1）这些地域作为战略要地，不但适于大舰队停泊，而且还可与台湾及澎湖列岛相呼应，控制台湾海峡；（2）是得以进入华中富饶地带中枢长江流域，占据地势上、经济上利益的枢纽要地；（3）对奠定将来向中国扩张的基础，巩固日方南方的防务均属必要。②山川还提出，在诸如福建、江西等需要扩张日本权益的地区，革命军或清军若提供铁路、矿山等相当的担保，应奖励日本民间财力雄厚者向其提供贷款，以获得利权。③山川的这些意见对日海军中央的政策决定有何影响，虽尚不明了，但后来日本海军在福建的侵略行动大致上是沿着山川提出的方向推进的。

　　1912 年 1 月 15 日，日海军大臣斋藤实向驻福建、浙江沿岸的第三舰队司令官发出以下指示：

　　　　一、在以保护侨民生命财产之名义派兵登陆福州、厦门时，帝国舰队不必顾虑外国舰队的态度，要尽量出动优势兵力，以使列国知觉日本在该地域有重大利害关系。

　　　　二、因厦门至福州的铁路以及福州至南昌、九江的铁路与日本有利害关系，绝对要注意有关这些铁路的铺设或借款问题。

　　　　三、要最严密注视外国人对革命军领导人及地方人民的态度和行动。

　　　　四、对福建、浙江方面握有实权者及地方绅士要建立友好关系，采用收揽其人心的方法。④

---

① 山川海军省参事官：《时局策》，1911 年 12 月 28 日稿，日本防卫研究所藏。
② 山川海军省参事官：《时局策》，1911 年 12 月 28 日稿，日本防卫研究所藏。
③ 山川海军省参事官：《时局策》，1911 年 12 月 28 日稿，日本防卫研究所藏。
④ 1912 年 1 月 15 日，斋藤海军大臣致第三舰队司令官电，日本防卫研究所藏。

　　斋藤海相在发出以上指示的同时，还先后派遣外波藏内吉少将、枥内军务局长和吉田大佐、竹下大佐、山川参事官、退役海军大尉郡司成忠、平田时次郎等分赴南京临时政府辖下的福建、浙江等地，调查革命军方面的情况，并企图在福建实施上述指示中提出的任务。

　　日本海军计划首先收买虬松屿。竹下大佐和山川参事官借口日本人爱久泽要在该岛屿设立养鸡场，图谋以中国人郑成林的名义收买虬松屿东岸的海滨。①但遭到郑成林拒绝。于是又以与三井物产有联系的台湾人曾厚坤的名义开展收买活动，但迟迟未见进展。最后，日本海军少将东乡吉太郎企图以贿赂虬松屿长老和由福州派出的土地整理要员实现其收买的目的，也遭到失败。②

　　日本海军见收买虬松屿不成，转而图谋收买三都澳的长腰岛。竹下、山川计划先迅即收买长腰岛南部。两人与爱久泽策划，由中国人薛某和林某建立渔业公社，在长腰岛购买渔业用地，名义上归林某所有，再图逐渐扩大。随后，东乡吉太郎将长腰岛南部分为甲、乙、丙三区，计划先收买甲区，接着以商业用地的名义逐步收买其他二区。③东乡提出收买款项需四万日元，财部彪海军次官指示按一万日元的标准实行。东乡采用的收买方法是："以中国人的收买者为土地所有者，将收买费贷与中国人，同时将收买的全部土地作为抵押，地契归我，在我领事馆登记借贷抵押物，其权利要由我掌握。"④1913 年 3 月 25 日，丸一洋行驻福州头目与中国人梁世华签订了收买、抵押契约书。⑤这一方法掩盖了日本海军收买长腰岛土地的战略目的。

---

　　① 1912 年 3 月 19 日，竹下大佐、山川参事官致财部彪海军次官电，日本防卫研究所藏。
　　② 1912 年 8 月 22 日，驻厦门东乡吉太郎海军少将致财部彪海军次官电，日本防卫研究所藏。
　　③ 1912 年 11 月 29 日，驻厦门东乡吉太郎海军少将致财部彪海军次官电，日本防卫研究所藏。
　　④ 1913 年 1 月 15 日，驻厦门东乡吉太郎海军少将致财部彪海军次官电，日本防卫研究所藏。
　　⑤《契约书》，日本防卫研究所藏。

此外，日本海军还计划收买厦门的猴岛，营造 3000～4000 吨的煤炭储备场。台湾银行计划开发海军所需煤炭，于是向海军提出对福建省龙岩州煤矿及运输道路进行调查。1912 年春，退役海军大尉郡司成忠受海军省委托，调查福建、浙江省沿岸的渔业情况，并拟定计划，在两省沿岸开拓渔村，并使日本移民居住。台湾银行则与福建新政府交涉，以该省孙都督和盐税为担保，贷款五百万日元，并约定以矿山、铁路等为担保借款时，要先与日本商议。

日本在福建省的上述侵略活动是在与美、英、德等列强的竞争中进行的。从这个意义来说，日本进行的这些活动是将美、英、德势力从其势力范围排挤出去的一个策略。

四、日本的经济活动

借款交涉

辛亥革命时期，日本对中国的经济渗透主要是以长江流域为重点，财阀为主体，通过贷款这一资本输出的形式进行的。日本在从自由资本主义阶段过渡到帝国主义阶段时期，非常重视资本输出。1911 年春，三井财阀派尾崎敬义和松元势藏赴中国，调查中国的经济形势。尾崎、松元回国后，在其调查报告书《对华投资论》中，向三井财阀建议：要在中国获得相当的势力范围和发言权，除对华贷款之外，别无他法。[①]这种贷款即指资本输出。

孙中山和南京临时政府因财政极度困难，为保护革命成果，希望日本提供巨额贷款。这样，因日本要求输出资本，孙中山则希望借款，日本与孙中山及南京临时政府之间建立了特定的关系。

---

① 《三井事业史》第 3 卷上，三井文库，1980 年，第 209～211 页。

二者进行了以下三次借贷交涉。

第一，以沪杭铁路的财产和营运权为担保的三百万日元的借贷交涉。这一交涉自 11 月与大仓组交涉二百万日元的借贷开始，因宋教仁反对，一时中止。其后，宋教仁、何天炯决定赴武昌与黄兴、黎元洪议定。12 月 13 日，何天炯作为黄兴的代表，抵达神户，随后到东京与原口要交涉沪杭铁路贷款问题，并促请原口来华。自 1903 年以来，原口要曾担任湖广总督张之洞的顾问，并担任过华南铁路的顾问。原口要向何天炯说，若作为沪杭铁路的债务借款，多少能筹集部分款项。原口要于 12 月 15 日征询原敬内相的意见，原敬表示：“我国在南方拥有根据地，最为便宜，赞成原口的设想及赴华计划。”①

随后，原口要向铁道院总裁和内田外相转告了这个贷款事项。内田外相于翌年 1 月 9 日在内阁会议中，通告将召集涩泽、大仓等实业家数人至外务省商议贷款问题。②同时，内田于 11 日训令驻上海的有吉明总领事：“尽力于本件成立”，并指示，因本贷款与革命军有密切关系，帝国官员给予帮助并参与此事时，要注意不露形迹。③这表明，日本政府虽然没有公开承认南京临时政府，但暗中却采取了援助政策。经过交涉，1 月 18 日大仓洋行代表川野与该铁路公司代表王子亭草签合同，27 日正式签字。由大仓洋行提供一百万日元，横滨正金、日本兴业、台湾、安田、第一等五家银行提供二百万日元。同时，江苏省铁路公司与南京临时政府订立契约，将其中的二百五十万日元提供给政府，政府将其大部分用于支付已从大仓组购入的武器弹药的货款。英国驻华公使朱尔典闻讯，即向日公使伊集院提出严重抗议，声称英国不承认这一借贷条约，同时要求日本予以取消。伊集院回复说，这项借

---

① 《原敬日记》第 3 卷，第 196~197 页。
② 《原敬日记》第 3 卷，第 210 页。
③ 《日本外交文书——清国事变（辛亥革命）》，第 185 页。

贷是企业间的行为，与日本政府无关，拒绝了英国的抗议。

第二，以轮船招商局财产为担保，借贷一千万日元的交涉。1月，招商局董事会议公开表示希望借款一千万两，日本邮船公司和日清汽船公司表示愿意洽谈，其背后有日本政府的积极支持。内田外相在众议院演说时指出："该招商局占有扬子江及其他中国沿岸最重要的贸易市场"，"因此，该招商局的命运对我对清贸易及在清国的航运业有非常重大的影响。"①日本政府向邮船公司提供了一千万日元，邮船公司上海支店长伊东和招商局代理孙中山、黄兴于2月6日签订了这项借贷契约②，邮船公司计划先提供一百万日元现金。

这项借贷触及英国的势力范围，与英国的权益发生了冲突。2月5日，英驻日大使马库托纳特奉英国政府的训令，向日本外相内田康哉提出：招商局的借款，"无疑将提供革命军作为军事费使用，希望贵国政府加以制止。"③法国外相也于2月27日向日驻法临时代理大使安达指出，这项贷款是脱离列国共同行动原则的单独行动，并对此表示遗憾。④英国政府还策动金融界向孙中山和南京临时政府提供资金，以阻止招商局落入日本手中。享有四国借款团指导权的英国金融界促使四国借款团于2月28日与招商局订立了七百万两的借贷契约，并首先将二百万两支付给南京临时政府。⑤因英国的竞争和阻碍，日本被迫决定放弃与招商局的借贷契约。中国方面，在2月1日召开的招商局股东总会上，半数以上股东反对这项借款⑥，因此，与日本订立的借贷契约最后被废弃。

第三，合办汉冶萍公司的借贷。汉冶萍公司与日本的制铁业

---

① 田村幸策：《最近支那外交史》上，外交时报社，1938年，第42页。
②《历史档案》1984年第3期，第50～51页。
③《日本外交文书——清国事变（辛亥革命）》，第211页。
④《日本外交文书——清国事变（辛亥革命）》，第614～615页。
⑤ 鹿岛守之助：《日英外交史》，鹿岛研究出版会，1959年，第472页。
⑥《历史档案》1984年第3期，第48页。

有密切关系，1908～1911 年四年间，日本八幡制铁所自汉冶萍输入了七百余万吨铁矿石，占该制铁所矿石使用量的百分之五十二点五。日本正金银行和兴业银行自 1904 年至 1911 年向汉冶萍公司投资一千五百三十万日元和银一千万两。

　　如前所述，孙中山委托山田纯三郎和三井物产上海支店长藤濑政次郎联系向三井借款。八幡制铁所所长中村雄次郎闻讯即向三井物产的董事山本条太郎提出要求：借款的担保要利于我将来获得有希望之矿山。山本就此与西园寺首相、内田外相商议。1月 12 日，西园寺内阁决定，在日华合办汉冶萍公司的条件下，三井可接受南京政府的要求。这时，日本通过高木陆郎等邀原汉冶萍总经理盛宣怀至神户。①横滨正金银行董事小田切万寿之助代表三井与盛宣怀在神户就借贷进行交涉。孙中山和黄兴支持这项交涉。1 月 26 日，黄兴指示：立即促成借款交涉成立，并警告盛宣怀，若不签字，将没收其财产。②29 日，盛宣怀与小田切签订了关于合办汉冶萍公司的十二条契约书草案，其主要内容有：

　　　　一、公司资本为三千万日元，中日双方合办。
　　　　二、公司除现已从日本借入的一千万日元之外，应再向日本借入五百万日元（借入总额一千五百万日元作为日本人的股份）。
　　　　三、以上新借入的五百万日元由公司贷与中华民国政府，但是，其支付方法为，交付部分现金，余额支付中华民国政府从三井购买的军械款。③

　　这个草案的第九条还规定，中华民国政府须承认这个草案，

---

① 高木陆郎：《日华交友录》，救护会出版部，1943 年，第 17～28 页。
② 陈旭麓编：《盛宣怀档案选辑之一——辛亥革命前后》，上海人民出版社，1979 年，第 235 页。
③《三井事业史》第 3 卷上，第 219～220 页。

因此，森恪与孙中山、黄兴于 2 月 2 日在南京举行会谈，孙、黄在以下附加条款上签名。

  一、中华民国政府承认以上契约书草案各条款。

  二、对以上契约书规定的经营方法，中华民国政府保证该公司董事承认，并在股东总会上通过。

  三、在股东总会开会之前，中华民国政府以大冶铁矿为抵押，先接受五百万日元借款中的二百万乃至三百万日元，余额在股东总会通过后承认支付。①

就这样，日本以五百万日元的贷款将中国最大的钢铁、煤炭企业汉冶萍公司置于日本的统治之下。但是，不久，因孙中山辞去大总统一职及南京政府内部的反对声浪，3 月召开的股东总会否决了这个契约草案，日本的合办计划宣告失败。

1 月 26 日，孙中山指示广东军政府以粤汉铁路为担保，向外借款。在这一指示中，孙中山希望以各省内诸种实业为抵押借款，以缓中央政府燃眉之急，要求在事关大局、千钧一发之际，火速赞成此举。福建省也迫切要求以盐税担保，向台湾银行借款。但是，这些交涉均未成功。

对华贸易

日本虽然开展了以上各种贷款交涉，但是作为资本输出实现的金额不足五百万日元，这表明日本资本远较西方各国弱小。然而，日本的对华贸易与西方各国比较却占有优势地位。1910 年，日本对华贸易额达一亿五千八百万日元，相当于其对外贸易总额的百分之十七，在日本的对外贸易中，居美国之后占第二位②，其

---

  ①《三井事业史》第 3 卷上，第 218～219 页。
  ② 安木重治：《支那贸易中日本的地位》，《新日本》1911 年 12 月号，第 24 页。

中，日本输入六千八百万日元，输出九千万日元，顺差达两千一百四十七万日元。输入居印度、英国之后占第三位。输出居美国之后占第二位。[①]这些数字说明，在日本的对外贸易中，对华贸易占有极其重要的地位。

在对华贸易中，以长江流域为中心的华中地带的贸易与日本关系最大。仍以 1910 年为例，日本向华中输出五千五百万日元，占对华输出额的百分之六十四；输入四千八百万日元，占输入额的百分之七十。[②]正是在华中，爆发了武昌起义，革命动荡给国内经济及日本的对华贸易以强烈影响。

在辛亥革命爆发前夕，日本的对华输出如表 2 所示，1911 年 7、8、9 三月比 1910 年同期有较大增长。[③]但自革命爆发后的 10 月至翌年 2 月，如表 3 所示，输出剧减。[④]自 11 月至翌年 2 月四个月间，输出总额与 1910～1911 年同期相比，从两千九百六十九万九千八百余日元减至一千八百四十八万一千七百余日元，输出下降率为百分之三十一。[⑤]这四个月对华中的输出由两千三百三十四万六千五百余日元减至九百六十四万二百余日元，下降率达百分之五十七。[⑥]

表 2　日本对华输出（1）

年 月	1910 年	1911 年
7 月	6 288 667 日元	7 966 328 日元
8 月	5 310 391 日元	9 105 408 日元
9 月	6 339 516 日元	8 924 527 日元

① 安木重治：《支那贸易中日本的地位》，《新日本》1911 年 12 月号，第 24 页。
② 安木重治：《支那贸易中日本的地位》，《新日本》1911 年 12 月号，第 26 页。
③ 八木生：《对支那贸易的恢复》，日本外交史料馆藏。
④ 八木生：《对支那贸易的恢复》，日本外交史料馆藏。
⑤ 八木生：《对支那贸易的恢复》，日本外交史料馆藏。
⑥ 八木生：《对支那贸易的恢复》，日本外交史料馆藏。

表3　日本对华输出（2）

月 ＼ 年	1910～1911 年	1911～1912 年
10 月	9 458 313 日元	8 142 754 日元
11 月	9 547 387 日元	4 412 041 日元
12 月	7 370 482 日元	4 927 367 日元
1 月	5 397 726 日元	3 635 069 日元
2 月	7 384 214 日元	5 506 545 日元

表4　日本对华输入（1）

月 ＼ 年	1910～1911 年	1911～1912 年
10 月	8 561 801 日元	4 371 561 日元
11 月	12 931 673 日元	4 683 787 日元
12 月	11 523 402 日元	4 221 955 日元
1 月	8 866 516 日元	3 335 648 日元
2 月	5 204 213 日元	3 080 522 日元

　　日本的对华输入在 1911 年 7、8、9 月略有增加。但如表 4
所示，辛亥革命爆发后，即出现锐减。[①]自 10 月至翌年 1 月是棉
花、苎麻、柞蚕丝、羊毛、蚕茧等输入的最盛时期，因爆发革命，
自 11 月至翌年 2 月的四个月间，从三千八百五十二万五千八百余
日元减至一千五百三十二万一千九百余日元，输入下降百分之六
十。[②]同时期从华中的输入由三千一百零三万四千七百余日元减至
九百一十九万四千八百余日元，下降百分之七十。[③]

　　但是，这一时期日本对中国北部的贸易额却有所增加。10～

---

① 八木生：《对支那贸易的恢复》，日本外交史料馆藏。
② 八木生：《对支那贸易的恢复》，日本外交史料馆藏。
③ 八木生：《对支那贸易的恢复》，日本外交史料馆藏。

12 月，主要输出品输出额从 1910 年的五百七十四万七千九百余日元增至 1911 年的六百四十三万四千七百余日元。同时期对东北的输出也从二百六十七万两千五百余日元增至三百零七万八千九百余日元。①自中国北部主要输入品的输入额从 1910 年的二百五十七万七千七百余日元增至 1911 年的三百七十万七千七百余日元，从东北的输入则由 1910 年的二百四十一万八千五百余日元减至 1911 年的二百十九万八千八百余日元。②从日本对中国南北输出、输入的情况来看，其对华贸易额剧减的原因在于革命爆发后对华中贸易的减少。

对华中贸易减少的原因有：（1）因局势动荡，对日本商品的需求减少。（2）革命爆发后，大清国银行等发行的各种纸币停止流通，大量纸币被兑换成金、银，因而引起银行、钱庄关闭，金融失去信用，货币处于不流通的状态。（3）中国的批发商和小商贩的交易为现金交易，货币不流通，银行、钱庄关闭直接影响了这种交易。（4）日本的对华贸易比其他列强所受打击更大的原因还有，其他列强在中国培植了一批买办商人，由其代理向中国各地销售商品，没有建立直接与一般中国商人交易的关系。与此相反，日本的贸易商多数没有买办，直接与中国商人或钱庄交易。

对华贸易额下降，对日本国内的市场和产业影响很大。因从中国输入的麻、蚕、漆大幅度减少，国内的市场价格迅速上涨。火柴工业因输出减少百分之五十，引起部分工厂生产减半，部分工厂倒闭。对华输出占第一位的棉线，因输出减少，每包价格下降三四十日元，许多工厂减产。中国市场也因向日本输出减少而受到影响。如蚕茧价格由每五十公斤四十美元下落为三十二以至三十美元。

因爆发革命而暂时下降的日本对华贸易额随着中国政局逐渐

①《清国革命军起义影响波及对清贸易之调查一件》（一），日本外交史料馆藏。
②《清国革命军起义影响波及对清贸易之调查一件》（三），日本外交史料馆藏。

稳定，恢复到了革命爆发前的水平。如表 5、6 所示，输出额自1912 年 3 月开始甚至超过前一年同期水平，输入额则恢复缓慢，5 月后才完全恢复。[①]

表5　日本对华输出（3）

月＼年	1911 年	1912 年
3 月	8 805 158 日元	9 302 709 日元
4 月	7 824 564 日元	8 920 136 日元

表6　日本对华输入（2）

月＼年	1911 年	1912 年
3 月	4 920 303 日元	2 368 496 日元
4 月	6 654 349 日元	5 485 667 日元

表7　日本对华输出的主要商品（1911～1912 年）

品别	单位	11 月	12 月	1 月	2 月	3 月	4 月
帽子	日元	39 034	182 225	217960	59 163	195 564	323 194
棉毛线	打	3 937	12 221	6 866	1 450	8 827	18 396
洋装	日元	1 769	25 211	23 145	6 760	44 786	120 577
皮革	斤	42 916	22 269	20 535	36 003	29 525	32 770
麦酒	打	4 450	5 980	6 602	3 370	16 192	21 352
清酒	升	111 342	55 174	30 793	26 683	30 286	50 983

　　辛亥革命是一场政治革命，同时也是一场风俗变革。去发辫、着洋装等即是这种变革的一例。日本政府重视这种变革对其贸易的影响。1912 年 2 月 2 日，内田外相指示驻华各使领馆：适应今后风俗变化的趋势，与日本的对华贸易关系重大，要调查这一变

---

① 八木生：《对支那贸易的恢复》，日本外交史料馆藏。

化带来的需求变化，向有关行业指明将来的方针，并出具指导政策的意见报告书。①因中国的风俗变化，日本对华输出增加的主要商品如表 7 所示，②其中，帽子输出的增加引人注目。1912 年 4 月的输出额比 1911 年 11 月增加百分之八百二十七。大阪府的帽子价格因此暴涨，1911 年 11 月 12 日，中折帽由十日元涨至二十二日元，打鸟帽由三日元涨至七日元。③南京临时革命政府的官员大都曾留学日本，在南京的日本商店的顾客有八九成是这些官员，日本产酱油、啤酒等需求随之增加。另外，受革命战争的影响，日本制儿童玩具弹射枪的订货也有增加。④

　　辛亥革命及其动荡的原因之一是日本及其他列强对中国的侵略，但是，动荡的局势使日本和其他列强在对华贸易中受到巨大损失。因此，它们又希望中国政局稳定、统一，以恢复对华贸易，确保在华权益。这一经济问题给日本和其他列强的对华政策以很大影响，是各国决定对辛亥革命政策的重要因素之一。

---

　　① 1912 年 2 月 2 日，内田外务大臣致驻华使领馆电，日本外交史料馆藏。

　　② 八木生：《对支那贸易的恢复》，日本外交史料馆藏。

　　③ 1912 年 1 月 8 日，大阪府厅《清国动乱影响波及大阪》第三次报告，日本外交史料馆藏。

　　④ 1912 年 2 月 16 日，驻南京铃木领事致内田外务大臣电，日本外交史料馆藏。

第四章　二次革命与日本

本章拟探讨孙中山辞去临时大总统职后，为振兴产业、建设铁路，强调要实行对外开放政策，并作为国宾在访问日本时期对日认识所出现的"变化"；阐明孙中山在二次革命中对日本的期望以及日本的对策。

一、孙中山的实业计划

建设铁路计划与对外开放思想

孙中山辞去临时大总统职后，认为三民主义中的民族、民权两主义已经实现，提出新的革命任务是要在中国实现民生主义。他认为民生主义是民族、民权主义的归结[①]，是作为一大社会革命，在中国实施社会主义或国家社会主义。[②]他指出，在这一社会革命中，要实施"平均地权"和"节制资本"的措施，同时应先振兴中国的产业，这是解决中国的政治、外交、军事等问题的根本途径。他认为，振兴中国产业最紧急的任务是建设铁路，强调："交通为实业之母，铁道又为交通之母。国家之贫富，可以铁道之多

---

① 《孙中山全集》第2卷，第339页。
② 《孙中山全集》第2卷，第339~340页。

寡定之，地方之苦乐，可以铁道之远近计之。"[1]

孙中山的这一认识是在辛亥革命之前考察欧美和日本的近代化经验，特别是美国经验后产生的。辛亥革命后，孙中山成立中华民国铁道协会，从日本聘请工学博士原口要调查中国铁路事业，开始了铁路建设的准备工作。[2]孙中山的远大理想是要在中国铺设一百七十五万公里长的铁路，使中国成为世界上一大强国。他计划先用十年时间建设十万公里铁路。要建设的基本干线有三条："一、南路：起点于南海，由广东而广西、贵州，走云南、四川间，通入西藏，绕至天山之南。二、中路：起点于扬子江口，由江苏而安徽，而河南，而陕西、甘肃，超新疆而迄于伊犁。三、北路：起点于秦皇岛，绕辽东，折入内蒙古，直穿外蒙古，以达于乌梁海。"[3]在中国近代史上，只有孙中山如此高度重视铁路建设，并制订了规模巨大的铁路建设计划，可以说，孙中山是中国铁路建设的先驱者。

孙中山预计，建设十万公里铁路需要六十亿元资金。[4]以当时中国的财政状况，无法拿出这笔巨款，孙中山只得依靠外国和举借外债。他指出："建筑铁路之办法有三：一、利用外资，如京汉、津浦线等是也。二、集中外人之资本，创设铁路公司。三、任外国资本家建筑铁路，但以今后四十年归还该项路线于中国政府为条件。在此种办法之中，以第三种办法为最善。"[5]因为这种方法可直接引进外国资本，利用外国技师和管理方法。然而，中国当时普遍存在浓厚的闭关自守的保守思想，认为举借外债和由外国建设铁路会丧失路权，并将亡国，因此，反对呼声四起。孙中山

①《孙中山全集》第2卷，第383页。
② 1912年1月31日，外务省政务局长仓知铁吉致驻上海、南京、汉口、长沙总领事、领事电，日本外交史料馆藏。
③《孙中山全集》第2卷，第383～384页。
④《孙中山全集》第2卷，第415页。
⑤《孙中山全集》第2卷，第490页。

为倡导他的理想和计划，离任后第三天即相继赴上海、武汉、福州、广州及华北各地演讲，最后访问北京，争取袁世凯的支持。

孙中山在各地发表演讲和会见记者时，主张为振兴产业，建设铁路，中国应实行对外开放主义，这一主张是对闭关自守的批判。孙中山指出闭关自守的危害是，"凡事自己不能办，又不准外人来办。然一旦外人向我政府要求，或以其政府之名义向我政府要求，我又无力拒绝，终究仍归外人之手"，强调要变闭关自守政策为对外开放政策。①

孙中山指出，中国的铁路建设必须向外国借款，同时强调借款条件为：（1）国家主权不受侵犯，（2）不设担保，（3）低息。然而，以往向外国借款，总涉及国家主权和外交问题，因此，孙中山强调："应由投资之私人或公司，与吾铁路局直接交涉，而与中央政府不发生关系。此种纯粹商业性质之办法，可使全盘事业脱离国际的与他种的政治范围"，对"投资人担负责任，如是则吾人与政府皆不向外国政府负责"②，并希望袁世凯和北京政府授权借款。9月9日，袁世凯任命孙中山为全国铁路督办，10月成立中国铁路总公司，在上海设立铁道督办办事处。

孙中山主张与外国合办公司，或由外国人以其资本、技术、管理方法直接在中国经营实业。他强调，要通过对外开放政策，改正不平等条约，收回治外法权，"中国有主权，则无论何国之债皆可借，即外人之投资亦所不禁"。③

孙中山的对外开放思想，是考察欧美和日本的近代化经验后产生的。他在演讲或会见记者时多次提到日本等国的经验，指出："日本等国之勃兴，皆得外债之力"④，因实行对外开放政策，"日本、意大利国其关于制造事业，亦多由英人主持"，"日本行之已

---

① 《孙中山全集》第 2 卷，第 449、499 页。
② 《孙中山全集》第 2 卷，第 489 页。
③ 《孙中山全集》第 2 卷，第 340、499 页。
④ 《孙中山全集》第 2 卷，第 332 页。

获大利"①，日本东京电车"先由民办二十五年后，收归国有"②，同时在部分产业中实行国家社会主义③，以此证明自己主张的正确，并希望人们接受。对日本投资建设自长春至内蒙古的铁路，孙中山通过森恪要求朝日商会早日完成。④他希望日本协助中国建设铁路，于是计划首先访问日本。

访日的要求

孙中山于1912年6月18日结束在广东的视察前夕，就考虑在8月前后赴日本，第一次流露了访问日本的愿望。⑤8月7日，孙中山和黄兴向日本驻上海领事馆书记生西田表示，将北上，在北京期间，"根据需要，希望赴日本"，同时又说，实际上，原拟先赴日本，而后去北京，但这时，此举有招致种种误解和谗言之虞，因而决定先上北京。⑥当时，日本与俄国签订了第三次日俄协约（7月8日），在蒙古瓜分了各自的势力范围，扩大了对这一地区的侵略。因此，袁世凯欲联合英美对抗日俄。在这种情况下，希望与袁世凯建立融洽关系的孙中山认为，未得到袁的谅解即先赴日访问将是失策之举，于是决定先抵北京，然后经东三省赴日。日本政府和军部很快得到孙中山要求访日的消息。8月8、9、12日，驻上海总领事有吉明电告内田外相：孙中山希望访日。⑦9日，驻上海的本庄繁少佐也向日参谋总长电告了这一消息。⑧

但是，孙中山北上后，变更了自北京经东三省赴日本的计划，

①《孙中山全集》第2卷，第449页。
②《孙中山全集》第2卷，第455页。
③《孙中山全集》第2卷，第442页。
④《日本外交文书》大正二年第2册，第650～652页。
⑤ 1912年6月19日，驻广东赤冢总领事致内田外务大臣电，机密第60号，日本防卫研究所藏。
⑥ 1912年8月12日，驻上海总领事有吉明致内田外务大臣电，机密第66号，日本防卫研究所藏。
⑦《清国事变关系外务报告》第17、19册，日本防卫研究所藏。
⑧ 1912年8月9日，驻上海本庄繁少佐电，参谋第528号，日本外交史料馆藏。

于 10 月 3 日返回上海，并再次提出了访日的要求。他在与日驻上海总领事馆某官员谈到北上感想和铁路建设计划时，承认该计划的实行将万分艰难，但若畏其难而放弃计划，会留下亡国的祸根，因此，无论如何也要实行这一计划。他批评各国的对华政策都出自利己主义，诸如援助中国均有名无实，表示对日本抱有特别的期望。①他说："不用说，日本在伸张自己的权利，但另一面又从东亚大局考虑，认为有相当能量的中国之存在为必要，这与其他国家有极大差异，从而[日本]与中国有密切关系，实行计划应借助日本的援助。另外还必须大学日本明治维新后四十年苦心经营的模范经验。"②孙中山还说，有人倡言，在俄国压力益见增大的情况下，应优先建设蒙古的铁路，但若无日本的充分援助，断难实行。③孙中山在陈述了以上赴日理由后，再次向该总领事馆官员表示希望于 11 月上旬至中旬赴日，逗留两三周，询问日本是否欢迎，是否能在考察及其他方面提供方便。④他补充说，若日本无意欢迎，预定于翌年春转赴欧美考察。

对此，日本驻上海总领事有吉明电告日本外相内田康哉：孙中山的实业计划虽属茫然，但已在着手准备，因此，"若条件允许，应以相当之方法给其方便，以维系将来的联系，这决非徒劳之举。"⑤有吉明总领事的这种意见是因为尽管随着中国时势的变化，孙中山失去了部分声望，但至少仍将在一段时期内为中国政治舞台上不容忽视的存在。但是，有吉明又说，从孙中山的抱负

---

① 1912 年 10 月 8 日，驻上海总领事有吉明致内田外务大臣电，机密第 87 号，日本防卫研究所藏。

② 1912 年 10 月 8 日，驻上海总领事有吉明致内田外务大臣电，机密第 87 号，日本防卫研究所藏。

③ 1912 年 10 月 8 日，驻上海总领事有吉明致内田外务大臣电，机密第 87 号，日本防卫研究所藏。

④ 1912 年 10 月 8 日，驻上海总领事有吉明致内田外务大臣电，机密第 87 号，日本防卫研究所藏。

⑤ 1912 年 10 月 8 日，驻上海总领事有吉明致内田外务大臣电，机密第 87 号，日本防卫研究所藏。

来看，至少希望日本对他来访给予国家元勋的礼遇，而鉴于今日之形势，不可能满足其愿望。不过，若其来日，应适当给予相当礼遇，至少"不令其反感为得策"。[①]

内田康哉在11月中旬起草的《关于中国的外交政策纲领》中准备"答应铁路借款"，但日本资本不足，需联合英法资本方可行事。[②]可是内田外相还考虑，在对华政策中，日本特别要谋求与英俄协调方为得策，认为从改善与袁世凯关系的必要性而言，在孙中山来日之际给予元勋礼遇，并安排其与首相、外相及陆、海相举行正式会谈均为失策。因此，西园寺内阁决定，即使孙中山来访，首相、外相、陆相、海相不予接见，对孙中山访日表示冷淡的态度。

孙中山预定11月13日乘"近江丸"从上海出发，经神户赴东京。东亚同文会、中国问题研究会、神户商工会议所等闻讯即开始做欢迎孙中山的准备。日本政府为阻止或迟滞孙中山来日，派遣在中国视察的外务省官员山座圆次郎赴上海，并通过前首相桂太郎派秋山定辅从东京赶赴上海，劝说孙中山。

山座圆次郎于11月4日拜访孙中山，转告不可能给予公开或盛大的欢迎。孙中山再次表示希望访日，并以考察铁路的名义，与日本首相举行非正式会谈。[③]随后，山座向内田外相建议，孙中山以考察铁路的名义来日时，让民间给予相当的礼遇，首相和外相则可与其举行非正式会谈。其理由有：（1）孙中山在华南势力很大；（2）很明显，以往其一直希望依赖日本；（3）明春，其拟赴欧美诸国，此际拒之，并非得策。[④]

① 1912年10月8日，驻上海总领事有吉明致内田外务大臣电，机密第87号，日本防卫研究所藏。

② 内田康哉传记编纂委员会、鹿岛平和研究所编：《内田康哉》，第207页。

③ 1912年11月4日，驻上海总领事有吉明致内田外务大臣电，第253号，日本防卫研究所藏。

④ 1912年11月4日，驻上海总领事有吉明致内田外务大臣电，第253号，日本防卫研究所藏。

对此，内田外相向山座说，孙中山为考察铁路及其他实业来日，不但无任何妨碍，而且将充分提供方便。但是，即使是非正式地与首相和外相会见，交换意见，尚不适时宜，拒绝了山座的建议。①这是因为日本政府认为，非正式会谈反而会引起国内外的种种误解，并对谋求日华（与袁世凯关系）两国亲善不利。

秋山定辅抵上海后，两次访孙中山，转告桂太郎的意见。孙中山最初表示要尽快赴日访问，经秋山劝说后，同意推迟赴日时间。②山座圆次郎于 11 月 6 日再次拜访孙中山，转告内田外相 5 日来电的意见。孙中山表示暂时中止访日计划。③原因是，到日本后不能会见日本首相和外相，反而会在中国南北失去自己的声望。接着，孙中山电示宫崎滔天，以患病为理由，要他转告日本方面暂不能赴日访问。

孙中山没有实现访日计划的另一方面原因是由于俄国和袁世凯在背后牵制日本。当时，俄国对孙中山访日非常敏感，11 月 3 日，俄国利用其傀儡与外蒙古缔结协约，唆使外蒙古宣布独立，并欲将外蒙古变为其殖民地。俄国推测孙中山访日的一个重要目的是谋求借助日本的力量牵制其在外蒙的行动。俄国驻日大使到日本外务省询问孙中山来访时的接待方法④，以探听虚实。这对日本有一定牵制作用。

日本政府非常关注袁世凯对孙中山访日的态度。11 月 8 日，内田外相指示驻北京公使伊集院调查袁世凯对孙中山出访的真实意向及其希望。伊集院接到指示后，即访国务总理赵秉钧，探询其意见。赵秉钧表示，对孙中山去日本，袁世凯没有劝行，也没

---

① 1911 年 11 月 5 日，内田外务大臣致驻上海总领事有吉明电，第 122 号，日本防卫研究所藏。

② 村松梢风：《金、恋、佛》，关书院，1948 年，第 56～68 页。

③ 1912 年 11 月 7 日，驻上海有吉总领事致内田外务大臣电，第 255 号，日本防卫研究所藏。

④ 1912 年 11 月 8 日，内田外务大臣致驻上海有吉总领事电，第 124 号，日本防卫研究所藏。

有提出希望，不待言，孙中山没有接受政府的任何使命，中国政府也没有理由对其言行直接担负任何责任。[①]接着，赵秉钧补充说，对于俄蒙问题，袁世凯和政府没有考虑通过孙中山向日本提出何种要求。若孙中山以个人身份提出什么要求，不妨当作耳边风。[②]这就微妙地表明了袁世凯和北京政府不支持孙中山赴日的意向。

　　因列强和袁世凯政权的牵制及西园寺内阁对列强和袁政权的协调政策，孙中山的访日愿望暂时未能实现。但是，以上这些可以说明当时孙中山的思想和对日期望及日本与列强就对孙、袁的态度而产生的相互关系。

二、孙中山访日与对日意识的"变化"

孙中山访日

　　秋山定辅与孙中山约定：一年后访日。秋山回国后，追随桂太郎，对内谋求转换政局，对外策划确立东洋政策，四处活动。同时，他也致力于实现孙中山访日。[③]这一时期，日本国内政局发生了急剧变化。当时，日本陆军向内阁要求增设两个师团，西园寺内阁在 1912 年 11 月 30 日的内阁会议上否决了这一要求。上原勇作陆相运用帷幄上奏[④]，单独辞职。12 月 5 日，西园寺内阁因此被迫总辞职，21 日，成立了第三次桂太郎内阁。日本人民随即掀起了以打倒藩阀、拥护宪政为号召的第一次护宪运动。日本政局的这种变化，使孙中山得以很快实现访日愿望，同时又给孙中

---

　　① 1912 年 11 月 11 日，驻上海有吉总领事致内田外务大臣电，第 258 号，日本防卫研究所藏。
　　② 1912 年 11 月 11 日，驻上海有吉总领事致内田外务大臣电，第 258 号，日本防卫研究所藏。
　　③《宫崎滔天全集》第 5 卷，第 548 页。
　　④ 日本战前《宪法》规定，天皇统率陆海军，军队的统帅权直属于天皇，陆海军军令机关不经内阁直接向天皇上奏，俗称帷幄上奏。

山访日目标的实现以一定影响。

桂太郎对孙中山访日取积极态度，他接受秋山定辅的建议，同意孙中山作为国宾访问日本。孙中山访日的目的是：（1）与故交重温旧谊，并对他们以往援助中国革命的活动表示感谢；（2）促进中日之友谊，确立中日联合；（3）考察日本铁路及其他实业。其中，中日联合是指作为同文同种的联合和两国间的经济合作。应指出，提出中日联合，政治上、外交上的目的在于对抗俄国。孙中山在访日前，两次电告袁世凯表示希望访日，并说对在半年至一年内实现中日联盟抱有很大期望。袁世凯见7月日俄两国签订第三次协约，对日本也怀有戒意，因而不支持孙中山的意见，也不支持孙中山访日。

1913年2月11日，孙中山率马君武、何天炯、戴天仇、袁华选、宋嘉树一行六人离上海赴日本访问。2月14日，孙中山一行在大正民主运动的风暴中抵达东京，在东京新桥车站，受到民间团体、友好人士及中国留学生的热烈欢迎。恰在这时，桂内阁作为藩阀势力的代表，在民主运动的冲击下（2月11日）倒台，2月20日，山本内阁成立。孙中山在东京访问期间拜访了前首相桂太郎、前外相加藤高明、新首相山本权兵卫、新外相牧野伸显、众议院议长大冈育造、参谋总长长谷川好道、原邮政大臣后藤新平、东京市长阪谷芳郎等军政要人，参观了近卫团、陆军大学，并与热忱支持过中国革命的友人一道，畅谈形势，重温友谊。

3月5日，孙中山结束在东京的访问，赴横滨、横须贺、名古屋、京都、奈良、大阪、神户、广岛、下关、八幡、福冈、三池、荒尾、熊本、长崎等地访问，23日离长崎回国。孙中山在各地访问期间，受到各界人士的盛大欢迎，参观了一些企业和军事设施。

孙桂会谈

在访日期间，孙中山与桂太郎的会谈对他后来的国际观有重大影响。他们至少会谈过两次。据参加过会谈的戴季陶回忆，举行过两次会谈，"前后约计十五六小时"。[①]《秋山定辅传》一书的编者认为日方参加会谈的人极有可能包括桂太郎的女婿长岛隆二和秋山定辅，[②]因为他们当时就"孙中山问题"与桂太郎关系密切。

据戴季陶回忆，桂太郎在孙桂会谈中向孙中山做了以下保证：

一、以日德同盟取代日英同盟，将来与英国斗争，打破其霸权。

二、以日德同盟为核心，结成日中、德、奥同盟，解决印度问题。

三、日本不侵略中国。

四、日中两国提携，保障东半球的和平；中、日、德、土、奥五国提携，维护世界和平。

五、袁世凯是民国和孙中山之敌，但是，现在立即举事将百害无一利。

六、全力援助孙中山的铁路干线建设事业。[③]

就孙桂会谈，宫崎滔天回忆说："桂公与孙文在东京三田桂邸的一室会晤数次。两人完全肝胆相照。桂公提出援助孙文，实现大东洋政策；孙文提出与日本提携，建设新中国，誓要实现他的大亚细亚主义主张。"[④]据胡汉民回忆，孙中山在会谈中说，"就大亚细亚主义精神言，实以真正平等友善为原则。日俄战前，中国

---

① 戴季陶：《日本论》，民智书局，1928年，第93～94页。
② 樱田俱乐部编：《秋山定辅传》第2卷，樱田俱乐部，1979年，第106～107页。
③ 戴季陶：《日本论》，第60～65页。
④《宫崎滔天全集》第5卷，第548页。

同情于日本，日俄战后，中国反而不表同情。其原因：在日本乘战胜之势，举朝鲜而有之。朝鲜果何补于日本？然由日本之占领朝鲜，影响于今后之一切，不可以估量。"①

戴天仇回忆说："在这两次密谈的当中，他和中山先生都可算是尽倾肺腑的了。而自此以后，桂太郎之佩服中山先生和中山先生之佩服桂太郎，都到了极点。两人之互相期望，也到了极点。"②桂太郎在这一年的 10 月 10 日去世，孙中山在接到讣告时，叹息说："日本现在没有一个足与共天下事的政治家，东方大局的转移，更无望于现在的日本了。"③桂太郎在临终前对身边亲近的人说："我不能倒袁扶孙，成就东方民族独立的大计，是我生平的遗恨。"④宫崎滔天在 1921 年谈到孙中山革命运动与日本关系时说："对中日两国来说，可谓一大不幸的是桂太郎之死。如桂公还在世，勿需说中国革命将如愿告一段落，也不会发生如今日中两国间之葛藤，两国亲善之果实，将令欧美人羡望，但天无情！"⑤

孙中山与桂太郎，一人是创建民国的革命领袖、三民主义的倡导者，一人是日本帝国的军阀头子、军国主义者，两人在本质上截然对立，但在现实中又能达到如此程度的相互理解和一致认识。其原因主要在于两人都希望联合，对抗英国和袁世凯。善于观察和随机应变的桂太郎发现日俄战争期间最大的同盟国英国在日俄战争后转换为日本进一步侵华的最大敌国，他还看到君临中国的袁世凯背后有英国，东北亚出现了袁、英联合对抗日本的新形势，于是希望联合孙中山，完成反英的"大事业"。孙中山则认为英国是完成革命事业的最大敌国，与桂太郎的反英主张产生共鸣。但是，这一时期，孙中山对袁世凯还抱有一定幻想，对桂太

---

① 陈锡祺：《孙中山年谱长编》上，中华书局，1991 年，第 779 页。
② 戴季陶：《日本论》，第 62 页。
③ 戴季陶：《日本论》，第 62 页。
④ 戴季陶：《日本论》，第 62 页。
⑤ 《宫崎滔天全集》第 1 卷，第 510 页。

郎的反袁主张暂未表明态度。一个月后，袁世凯指使其爪牙暗杀宋教仁，孙中山即举起了反袁大旗。孙中山是为了中国革命反英、反袁，桂太郎则是从日本的对华政策或对亚洲政策考虑，决定反英、反袁。两者的最终目的迥然相异，但为了一时的共同目的，两者希望联合起来。另外，孙中山希望依靠与桂、日本联合，获得日本援助，振兴中国的产业，推进铁路建设。

孙中山、桂太郎为反英，还主张联合德国。联德的思想对其后孙中山的国际观有所影响。第一次世界大战中及战后，孙中山强调中、日、德应联合对抗英国。桂太郎认为欧洲新兴国家德国在重新瓜分世界的斗争中是足以与英国抗衡的力量，联合德国可从后方牵制英国的对华和对亚洲政策。孙中山从反英的角度，也从德国在华殖民权益较少的情况考虑，提出联德的方针。可见，孙中山、桂太郎主张联德的一个重要目的是为了反英。

秋山在孙中山访日和孙桂会谈中，起着非常重要的作用，原因在于秋山不仅是孙中山的友人，而且与桂太郎之间有着特殊关系。桂太郎与秋山原为"政敌"，秋山经 1910 年、1911 年赴欧考察旅行后，思想上发生了变化，经山县有朋从中调解，两者关系转向融洽。秋山受过西方教育，崇拜欧美文明。经过这次欧洲考察旅行，他转而指出欧洲物质文明虽发达，但精神文明低下。回国后，他潜心研究汉字和佛教，提倡亚洲民族大联合和"既不吃掉别人，也不被人吃掉"的世界秩序。[①]这种思想是他与孙中山结交的基础，也是他与桂太郎结交的桥梁。1911 年下半年，秋山定辅与桂太郎在桂邸三次彻夜长谈，其中两次是谈论中国问题。秋山定辅向桂太郎申述：

一、清朝已显衰亡之相，正濒临崩溃。今四亿民众挣扎

① 村松梢风：《秋山定辅自述》，第 277 页。

在涂炭之苦中。

二、欧美列强将乘机侵略中国，企图将这一亚洲最大民族完全变为彼等之奴隶。

三、孙中山一派革命党直面中国民族的危机，正舍命努力，投身拯救民族、拯救国家。

四、今逢促使中国民族觉醒，并推行改革之秋，日本一定要给予帮助，以向亚洲民族的共同理想迈进。[①]

桂太郎回答说，对此抱有同感，一定要有所作为。1921年，宫崎滔天在《桂太郎与孙逸仙媒人秋山定辅》一文中就桂太郎和秋山定辅的这次谈话指出，由秋山定辅提出，并得到桂太郎同意的要点有：

一、以解决支那问题为目的，[桂]再度任宰相之职。

二、任宰相职不应靠天皇的一声令下，而是组织新政党，以立宪的态度取天下。

三、作为解决支那问题的同士，要与孙逸仙君肝胆相照。[②]

宫崎滔天还说，其第一步是创立新政党——同志会。

秋山定辅希望依靠政治人物桂太郎支持孙中山，实现大亚洲主义。桂太郎则欲在明治末年、大正初期这一从藩阀内阁和藩阀政治开始转向政党内阁和议会政治的时代，借助秋山定辅创立新政党同志会。因此，两人建立了密切的关系。1913年2月7日，桂太郎的新政党同志会在秋山定辅的樱田俱乐部成立。但是，在这一时期，日本民众掀起了反对桂太郎藩阀内阁的第一次护宪运

---

① 村松梢风：《秋山定辅自述》，第402～403页。
②《宫崎滔天全集》第1卷，第511页。

动，第三次桂内阁在民主运动的冲击下倒台。秋山定辅的《二六新报》因此受到舆论的抨击，秋山也暂时从政界隐退。

孙中山在日本政局这种急风暴雨般的变化中，因桂太郎和秋山定辅的努力而实现访日。又因桂太郎、秋山定辅在政治上失势及桂太郎很快死去而使孙桂会谈毫无实际结果。

孙中山因与桂太郎有上述关系，对站在弹劾桂太郎、打倒藩阀前列的日本国民党领导人犬养毅等未置一言即离开了东京。对头山满也仅做了礼仪性的表示。这种冷淡的态度引起了他们的愤慨。因此，这一时期，孙中山与犬养毅、头山满等的关系反而较桂太郎等藩阀冷淡。

中国兴业股份公司

孙中山这次访日的实际收获是中日合办中国兴业股份公司的创立。孙中山计划通过这家合办公司，首先引进日本资本和技术，促进实现民生主义第一步的铁路及其他产业的开发。

日本进入帝国主义阶段后，日益重视资本输出，从辛亥革命前后开始，加强了对中国的资本输出。1909 年，日本设立对华投资机构东亚兴业股份公司，计划投资三百万日元铺设九江至南昌间的铁路，由大仓洋行承建。但由于法规上的种种阻碍，这项经营迟迟不见进展。因此要设立有利于日本对华投资的合办公司。孙中山在访日之前，曾就以三井物产和涩泽荣一等为主要对象设立合办公司的问题，劝说北京政府。三井物产的森恪和高木陆郎曾在上海向孙中山提出过这一问题。①

合办的投资公司尊重中国主权，不用担保即可借款，这符合孙中山的对外开放原则和引进资金的条件。因此，涩泽荣一于 2 月 17 日拜访孙中山，商量这一问题时，孙中山当即表示赞成。中

①《日本外交文书》大正二年第 2 册，第 650～651 页。

国兴业股份公司的创立是在日本大藏省的支持下进行的。涩泽于2月15日向大藏省汇报创立投资公司事项，大藏省次官胜田主计于18日指示涩泽：（1）政府方面表面上不与之发生关系，但将暗中给予援助；（2）该公司的全部计划以涩泽为主，会同适当范围内的银行家、实业家协议；（3）在与孙中山的会谈中，要避免提出涉及获取利权的事项。[①]次日，涩泽再访胜田次官，商议这一问题。20日，中国兴业股份公司第一次发起人会议在三井物产会议厅召开，到会者有中方代表孙中山，日方发起人有大仓喜八郎、安田善三郎、益田孝、仓知铁吉、三村君平、山本条太郎等。次日，涩泽荣一、山本条太郎与孙中山、戴天仇在涩泽的事务所就合办公司事项交换了意见。随后，涩泽拟定了一份关于创立合办公司的计划书草案，25日提交给胜田次官。

3月3日，涩泽、益田、大仓向孙中山提出日方起草的《中国兴业股份公司计划书概要》，双方就其内容进行了商议。概要共有十项十九条，其中，第二项的组织、第四项的资本及股份尚为空白。[②]原因是孙中山与日方之间对这两项各持己见。

组建公司的根本问题在于依据中日哪方法律设立这家公司。在三天的协商中，孙中山主张"仍依据中国法律为宜"，[③]坚持维护中国主权的立场。孙中山为说服日方而提出的理由为：中日双方都有《公司法》，在新的国会会议中，将依据占有国会多数议席的国民党的意见，决定修改、实施《公司法》。另外，依据中国法律设立合办公司，有利于在中国内地开展贸易。但是，由于益田、涩泽、大仓坚持认为"依据日本法律组建毫无妨碍"，[④]这个问题暂被保留。

关于资金问题，涩泽提议总额为五百万日元，中日双方各承

---

① 山浦贯一：《森恪》上卷，第206～207页。
② 《日本外交文书》大正二年第2册，第985～986页。
③ 《日本外交文书》大正二年第2册，第975页。
④ 《日本外交文书》大正二年第2册，第977页。

担一半。孙中山希望引进大批资本，因而主张总额为一千万日元。因日方坚持己见，孙中山只得同意涩泽的提案。①在协商中，益田孝是引人注目的人物。他特别强调依据日本法律设立这家合办公司，提出将总公司设在东京，分公司设在上海，公司设总裁二名。孙中山认为，设二名总裁将造成工作上的困难，并"可能发生权利冲突"②，因而加以反对。协商的结果是，双方同意将总公司设在上海，设总裁一名。但是，在依据何方法律的问题上，原提案则写明要依据日本法律。

　　创立公司的事务，由中方孙中山、日方涩泽荣一负责。孙中山回国后，在中国南北政局因宋教仁遭暗杀而恶化的情况下，继续致力于促进合办公司的创立。4月3日，孙中山在上海中国铁路总公司招集前司法总长王宠惠、实业家王一亭和张静江等商议，日方有森恪列席。孙中山向他们说明中国兴业公司计划的由来及其必要性，督促实业家赞同。③在4月5日召开的第二次会议上，孙中山提出，规定第一次投入的六十二万五千日元资本由上海实业家负担二十万元，余额四十二万五千日元由自己负责筹集。9日，孙中山招集森恪、王宠惠、王一亭、李平书、印锡章等十四人举行第三次会议。会上，森恪说明了日方意向。到会者再次就《中国兴业股份公司计划书概要》进行了研究，主张依据中国法律设立公司，总部设在上海。④

　　4月13日，涩泽电询三井物产上海支店长藤濑政次郎："此际，依据日本法律设立如何？"次日，藤濑、森恪将这一意向转告孙中山。⑤18日，孙中山回复藤濑、森恪、高本等："为便于迅速成立本公司，同意依据日本法律创立，条件是：他日中国法律

① 《日本外交文书》大正二年第 2 册，第 977～979 页。
② 《日本外交文书》大正二年第 2 册，第 979 页。
③ 《日本外交文书》大正二年第 2 册，第 987～988 页。
④ 《日本外交文书》大正二年第 2 册，第 988～991 页。
⑤ 《日本外交文书》大正二年第 2 册，第 988～991 页。

制定时，应立即改依中国法律。"①这是孙中山对日本的妥协，这种妥协包含着不能不让步的具体问题。中国国内无法筹集到巨额资金，按规定中方第一次投入资金额六十二万五千日元中，中国实业家只能承担二十万日元，孙中山只能依靠日方垫付余下的四十二万五千日元。日方抓住孙中山的这一弱点，迫使他同意依据日本法律设立公司。

日方于 6 月 14 日设置创立委员会，决定总公司设在东京，分公司设在上海。19 日，"决定此次依据日本法律设立之"，具体依据日本商法。②为兴办中国实业而依据日本法律设立公司，违反国际法，有损于中国主权。

这一时期，中国国内南北矛盾日益激化，孙中山准备以武力讨袁。涩泽为早日成立这家合办公司及日本的对华贸易等利益，企望中国政局稳定。5、6 月间，他两次写信给孙中山，劝说"要彻底固守忍字，万事以忍字处理为妥"③，对孙中山武力讨袁表示了反对的意向。

7 月 12 日，二次革命爆发；8 月 11 日，日方创立委员会召开总会，决定正式设立中国兴业公司。二次革命爆发后，战况很快对革命党人不利。孙中山于 8 月 2 日从上海赴广东。他在寄给涩泽的书信中说明中国兴业股份公司的文书已委托给森恪，要求他与森恪商议公司的有关事项。④

因南北战况变化，日方对孙中山的态度也发生了变化。原预定在 8 月 11 日的公司成立大会上选孙中山为总裁，因战况变化，转而决定暂不选总裁。中国兴业股份公司按预定日期于 8 月 11 日成立，具有讽刺性的是，森恪作为中方代表代理出席了成立大会。

---

① 《日本外交文书》大正二年第 2 册，第 992 页。
② 《涩泽荣一传记资料》第 54 卷，涩泽荣一传记资料刊行会，1964 年，第 523、530 页。
③ 《涩泽荣一传记资料》第 54 卷，第 534 页。
④ 《涩泽荣一传记资料》第 54 卷，第 536 页。

对日言论的"变化"

与桂太郎的会谈和在东京等地受到日本朝野的热烈欢迎及中国兴业股份公司的成立，使孙中山的对日认识发生了"变化"。孙中山在北京倡导铁路建设计划时，一面主张向日本学习，一面则严厉谴责了日本的侵华行径，对日本怀有很大戒意。1912 年 8 月 31 日，他在北京参议院欢迎会上说明迁都的理由时，指出日本已事实上占领了南满洲，因南满与朝鲜的交通便利，"一旦有变，五日间日兵可运到十万，北京内外受困"①，强调了日本对中国的威胁。9 月 2 日，他在北京报界欢迎会上也谈到了日本对南满的侵略。②同时还揭露了日本对朝鲜的侵略，谴责"日本之于高丽，牛马视之"。③

但是，通过访问日本，孙中山的对日言论发生了新的变化。1913 年 2 月 23 日，他在东京中国留学生欢迎会上讲演时断言：日本与俄国不同，"与我国利害相关，决无侵略东亚之野心"，"日本从前对于中国，行侵略政策，亦见中国国势大不可为，假使受制欧洲，则日本以三岛海国，决难巩固，故不得已而出此"。④对日、俄为瓜分蒙古而订立第三次日俄协约一事，孙中山告诫国民党人："实属子虚，万不可听"。⑤他还高度评价日本在东亚的地位，指出："只有日本拥有维持东亚和平之力量……今以日本之力，已能维持东洋之和平。"⑥在谈到日本在中国革命中的地位时，他说：我为什么坚持革命主义精神，要将革命彻底进行下去？原因在于我相信日本必将给予大力援助。⑦他还数次对日本支援中国革

①《孙中山全集》第 2 卷，第 425 页。
②《孙中山全集》第 2 卷，第 433 页。
③《孙中山全集》第 2 卷，第 430 页。
④《孙中山全集》第 3 卷，第 26～27 页。
⑤《孙中山全集》第 3 卷，第 51～52 页。
⑥ 孙逸仙：《论东亚的日中两国关系》，《支那》第 4 卷第 5 号，第 3、4、6 页。
⑦ 孙逸仙：《论东亚的日中两国关系》，《支那》第 4 卷第 5 号，第 3、4、6 页。

命表示了谢意。①他还说，日本人的"思想眼光，均改变了"，"对于中华民国，极表尊敬佩服之诚意了"。②"所有日本人都希望东洋和平，爱我支那"。③日本"朝野上下，莫不表示真诚与我国联好之意"。④他告诫中国留日学生："我们对于日本人之心理，亦须要变愤恨而为亲爱。"⑤1912 年，在中国各地，特别是南方，抵制日货等反日运动高涨。对此，孙中山说，因谬说、误报引起猜疑、臆测，实为不必，中日两国国民交往不应猜疑，不应轻信他邦人之言。⑥

孙中山回国后，在写给山县有朋、梅屋庄吉等日本朝野要人和民间人士的书信中说：日本各界的热烈欢迎，充分证明贵国人士爱同文同种之国，致力于保全亚洲。⑦之所以其对日言论出现了这种"变化"，是因为孙中山对日本又寄予很大期望。

首先，在东京实业家联合欢迎会上，孙中山主张废除中国实业发展的国际障碍——不平等条约，希望日本对此予以协助。⑧

其次，要求日本支援、指导中国的改革及产业振兴、铁路建设。⑨

最后，期望日本与中国提携、合作。这是孙中山对日本始终一贯的主张。这一时期，孙中山提出这一主张的根据或理由有：第一，中日两国同文、同种，同属一个文明圈，欧美同文明圈国家均保有非常密切的关系，东亚同文明圈的中日两国因而也应提携，以求共荣。⑩第二，从黄色人种与白色人种的斗争观强调黄色

①《孙中山全集》第 3 卷，第 14、26、42 页。
②《孙中山全集》第 3 卷，第 25～26 页。
③ 孙逸仙：《论东亚的日中两国关系》，《支那》第 4 卷第 5 号，第 3、4、6 页。
④《孙中山全集》第 3 卷，第 52 页。
⑤《孙中山全集》第 3 卷，第 27 页。
⑥ 孙逸仙：《论东亚的日中两国关系》，《支那》第 4 卷第 5 号，第 5～6 页。
⑦ 李廷江：《孙文与日本人》，《日本历史》1987 年 8 月号，第 88 页。《孙中山全集》第 3 卷，第 88 页。
⑧《孙中山全集》第 3 卷，第 18 页。
⑨《孙中山全集》第 3 卷，第 17、19、42 页。
⑩《孙中山全集》第 3 卷，第 26、28 页。

人种应联合起来，相互提携。为此，应首先实现亚洲大国中国和亚洲强国日本之间的联合。①第三，中日两国利害相关，"若中华灭亡，日本亦终不适于生存"，中国为了自身的发展也必须依靠日本。②第四，与日本联合对抗俄国。在访日之前，孙中山即向袁世凯提出了这一建议。访日期间，他在东京中国留学生欢迎会上指出俄国持侵略主义，谴责俄国对中国新疆、蒙古的侵略行径。同时批判了清政府"远交近攻"、亲俄防日的对外政策，强调与日本联合的必要性。③

以上事实说明，这一时期，孙中山的对日言论确实发生了"变化"。但是，从这以后孙中山的对日观来看，这种"变化"是短暂的，是在访日这一特定的历史条件下发生的，是与外交礼仪分不开的。但不可完全否认这种"变化"中也含有孙中山对日本的错觉和幻想。虽然如此，以后，日本的对华、对孙政策，又使他的对日认识回复到他过去的一贯立场。

三、二次革命

二次革命是反对袁世凯、维护共和体制的革命。据现有记载来看，二次革命时期，孙中山与日本人接触二十四次（其中与日驻上海总领事有吉明接触十四次），黄兴与日本人接触十四次（其中与有吉明接触七次），比辛亥革命时期与日本方面的接触频繁。孙中山、黄兴与日本方面接触、往来的目的是为了推翻袁世凯，维护共和体制。下面拟考察他们对日本有何期望和要求，日本政府和军部采取了什么对策，这种对策与日本的对袁、对欧美列强政策有何关系。

---

① 《孙中山全集》第 3 卷，第 26 页。
② 《孙中山全集》第 3 卷，第 42、51 页。
③ 《孙中山全集》第 3 卷，第 26 页。

再次赴日的希望

袁世凯就任临时大总统后，为实行独裁统治，采取种种阴谋手段，打击革命势力。但是，在第一次国会大选中，国民党仍然取得了胜利，以袁世凯为首的反动势力因而极端忌恨宋教仁。1913年3月20日，袁世凯授意其亲信国务总理赵秉钧派遣武士英在上海车站枪杀了宋教仁，发生了震动全国的"宋案"。不久，革命党人发动了二次革命。二次革命的目的是要推翻袁世凯的独裁统治，重建共和体制。因此，这一时期，孙中山与日本的关系也是围绕这一问题展开的。

在日本访问期间，孙中山获悉宋案发生，即于3月23日乘船离开长崎，25日回到上海。当夜，孙中山召开国民党主要干部会议，商议对策。次日，他对日驻上海总领事有吉明说，决心依靠正当手段，诉诸世界公议，除去袁世凯，在预定于4月8日召开的议会中，弹劾袁世凯。[①]这表明，孙中山希望依靠国会的力量，和平去袁。当时，国民党在众议院的五百九十六个议席中占有二百六十九席，在参议院的二百七十四个议席中占有一百二十三席，是议会中的第一大党。因此，国民党人认为有在议会中弹劾袁世凯的可能性。28日，孙中山再次向有吉明表示，要用光明正大的手段在国会中弹劾袁世凯，同时还表示，如果袁世凯以武力压迫国会议员，我方也将以武力与之对抗。[②]孙中山希望以国民党的力量"去袁"，虽然对日本表示了信任，但此外没有要求日本给予支持和援助，只是要求日本充分注视、警惕中国政局。[③]就在这时，

---

① 1913年3月26日，驻上海有吉总领事致牧野外务大臣电，第30号，日本外交史料馆、日本防卫研究所藏。

② 1913年3月29日，驻上海有吉总领事致牧野外务大臣电，第33号，日本外交史料馆藏。

③ 1913年3月26日，驻上海有吉总领事致牧野外务大臣电，第30号，日本外交史料馆、日本防卫研究所藏。

袁世凯已积极准备对革命党人进行武力镇压。在这种形势下，孙中山判断，在国会召开之前，袁世凯可能以暴力谋杀将提出弹劾案的议员，弹劾案因而不可能提出，即使提出，也不会得到圆满解决。

在这种情况下，孙中山于 30 日向有吉明表示，希望避开中国政局，再次赴日。孙中山向有吉明说，自己希望尽量用和平方法收拾时局，但当地革命党人主张与北京对抗，若卷入这一旋涡中，对大局甚为不利，不如暂离当地，静观南北双方形势，提醒、忠告双方，尽可能达成和平解决的方案为得策。①这时，孙中山夫人访日期间在东京遭车祸受伤，孙中山以探望、迎接夫人为由，表示希望于 4 月 4 日赴日，并说，在赴日期间，将到东京小住，随即陪夫人去箱根或轻井泽，并不时将来自南北双方的情报及自己的看法转告日本当局者。②他还补充说，赴日期间将使用化名，秘密进行活动。由此来看，孙中山这次提出赴日是消极的，旨在避开南北斗争。

有吉明向牧野伸显外相报告说：孙中山只是考虑暂时离开政争之旋涡，谋求采取一种公平手段，目前对我尚无其他期望，不必强行阻止。③有吉明没有举出赞成孙中山赴日的理由，但是，日驻华公使伊集院却明确提出了赞成的理由。他向牧野外相汇报说：孙中山若不能赴日，则避到其他地方，因此，"我认为毋宁将其引至日本国，此不失为基于帝国方针利用孙之又一策，在帝国政策运用上，也为得策"。④他还建议说：孙中山赴日期间，即使使用

---

① 1913 年 3 月 30 日，驻上海有吉总领事致牧野外务大臣电，第 37 号，日本外交史料馆藏。

② 1913 年 3 月 30 日，驻上海有吉总领事致牧野外务大臣电，第 37 号，日本外交史料馆藏。

③ 1913 年 3 月 30 日，驻上海有吉总领事致牧野外务大臣电，第 37 号，日本外交史料馆藏。

④ 1913 年 3 月 31 日，驻华伊集院公使致上海总领事有吉明电，第 16 号。3 月 31 日有吉明将此电转致牧野外相，其电为第 39 号，日本外交史料馆藏。

化名，也难以防止暴露，反而会引起内外之嫌疑，因此，披露他将火速赶赴东京探望夫人病情的消息为宜。[①]但是，日本政府决定拒绝孙中山来日。31 日下午，山本召开内阁会议，决定"孙逸仙虽有来日希望，但要劝告其他往。"[②]同日，牧野外相指示有吉明："不能认为孙中山来日为得策"[③]，要求阻止其来日。其理由，与孙中山上次访日时和回国后鼓吹亲日论有关。因发生"宋案"，国际视听均集中于上海，在最要留意当地动静之际，孙中山突然再次来日，终究难以回避内外的误解和猜疑。[④]这表明日本政府唯恐所谓亲日的孙中山现在来日本会影响其与西方列强的关系。

日本统治阶级内部赞成和反对孙中山来日，均出于日本国家利益的需要，换言之，对日本利益是否有利，是日本对孙政策的根本问题，也是日本决定对孙政策的前提。同日，有吉明将牧野外相的指示转告孙中山，孙中山对此表示理解，并回答说预定暂留当地。

对日本的期望

这时，孙中山希望借助日本和欧美列强的压力迫使袁世凯辞职，他向有吉明提出了这一希望。[⑤]有吉明反问说，这不等同于希望列国干涉中国内政吗？孙中山说，即使给予暗示也无妨，这样，可让袁世凯保有充分名誉退让，并可和平地收拾局势。[⑥]袁世凯政权及其统治是依靠列强的帮助来维持的，因此，孙中山认为，只要列强施加压力或给以暗示，袁世凯就会立即退让。然而，一贯

①　1913 年 3 月 31 日，驻上海有吉总领事致牧野外务大臣电，第 39 号，日本外交史料馆藏。

②　《原敬日记》第 3 卷，第 302 页。

③　1913 年 3 月 31 日，牧野外务大臣致驻上海有吉总领事电，第 881 号，日本外交史料馆藏。

④　1913 年 3 月 31 日，牧野外务大臣致驻上海有吉总领事电，第 881 号，日本外交史料馆藏。

⑤　《日本外交文书》大正二年第 2 册，第 335 页。

⑥　《日本外交文书》大正二年第 2 册，第 335～336 页。

支持袁世凯的英美两国不用说，就是对袁世凯抱有戒心的日本也拒绝按孙中山的要求有所动作。日本虽然对亲英美的袁世凯怀有敌意，但又不能无视其统治中国的现实和给其撑腰的英美的存在。另外，日本认为袁世凯是有可能统一中国的"强人"，因此，也反对"去袁"。就这样，孙中山欲借助日本和欧美列强的压力，和平"去袁"的愿望归于落空。

　　就在孙中山对日本抱有种种期望的时候，日本决定了对中国二次革命及这一时期孙中山的基本政策。1913 年 3 月 31 日，日本内阁会议决定：对这次争端，"全然采取中立不偏的方针，且无意乘此争端谋求何等特殊利益"。①在二次革命中，日本基本上采取了这一政策。其原因有：（1）曾意欲支持孙中山的桂太郎内阁在大正政变中被推翻。（2）日本在南北斗争初期就估计南方革命派不是袁世凯的对手，不愿支援将在南北冲突中失败的孙中山。（3）在辛亥革命中，日本曾给革命派和孙中山一定援助，恶化了与袁世凯的关系。辛亥革命后，两者关系进一步恶化，因此，日本希望改善与袁世凯之间的关系，当然也就不会支持反袁的孙中山。（4）因辛亥革命时期中国局势动荡，日本对华贸易额锐减，时间延续约半年，日本从其经济利益考虑，希望中国政局稳定，尽可能避免南北动荡。

　　孙中山看到和平"去袁"无从实现，自 4 月上旬至 6 月下旬主张以武力讨袁，并要求日本给予经济和军事援助。4 月 7 日，孙中山以设立中日合办银行为条件，向日本正金银行上海分行行长提出借款要求。② 4 月 25 日，孙向有吉明也提出了同样的要求。③北京政府外交部闻讯通告日本政府，只有北京的中央政府

---

① 1913 年 3 月 31 日，牧野外务大臣致驻上海有吉总领事电，第 881 号，日本外交史料馆藏。
② 1913 年 4 月 7 日，驻上海有吉总领事致牧野外务大臣电，第 48 号，日本防卫研究所藏。
③ 1913 年 4 月 25 日，驻上海有吉总领事致牧野外务大臣电，第 67 号，日本防卫研究所藏。

有权向外国借款，意在牵制这类借款。

黄兴和李烈钧以修筑南昌至萍乡的铁路为名，向日本东亚兴业公司的白岩龙平提出借款一千万日元。白岩向大仓组报告了这一情况，并得到支持，6月2日，与黄兴、李烈钧草签了作为南浔铁路追加借款，提供一千万日元的契约。白岩在给大仓组的报告中说："此际，多少要对孙逸仙、黄兴等人表示同情，以有助于我对南方的经济政策，同时这是确立我国政府之大方针——在江西确立根本政策之难得机会。"①这就露骨地表白了这一借款的目的。但是，由于日本政府的干涉，这一借款契约很快被废弃。日本政府一面阻止日本银行等向孙中山革命派提供贷款，一面却伙同英、德、法、俄于4月27日向袁世凯提供两千五百万英镑贷款。4月28日，孙中山要求日本外务省中止对袁世凯的援助。5月20日，孙中山寄信山县有朋，信中在揭露袁世凯种种罪恶的同时，恳求不要将这项巨额借款交给袁世凯。②

孙中山、黄兴还希望日本军部提供援助。4月5日，黄兴派遣部下杨廷溥赴日本，向日参谋本部第二部部长宇都宫太郎少将等说明中国南北形势，要求日本军部援助，遭到拒绝。③黄兴对日本军部的这种态度非常不满，打算亲赴日本，向日本当局者说明真实意图，缔结解决中日两国诸悬案的密约，以暗中取得日本的有力援助。他通过驻上海的斋藤少佐将这一意愿转告了宇都宫少将。④日参谋本部大岛健一次长与日陆军省次官商议了黄兴来日的问题，但黄兴访日意愿终未实现。日本陆军的对华政策有时与日本政府存在差异，但在二次革命中，两者的步调却是一致的。日陆军省次官指示宇仓中清派遣队司令官："帝国政府此际取不偏不

---

① 白井胜美：《日本与中国——大正时代》，原书房，1972年，第33页。

② 李廷江：《孙文与日本人》，《日本历史》1987年8月号，第88～89页。

③ 1913年4月5日，驻上海有吉总领事致牧野外务大臣电，第46号，日本防卫研究所藏。

④ 1913年5月6日，驻上海斋藤少佐致宇都宫参谋本部第二部长电，日本外交史料馆藏。

党之态度和方针”①，禁止驻华日本军人参与孙中山一派的活动。日陆军中枢在二次革命中始终采取这一方针。

孙中山了解在日本的政策决定中，元老起着重要的作用，他于5月17日寄书信给日外务省元老井上馨，历数袁世凯的罪恶行径，要求日本支持讨袁。②

为了以武力讨袁，孙中山、黄兴希望日本政府给予经济和军事援助，日本政府则劝说孙、袁妥协，避免武力冲突，和平收拾时局。与孙中山、黄兴往来频繁的日驻上海总领事有吉明自3月下旬以来，多次将日本政府的方针转告孙中山和黄兴，劝告不要用武力对抗袁世凯。日本政府还利用孙中山和黄兴的友人进行游说。5月19日，宫崎滔天离开日本到上海劝说孙中山、黄兴与袁世凯和解，和平解决事件。对此，孙中山、黄兴于5月23日联名致电日本政府：

> 委宫崎传言，不胜感谢。恨无妥协之余地。即使我不举事，彼必施加压力，危机迫在眉睫。若得日本援助，将采取积极行动，倘无援助，只能背水一战。恳请援助。③

这份电报表明了孙中山、黄兴讨袁的决心和迫切期望日本政府援助的心情。

5月26日前后，预定接替伊集院公使职的外务省参事官山座圆次郎赶至上海，劝告孙中山。山座担心中国会因孙中山的武力讨袁发生分裂，日本将因此受到影响。④孙中山反复向山座说明和平方法终究难以与袁世凯较量，提出：“虽不能求得日本之援助，

---

① 1913年4月1日，冈市之助陆军次官致宇仓中清派遣队司令官电，日本外交史料馆藏。
② 《孙中山全集》第3卷，第60~61页。
③ 1913年5月24日，牧野外务大臣致驻上海有吉总领事电，第39号，日本外交史料馆藏。
④ 一又正雄编著：《山座圆次郎传——明治时代大陆政策的实行者》，原书房，1974年，第82~84页。

但倘能尽力阻止他国援助袁世凯即可满足。"①这说明，孙中山发现日本绝不会提供援助后，不能不降低了对日本的要求。

日本对孙中山、黄兴的劝告并无具体内容，只是强调孙中山与袁世凯之间无条件妥协、和解。对此，黄兴于5月下旬向有吉明提出了以下和平解决的具体条件：

> 一、继续维持共和政体，不干涉议会。
> 二、"宋案"交法庭公平裁决。
> 三、五国借款交国会审议。
> 四、撤回北方南遣的军队，同时，南方也解除军备，一切恢复常态状态。②

这是一个和平解决中国南北问题的合理提案，黄兴要求日本公使率先联合美国公使促使袁世凯接受这个提案，但遭到拒绝。

6月1日，日本前外相加藤高明来到上海，拜访孙中山和黄兴，介绍了在北京与袁世凯会谈的情况，同时劝说：此际"要十分忍耐，和平解决时局，谋求长远之策"③。孙中山询问加藤：如果南方爆发革命，日本将采取什么对策？加藤回答说：日本人同情革命派，但政府一贯与列国协调，为确保袁政府的安定而努力。④这就表明，日本劝告孙中山和平收拾局势的直接目的在于维持袁世凯政权的稳定。

---

① 1913年5月27日，驻上海有吉总领事致牧野外务大臣电，第99号，日本防卫研究所藏。
② 1913年5月27日，驻上海有吉总领事致牧野外务大臣电，第99号，日本防卫研究所藏。
③ 1913年6月1日，驻上海有吉明总领事致牧野外务大臣电，第105号，日本外交史料馆藏。
④ 臼井胜美：《日本与中国——大正时代》，第32页。

二次革命的爆发

袁世凯为削弱南方的革命势力，于6月9日下令罢免江西都督李烈钧、广东都督胡汉民，这成为二次革命爆发的导火线。

李烈钧毕业于日本陆军士官学校，与部分日本军人和大陆浪人关系密切。这时，有十余名日本现役和预备役军人违反军部的命令，以个人身份参与了李烈钧部的军事活动。袁世凯及英、美、德、法误认为日本政府和军部支持李烈钧，参与了反袁军事活动，数次向日本发出警告。日本见李烈钧的举动直接影响自己，唯恐造成外交纠纷。6月10日，日驻汉口总领事芳泽谦吉指示被派往湖口的领事馆书记生八木元八慎重行动。6月18日，日陆军次官命令华中派遣队司令官严密注意李烈钧身边日本军人的活动。6月11日，牧野外相指示芳泽总领事："如李烈钧有来本邦就其将来计划期待我方援助之意，则以直接或间接方法通告他，此际［日本］政府不参与中国内争，断然不予以何种援助"。①6月16日，李烈钧向八木元八表示希望赴日，八木即转告了牧野外相的指示，拒绝了李烈钧的要求。②

在袁世凯已派兵南犯的情况下，孙中山于6月12日交给黄兴五万元军资，准备讨袁。同时于17日赴香港、澳门与胡汉民和广东新都督陈炯明等商议讨袁对策，29日返回上海。孙中山主张以武力讨袁，胡、陈则不同意孙中山的意见。③因此，孙中山不得不再次谋求通过国会解决"去袁"问题。6月30日，孙中山向来访的有吉明陈述了这一想法，没有对日本提出任何要求。④但是，陈

① 1913年6月11日，牧野外务大臣致驻汉口芳泽总领事电，第43号，日本外交史料馆藏。
② 1913年6月17日，驻汉口芳泽总领事致牧野外务大臣电，第128号，日本外交史料馆藏。
③ 1913年6月24日，驻香港今井总领事致牧野外务大臣电，日本外交史料馆藏。
④《日本外交文书》大正二年第2册，第362～363页。

其美等少壮派坚决主张武力讨袁。有吉明劝告陈其美不要轻举妄动，企图牵制武力讨袁。陈其美对此未予理睬，在场的黄兴默认了陈其美等人的主张和计划。①

7月12日，李烈钧在江西湖口举兵，宣布江西独立。接着，黄兴、柏文蔚、陈其美、许崇智、陈炯明先后宣布南京、安徽、上海、福建、广东独立，二次革命爆发。

7月14日，有吉总领事拜访孙中山，探询其态度和计划。孙中山顾虑日本及西方列强对二次革命的态度，并正为占据上海江南机器制造总局的袁军而头痛。他向有吉明表示，希望上海领事团劝告袁军自行撤退。②有吉明对此面有难色。

因12日以来，南方诸省市宣布独立，孙中山增强了武力讨袁的信心，开始谴责日本和西方列强的对华政策。7月21日，孙中山在会见有吉明时谴责说：在五国借款成立之际，就已向各方面预言这一借款将成为内乱的原因，而各国充耳不闻，仍采取以中立的名义暗中援助袁世凯的方针③，并谴责日本说：南方都信任日本，对日本寄予很大期望，但日本却伙同列国，采取了自私的中立态度，以致在南方失去了一般的信誉。④但是，孙中山的这种谴责并不意味要与日本决裂，用意仍是为了争取日本的支持和协助。孙中山同时又向有吉明表示：希望日本劝说英国及其他一两个国家，率先友好地劝告袁世凯退让。倘他国犹疑，恳请日本单独进行劝告。⑤孙中山认为，袁世凯依靠外国维持统治，对这一劝告会意外地迅速服从。牧野外相和有吉总领事借口这会引起列国指责，

---

① 《日本外交文书》大正二年第2册，第363~364页。
② 《日本外交文书》大正二年第2册，第366~367页。
③ 1913年7月21日，驻上海有吉总领事致牧野外务大臣电，第152号，日本外交史料馆藏。
④ 1913年7月21日，驻上海有吉总领事致牧野外务大臣电，第152号，日本外交史料馆藏。
⑤ 1913年7月21日，驻上海有吉总领事致牧野外务大臣电，第152号，日本外交史料馆藏。

拒绝了孙中山的要求。

　　尽管日本拒绝了孙中山等人的上述要求，革命党人仍然对日本抱有期望，要求给予援助。胡汉民为进军长江流域，要求日驻香港总领事今井忍郎提供日本商船，但遭今井拒绝。[①]湖南省于 7月 25 日宣布独立后，为筹集军资，要求三井物产长沙支店提供二百万日元贷款。牧野外相闻讯于 7 月 28 日指示不要提供贷款。[②]其理由有：（1）北京政府将在这次冲突中获胜。（2）北京政府不承认与南方缔结的借款契约。（3）这种借款实际上是向南方提供军资。同时，日本外务省于 7 月 18 日向设在汉口等地的领事馆发出指示：“不允许日本文武官员参与中国内乱”，有日本侨民参与时，要采用禁止其居留的手段。[③]同日，日本陆军参谋本部命令驻华公使馆武官、华中派遣队司令官以及在中国各地的日军军官：不允许与中国南北战争有丝毫干系。[④]但是，在李烈钧身边的日本军人不顾外务省和军部禁令，仍然参加了革命军队的军事行动。7 月27 日，在沙河镇的战斗中，日本福冈县久留米人平山战死。

　　随着战况的变化，日本开始向袁世凯表示“好意”。7 月 23日，日清汽船公司经驻汉口的芳泽总领事同意，将袁军的步枪三百支、大炮二门自沙市运至汉口[⑤]，协助了袁军的军事行动。发生这件事绝不是偶然的。7 月 3 日，芳泽向牧野外相申述：“鉴于中国现状，支持和利用中央政府对扩大我权益是有利的，实际情况也是朝这一方向发展的”，希望采取行动，拉拢袁世凯，严厉取缔

　　① 1913 年 7 月 19 日，驻香港今井总领事致牧野外务大臣电，第 41 号，日本防卫研究所藏。
　　② 1913 年 7 月 28 日，牧野外务大臣致驻汉口芳泽总领事等电，第 67 号，日本外交史料馆藏。
　　③ 1913 年 7 月 18 日，日本外务省致驻汉口芳泽总领事等电，日本防卫研究所藏。
　　④ 1913 年 7 月 18 日，长谷川参谋总长致宇仓华中派遣队司令官电，日本外交史料馆藏。
　　⑤ 1913 年 7 月 23 日，驻汉口芳泽总领事致牧野外务大臣电，第 208 号，日本防卫研究所藏。

对孙中山一派施行的小计谋。[①]这些事实说明，日本的所谓不偏不倚的中立是倾向袁世凯政权的。日本主张中国政局稳定，是为了维持袁世凯统治中国的现状；日本主张的孙、袁和解、妥协则以确保袁世凯大总统地位为前提。因此，可以说，日本的对孙政策，是根据其对袁政策决定的。

　　袁世凯命令冯国璋、段芝贵、张勋等率军南下，镇压革命党。因战局逆转，孙中山、黄兴自上海、南京南下，计划在广东再次举兵。7月27日，黄兴通过南京的大和商社，向船津辰一郎表示希望当晚乘日舰或日商船赴粤。次日，牧野外相即指示船津拒绝其要求。[②]但是，海军省次官财部彪于29日训令巡航于中国沿海和长江流域的第三舰队司令官：亡命的革命派首领为脱离生命危险，投身我舰队寻求保护时，可视为事不得已，根据外交规定收容时，在请示大臣后，要为将其首领转移至合适地点提供方便。[③]黄兴偕其参谋长黄恺元于29日乘日本军舰"嵯峨号"，次日抵达上海，随后换乘商船"静冈丸"赴香港，得到当地日本军官的协助。牧野外相唯恐黄兴来日本，于7月30日、8月1日分别指示有吉总领事和驻香港的今井总领事：要阻止黄兴来日，但可请他去香港或其他安全地方，万不得已时可暂时潜往冲绳。[④]孙中山于8月1日夜（或称2日凌晨）乘德轮"约克号"离上海赴广东。广东都督陈炯明见形势逆转，不愿让孙中山、黄兴来粤，因而要求日本驻广东总领事赤冢正助让两人转赴日本。今井总领事接到牧野外相的训令后，要求陈炯明派遣军舰来香港迎接孙中山和黄兴。孙中山和黄兴原拟在广东会合后商议再举，但陈炯明拒不欢

　　① 1913年7月3日，驻汉口芳泽总领事致牧野外务大臣电，第502号，日本外交史料馆藏。《日本外交文书》大正二年第2册，第376~377页。
　　②《日本外交文书》大正二年第2册，第379~387页。
　　③ 1913年7月29日，海军省次官财部彪致第三舰队司令官名和又儿郎电，日本外交史料馆藏。
　　④《日本外交文书》大正二年第2册，第379~387页。

迎两人来粤。

8 月 3 日，孙中山抵福建马尾，通过日本领事馆的饭田和多贺少佐得知陈炯明和广东形势发生变化，只得于次日改乘日本船"抚顺丸"经台湾赴日本。[①]黄兴于 3 日抵达香港，当夜与今井总领事举行了会谈。今井根据牧野外相的指示，劝说黄兴亡命新加坡，黄兴不同意，最后决定经日本赴美国。[②]黄兴要求今井发一份赴美的日本护照，遭到拒绝。次日，他乘三井物产的"第四云海丸"离香港赴日本。

① 萱野长知：《中华民国革命秘笈》，第 193～198 页。
② 《日本外交文书》大正二年第 2 册，第 389 页。

第五章　三次革命的准备与日本

二次革命失败后，孙中山、黄兴等大批革命党人亡命日本，准备三次革命。本章拟探讨日本政府对孙中山、黄兴来日的对策，孙中山等人来日后对日本政府、军部、财界的期望和要求以及日本方面的反应等诸问题。

一、孙中山、黄兴赴日

孙中山赴日

1913 年 8 月 5 日，孙中山偕胡汉民等抵达台湾基隆港，受到台湾总督府方面的接待。牧野外相指示台湾总督：鉴于国内外形势，不宜让与中国骚乱有关的首领来日，要劝诱孙中山赴他地。[①]但是，孙中山于同日下午 4 时乘"信浓丸"赴日本，8 日抵达门司，向新闻记者发表简单的谈话后，即赴神户。同日，牧野外相又指示兵库县知事服部一三劝诱孙中山改赴美国。[②]神户是孙中山此行的第一目的地，在赴日途中即就去向与住在神户的友人宋嘉树取得联络。9 日晨，孙中山抵达神户，受到川崎造船所所长松方幸次郎和三上丰夷的接待。萱野长知、古岛一雄、寺尾亨等从

---

① 《日本外交文书》大正二年第 2 册，第 392 页。
② 《日本外交文书》大正二年第 2 册，第 396～397 页。

东京赶来迎接。^①孙中山在赴日途中致电萱野长知："远游他地对我党前途实多影响，故务必要滞留日本，望来神户在船上密会商议"^②，要求他协助在日本上岸、居住。萱野接电，即与头山满密商。头山通过寺尾亨三次向山本首相进言，要求允许孙中山来日本居住，均遭拒绝。于是，头山电催在外地休养的犬养毅回东京。^③犬养毅闻讯赶回东京与山本交涉，并促使山本首相同意孙上岸。萱野、古岛等到达神户港时，接到犬养"转告孙文，山本已应允"^④的电报。当夜，孙中山由松方、三上陪同，潜往神户诹访山常盘别庄。深夜，宋嘉树赶来相会，商议今后的去向。孙中山在神户上岸后，日本仍然劝告孙中山赴美国。服部知事根据牧野外相的意向，14日夜访孙中山，提出不宜长期滞留日本。对此，孙中山说，估计中国南方的形势很快就会恢复，因而希望暂留日本，以观察形势，在此基础上决定自己的进退。^⑤服部警告孙中山，不要将日本作为针对邻国的革命策源地。

16日晨，孙中山由菊池良一陪同，乘"襟裳丸"赴东京。头山满、古岛一雄、前川虎造（立宪国民党干事长）、美和作次郎等在东京、神奈川警方的协助下做好了迎接孙中山的准备。17日夜，孙中山在神奈川县富冈海岸登陆，次日凌晨，抵达东京赤坂区西灵南坂二十七号海妻猪勇彦宅。海妻宅与头山宅相邻，两家后院可通。孙中山在这里居住到1915年8月底，后迁到千驮谷町字原宿一百零八号。

日本政府最初阻止孙中山上岸、居留的原因有：第一，同年

---

①　萱野长知：《中华民国革命秘笈》，第200～203页。

②　萱野长知：《中华民国革命秘笈》，第198页。

③　头山满翁正传编纂委员会编：《头山满翁正传（未定稿）》，苇书房，1981年，第251～252页。

④　古一念会编：《古岛一雄》，日本经济研究会，1950年，第923～924页。

⑤　1913年8月15日，兵库县知事服部一三致牧野外务大臣电，《有关各国内政之杂纂·中国部——包括流亡者在内的中国革命党问题》（以下简称《各国内政关系杂纂》）第6卷，日本外交史料馆藏。

2 月，日本爆发了大正民主运动。日本政府害怕在国内民主运动随时可能激荡的时候，接受主张立宪共和制的孙中山来日居住，会影响日本国内政局。第二，担心开罪袁世凯，不利于扩大在华权益。第三，担心影响与英国等列强的关系。

随后，经过大陆浪人的游说，日本政府权衡再三，转而允许孙中山上岸、居留，原因在于：第一，企图利用孙中山。这年春天，日本以国宾待遇迎接孙中山来访，即已表明了这种企图。头山满判断，中国的未来将在南方[①]，积极为孙中山上岸、居留奔走。日本政府最后也接受了这种看法。第二，日本政府企图拉拢中国的反袁势力，在对袁政策上（如 1914 年占领青岛、1915 年强提"二十一条"），以支援孙中山革命，要挟袁世凯。第三，居留要求若遭拒绝，孙中山只能去美国。列强对中国的争夺与对中国首领的争夺有密切关系。头山满说："不能交给美国"[②]，要求犬养毅设法使孙中山上岸。松方幸次郎也认为："不能交给洋人"[③]，希望日本控制孙中山为日本所用。就这样，孙中山这次得以在日本居住两年零九个月，筹划第三次革命。

黄兴赴日

日本政府对黄兴来日的态度与对孙中山的态度一样。8 月 2 日，牧野外相致电驻香港今井总领事，"贵官以帝国政府训令告黄：'此际绝不准来日'"。[④]黄兴于 8 月 4 日离香港，9 日在日本下关上岸。黄兴赴日的安排和抵日后的接待都是由三井物产负责的。黄兴到达日本后，三井物产门司支店即提供一万日元给黄兴用作

---

① 头山满翁正传编纂委员会编：《头山满翁正传（未定稿）》，第 252 页。
② 头山满翁正传编纂委员会编：《头山满翁正传（未定稿）》，第 253 页。
③ 头山满翁正传编纂委员会编：《头山满翁正传（未定稿）》，第 253 页。
④ 1913 年 8 月 2 日，牧野外务大臣致驻香港今井总领事电，第 42 号，《各国内政关系杂纂》第 7 卷，日本外交史料馆藏。

生活费，并由该支店的河原林多方协助黄兴。[①]因他的斡旋，黄兴得以在下关市郊外及丰浦郡长府町等处居住。黄兴原计划先赴神户与孙中山商议。后改变计划，于 8 月 20 日乘"静冈丸"离门司，经神户、清水，26 日抵达东京湾。古岛一雄和三井物产的职员在神奈川县厅和警察的协助下，秘密接黄兴于长滨检疫所上岸，27 日晨，在一名警员和三井物产的石田秀二的陪同下，黄兴来到芝区琴平町十三号信浓屋。[②]

黄兴计划经日本赴美国。宫崎滔天闻讯，自上海致电黄兴："眼下不是渡美时机，务望暂留日本。"黄兴回电说："赴美决心已定，且信渡美为宜，拟于近期启程。"[③]黄兴决意赴美的原因有：第一，对日本抱有强烈不满。第二，在二次革命时期，日本参加四国借款团，向袁世凯提供巨额贷款，使其得以镇压革命。黄兴指出："去年来，日本政府对民国之态度，在外交上甚为不当，故陷入今日之形势"，谴责了日本的援袁政策。[④]第三，对美国抱有好感。美国没有参加四国借款团。他赞许地说："美国没有参加这一贷款，根据自己的需要，向世界主张自己的利权，并为此而大力活动，此实为可靠之举。"[⑤]另外，黄兴在二次革命失败的原因以及中华革命党等问题上与孙中山意见分歧。他在日居住十个月后，于 1914 年 6 月 30 日离日赴美。

---

① 1913 年 8 月 9 日，福冈县知事南弘致牧野外务大臣书简，高秘第 2772 号，《各国内政关系杂纂》第 6 卷，日本外交史料馆藏。

② 1913 年 8 月 28 日，神奈川县知事大岛久满次致牧野外务大臣书简，神高秘第 1203 号，《各国内政关系杂纂》第 6 卷，日本外交史料馆藏。

③ 1913 年 8 月 19 日，山口县知事马渊锐太郎致牧野外务大臣书简，高秘第 5175 号，《各国内政关系杂纂》第 6 卷，日本外交史料馆藏。

④ 1913 年 8 月 18 日，山口县知事马渊致内务大臣原敬书简，秘第 4321 号，《各国内政关系杂纂》第 6 卷，日本外交史料馆藏。

⑤ 1913 年 8 月 18 日，山口县知事马渊致内务大臣原敬书简，秘第 4321 号，《各国内政关系杂纂》第 6 卷，日本外交史料馆藏。

二、在日本的革命活动

孙中山到日本后，以日本为根据地。筹划第三次革命，但与辛亥革命前不同，孙中山这次在日本居住的时间长达两年零九个月，以日本为唯一的根据地，仅希望求助于日本一国。其原因除以往曾以日本为根据地从事革命活动外，首先，1913 年 2、3 月间作为国宾访问日本，使他更倾向于期望日本援助。其次，以往曾期望法、美援助，但一无所获。另外，曾被越南殖民当局驱逐出境，难以再往。第三，同盟会成立前后，留日学生是革命运动的骨干力量。这次，以中华革命党党员为核心力量，很多有经验的革命者在孙中山的领导下从事革命活动，在东南亚和欧美筹集军资的工作均由这些革命党人担当，孙中山无需亲往。这与孙中山的领袖地位比辛亥革命前更高相关。第四，这一时期，孙中山革命运动的重点从西南各省移至上海、山东和东北地区。为领导这些地区的革命，居住在日本比居住在越南更为有利。

与日本财界的关系

孙中山在日本居住期间的费用主要由筑丰煤矿主安川敬一郎承担，每月提供一万日元[①]，另外，梅屋庄吉也提供了部分生活费。孙中山的一个紧急任务是为再次发动革命筹集资金。他首先与三井物产进行了交涉。三井物产与孙中山之间因辛亥革命中的借款问题及成立中日合办的中国兴业股份公司而建立联系。孙中山到东京后，三井物产的森恪于 8 月 22、26、28 日三次登门拜访。经他斡旋，29 日夜，孙中山与三井物产的元老益田孝举行了约三小

---

① 头山满翁正传编纂委员会编：《头山满翁正传（未定稿）》，第 254 页。

时的会谈。①其时，三井物产常务董事山本条太郎也在座。会谈内容尚不明。

接着，孙中山与涩泽荣一举行了五次会谈。②会谈的全部内容亦不明，但据 1913 年 10 月 6 日第二次会谈的简单记录，孙中山向涩泽指出："现今民国之兴衰，直接关系到贵国的沉浮，即对东洋问题，贵国也不能隔岸观火。"③他接着说："吾党同志，准备卧薪尝胆，倘能筹集军资，计划再举讨袁。今晚来访，意在希望借阁下之力，劝说贵国政府，尤其是陆海军省，给此再举[讨袁]以援助。"④涩泽则说："本人不赞成阁下目前计划再举讨袁军"⑤，强调中国在形式上是立宪国家，应该利用代议机构。后来，涩泽在 1929 年 6 月 1 日回忆当时情况时说："孙先生在'二次革命'失败后亡命日本期间，来访我时，要求我协助筹集革命所需资金。政治非我分内，无力于此方面，因而拒绝。并回答说，倘属实业经济上的事项，可予协助，但无论如何不能提供使用于战争的资金。"⑥

山本条太郎除孙中山与益田孝、涩泽荣一会谈时各有一次在座外，还单独与孙中山举行了两次会谈。⑦其会谈内容虽不明，可是，1914 年 8 月下旬，山本发表谈话说："关于孙中山借款之事，去年曾打算与涩泽男爵、安川敬一郎等富豪一起承诺予以贷款"。⑧但由于外务省和陆军反对而中断。后来，山本仍与孙中山

---

① 《孙文动静》，乙秘第 1173 号，1913 年 8 月 30 日，《各国内政关系杂纂》第 7 卷，日本外交史料馆藏。

② 五次会谈的日期为：1913 年 9 月 17 日、10 月 6 日、10 月 30 日、1914 年 3 月 21 日、8 月 3 日。

③ 《孙文动静》，乙秘第 1415 号，1913 年 10 月 7 日，《各国内政关系杂纂》第 8 卷，日本外交史料馆藏。

④ 《孙文动静》，乙秘第 1415 号，1913 年 10 月 7 日，《各国内政关系杂纂》第 8 卷，日本外交史料馆藏。

⑤ 《孙文动静》，乙秘第 1415 号，1913 年 10 月 7 日，《各国内政关系杂纂》第 8 卷，日本外交史料馆藏。

⑥ 《涩泽荣一传记资料》第 54 卷，第 574 页。

⑦ 两次会谈的日期是：1913 年 10 月 5 日、1914 年 3 月 21 日。

⑧ 《山本条太郎关于支那革命的谈话》，乙秘第 1655 号，1914 年 8 月 27 日，《各国内政关系杂纂》第 13 卷，日本外交史料馆藏。

有往来，但他指出，与孙中山关系密切的传闻纯属误解，并非事实。据山本谈话来看，三井等日本财界集团为扩大对中国南部地区的贸易和向中国输出资本，曾打算支持、援助孙中山革命派，因日本外务省和陆军的反对而作罢。

孙中山与三井物产、涩泽的关系是在创办中国兴业股份公司的过程中建立的。但该公司在二次革命失败后改变了对孙中山的态度。袁世凯为切断孙中山与日本财界的关系，邀请日本财界元老涩泽访问北京。涩泽派遣中国兴业股份公司副总裁仓知铁吉赴北京，与袁世凯商议该公司的改组问题。翌年4月25日在东京召开股东总会，决定由袁世凯的心腹杨士琦出任总裁，公司改名为中日实业股份公司。[①]孙中山遭排挤后，抽出入股的四万日元（一说三万六千日元），转用于革命活动。

孙中山与大仓洋行也有接触。该洋行的大仓喜八郎是中国兴业股份公司的发起人之一，并任顾问。1914年5月11日，孙中山偕胡汉民、王统一、萱野长知拜访大仓，会谈三小时。[②]孙中山还与日本矿业株式会社董事浅野士太郎和丰田利三郎接触，1913年12月7日与大井宪太郎商议成立日中实业协会等问题。孙中山在日本居住期间，力求获得日本财界的支持和援助，但是，日本财界根据政府和军部的政策，拒绝了孙中山的要求。在这种情况下，孙中山转而谋求从美国筹集资金。1914～1915年，他数次要求大西洋、太平洋铁路公司副主席詹姆斯·德特列克提供五百万至一千万美元[③]，但无结果。

与日本军部的关系

孙中山欲从日本财界获得资金的目的主要是为了购买日本的

---

① 山浦贯一：《森恪》上卷，第213～214页。

② 《孙文动静》，乙秘第944号，1914年5月12日，《各国内政关系杂纂》第11卷，日本外交史料馆藏。

③ 韦慕廷：《孙中山——壮志未酬的爱国者》，第93～94页。

武器。因此，他在与财界接触的同时，也与日本军部进行了接触。在辛亥革命时期，孙中山通过他的秘书池亨吉→铃本宗言→饭野吉三郎的渠道，与日本陆军省经理局长辻村楠造商议过购买武器的问题。1913 年 8 月 26 日夜，孙中山偕宋嘉树到小石川区杂司谷町九十八号访铃木宗言，随后又与铃木一道到千驮谷町二五号访饭野吉三郎。其后，孙中山以铃木宅为据点，保持与饭野的联络。9 月 2 日，孙中山在铃木宅住宿，两人围着中国地图商议良久。①以后，孙中山去铃木宅十余次，其目的是通过饭野与辻村楠造取得联络。

　　饭野吉三郎是日本精神团总裁，与军部关系密切。他的岳父是贵族院议员、原陆军省经理局长，他因此与军方的儿玉源太郎大将、现职参谋本部次长大岛健一等建立了密切联系。②孙中山利用饭野的这种关系，于 9 月 13 日与他订立《誓约书》，约定："若在政治上或经济上不得已与他国提携时，则事先通告贵团或贵国之指定代表，应在征得其同意后方实行之。"③孙中山并不信任饭野，但是，为了购买武器，只得采用权宜之计，与他订立了这份《誓约书》。9 月 21 日，孙中山与陆军省经理局长辻村会谈，质问说：对待中国南北问题，日本舆论中，民论和政府方面意见相反，政府内部看来并未无视民论，陆军会在不远的将来与民论意见一致吗？④对此，辻村未置可否。饭野则在表面上支持孙中山，暗中却从事破坏活动。他于 10 月 12 日往访原敬内相，要求阻止孙中山将日本作为革命的策源地，扬言：孙中山"无资金，将一无所成"⑤。孙中山发现通过饭野、辻村无法购买武器后，于 1914 年

----

①《孙文动静》，乙秘第 1202 号，1913 年 9 月 3 日，《各国内政关系杂纂》第 6 卷，日本外交史料馆藏。

②《受观察人谈话片段》，秘受第 6639 号，1913 年 12 月 23 日，《各国内政关系杂纂》第 9 卷，日本外交史料馆藏。

③《誓约书》，《各国内政关系杂纂》第 11 卷，日本外交史料馆藏。

④《关于孙文动静之事》，乙秘第 1348 号，1913 年 9 月 26 日，《各国内政关系杂纂》第 8 卷，日本外交史料馆藏。

⑤《原敬日记》第 3 卷，第 346～347 页。

1月6日往访饭野，撤回了与他订立的《誓约书》。①

三所学校

孙中山和黄兴为培养革命人才，在日本创建了三所学校。

首先创办的是浩然庐。这是一所军事学校，以西本愿寺的僧侣水野梅晓开办的收容中国革命党人的子弟的私塾为基础改办而成。校址在荏原郡入新井村大字新宿一二六○号。中方教官有谢介石、吴仲常、陈勇、周哲谋等，另招聘日本人青柳胜敏（原预备役陆军步兵大尉）、一濑斧太郎（原骑兵大尉）、中村又雄（原步兵大尉）、杉山良哉、江口良太郎、海原宏文、青木繁（原步兵中尉）等担任军事教官。这些退役军人是根据个人意愿应聘任教的。学校招收学生五十三人（一说七十九人），其中，三分之一的人有过革命经验，其他为在日本的中国留学生和革命党人的子弟。学校实行住宿制，给学生开设的科目有：战术学、应用战术学、野外要务令、兵器学、筑城学、地形学、交通学、体操、柔道、剑道、日语、经济学、武术等。孙中山、黄兴负责提供学校的经营费，学生每月交纳十日元学费。6月下旬，学校在配制炸弹时，失慎爆炸。日本当局乘机下令停办，浩然庐被迫于6月30日解散。一周后，青柳胜敏换上私塾招牌，继续开办这所学校。②

1914年2月9日，孙中山在东京神田区锦町东京工科学校校内创建了一所政法学校。法学博士寺尾亨任校长，黄兴、李烈钧、孙中山等人负责后援。学校的主要任务是培养适应共和政治的新干部。设置了政治经济专业和法律专业，学制为两年。计划由东京帝国大学的吉野作造、松本丞治、建部遁吾、立作太郎、山崎觉次郎、河津暹、美浓部达吉、小野冢喜平次、野村谆治、小林

---

① 《孙文秘书某人之谈》，《各国内政关系杂纂》第9卷，日本外交史料馆藏。此件无档案号，亦无日期，置于1914年1月中旬内。

② 《关于浩然庐之件》，乙秘第1291号，1914年7月2日，《各国内政关系杂纂》第12卷，日本外交史料馆藏。

丑三郎、堀江归一以及早稻田大学的本多浅治郎等知名教授授课。①授课时间为每周一至周六下午一时至五时。通过学习，学生大都成为掌握近代政治、经济、法律知识的中国革命党干部。

在第一次世界大战中，飞机作为新型的战争武器出现在战场上空，显示了强大的威力。孙中山非常重视飞机的作用，于1916年5月在滋贺县琵琶湖东岸的八日市町创建了革命党的飞行学校，计划培养一批飞行员。飞行学校在创建过程中得到梅屋庄吉的全面援助，办学经费均由梅屋提供。1916年2月6日，经梅屋介绍，孙中山结识了日本著名民间飞行家坂本寿一。②坂本在八十一次飞行中坠落十八次，但均未负伤。坂本往访孙中山十余次，商议创立飞行学校的问题。孙中山见时机成熟，指令戴天仇协助坂本创建飞行学校。他们在东京招募四十七名中国学生，于5月4日开始训练。学生首先学习骑自行车和驾驶汽车。学校有两架飞机，一架是坂本自制的，另一架是由梅屋租来的。坂本制订训练计划，预定5月下旬开始单独滑行训练。③

中华革命党

孙中山在致力于培养革命政治、军事干部的同时，于1914年6月21日④组建了中华革命党，7月8日，在东京筑地精养轩召开了成立大会。1905年同盟会成立时，得到许多日本志士的直接协助，而中华革命党的成立，日本方面却反应冷淡。这与他们对该党的认识及态度有关。

孙中山在总结二次革命失败的教训时认为，国民党的涣散和不统一是最大的问题。鉴于以往的这种弊端，此次入党时誓约：

---

① 《政法学校简章》，《各国内政关系杂纂》第11卷，日本外交史料馆藏。
② 《孙文动静》，乙秘第177号，1916年2月7日，《各国内政关系杂纂》第18卷，日本外交史料馆藏。
③ 《梅屋庄吉文书》，小坂哲琅、主和子藏。
④ 一般认为组建日期为6月22日，这是21日之误。

"愿牺牲一己之生命、自由、权利，附从孙先生"，"服从命令"，
"誓共死生"，"如有贰心，甘受极刑"。①这是一个如何处理党内民
主与集中、党的领袖与党员之间关系的问题，革命派内部就这个
问题发生了激烈的争论。李烈钧、谭人凤、张继等人反对成立中
华革命党，黄兴也拒绝加入该党，并离开孙中山去美国。

　　革命派内部的争论和对立，影响波及孙中山周围的日本志士。
犬养毅认为"双方都有道理"②，采取了中间态度。后保存了中华
革命党党员入党誓约书的萱野长知在《中华民国革命秘笈》一书
中客观介绍了孙、黄两人的主张，以及他曾设法调和双方的情
况。③宫崎滔天在1913年10月17日写给其兄宫崎民藏的信中，
表示赞成黄兴的主张。宫崎认为："孙氏取激进说，黄氏则倡隐忍
论"，表示赞成黄兴、张继等的主张。其后，在《宫崎滔天氏之谈》
中，他明确指出："从根本上说……我们认为孙不对。"④孙中山与
宫崎滔天的这种认识分歧，影响了两人之间的关系。当时在协助
孙中山从事革命活动方面，宫崎就不如萱野长知和山田纯三郎等
人积极。孙中山对日本大陆浪人的态度，与同盟会成立前后比较，
也发生了很大变化。中华革命党中没有吸收一名日本人，在讨论
《革命方略》等重要会议中，也未邀请日本人参加。这表明，孙中
山不再像以往那样信任大陆浪人。

　　中华革命党没有提出反帝任务。该党党章第二条规定："本党
以实行民权、民生两主义为宗旨"⑤，民族主义则被取消。原因有：
（1）辛亥革命后，孙中山认为民族主义的革命任务已经完成。（2）
与孙中山以日本为革命基地，倾全力推翻最主要的敌人袁世凯，
并期望日本援助有密切关系。然而，作为革命纲领，不提反帝革

---

① 《国父年谱》（增订本），第539～540页。
② 萱野长知：《中华民国革命秘笈》，第205页。
③ 萱野长知：《中华民国革命秘笈》，第203～205页。
④ 《宫崎滔天全集》第5卷，第394页；《宫崎滔天全集》第4卷，第312页。
⑤ 《孙中山全集》第3卷，第97页。

命任务，是一大缺陷。

第一次世界大战

　　孙中山在筹划第三次革命时，非常重视东北地区的革命活动。以往，孙中山主要在长江流域及广东开展革命运动。这些地区远离北京，举义时不能直接进击反动政权的中心地带。因此，在新的反袁斗争中，孙中山极其重视在大连及奉天、哈尔滨、山东半岛等地培植革命力量，日本志士对此给予了协助。当时，在大连的革命党人有二百数十名。他们借陈其美的威信克服了分裂的状态，于 1913 年底建立了统一的组织。孙中山拨出一千元作为他们的活动经费，并于 1914 年 1 月 19 日派陈其美、戴天仇赴大连，山田纯三郎也随同前往协助。26 日，三人乘"台中丸"抵达大连，随即利用满铁医院为据点从事革命活动。①当时，大连属日本统治下的关东州，便于开展革命活动。大连的革命党人主张立即举兵，陈其美向他们分析了革命的形势，强调要采取先积蓄革命力量，时机成熟时与南方一道举兵，夹击袁世凯政权的革命战略。②陈其美等于 3 月 15 日乘"台南丸"离大连，19 日返回东京。7 月 6 日，孙中山派蒋介石、丁仁杰赴北满，策应东北巡防队。蒋、丁于 7 月 6 日自东京启程，山田纯三郎也随同前往协助。他们于 10 日抵哈尔滨，24 日至齐齐哈尔，与巡按使兼参谋长姜登选、独立骑兵旅旅长英顺、师参谋长李景林、旅长巴英额等商议策应革命党南下的问题。③

　　恰在这一年 7 月，第一次世界大战爆发。大战的主要战场在

---

　　①《在大连革命党员及宗社党员等之动静》，乙秘第 289 号，1914 年 2 月 3 日，《各国内政关系杂纂》第 10 卷，日本外交史料馆藏。

　　②《在大连革命党员及宗社党员等之动静》，乙秘第 289 号，1914 年 2 月 3 日，《各国内政关系杂纂》第 10 卷，日本外交史料馆藏。

　　③《关于满铁会社职员山田纯三郎赴满之事》，机密第 38 号，1914 年 8 月 5 日，驻哈尔滨川越茂代理总领事致加藤外务大臣书简，《各国内政关系杂纂》第 12 卷，日本外交史料馆藏。

欧洲，英国等列强均卷入了这场战争，无暇顾及袁世凯政权。袁世凯因而暂时失去了英国等列强的支持和援助。日本于8月对德国宣战，很快便攫取了德国在山东省的侵略特权。孙中山认为，"刻下欧洲战乱确为中国革命之空前绝后之良机。"①断定举义的有利时机已到，着手筹备起义。孙中山的助手陈其美完全赞成孙中山的意见，积极参加起义筹划。头山满也认为中国大地已出现革命的曙光，革命的爆发已为期不远，表示了协助的态度。②

孙中山派遣居住在东京、大阪、长崎的革命党员三百余人回国，分赴各地鼓吹革命，筹划起义。同时，他往访犬养毅、头山满、板垣退助等，表示希望得到日本的外交、经济、军事援助。8月中旬，孙中山派菊池良一至犬养毅处，转告他对大战和第三次革命的认识和想法，并征询犬养毅的意见。犬养回复说，要慎重行事。8月24、26日，犬养应孙中山之邀，两次来访。③孙中山对犬养说，欧洲大战对中国革命是空前绝后的好时机，现正在准备发动起义。并指出，德国若在大战中获胜，日本的对德、对华外交将面临复杂的状况。但是，倘在这一时期中国发生革命运动，对日本的外交将极其有利。因此，要求日本政府一定要给予援助，并委托犬养以任何条件筹集资金。④

8月21、27日，孙中山两次往访头山满，争取头山满支持，并希望通过他谋求日本政府的支持。头山满说，世界大战爆发，是发动三次革命的好时机，很不满日本政府在这种国际形势下推行的外交政策；为日本计，希望日本政府迅速给予南方革命派一

---

① 《犬养毅与孙文会见之事》，乙秘第1651号，1914年8月27日，《各国内政关系杂纂》第13卷，日本外交史料馆藏。

② 《头山满之谈话》，乙秘第1802号，1914年9月9日，《各国内政关系杂纂》第13卷，日本外交史料馆藏。

③ 《孙文动静》，乙秘第1628号，1914年8月25日，《各国内政关系杂纂》第13卷；《孙文动静》，乙秘第1650号，1914年8月27日，《各国内政关系杂纂》第13卷，日本外交史料馆藏。

④ 《犬养毅与孙文会见之件》，乙秘第1651号，1914年8月27日，《各国内政关系杂纂》第13卷，日本外交史料馆藏。

些援助。①作为个人意见，头山仍主张支持孙中山革命，但是，他不敢公开采取违反政府、军部政策的行动。

板垣退助已退出政党，但他仍然对日本政界具有影响力。9月20日，孙中山偕戴天仇、萱野长知往访板垣，要求他出面说服大隈首相支持中国革命。②板垣将孙中山的意见转告大隈，没有得到明确回答。10月1日，板垣在赤坂三河屋研究头山满、寺尾亨、的野半介等及孙中山的要求，其结果不明。③孙中山还通过萱野长知要求小川平吉支援。11月16日，萱野向小川陈述对华外交和革命党的近况，小川则向加藤高明外相提出在对华外交中可利用革命党的建议。④同月29日，孙中山派和田瑞向小川介绍革命党的活动情况。⑤

犬养、头山、板垣等或支持、或同情孙中山的革命活动，日本政府则对孙中山在日本从事革命活动施加压力。陈其美提出：日本政府"在欧战后，持非常之压迫主义，其实例不胜枚举"，痛斥了日本政府违反保护政治流亡者的国际法，压迫革命党同志，援助袁世凯的外交政策。⑥

日本压制孙中山的革命活动与日本对德宣战和侵入山东半岛有密切关系。大战爆发后，英国对日本利用欧洲列强无暇东顾的机会，借口对德宣战，侵略中国，以扩大其在华势力，深感不安，因而反对日本对德宣战。另一方面，英国又唯恐孙中山等革命党人在日本的支持下，利用这一时期发动革命，推翻袁世凯。于是，英国提出赞成日本对德宣战的一个条件是：这一时期，中国若爆

---

　　① 《头山满之谈话》，乙秘第 1802 号，1914 年 9 月 9 日，《各国内政关系杂纂》第 13 卷，日本外交史料馆藏。

　　② 《日本外交文书》大正三年第 2 册，第 829 页。

　　③ 《日本外交文书》大正三年第 2 册，第 829 页。

　　④ 小川平吉文书研究会编：《小川平吉关系文书》（一），第 228 页。

　　⑤ 小川平吉文书研究会编：《小川平吉关系文书》（一），第 229 页。

　　⑥ 《陈其美之言行》，乙秘第 1561 号，1914 年 8 月 21 日，《各国内政关系杂纂》第 13 卷，日本外交史料馆藏。

发革命，由日本负责镇压。犬养毅作为在野党领袖，曾在国会上就此追究过政府的责任。后来，陈中孚在奉天、本溪湖发动起义时，日本官宪认为对日本有不利影响，竟拘留了起义领导人。这表明日本压制孙中山革命，目的仍是为了便于推行其侵华政策。

这一时期，袁世凯也深恐革命党人在国内举兵，当日本强迫袁世凯同意设山东省东部地域为中立区，以便于其在胶州湾对德军作战时，袁世凯乘机要求日本政府将孙中山等革命党人驱逐出日本或日本租界、租借地，并将他们引渡回中国。日本则威胁袁世凯，倘不同意设立中立区的要求，将"支持"孙中山的革命党。日本和袁世凯都将孙中山的革命党作为外交交涉的筹码，加以利用。日本为侵略山东而没有完全满足袁世凯的要求，但是对孙中山的革命活动进行压制。孙中山顶住这一压制，于 11 月 18 日招集居正、胡汉民、丁仁杰、田桐、王静一、周应时、许崇智、王统一等分析形势后，制定了新的革命计划，并指令他们（除王统一）分赴国内各地，组织革命力量，准备发动反袁起义。

这一时期，部分日本退役军人和民间人士以私人身份支持、援助中国革命。10 月，中华革命党计划在杭州举兵时，有中西、小林、水田等数人参加。[①]满铁理事犬冢信太郎于 1915 年 1 月向孙中山提供十三万日元，3 月又追加五千日元。据说，犬冢提供给孙中山的财政援助总额达五六十万至一百万日元。[②]

"二十一条"要求

第一次世界大战的爆发使日本统治阶级欣喜若狂，认为这是"大正新时代的天佑"（井上馨语）。日本借口对德宣战，出兵侵占胶州湾后，于 1915 年 1 月 18 日向袁世凯提出了臭名昭著的"二

① 《日本外交文书》大正三年第 2 册，第 833 页。
② 藤井升三：《"二十一条"交涉时期的孙中山与〈中日盟约〉》，《论集·近代中国研究》，山川出版社，1981 年，第 342 页。

十一条"要求。这是一个全面亡华的侵略文件。消息传开，立即激起中国人民的强烈愤慨和反抗。在日本的中国留学生也掀起了反抗运动。当时留学早稻田大学的李大钊担任留日学生总会的宣传部长，他起草《警告全国父老书》，揭露"二十一条"要求的侵略实质，呼吁中国人民为祖国奋起。2 月，部分中国留学生相约回国，参加了这场爱国运动。

　　3 月 10 日，中华革命党以党务部长居正的名义发表党务部通告第八号，陈列了"二十一条"的内容，谴责袁世凯企图以丧权辱国换取日本支持其复辟称帝，呼吁将反对"二十一条"运动的矛头指向袁世凯。中华革命党总务部长陈其美的秘书黄实于 4 月下旬撰写了一篇针对"二十一条"的文章，发往国内各地及新加坡、旧金山等地。党务部长居正用笔名"东辟"在东京发表题为"揭破中止交涉之黑幕以告国人"的文章，揭露了袁世凯和大隈重信的秘密关系；指出日本军政界元老敌视中国的共和制，认为中国复辟帝制对日本有利，为了控制将登皇位的袁世凯，提出了"二十一条"要求；断言此际除发动革命，推翻袁世凯反动政府之外，别无他途。①

　　孙中山则避免正式言及"二十一条"。党务部通告第八号就孙中山的态度称：独孙先生于此事，默不一言，指出孙中山的意见为：倘不解决根本问题，将无法处理中日交涉。②所谓根本问题是要推翻袁世凯的反动统治。孙中山的这种思想在他 5 月给北京学生的回信中可窥一斑。5 月 9 日，袁世凯接受了"二十一条"除第五条之外的全部要求，北京学生闻讯即写信给孙中山。其内容尚不明，但从孙中山的回信来推测，学生们愤怒谴责了日本的侵略行径，表露了炽热的爱国感情，提出了发动反日运动的主张。

---

①《日本外交文书》大正四年第 2 册，第 284～288 页。
② 中国国民党中央党史史料编纂委员会编印：《总理年谱长编初稿》，1932 年，第 128～131 页。

孙中山在回信中肯定了学生们的爱国热情，但同时指出："惜君等未尝知交涉之内容也，知之则必不如来函所云云，而愤慨之情，将无异弟"，"此次交涉，实由彼（袁世凯）请之。日人提出条件，彼知相当之报酬为不可却，则思全以秘密从事"。[①]所谓"相当之报酬"，是指日本将支持袁世凯称帝。孙中山谴责袁世凯为"祸首罪魁""在室大盗"，指出："祸本不清，遑言扦外？"[②]这就向学生们提示了：反袁斗争比反日斗争更为重要。

孙中山在这封回信中也谴责了"二十一条"要求。他指出：山东、满洲、东蒙、福建、汉冶萍煤铁，"皆为权利之重大者。……至第五项，则我国实为第二高丽"。[③]但是，从这封回信的总体内容来看，斗争矛头主要是指向袁世凯。孙中山拟在各阶层反对"二十一条"的新形势下，掀起反袁运动。此时，他常去中华革命党本部，指导革命活动，并向国内各地派遣革命党人。

在"二十一条"的交涉中，日本政府将孙中山的反袁斗争作为其外交上的一个筹码加以利用。日本在提出"二十一条"之初，即以孙中山及革命党作为交换条件，向袁世凯保证："将严厉取缔革命党及中国留学生等"。[④]当袁世凯不敢轻易接受"二十一条"时，日本则拟以"煽动革命党、宗社党，造成颠覆袁政府的声势相威胁"[⑤]。就这样，日本为实现其侵略目的，企图利用孙中山革命运动。

孙中山自1913年8月8日抵日本后，始终要求日本支援中国革命，遭日本政府和军部的拒绝。但是，至1915年末，日本的对孙政策开始发生变化。

---

① 《孙中山全集》第3卷，第174～175页。
② 《孙中山全集》第3卷，第176页。
③ 《孙中山全集》第3卷，第175页。
④ 日本外务省编：《日本外交年表及主要文书》上，第384页。
⑤ 1914年12月3日，驻北京日置公使致加藤外务大臣电，日本外交史料馆藏。

三、日本对孙政策的变化

孙中山回国

1915 年 10、11 月间，袁世凯授意各省进行所谓国体投票，12 月 12 日发布命令，宣布即帝位，31 日下令明年改为"中华帝国洪宪元年"，复辟帝制的丑剧，至此达到高潮。

袁世凯接受"二十一条"，公然复辟帝制，激起全国人民的强烈反对，新的革命形势迅速成熟。孙中山洞察形势，决定回国领导武装讨袁。1916 年 4 月 27 日，他离开东京，踏上了回国的征途。

在"二十一条"交涉时期，中国人民的反袁斗争，已转入拥护共和、反对帝制的护国运动阶段。但进步党人梁启超、蔡锷及西南军阀唐继尧等夺取了运动的领导权。他们于 1915 年 12 月 25 日宣布云南独立，组成讨袁的护国军。护国军兵进四川、广西、贵州。接着，贵州、广西、浙江、四川、广东相继宣布独立。袁世凯的亲信将领冯国璋、李纯、张勋等也于 1916 年 3 月劝告袁世凯取消帝制。

在新的形势下，日本和列强对袁世凯的态度发生了变化。他们联合劝告袁世凯延期实行帝制，其借口是不然将因此发生内乱。日本首相大隈重信将孙中山向他表露的乘机再举的计划密告袁世凯，旨在阻止其称帝。①袁世凯在穷途末路之中，被迫于 3 月 22 日取消帝制，企图平息事态，但是，反袁声势因此愈加高涨。

在这种形势下，孙中山决定在福建、上海、山东等地发动起义。为筹集军资购买武器，孙中山谋求日本军部和财界的援助。经交涉，孙中山于 3 月 10 日从久原房之助处得到六十万日元（一

---

① 《原敬日记》第 4 卷，第 136 页。

说七十万日元）的贷款。这项借贷是通过山中峰太郎→松岛重太郎和秋山定辅→加藤达平的渠道交涉成功的。山中峰太郎以现役军人的身份参加过二次革命。回日本后，任《朝日新闻》记者，继续与孙中山联络。他通过友人日俄贸易株式会社的松岛重太郎与久原房之助交涉借款。松岛于1月25日和3月5日往访孙中山[①]，孙中山也于3月7日偕王统一、金佐治回访松岛[②]。其时，山中均在座。次日，松岛二访孙中山，傍晚，陪同孙中山到东京芝区白金今里町十八号与久原房之助会晤。[③]3月10日，孙中山在松岛宅与久原财阀订立了借贷契约[④]，规定以四川省的矿山权作为担保。孙中山、戴天仇和松岛、山中在这份契约上签名盖印。19日，孙中山与戴天仇再访久原，秋山定辅其时也在座。

据秋山回忆，他在这项借贷中起了重要的作用。秋山是孙中山的旧友，1915年3月当选为日本众议院议员后，与孙中山的关系非常密切，孙中山有为难之事时，也常找秋山商议。辛亥革命时期，三井、大仓洋行曾通过秋山等向孙中山革命派提供贷款和武器。辛亥革命和二次革命失败后，他们不愿再提供贷款，秋山于是转而求助久原财阀。他通过在久原矿业会社任职的同乡加藤达平结识久原，成功地为孙中山争取了七十万日元借款。据说订立契约时，久原支付了八十万日元。[⑤]这项借贷以四川省的矿山权为担保，与矿山工程师加藤达平赴四川做过矿产调查有关。

孙中山还通过头山满交涉借款。1916年1月18日，孙中山偕王统一、王子衡到矢野庄三郎宅与他交涉六万日元军资借贷，

---

① 《孙文动静》，乙秘第112号，1916年1月26日；《孙文动静》，乙秘第351号，1916年3月6日，《各国内政关系杂纂》第18卷，日本外交史料馆藏。

② 《孙文动静》，乙秘第361号，1916年3月8日，《各国内政关系杂纂》第18卷，日本外交史料馆藏。

③ 《孙文动静》，乙秘第367号，1916年3月9日，《各国内政关系杂纂》第18卷，日本外交史料馆藏。

④ 《孙文动静》，乙秘第375号，1916年3月11日，《各国内政关系杂纂》第18卷，日本外交史料馆藏。

⑤ 樱田俱乐部编：《秋山定辅传》第2卷，第147～148页。

萱野长知其时也在座。^①但这项交涉结果尚不明。孙中山的友人梅屋庄吉于 1915 年 11 月 2 日赠款一万日元，1916 年 4 月 2 日又追加赠款五万七千日元，用于第三次革命。^②

孙中山到日本后，日本军部对孙中山多次提出的援助要求未予理睬。但是，至 1916 年，出于其需要，态度发生了变化。3 月 29 日夜，孙中山偕戴天仇到东京千驮谷町原宿一百四十八号访日参谋本部情报部长福田雅太郎少将。^③福田在辛亥革命时期曾任关东都督的参谋长，主张支持孙中山革命派。接着，孙中山数访福田。4 月 26 日，即孙中山离日回国的前一天，两次往访福田。^④同时，孙中山还与日参谋本部次长田中义一有接触。4 月 7 日夜，孙中山、戴天仇在秋山定辅宅与田中义一晤谈^⑤，8 日夜，双方商议至深夜零时^⑥。孙中山与福田、田中晤谈的内容尚不明，但是，这一时期，孙中山向山东和汕头的革命军运送了武器。这些武器应是用久原的贷款向日本军部购买的。

日本财界和军部转而援助孙中山革命与日本政府对袁政策的变化密切相关。在中国国内反袁运动高涨的形势下，日本在对华政策上有两种选择：一是支持袁世凯渡过难关，从而进一步控制袁世凯；一是与中国国内的反袁运动相呼应，支持反袁势力，推翻袁世凯政权。日本在 1915 年 10 月以前做了第一种选择。这一年 9 月，日本首相大隈重信公然支持袁世凯称帝。这种选择与袁世凯接受"二十一条"有关，日本认为通过"二十一条"的实施，

---

① 《孙文动静》，乙秘第 75 号，1916 年 1 月 19 日，《各国内政关系杂纂》第 18 卷，日本外交史料馆藏。

② 梅屋庄吉：《永代日记》，小坂哲琅、主和子藏。

③ 《孙文动静》，乙秘第 414 号，1916 年 3 月 30 日，《各国内政关系杂纂》第 18 卷，日本外交史料馆藏。

④ 《孙文动静》，乙秘第 525 号，1916 年 4 月 27 日，《各国内政关系杂纂》第 18 卷，日本外交史料馆藏。

⑤ 《孙文动静》，乙秘第 472 号，1916 年 4 月 8 日，《各国内政关系杂纂》第 18 卷，日本外交史料馆藏。

⑥ 《孙文动静》，乙秘第 456 号，1916 年 4 月 9 日，《各国内政关系杂纂》第 18 卷，日本外交史料馆藏。

可控制袁世凯。但不久，日本的对袁政策即发生了微妙的变化。
10 月 14 日，大隈内阁决定劝告袁世凯延期实施帝制。这项决定
具有两面性：一面是企图在反袁运动中保护袁世凯；另一面是欲
以此牵制袁世凯。10 月 28 日，日本联合英俄两国，劝告袁世凯
延期改行帝制。随后，法美两国也提出了同样的劝告。日本在这
次劝告中起了领先的作用，暂时取得了列强间对袁外交的主动权，
增大了对袁世凯的影响力。11 月 11 日，英国外相格雷向日本表
示，希望袁世凯政权与协约国一道参加大战。英国欲以驱使袁政
权参战，重新控制袁世凯，使袁更加靠近英国等欧美列强。日本
因此始终反对袁政权参战，鉴于英国的这种政策，日本认为终难
以将袁世凯控制在自己手中。恰在这时，中国国内发生了反袁运
动，袁政权出现了崩溃的征兆。日本于是改变了对袁政策，决定
推翻袁政权。1916 年 1 月 19 日，大隈内阁通过了"要注视南方
动乱的发展"①的决议。3 月 7 日又决定："袁氏掌握支那之权力，
不能不成为帝国完成上述（即日本在华权益——笔者）之障碍。
为完成帝国的上述方针，要袁氏退出支那权力圈是适宜的"。承认
南方的反袁军为交战团体。"对帝国民间有志者同情以排斥袁氏为
目的之支那人的活动，并援助资金物品之举，政府不负公开奖励
之责任，但默许它是符合于上述政策的"。②

在这种政策转变中，日本陆军，特别是参谋本部掌握了主动
权。大隈内阁强调对华政策的统一，加藤高明外相也曾在短时期
内控制了军部的对华政策。至 1915 年 8 月，加藤辞职后，陆军夺
取了对华外交的主导权。同年 10 月，大陆政策的积极推进者田中
义一出任参谋本部次长。翌年 1 月，田中与参谋本部情报部长福
田雅太郎、外务省政务局长小池张造等每周见面一次，研究对华
政策。2 月 21 日，他向冈市之助陆相提出："现在，采取让袁彻

①《日本外交文书》大正五年第 2 册，第 13 页。
②《日本外交文书》大正五年第 2 册，第 45～46 页。

底退出[政权]之手段，同时采用扶植我政治势力之手段为有利。"[1]在所谓"我政治势力"中，包含了孙中山革命党。孙中山与福田、田中的会谈就是在这一方针下实现的。

日本的反袁战略是从中国的南北夹击北京的袁世凯政权。参谋本部派遣小矶国昭少佐、土井市之进大佐赴旅顺，配合关东都督府扶植肃亲王和宗社党，策划第二次满蒙独立运动。[2]青木宣纯中将和松井石根中佐则被派往上海，支持南方的反袁运动。在中国南方，日本还给岑春煊以援助，久原财阀向岑春煊贷款一百万日元。[3]参谋本部要求孙中山协助盘踞两广的岑春煊等反袁势力。岑春煊于2月至东京，12日与孙中山晤谈，商议讨袁。

孙中山在离东京回国的前一天，与福田雅太郎情报部长晤谈二次，同日夜，参谋本部中国班长本庄繁中佐（"九一八"事变时任关东军司令官）往访孙中山，秘密安排孙中山回国的交通。4月27日，孙中山自东京启程，30日经门司，5月初回到上海。孙中山回上海后，与青木宣纯、山田纯三郎保持联络。[4]

山东举兵

在孙中山回国前后，中华革命党以上海、山东为重心，展开了反袁斗争。1915年夏末，孙中山指令陈其美、居正、胡汉民、于右任分别筹组中华革命军东南、东北、西南、西北四军，同时还派朱执信等分赴各省，主持讨袁军事。东北军司令居正于11月15日抵青岛，在八幡町设立东北军司令部，任命许崇智为参谋长，任命12月3日赶至青岛的萱野长知为顾问。[5]当时，东北军拥有一万三千人的兵力。

① 田崎末松：《评传·田中义一》，和平战略综合研究所，1981年，第546页。
② 栗原健编著：《对满蒙政策史的一个侧面》，原书房，1981年，第145～156页。
③《近代史资料》1982年第4期，第171页。
④《孙中山全集》第3卷，第280页。
⑤ 钟冰：《中华革命军山东讨袁始末》，《文史资料选辑》第48辑，第84～86页。

　　在准备第三次革命时期，孙中山非常重视在东北地区组织起义，选定日军占领下的胶州湾和山东半岛为据点，以便得到日本的协助。东北军则直接得到日本的协助。大隈首相指示驻青岛的日军司令官大谷喜久藏协助革命军。[①]居正到青岛后，首先往访日占领军参谋长奈良武次少将，转告孙中山的意见，要求其予以协助。[②]奈良与居正约定：日方给予全面协助。驻济南的贵志弥次郎大佐也向居正做了同样的保证。因得到军部的支持，二百余名日本人直接参加了东北军的军事行动。[③]

　　1916年4月28日，居正委任在日本民间人士支援山东起义的活动中起着重要作用的梅屋庄吉为中华革命军东北军武器输入委员，要求他迅速提供："三十年式步枪七千支，子弹每支枪五百发；机关枪七挺，子弹附；山炮五门，子弹附"。[④]梅屋庄吉在完成这项任务的同时，派遣平山周、岩崎英精赶至山东，与东北军取得联络。岩崎、平山周经常向梅屋报告山东的情况。[⑤]

　　中华革命军东北军于2月举义，占领周村、昌乐、高密、益都、安丘、昌邑、寿光等地。2月下旬，占领临朐、平度二县，5月4日进攻山东半岛的主要城市潍县，23日攻克。同时，孙中山命令居正攻占济南。东北军于5月15日、25日和6月4日三围济南，因敌我力量悬殊，进攻受挫。许多日本人直接参加了这些战斗，由日本派出的野战医疗队负责战地救护。

　　孙中山回国后，由梅屋庄吉负责管理革命党八日市町飞行学校。为支援东北军，该校学生、职员二百人携两架飞机及一批设备于6月28日离神户[⑥]，7月2日抵达青岛，迅速在潍县修建了

---

　　① 萱野长知：《中华民国革命秘笈》，第355～356页。
　　② 渡边龙策：《近代日中民众交流外史》，雄山阁，1981年，第177页。
　　③ 渡边龙策：《近代日中民众交流外史》，第178页。萱野长知：《中华民国革命秘笈》，第224页。
　　④ 《梅屋庄吉文书》，小坂哲琅、主和子藏。
　　⑤ 《梅屋庄吉文书》，小坂哲琅、主和子藏。
　　⑥ 《梅屋庄吉文书》，小坂哲琅、主和子藏。

飞机场。《大阪每日新闻》以"孙逸仙的山东飞机场"为题，报道
了这所飞行学校和飞机场的情况。[①]居正任命飞行学校教官坂本寿
一为中华革命军东北军航空队总司令，领少将衔。机场竣工后，
飞机投入战斗。航空队的行动也得到当地日军的支持。

　　孙中山回国后，与田中义一参谋次长保持联络。5 月 4 日，
孙中山致函田中义一，在介绍中国各地反袁运动的同时，要求日
本提供两个师的装备，以加强东北军的力量。[②]驻上海的日军官青
木宣纯对此表示赞成。[③]孙中山将这一要求通知自美国途经日本回
国的黄兴，并指示他与日本当局交涉。[④]

　　黄兴于 5 月 9 日抵达横滨后收悉孙中山的书信，他利用滞留
日本的五十余日，致力于购买武器。日本政府、军部为反袁，向
黄兴提供了援助。久原房之助将十万日元贷款交给黄兴。[⑤]黄兴在
日本筹集了二十万元资金后，于 5 月 30 日向孙中山汇报说，有希
望购买一批武器。[⑥]

　　经寺尾亨介绍，黄兴于 5 月 27 日往访政友会总裁原敬，介绍
中国各地的反袁情况，并以法国援助美国进行独立战争为例，要求
日本援助。原敬搪塞说：孙、黄革命"能否成功，目前尚是疑问"，
"即使日本给予援助，其力也有限。倘支那人先自不具坚定的决心，
他方援助也将归于无效"，表明其不愿给予积极的支援。[⑦]7 月 4
日，黄兴离门司回国，因胃病转重，于 10 月 31 日逝世。

　　6 月 6 日，袁世凯暴死。日本的对华、对孙政策因此再次出
现变化。这一时期，日本支持、援助孙中山及其革命活动的目的
是为了推翻袁世凯政权。袁世凯一死，袁政权顷刻瓦解，支持孙

---

① 《大阪每日新闻》，1916 年 7 月 13 日。
② 《孙中山全集》第 3 卷，第 293～296 页。
③ 《孙中山全集》第 3 卷，第 293～296 页。
④ 《孙中山全集》第 3 卷，第 287～291 页。
⑤ 栗原健编著：《对满蒙政策史的一个侧面》，第 148 页。
⑥ 湖南省社会科学院编：《黄兴集》，中华书局，1981 年，第 435 页。
⑦ 《原敬日记》第 4 卷，第 177～178 页。

中山的目的也不复存在。日本于是放弃了孙中山革命派，极力扶植任北京政府总理的段祺瑞。

这时，孙中山仍然对日本抱有期望。7月，他派遣戴天仇持自己写给田中义一参谋次长的亲笔书信赴日。孙中山在这封信中说明为恢复约法，召开国会，不能收兵停战的理由，同时指出，中国政局仍然混沌未明，因而遣戴天仇赴日，希望与日方商议将来之诸要事。[1]据原敬7月9日的日记载：不久前，南方革命党要求贷给五百万日元。[2]戴天仇赴日与这项借款要求的关系尚不明，但此行的目的事实上是要求日本支援。这时，孙中山等中国革命党人与日本驻华要员保持往来。7月23日，驻上海的青木中将和有吉总领事设宴招待孙中山、黄兴、张继、伍廷芳、章太炎等四十名革命党人。25日，孙中山、黄兴等也设宴回请青木等十余名日本人。[3]这些都说明，孙中山仍然对日本抱有期望。但是，寺内内阁自1917年7月始，积极推行援段政策，使孙中山的这种期望一时破灭。

---

① 李廷江：《孙文与日本人》，《日本历史》1987年8月号，第91页。
② 《原敬日记》第4卷，第191页。
③ 神谷正男编：《宗方小太郎文书——近代中国秘录10》第241卷，原书房，1975年，第689页。

第六章　第一、第二次广东军政府与日本

袁世凯死后，中国进入军阀割据、混战的时期。日本和西方列强争相在各派军阀势力中扶植自己的代理人，以维护和扩大其在华的势力范围和殖民地权益。日本为扩大其对华控制权，极力支持段祺瑞武力统一中国。本章拟比较日本对军阀政策与对孙中山政策，阐明其相互关系，同时探究孙中山自旧三民主义过渡到新三民主义时期对日批判与期望交替出现的对日观。

一、中国政局与寺内内阁

军阀林立与寺内内阁

护国运动因袁世凯死去而结束，以反袁名义宣布独立的地方军阀在各地割据，并谋求扩大各自的地盘。袁世凯死后，北洋军阀内部的矛盾、斗争加剧。当时，主要军阀势力有：张作霖奉系、段祺瑞皖系、冯国璋直系、唐继尧滇系、陆荣廷桂系。另外，还有阎锡山一类盘踞各地的小军阀。中国进入了军阀林立、混战的时期。

袁世凯死后，黎元洪继任大总统，冯国璋、段祺瑞分别就任副总统和国务总理。段祺瑞皖系和冯国璋直系军阀为争权夺利，明争暗斗，剑拔弩张。

　　西南军阀的反袁斗争是以发动恢复 1912 年制定的《临时约法》的护国战争来进行的。袁政权瓦解后，大总统黎元洪迫于西南军阀的压力，下令恢复《临时约法》，并根据约法第五十三条，恢复了旧国会。

　　孙中山历来将《临时约法》和国会视为共和体制的根本标志，北京黎、段政权下令恢复《临时约法》和国会后，孙中山认为第三次革命的目的已经实现。7 月 25 日，孙中山以中华革命党本部的名义通告各地的中华革命党机关："迨袁贼自毙，黎大总统依法就职，因令各省党军停止进行，今约法规复，国会定期召集。破坏既终，建设方始，革命名义，已不复存，即一切党务亦应停止。"①同时，孙中山指示东北军总司令居正："袁死，政局一变，我宜按兵勿动，候商黎大总统解决。"②居正于 7 月 31 日赴北京与黎、段政府商议中华革命军东北军的去向问题。不久，东北军被改编为四个师，编入北洋军。③在当时的历史条件下，中国革命只有通过武装斗争才能获得成功。但是，孙中山认为依靠法律和国会能够完成革命。他希望依靠《临时约法》和国会解决中国的各种问题，因此率先解散了中华革命军，放弃了革命军队。

　　革命军的解散，还与日本有密切关系。居正在山东举兵、孙中山从日本回国都得到日本的支援。日本的倒袁目的因袁世凯死去而实现，其"支援"孙中山革命的必要性随之消失。日本军部严令驻北京公使馆武官、驻济南武官及山东驻军停止对中华革命军的一切支持。日本驻北京武官坂西利八郎大佐赶至青岛，督促军部命令的执行。参加东北军的日本志士对此极为愤怒，有人密谋刺杀坂西利八郎，未遂。④在日本中断支援的情况下，孙中山认为难以维持革命军，于是只得指示解散。

---

　　①《孙中山全集》第 3 卷，第 333 页。

　　②《孙中山全集》第 3 卷，第 307 页。

　　③ 钟冰：《中华革命军山东讨袁始末》，《文史资料选辑》第 48 辑，第 105～109 页。

　　④ 渡边龙策：《近代日中民众交流外史》，雄山阁，1981 年，第 209～210 页。

日本政府和军部对北京黎、段政权的建立立即表示支持。6月7日，黎元洪就任大总统，石井菊次郎外相立即表示支持黎元洪，上原勇作参谋总长、田中义一参谋次长也于6月9日表示支持。[①]日本军部认为袁世凯是亲英美、对抗日本的人物，在表面上虽与袁世凯保持一定关系，暗中却视其为日本对华政策的最大障碍，自1915年底开始实施反袁政策。袁世凯死后，日本军部认为，最大的障碍已经排除，积极推进侵华政策的时机随之到来。

10月5日，大隈内阁总辞职。大隈曾推荐同志会总裁加藤高明继任首相，但日本统治阶级认为，在策划侵华政策的重大转折时期，必须要有一个强有力的内阁。于是成立了以陆军元帅寺内正毅为首相的"超然内阁"。寺内曾任朝鲜总督，1915年底，支持过参谋本部次长田中义一等推行反袁政策。寺内、田中的反袁政策旨在推翻在英美支持下统治中国的袁世凯，以此排除英美在华势力，扶植亲日的新统治者，确立日本对华的独占地位，将列强共同的半殖民地中国置于日本的控制之下。寺内组阁后，任命通晓中国事务的小幡酉吉为外务省政务局长，任命其担任朝鲜总督时的心腹、朝鲜银行总裁胜田主计为大藏省次官（12月升任藏相），后藤新平为内务大臣，寺内计划建立寺内→胜田→西原龟三这一特别渠道，通过"西原借款"推行其对华政策。

要扩大在华权益，加强对华控制，最重要的是控制中国的统治者。寺内内阁成立后，攻击大隈内阁以袁世凯为敌，没有设法将其控制在日本手中的对华政策。寺内极力拉拢北京政府中握有实权的皖系军阀头子段祺瑞，力图扶植其为日本在华的代理人。

参战问题

曾一时依靠日本，并对段祺瑞之流抱有幻想的孙中山首先在

---

① 北冈伸一：《日本陆军与大陆政策》，东京大学出版会，1978年，第189页。

中国参战的问题上，与段祺瑞及日本发生了对立。

中国的参战问题，首先表现为列强间对华控制权之争。1915年11月，英、法、俄向日本提议，袁世凯政府向德、奥宣战。日本唯恐英国等列强借此加强对袁政权的控制，反对中国参战。至1917年2月9日，日本转而确定了积极支持北京政权参战的方针。其原因有：第一，因德国于1月31日开始进行无限制潜艇战，2月3日美国通告与德国断交，并劝告北京政权采取同样的措施，意在加强其对中国的控制。日本为对抗美国，率先主张北京政权参战，以掌握主动权。第二，亲英美的袁世凯政权已不复存在，北京政权由亲日的段祺瑞把持。日本看到，欧洲国家经过两年多的大战，均已疲惫不堪，日本从而扩大了在华的政治发言权，迅速上升的日本经济也加强了在中国市场的竞争力。因而认为，支持北京政权参战可进一步控制中国。7月18日，日本与英、法、俄一道，要求段祺瑞参战。段祺瑞为扩大皖系军阀势力也积极主张参战。8月14日，北京政府对德、奥宣战。段祺瑞因参战而得到日本和英美列强的财政、军事援助，并企图借战时体制的名目加强对国内军阀的控制，进而镇压西南军阀和孙中山革命派，实现所谓统一。

3月14日，北京政府决定与德、奥断交后，日驻上海总领事有吉明向孙中山说，已要求日中联合对德奥宣战。孙中山洞察形势，认为日本的这一要求具有阴险的目的。他回复有吉："我赞成日本维持中国中立的老政策，但是要用我的十二分力量，来反对日本把中国放在日本保护底下来参战的新计划。"[①]同时，孙中山采取措施，阻止北京政权参战。他决定首先争取英国的支持。1917年3月7日，孙中山致电英国首相劳合·乔治，要求严守中国的中立，不要让中国加入协约国方面作战。[②]其主要原因是，北京政

---

① 《孙中山全集》第5卷，第298页。
② 《孙中山全集》第4卷，第19～20页。

权参战将对孙中山革命派造成很大威胁。英国历来敌视孙中山革命派，因此，孙中山向乔治首相指出：辛亥革命后，中国"仇外之精神尚在，或乘扰攘之秋而再起拳乱，戕杀外人，难保其必无。……英国在东方利益较大，其损失亦势必较重明矣。"[1]然而，英国对孙中山的要求充耳不闻。孙中山还希望利用与日本处于战争状态的德国。德国也欲利用反对参战的孙中山。1917 年 4 月，德国驻上海总领事与孙中山秘密会谈，要求孙中山推翻主张参战的北京亲日政权，为此约定向孙中山提供二百万元。[2]

北京政权内部，段祺瑞与黎元洪为代表的两大政治集团围绕参战问题发生了激烈的冲突，即展开了所谓"府院之争"。黎元洪在美国支持下，利用国会反对段祺瑞的参战主张。孙中山也对国会寄予希望，3 月 8 日，他致电参议院和众议院，要求阻止参战。[3]

5 月 23 日，黎元洪下令将段祺瑞免职。段指使各省军阀宣布脱离中央，并策划武力倒黎。别有用心的张勋向黎提出愿进京调停，黎邀张率辫子军进京。张勋乘机逼黎元洪解散国会，7 月 1 日拥溥仪复辟。段祺瑞在日本的援助下，组织"讨逆军"攻入北京，辫子兵被缴械，复辟派狼狈逃窜。7 月 17 日，第二次段内阁成立，段祺瑞重新把持中央政府大权。段拒不恢复国会，并废弃了《临时约法》，在日本的支持下，推行武力统一中国的政策。

为了牵制日本援助段祺瑞政府，孙中山于 6 月致信日本首相寺内正毅，谴责日本援助段祺瑞北洋政府，同时指出：日本在中国"新旧冲突之际，于表面标榜中立，而实际则不问正义之所在，惟与武力优者为友，人民因之信贵国之言亲善为以图利为旨，非出于侠义之情矣。……今者北洋军人虽以武力破坏约法，毁国会，囚总统，似有优势矣，而其非能统一长久，亦已炳然。纵使贵国

---

① 《孙中山全集》第 4 卷，第 20 页。
② 韦慕廷：《孙中山——壮志未酬的爱国者》，中山大学出版社，1986 年，第 101 页。
③ 《孙中山全集》第 4 卷，第 18～19 页。

加以援助，终难使民心悦服，此贵国政治家所最宜注意之时机也。……今日所视为无力者，未必不有奋发之期，以武力胜正义者，终不能长久。"①要求日本援助代表正义一方的中国革命党，指出："得贵国之正义的援助而胜者，自能了解东亚和平发达之真意义，举亲善之实。"②

寺内是一名典型的军国主义者，一贯主张以武力解决各种问题。他重视段祺瑞皖系的军事力量，企图借段的武力确立日本的对华控制权。因此，对孙中山的意见置若罔闻，变本加厉地推行其援段政策。7月20日，寺内内阁决定："给段内阁以相当友好的援助，以期平定局势。同时，此际谋求解决日支两国间各种悬案为得策。"③8月14日，段祺瑞政府对德宣战，日本乘机以由交通银行贷款的名义，向段提供两千万日元资金。

中国存亡问题

孙中山对参战问题的态度集中反映在5月发表的《中国存亡问题》一文中。这篇文章由朱执信根据孙中山的思想执笔而成。这篇长文不仅讨论了参战问题，而且全面阐述了孙中山和中国革命党人对英、法、俄等帝国主义的认识——帝国主义观和对欧洲与东亚之间国际关系的认识——国际观以及这一时期的对日观。

该文回顾了列强争夺殖民地的历史，对帝国主义的侵略本质有明确的认识。正确分析了围绕争夺殖民地而产生的欧洲与东亚的国际关系——随着力量的变化而出现的列强间相互关系的变化。揭示了第一次世界大战爆发的原因，指出英国策动中国参战的目的是为了以牺牲中国来保住印度。文章认为，参战是关系到中国存亡的问题，因此断然反对，主张严守中立。同时指出，中

①《孙中山全集》第4卷，第108~109页。
②《孙中山全集》第4卷，第108~109页。
③ 日本外务省编：《日本外交年表及主要文书》上，第437页。

国无对德、奥宣战的理由，一一驳斥了"不可不战"的理由。对为了正义必须加入英、法、俄协约国方面作战的理由，文章反驳说：英、法、俄本身就是非正义，因此，"如使今日有人果为护持公理而战者，必先与英、法、俄战，不先与德、奥战也。"①另外，对参战有利于改订关税、停止支付赔偿、修改庚子条约的说法，文章主张这些都可用外交手段解决，而不可依靠战争。指出，这些是英国邀中国参战的诱饵。即使参战，因日本极力反对这些条件，其实现将毫无希望。②孙中山洞察日英间的矛盾和对立，指出，英国诱中国参战的条件——改订关税等，"其所牺牲之利益，则日本之利益，非英国之利益也。日本不肯以己之利益，供英国之牺牲，英国遂深恨日本。又畏日本在远东能持其短长，不敢公然道之。"③

　　文章驳斥了北洋政府的参战借口，对日本于 1915 年 11 月反对英、法、俄劝告中国参战一事做了肯定。指出："从公平之观察，以批评日本当时之态度，可谓第一为中国谋其利害，而后计日本之利害（此时中日利害相同，自不待言）。以此友情，救中国之危，而措诸安定。"④"中国惟与日本同利同害，故日本不能不代计中国之利害，而进其忠言。"⑤力陈中国应感谢日本。

　　文章回顾了日本提出"二十一条"要求时与袁世凯的关系，指出：以袁世凯和日本"二者比较而观，可以知日本于中国不必以侵略为目的，其行动常为中国计利而非以为害。"⑥对 1917 年 2 月日本劝告中国参战，文章说："日本之劝我，非本意也。""深信彼中不无审察利害，不乐促我堕此旋涡者。"⑦

① 《孙中山全集》第 4 卷，第 43 页。
② 《孙中山全集》第 4 卷，第 49～50 页。
③ 《孙中山全集》第 4 卷，第 50 页。
④ 《孙中山全集》第 4 卷，第 63 页。
⑤ 《孙中山全集》第 4 卷，第 55 页。
⑥ 《孙中山全集》第 4 卷，第 64 页。
⑦ 《孙中山全集》第 4 卷，第 64 页。

　　如前所述，日本欲借支持北洋政府参战，加强对中国的控制，并在战后的议和中，扩大对中国问题的发言权。文章就日本在中国参战问题上的见解，是对日本侵略本质的错觉。尽管如此，文章仍谴责了日本的侵华行径。文章的第一章在揭露英、法、俄侵华的同时，指出："日本占南满、东内蒙、山东、福建，均在（中国全国幅员）百分之五以上"①，谴责日本是与英、法、俄同样的非正义国家。

　　文章一方面宣称日本在中国参战的问题上没有侵华企图，是"代计中国之利害"，一方面又指出："日本为我计其利益而进忠言，本非为我设想"，是出于自身利益的需要，分析说：双方"出发点虽殊，而其结论必归于一"②，肯定了日本与孙中山在反对中国参战问题上意见的一致性。对日本的这种认识显然是错误的。但是，文章提出这种见解是出于策略的需要。孙中山为阻止北洋政府参战，希望利用列强中唯一反对中国参战的日本，因而在文章中对日本的态度较为温和，且不乏赞扬之处。当时，中国舆论因日本占领胶州湾，强提"二十一条"而出现了强烈的反日要求。不少人主张乘美国劝中国参战之机，联美排日。文章为批评这种倾向，特意赞扬了日本反对中国参战的主张。

　　联美排日论的主旨是排日。当时，日本乘欧美列强无暇东顾之机，侵华野心极度膨胀，企图独霸中国。中国各阶层人民理所当然地将斗争的矛头指向了日本。极力主张联美排日者指出："日本年前阻止中国加入，志在使中国外交受日本支配。"③这种认识无疑是正确的。但是，从战后的巴黎和会就中国山东问题的态度来看，接受美国的劝告，以对德宣战使中国外交获得独立的主张，显然又是错误的。持这种主张的人试图依靠美国的经济和军事力

①《孙中山全集》第 4 卷，第 45 页。
②《孙中山全集》第 4 卷，第 55 页。
③《孙中山全集》第 4 卷，第 62～63 页。

量，抵抗日本的侵略和控制。这是自清末以来"远交近攻"的外交政策而来的主张，希望联合欧美列强抵制日本。孙中山的主张与此相反，强调要采取"近交远攻"的外交政策，联合日本，对抗英国，批驳"远交近攻"的外交主张是清末李鸿章等"以夷制夷"的遗策。①

　　文章反对联美排日论，主张以日本和美国为友邦。论断："中国今日欲求友邦，不可求之于日、美以外，日本与中国之关系，实为存亡安危两相关联者。无日本即无中国，无中国亦无日本。"②强调两国间要建立友邦关系。就与美国建立友邦关系方面，文章说："美国之地虽与我隔，而以其地势，当然不侵我而友我。况两（国）皆民国，义尤可以相扶"。③文章就此做出结论："中国于日本，以种族论为弟兄之国，于美国，以政治论又为师弟之邦。故中国实有调和日、美之地位，且有其义务者也。""中国若循此道以为外交，庶乎外交上召亡之因可悉绝去也。"④文章如此强调与日、美的友邦关系，目的是为了对抗英国劝诱中国参战，始终将英国视为最大的敌国而加以谴责。

　　文章在参战问题上的对日观表明孙中山对寺内内阁抱有一定幻想。这篇文章发表于 5 月，执笔时间大约在 1、2 月。这时，孙中山对日本和段祺瑞的幻想还没有破灭。寺内内阁的积极援段政策是张勋复辟破产、段祺瑞重掌北京政权以后推行的。换言之，在日本的对华政策从一时支援孙中山革命党转向援段的过渡时期，孙中山等革命党人对日本有一种错觉。后来，孙中山对寺内内阁的严厉批判，可以说也是对他在这一时期的对日观所做的自我批判。

　　①《孙中山全集》第 4 卷，第 59～60 页。
　　②《孙中山全集》第 4 卷，第 94 页。
　　③《孙中山全集》第 4 卷，第 94 页。
　　④《孙中山全集》第 4 卷，第 95 页。

二、第一次广东军政府与孙中山赴日

第一次广东军政府

段祺瑞重掌北京政权后，授意临时参议院制定国会法和选举法，抛弃了旧国会和《临时约法》，妄图用武力统一中国，建立皖系军阀的独裁统治。这立即引起国民党议员和南方各省的反对。他们利用西南军阀和段祺瑞之间的矛盾和斗争，着手在南方发展与段政权相对抗的新势力。孙中山决定依靠这一势力，恢复《临时约法》和旧国会，以真共和对抗段祺瑞的伪共和。

1917 年 7 月 6 日，孙中山离上海赴广州。部分旧国会议员来到广州，与孙中山一道呼吁重开旧国会。海军总长程璧光率海军舰队南下，支持孙中山真共和的主张。[①]西南军阀唐继尧和陆荣廷出于与段祺瑞争权夺利的需要，也暂时倾向孙中山一方。孙中山联合这些力量，于 8 月 25 日在广州召开国会非常会议，第一次护法运动开始。31 日，非常会议制定《中华民国军政府组织大纲》，9 月 1 日推举孙中山为大元帅，唐继尧、陆荣廷为元帅。由此出现了广东护法军政府与北京段政权的对立，中国进入了南北分裂的时期。

7 月 20 日，寺内内阁决定给段政权以积极援助。同日，日驻华公使林权助向外相本野一郎建议，此际，日本应彻底援助段政府，不应策应南北调停，对南方派不予援助，并提出：

一、南方方面向日本政府提出借款和购买武器的要求时，予以拒绝，并阻止来自民间的供给。

---

① 冯自由：《革命逸史》第 2 集，第 27～28 页。

　　二、要充分注意使南方派期望日本援助的言行。

　　三、在日本控制的地域，绝对禁止南方派的反抗运动。不考虑南北调停等问题。①

　　可以说，林权助的以上建议直截了当地表明了当时日本政府的对孙政策。8月2日，本野外相通知林权助：日本政府在表面上表明希望南北妥协的立场，但"实际上无意妥协之计划"，②表示了执意推行援段政策的方针。

　　8月，孙中山派张继和戴天仇带着他与程璧光、李烈钧、王正廷等人联名签署的致日本首相寺内正毅、外相本野一郎以及犬养毅、涩泽荣一、头山满等人的信件赴日本，向他们陈述革命党人二十年来为中国的进步与和平所做的努力，指出："吾辈所以联合全国爱国爱洲之陆海军人，力兴讨逆之义军，以期扫除叛逆，还我民治也。"并要求"日本朝野上下，对于中国国民爱国爱洲之精神，与讨逆护法之行动，予以道德的同情"。③张继和戴天仇还向日本政友会总裁原敬提出了这一要求。原敬是临时外交调查委员会的成员，强调日本应采取"促使南北妥协，援助妥协的势力"④的政策。

　　9月2日，戴天仇向《东京朝日新闻》记者介绍了孙中山的近况。次日，该报即报道了孙中山就任大元帅的消息。该报载：以博爱为主义，以和平理想的孙中山说，"今日拔剑就大元帅位，号令天下，不外乎是为了早日在国内实现真正的和平之大精神。"⑤张继和戴天仇历访元老西园寺公望和牧野伸显等；9月9日往访原敬，向他介绍了南方的情况，并要求日本不要援助反中

---

① 臼井胜美：《日本与中国——大正时代》，原书房，1972年，第119页。
② 臼井胜美：《日本与中国——大正时代》，原书房，1972年，第119页。
③ 《孙中山全集》第4卷，第133～135页。
④ 《原敬日记》第4卷，第350页。
⑤ 《东京朝日新闻》，1917年9月3日。

国人民意志的段政权，压制南方军政府。①对此，原敬说："现在，给段内阁借款，是不得已而为"②，拒绝了中国革命党人的要求。

11 月 20 日，孙中山致电寺内首相，揭露段祺瑞的罪恶，指出，"我国民为达革新政治之目的计，不能不起兵致讨。即在贵国，为巩固东亚和平计，当亦于我国民表无限之同情。"③段祺瑞借口参战，向日本借款数千万元，购买大批武器弹药，以新编军队十个师。对此，孙中山指出：段祺瑞"向贵国诈取军械巨款，用以压迫护法之国民。若贵国助不法之旧派政治家，以摧残护法之革新政治家，以人道主义言之，亦属背道而驰"④，希望日本断然拒绝段借款购买武器弹药的要求，"斯可减少逆军之战斗力，使义军速奏勘定之功。"⑤声称："他日我革新之国民，起而掌握政权，与贵国永远维持东亚和平之心，握手同行，以增中日两国人民之幸福也。"⑥但是，日本政府对孙中山的要求置之不理，孙中山对日本的期望又一次落空。

翌年 1 月，孙中山再派张继和殷汝耕赴日本。张、殷抵日本后，向宫崎滔天、犬冢信太郎、寺尾亨、头山满、今井嘉幸、萱野长知、菊池宽转交了孙中山的亲笔信，向日本民间志士转告孙中山要求日本中止援段政策的意见。⑦1 月 19 日，张继再访原敬，指出："段祺瑞一派有以武力镇压南方的野心，而其野心是基于日本贷款，并提供武器援助"，恳求日本"设法改变这一（援段）方针"。⑧然而，孙中山的上述对日措施未能阻止寺内内阁的援段政策。

---

① 《原敬日记》第 4 卷，第 313～314 页。
② 《原敬日记》第 4 卷，第 313～314 页。
③ 《孙中山全集》第 4 卷，第 242 页。
④ 《孙中山全集》第 4 卷，第 242 页。
⑤ 《孙中山全集》第 4 卷，第 243 页。
⑥ 《孙中山全集》第 4 卷，第 243 页。
⑦ 《孙中山全集》第 4 卷，第 305～309 页。
⑧ 《原敬日记》第 4 卷，第 353 页。

这一年 11 月，俄国爆发十月革命，推翻了专制体制。日本因此受到强烈刺激，在对华政策上加速了对段政权的援助。寺内内阁借口苏俄南下和《布列斯特和约》使德、奥势力东渐，开始直接向段政权提供武器援助。这时，段祺瑞因与大总统发生冲突，一时辞职。12 月末，段派的陆军次长段芝贵与泰平泽行订立了供给一千七百万日元武器的契约，由日方提供步枪四万支、机关枪一百七十四挺、大炮三百一十二门及各种弹药。[①]1918 年 3 月再次组阁的段祺瑞也以对抗苏俄为借口，要求寺内首相提供巨额资金。日本政府于 4 月 30 日提供电信借款两千万日元，6 月 18 日提供吉会铁路借款一千万日元，7 月 5 日提供第二次改革借款一千万日元，8 月 2 日提供吉林、黑龙江两省金矿、森林借款三千万日元。段政权得到这些借款后，加速实施其武力统一的计划。段祺瑞以参战的名义训练和装备"参战军"，孙中山则统率广东护法军政府和四川、湖南的反段势力，宣布用三个月至半年时间实现全国统一。

孙中山赴日

广东军政府成立后，广东、广西、云南、贵州四省归于军政府管辖之下，湖南、湖北、河南、陕西、山东、浙江、安徽、福建各省也出现了局部性的反段势力，孙中山领导的护法运动遍及十余省。10 月上旬，孙中山发布讨段大元帅令，护法战争开始。

9 月 18 日，非常国会通过对德宣战案，26 日正式对德宣战。一直反对对德宣战的孙中山这时转而赞成宣战，目的是为了争取协约国方面的支持。1918 年 4 月 17 日，孙中山以大元帅的名义向日本等各国驻华公使发布通告。孙中山在通告中强调，北京政府为非法政府，广东护法军政府是执行中华民国行政权之唯一政

---

① 臼井胜美:《日本与中国——大正时代》，原书房，1972 年，第 122 页。

府，要求各国承认军政府。同时宣布：军政府承认切实履行 1917
年 6 月 12 日"国会解散前中华民国与各国所缔结之国际及其他一
切条约，并承认各有约国人在中华民国内享有条约所许及依国法
并成例准许之一切权利。惟北京非法政府违背约法而与各国缔结
之一切契约、借款或其他允行之责任，本军政府概不承认"。①这
项措施旨在孤立段政权，同时争取日本和欧美列强的外交支持。
其他列强都在礼节上接受了这份通告，日本则拒绝接受。②日本接
着又向段政权提供参战借款等六千万日元，使这一时期提供给段
政权的借款总额达一亿四千五百万日元。这就是所谓的"西原借
款"。

广东军政府是孙中山革命派、西南军阀、岑春煊等政学系政
客等的联合政权，其基础非常脆弱。力求实现真"护法"的孙中
山和借"护法"之名，谋求巩固和扩大地盘的西南军阀，出发点
迥然相异。陆、唐对"护法北伐"态度消极，当孙中山为进行北
伐，巩固军政府的军事基础而着手组织北伐军时，陆、唐立即表
示反对。在非常国会内部也发生了孙中山派国民党议员和岑春煊
政学系议员之间的摩擦。5 月，西南军阀与政学系议员沆瀣一气，
改组军政府，废大元帅一长制为七总裁合议制，并推岑春煊为主
席总裁，孙中山退居七总裁之一。饱受军阀排挤的孙中山感叹：
"吾国之大患，莫大于武人之争雄，南与北如一丘之貉。虽号称护
法之省，亦莫肯俯首于法律及民意之下。"③5 月 4 日，孙中山辞
去大元帅一职，第一次护法运动失败。后来，孙中山在总结失败
的原因时指出：日本扶植岑春煊等官僚势力，排除民主主义者。④
孙中山辞去大元帅一职后，向日驻广东的依田大尉表示了赴日的
愿望。依田向驻上海的松井石根中佐和参谋本部田中义一次长做

---

① 《孙中山全集》第 4 卷，第 449～450 页。
② 《孙中山全集》第 5 卷，第 276 页。
③ 《孙中山全集》第 4 卷，第 471 页。
④ 《孙中山全集》第 5 卷，第 276、394 页。

了汇报，田中回电说：倘孙中山不在日本从事政治活动，来日无妨。①

日本军部同意孙中山赴日有其阴险的目的。松井向田中建议说："无论如何，将其（孙中山——笔者）引至日本为有利。"②这时，第一次世界大战已接近尾声。日本当局估计，大战一旦结束，欧美列强将重返中国，对日本独霸中国大为不利。于是，日本极力扶植段祺瑞，以抢在欧美列强重返之前统一中国，维护它在大战中攫取的大批侵华权益。当段祺瑞的武力统一受挫时，日本转而利用南北军阀"议和"的机会，积极活动，企图以南北军阀的妥协来达到统一。孙中山坚决主张南北统一的前提是恢复《临时约法》和重新召开旧国会。南北军阀均反对孙中山的这一主张，因此，日本认为孙中山是南北统一的障碍，密谋排除他。日驻北京公使馆副武官坂西少将向田中汇报说：依据《临时约法》恢复国会，将会迫使段祺瑞辞职，并且，国会还将审议与外国缔结的条约和借款等，这对日本非常不利。③林权助说：要将作为"障碍物"的"孙招至本邦"④，"孙离广东，军政府到底难以成立，很清楚，这能进一步促使广东平定"。⑤他就此向本野外相提出了建议。这些，明确地表示了日本同意孙中山赴日的目的。当时，中国国内也有人持同样的主张。如3月17日赴日⑥的唐绍仪于6月13日往访原敬，提出："应尽快去孙，若不去，对南北妥协有害。曾多次促其实行，此次终于决意离去。"⑦

孙中山赴日与犬养毅、头山满有直接的关系。松井中佐建议田中次长："可让犬养等招至"，"以犬养的地位劝告再次东渡如

① 《日本外交文书》大正七年第 2 册上卷，第 18 页。
② 《日本外交文书》大正七年第 2 册上卷，第 15 页。
③ 《日本外交文书》大正七年第 2 册上卷，第 11～14 页。
④ 《日本外交文书》大正七年第 2 册上卷，第 3 页。
⑤ 《日本外交文书》大正七年第 2 册上卷，第 3 页。
⑥ 《大阪朝日新闻》，1918 年 3 月 18 日。
⑦ 《原敬日记》第 4 卷，第 401～402 页。

何"。①田中是否根据松井的建议向犬养等人提出了这一建议，目前尚无从考证，但是，犬养和头山在 3 月 2 日致孙中山的书信中，以在中国南北对峙、政局混乱之时，为商议收拾东方之乱的名义，邀请孙中山赴东京。②3 月 20 日，孙中山复电犬养、头山："现正在粤筹备召集正式国会，阁下所欲面谈之事，倘为南北调和问题，则唐少川先生优为之，无文亲来之必要。若为东亚百年根本之大计，非与文面谈不可者，请即电复。"③这份复电是通过日驻广东武官依田大尉和菊池良一发出的。

3 月底或 4 月初，孙中山派朱执信持他致犬养毅、头山满、加藤（高明？）、尾崎（行雄？）、犬冢信太郎、寺尾亨、床次（竹二郎？）、秋山（真之？定辅？）、田中（义一？）、森山的书信赴日。④在致头山和犬养的信中，表明了这一时期孙中山的思想和解决南北问题的主张。孙中山在信中强调维持中国共和政体的重要性，指出："为国体之保障者为约法，而约法之命脉，则在国会"，"故解决今日时局，以恢复国会为唯一根本。只此一事，倘北方当局者能毅然断行，则文已十分满足，不求其他条件也"。⑤在信的末尾，表示深盼犬养毅来广东访问。犬养没有接受这一邀请，他对朱执信说：倘孙中山来日，"将设法安排与日本朝野名士的亲切会见，促成对南方政界有利的结果。并表示斡旋南北妥协的意向"。⑥朱执信就此向孙中山做了汇报，孙中山闻讯，决定赴日。⑦就在孙中山离广东赴日的前夕，5 月 16、19 日，寺内内阁与北京政府缔结了《日中陆海军共同防卫军事协定》，6 月 18 日，订立《吉会铁路借款契约》。这表明，寺内内阁正加紧推行其援段政策。

---

①《日本外交文书》大正七年第 2 册上卷，第 15～16 页。
②《孙中山全集》第 4 卷，第 409 页。
③《孙中山全集》第 4 卷，第 409 页。
④《孙中山全集》第 4 卷，第 421～423 页。
⑤《孙中山全集》第 4 卷，第 421～423 页。
⑥《日本外交文书》大正七年第 2 册上卷，第 21 页。
⑦《日本外交文书》大正七年第 2 册上卷，第 21 页。

5月21日，孙中山偕胡汉民、戴天仇离广东，经汕头、厦门、基隆赴日。所经之地，受到驻当地的日本官员的"厚意"接待。6月10日，孙中山一行乘邮船"信浓丸"抵达门司。宫崎滔天等从东京赶来迎接。①孙中山赴日的确切目的尚不明，孙中山在门司向日本记者说："今获小闲，得以来日。此夏拟在箱根度过，无会见日本朝野名士之希望"。②对国民党神户支部长杨寿彭则说："犬养等人催我来日，因而不应放过这一好机会。此次来日，思想上抱有很大期望，即希望在犬养等人的帮助下，开辟有利于南方政界的新局面"。③孙中山还对日本记者说："南方今日全不欲从日本借款，余亦不负欲求借款之意"。④以往，孙中山对日本的要求第一项总是借款，这次可以说是一个例外。

孙中山一行抵门司后，得到三井物产的帮助，当天傍晚便乘列车赴神奈川县国府津。大阪每日新闻社东亚部顾问泽村幸夫随行至大阪，菊池良一则在神户迎候。孙中山在箱根停留四天，会见了头山满、今井嘉幸等人。⑤孙中山通过与旧友会面，了解了日本的政情⑥，提出了他对中国南北问题和日本的对华政策的见解。孙中山在门司接见记者时指出："南方目的原在平和。惟致平和之道，不可不自恢复约法、国会始。……如北方真有爱平和之意，余与余同志者亦极表同情。而条件若何，当从多数意见"。⑦这与3月提出的以恢复《临时约法》和国会为南北和解的前提条件比较，似有松动。

孙中山一方面反对寺内内阁的援段政策，一方面又希望中日

①《宫崎滔天全集》第5卷，第714页。

②《东京日日新闻》，1918年6月11日。

③《日本外交文书》大正七年第2册上卷，第21页。

④《孙中山全集》第4卷，第483～484页。

⑤ 泽村幸夫：《迎送孙中山先生私记》。陈仁impl：《孙中山先生与日本友人》，大林书店，1973年，第119～122页。《东京朝日新闻》，1918年6月13日。

⑥《孙中山全集》第4卷，第484页。

⑦《孙中山全集》第4卷，第483页。

亲善。孙中山指出："两国亲善之实现，不是方法问题，而是意愿如何。余历来以日支亲善为急务，今后仍要运思构策"。[1]不久，孙中山因急性结膜炎在京都大学医学部医院治疗一周，23 日离神户回国。启程之际，他说："从日本的对支意见来看，日本国民同情南方，其真情确切。政府的态度终会更选至不成问题之时，且不必过分注重。国民的意愿更为重要。"[2]接着还说：将在上海居住两个月，下次拟偕家属再访日本。孙中山启程后，胡汉民奉命留在日本。

孙中山"抱很大期望"赴日，但未实现所期目的。孙中山与寺内内阁提出的解决中国南北问题的条件和主张一直是相对立的，两者间毫无妥协的余地。26 日，孙中山回到上海。通过这次短期访日，孙中山认清了寺内内阁的援段政策，加深了对解决中国南北问题的认识。他在上海上岸后，严厉谴责寺内内阁的对华政策为"对南方的讨伐"[3]，对寺内内阁的幻想随之破灭。

三、原敬内阁与对日批判

原敬内阁的对华政策

顽固推行援段政策时间达两年的寺内内阁在"米骚动"[4]的猛烈冲击下，于 1918 年 9 月 21 日总辞职。9 月 29 日，原敬内阁成立。原敬内阁取代寺内内阁，与第一次世界大战结束前后的国际形势变化及随之而来的日本对华政策有密切关系。至 1918 年春，

---

① 《东京日日新闻》，1918 年 6 月 11 日。
② 《东京朝日新闻》，1918 年 6 月 21 日。
③ 《东京朝日新闻》，1918 年 6 月 28 日。
④ 1918 年因日本出兵西伯利亚，米价暴涨。这便引起日本城镇市民捣毁米店、袭击米商的全国性骚动。据统计，全国 36 个市、129 个町、145 个村发生示威、暴动，参加者达 70 余万人。

第一次世界大战已近尾声，欧美列强又开始关心中国问题。在这种情况下，寺内内阁赶在欧美列强重返中国之前，着手巩固亲日的段祺瑞中央政权，并与之缔结了《日中军事协定》，从军事上、政治上加强了对中国的控制。同时，还通过对段政权的经济援助，在中国攫取了铁路、电信、矿山等殖民权益，企图以此突破以往的列强间的协调原则。日本统治阶级认为，这一内阁在大战结束后继续存在对与列强协调、交涉中国问题极为不利，因而要求具有主张国际协调新形象的内阁取代寺内内阁。

另外，日本的对华政策也发生了变化。寺内内阁企图加强段政权，支持其以武力统一中国。但是，至大战结束前夕，这一目的仍无从实现。相反，在中国国内，主张以南北妥协实现和平统一的势力迅速发展，反对段祺瑞武力统一政策的呼声高涨。这种形势也要求日本成立一个主张南北妥协与和平统一的新内阁。原敬内阁正是适应这一新形势的要求而成立的。

原敬在组阁前就批评寺内内阁的对华政策是"玩弄小策，已招致列国猜忌，支那人的反感，无论如何，将来很危险"[1]，主张停止干涉中国内政，"目前不干涉，俟优胜劣败，出现具有相当力量者时，始可采取相当措施"。[2]陆军内部也存在反对寺内援段政策的势力。参谋次长田中义一主张在中国建立包括孙中山在内的南北政治家合作的举国一致政府，参谋本部的青木宣纯中将也主张南北妥协。[3]

日本统治阶级内部的这种反对意见和主张，在大战结束前后新的国内外形势下，形成为一种政策，具体表现为原敬内阁的对华政策。原敬内阁认为，前内阁极端的援段政策在国际上使日本陷于不利地位，强调在中国问题上要与各国协调，劝告中国南北

---

① 《原敬日记》第 4 卷，第 176 页。
② 《原敬日记》第 4 卷，第 302 页。
③ 北冈伸一：《日本陆军与大陆政策》，第 204～205 页。

双方妥协，实现和平统一。这虽然部分地继承了前内阁的对华政策，但又必须指出，日本的对华政策出现了暂时的变化。积极策划这种变化的是新陆军大臣田中义一。[1]

原敬内阁的对华政策给内外的印象是：日本政府对中国南北坚持不偏不倚的态度。孙中山因此对原敬内阁抱有期望。原敬在1917年就主张南北妥协[2]，因此，孙中山对原敬的期望在其组阁前就存在。孙中山曾派戴天仇赴日传书。1917年6月29日，戴访原敬，介绍中国现状，要求原敬协助。[3]9月9日，张继和戴天仇再访原敬，试图说服其阻止寺内内阁的援段政策，使段祺瑞去职，实现南北一致，促中国共和政治之进步。[4]原敬拒绝了孙中山的要求，他说：孙中山对南北问题的主张是单纯的理论，"单纯的理论终究难以迅速获得成功。"[5]并攻击孙中山恢复《临时约法》和旧国会的主张是空想，不可能实现。[6]这种攻击不是偶然的。1916年春，大隈内阁和田中义一参谋次长等为推翻袁世凯，曾一时支援孙中山革命派。原敬反对这一政策，指出："倒袁难以顷刻实现，即使帮助革命党，也难以统一支那，而且，革命党得志，也不会始终接受日本支持，彼等还总认为自己不是日本的伙伴。"[7]这就明确表示了原敬对孙中山及其革命党的见解和态度。

原敬所主张的南北妥协的"南方"，没有包含孙中山革命党，主要是指陆荣廷、唐继尧等西南军阀及与之勾结的唐绍仪等。1918年春，唐绍仪赴日，他是一位既与陆荣廷勾结，又与孙中山保持微妙关系的人物。原敬企图在南方依靠唐绍仪推进南北妥协。4月14日，原敬与小川、床次、冈崎等在帝国饭店设宴招待唐绍

---

① 北冈伸一：《日本陆军与大陆政策》，第231页。
② 《原敬日记》第4卷，第307页。
③ 《原敬日记》第4卷，第297页。
④ 《原敬日记》第4卷，第313～314页。
⑤ 《原敬日记》第4卷，第297页。
⑥ 《原敬日记》第4卷，第314页。
⑦ 《原敬日记》第4卷，第163页。

仪。^①27 日，唐与殷汝耕往访原敬，与其会谈。唐在会谈中说：孙中山"奔走于理论，不宜于实行，我认为他是单纯的理论家"^②。企图实现排除孙中山的南北妥协。

原敬主张南北妥协的目的有：第一，为与苏俄对抗。早在 4 月 30 日，原敬就对山县说：为防止苏俄与德国停战后，德国势力东伸至中国，有必要促成南北妥协，成立统一政府，并给予帮助。^③德国战败后，日本的矛头自然转向了新生的苏俄。第二，为扩大日本在华势力。4 月 22 日，原敬在与寺内首相会谈时说："南北妥协应成为开始注入我势力的最好借口，务必要试行之"^④，露骨地道出了其侵略意图。第三，为与欧美列强对抗。4 月 27 日，原敬对唐绍仪说："欧洲大战后，各国将图谋在东洋恢复国力，我们东洋人一日也不应疏忽大意。"^⑤大战后，日本与欧美列强争夺中国的一个手段就是主张南北妥协。原敬抱着侵略目的主张南北妥协，并企图将孙中山革命党排除在南北妥协之外。孙中山数次派遣革命党人赴日要求原敬支持自己的主张，但均遭拒绝。后五国列强正式劝告召开南北和平会议时，孙中山仍然对原敬内阁抱有期望，力求争取其支持。

南北议和

这时，大战已进入尾声。英美等列强见胜局已定，又投入了对中国的争夺。9 月 26 日，英国率先向日本提出中国南北和平问题。^⑥英国企图以此重返中国，恢复大战前的对华控制权。新成立的原敬内阁为掌握中国南北和平的主导权，探询了北京政权的参

---

① 《原敬日记》第 4 卷，第 382 页。
② 《原敬日记》第 4 卷，第 393 页。
③ 《原敬日记》第 4 卷，第 376～377 页。
④ 《原敬日记》第 4 卷，第 390 页。
⑤ 《原敬日记》第 4 卷，第 393 页。
⑥ 《日本外交文书》大正七年第 2 册上卷，第 32～35 页。

议院议长梁士诒和总统徐世昌的意向，征得他们的同意后，准备对英国的提案表示赞成。10 月 18 日，原敬内阁决定与各国共同劝告南北妥协[①]，22 日，日本外交调查委员会对此做了审议。原敬首相说：倘放任中国南北问题，"将出现开他国干涉之端的形势……我帝国若公开提议，与国亦将表示赞同"，企图以此掌握主导权，加强对中国的控制。[②]

当时，中国人民希望和平统一，推动了南北妥协。但是，北京政权内部，皖系与直系军阀之间的矛盾激化，谴责段祺瑞武力统一政策的声浪日益高涨。在安福国会的选举中，反对内战，标榜中立的徐世昌当选为大总统，10 月，段祺瑞被迫辞去国务总理职。

5 月，孙中山辞去广东军政府大元帅职，退居七总裁之一。在这种国内外形势下，孙中山仍然主张以恢复《临时约法》和旧国会为维护共和政体的前提，并为实现这一目标而斗争。陆荣廷、唐继尧等西南军阀则密谋排挤孙中山，企图以放弃恢复《临时约法》和旧国会与北京政权妥协。因此，孙中山首先断然反对南北妥协。但是，他看到南北妥协已无法避免时，转而主张以尊重"护法"精神为实现南北和平的基础，被迫赞成议和。

为实现这种南北和平，孙中山要求日本给予支持。11 月 3 日，他会见日驻上海总领事有吉明，提出：南北"双方必须彻底尊重护法之精神，即要以旧国会制定宪法，以及重新选举大总统等条件为妥协的基础"[③]。并说：为日本和中国计，希望日本"以断然干涉之决心，命用以上条件解决"，断言："此次会议成否，首先取决于日本的态度"，并"反复提出，预期战后'盎格鲁撒克逊'

---

① 《原敬日记》第 5 卷，第 28 页。
② 小林龙夫编：《翠雨庄日记》，原书房，1966 年，第 278 页。
③ 《日本外交文书》大正七年第 2 册上卷，第 79～80 页。

的活动，日支提携为当务之急，切望日本采取断然措施。"①当时，李烈钧、柏文蔚、许崇智、陈炯明、黎天才、林海修、于右任等人指挥的护法军分散在广东、湖南、湖北、福建、陕西各省，难以抵抗南北军阀。另外，孙中山虽然与南方代表唐绍仪保持着微妙关系，但并不太信任他，"不交重任予他"②。在这种情况下，孙中山预计，大战后欧美列强与日本争夺中国的矛盾和对立将激化，于是计划利用日本实现"护法"的目的，恢复共和体制。孙中山派孙洪伊、张继等，也向日驻上海总领事表示：我们"要特别依靠日本的好意"③。

11 月，中国南北实现停战，南北妥协势在必行。孙中山判断这个停战令是因美国政府的劝告发出的。11 月 26 日，他再访有吉总领事，指出：美、英联合，欲将中国南北置于其控制之下，其结果可能"使日支协约（'二十一条'？中日军事协定？——笔者）等全遭毁灭之命运，即，日本势力将被驱逐出东亚"④。孙中山在此强调日本与英美争夺中国，仍然是为了利用列强间的对立，争取日本的支援。孙中山说，他在福建拥有三万人的兵力，"若日本给予适当援助，即可以福建为基础，进击浙江，使广东归服"，并可进而联合云南、四川、江西、山东的势力，使中国的过半地域从命，从而"可与日本提携，牵制英美的跋扈"。⑤有吉则表示：如果这样，有招致列国干涉之虞。孙中山当即回答："日本与其坐视英美之跋扈，毋宁在今日采取果断措施，援助彻底以东亚联盟为理想的自己，以望共谋将来之大计"⑥，并希望有吉迅速将这一意见转告日本政府。有吉了解孙中山为争取日本援助而利用美国

①《日本外交文书》大正七年第 2 册上卷，第 79～80 页。
②《日本外交文书》大正七年第 2 册上卷，第 79 页。
③《日本外交文书》大正七年第 2 册上卷，第 97 页。
④《日本外交文书》大正七年第 2 册上卷，第 113 页。
⑤《日本外交文书》大正七年第 2 册上卷，第 114 页。
⑥《日本外交文书》大正七年第 2 册上卷，第 114 页。

的停战劝告，但他向内田外相建议，从内外形势来看，利用具有日中联盟信念的孙中山为得策，有心援助孙中山。①

随着日本和英美等国劝告南北妥协的日期迫近，孙中山更是急切要求日本援助。11 月 28 日，孙中山早晚两次往访有吉总领事，力陈：第一，因南北妥协而造成的中国统一，将给中国和日本带来很大不利。第二，"日本有必要在中国拥有诚心诚意的日本党"，另一方面，自己"忧虑东亚的将来，（认为）不能离开日本"。第三，倘段祺瑞是一位真正的亲日论者，自己将立即与其联合，"南北妥协若不是段与自己之间的妥协，便无成立的理由。控制北方者为段，南方的主力则属自己，此两者之外的妥协不能成立"。②像与有吉 26 日会谈时那样，他再次恳求日本给予援助。③孙中山一直将段祺瑞视为最大的政敌，突然转而希望与段妥协，实现南北统一，目的在于：与亲日的段妥协，以争取日本援助。然而，段已于 10 月 10 日辞职，原敬内阁一改这一时期日本积极援段政策，原敬对徐世昌和梁士诒抱有"好感"④，不愿支持段祺瑞与孙中山联合。

12 月 2 日，日本与英美等五国将劝告"南北和平"的建议分别交给北方的徐世昌和南方的伍廷芳。日本不但拒绝了孙中山的要求，而且反过来要求孙中山支持日本的劝告。内田外相于 12 月 4 日指示有吉总领事："要使孙中山顾全大势之归向，此际应持稳健自重的态度，赞同日本的方针"。⑤次日，有吉将内田指示转告孙中山。孙中山则回到 11 月 3 日要求日本果断干涉"南北和平"的立场。对根据日本提议而开始的南北妥协，孙中山要求日本负起责任，并基于正义谋求其实现。他还对有吉说："非常希望（日

①《日本外交文书》大正七年第 2 册上卷，第 114 页。
②《日本外交文书》大正七年第 2 册上卷，第 119 页。
③《日本外交文书》大正七年第 2 册上卷，第 119 页。
④《原敬日记》第 5 卷，第 19～20 页。
⑤《日本外交文书》大正七年第 2 册上卷，第 134 页。

本）进行干涉，为顺从恢复旧国会等正义要求采取行动。"①

　　同时，孙中山从与段祺瑞妥协再次转向反段的立场。他谴责日本援助以段为参战督办的参战督办处，力陈："今须一律裁兵之际，日本尚培植部分军阀势力，采取产生相同结果的措施，徒招中外疑虑。"②原敬内阁虽然一改寺内内阁的积极援段政策，但是仍继承了其政策的一部分，将1918年9月签订的参战借款两千万日元的第一次付款三百五十万日元于12月4日交给北京政府。尽管大战已经结束，仍在帮助北洋军编练"参战军"。孙中山在日本继续援段而不可能与段联合的情况下，再次开始谴责日本和段祺瑞。

　　日本援助无望，孙中山一时又希望争取美国的支持。11月18、19日，他分别致信美国总统威尔逊和美驻华公使芮恩施。信中谴责日本的援段政策和段祺瑞破坏旧国会的行径，提出确立中国的民权、正义与永久和平的唯一条件为"民国国会须享有完全自由行使其正当职权"，并要求美国总统劝告北方军阀尊重这一国会。③

　　这一时期，孙中山仍然主张恢复国会，是因南方代表唐绍仪随后提出以恢复旧国会为南北妥协的前提，所以判断南北会议有希望实现这一目标。日本则攻击孙中山对南北妥协的主张是极端的论调，为"排除其极端论，促成妥协"，内田外相于1919年1月31日派孙中山的友人寺尾亨赴上海游说孙中山。④

　　因五国劝告及南北军阀、政客内部交涉，南北议和会议于1919年2月20日在上海召开。孙中山派胡汉民为他的代表参加会议，与南北军阀就福建、陕西两省的停战问题，南北裁军问题，作为会议焦点的国会问题以及"二十一条"和中日军事协定等问

---

①《日本外交文书》大正七年第2册上卷，第135～136页。
②《日本外交文书》大正七年第2册上卷，第136页。
③《孙中山全集》第4卷，第512～514页。
④《日本外交文书》大正八年第2册上卷，第3～4页。

题进行了斗争，但归于失败。在会议召开期间，孙中山于 2 月 23 日向有吉总领事谈自己的想法时说："自己今若为政界的孤立者，难以有何等施策。作为维持东亚大局所必需的日本势力之途径，今仍未改变当初牺牲以自己为首之南方的意见。但这一意见难以付诸实行，只能静观欧美的态度，再作打算。自己为彻底的革命者，但在这次会议上，始无足轻重。"①这表明他不愿完全放弃对日本的期望。

因军阀间矛盾重重，5 月 13 日谈判破裂。日本派往上海的寺尾亨回国后于 5 月 15 日向原敬首相汇报了会谈破裂的情况。②在这种情况下，日本为加强其对南北军阀的控制，企图以重金收买徐世昌大总统和南方代表唐绍仪，使两者间达成妥协。5 月 31 日，内田外相向原敬首相提出了这一意见。原敬说："余最初即相信无钱不能促成南北妥协，此事曾私下谈过"，并指示"对亲日派要给予相当援助"，可通过日本商人给徐世昌资金，但"要免遭列国疑忌政府干预"。③内田外相就此与高桥藏相进行了商议。同时，日本还打算给唐继尧以武器援助。唐派李黄宗赴日。7 月 25 日，李访原敬，要求日本政府对唐抱"好意"。④到这时，孙中山对原敬内阁及南北和平会议的期望完全破灭。

孙中山的对日批判

孙中山的对日批判与他对日期望的破灭有密切关系。孙中山的对日观可以说是由对日期望与失望构成的。要研究他的对日批判，首先应了解他的对日期望。孙中山于 1917 年 1 月 1 日发表在《大阪朝日新闻》上的《日支亲善之本义》一文，集中地反映了孙

---

① 1919 年 2 月 24 日，驻上海有吉总领事致内田外务大臣电，引自藤井升三：《孙文研究》，第 145 页。

②《原敬日记》第 5 卷，第 92 页。

③《原敬日记》第 5 卷，第 101 页。

④《原敬日记》第 5 卷，第 121 页。

中山在这一时期前半期的对日期望和对中日关系的态度。

在此文中孙中山认为，自袁世凯死去至 1917 年 6 月国会被解散的这段时间为重新实行共和政治的和平建设时期，指出这一时期得到了"日本道德的援助。"①所谓"道德的援助"，是指日本在护国战争时期援助孙中山革命党和西南军阀，在这一和平建设时期，希望解决中日亲善的根本问题，实现真正的中日亲善。孙中山在这篇文章中首先指出："要谋求两国的亲善，必须充分理解两国人民的根本思想和两国人民对其国家的根本希望，并制定根本性的政策方针。"②坦率地向日本表露了两国间矛盾的原因和中国的希望。进而指出："支那和日本原本就是立于东洋道德根基上的国家，且两国国民长期受同一文化圈的道德熏陶，因此在思想上无感情隔阂之虞，在道德上也无冲突之理由。"③明治维新前的中日关系，可以说正如孙中山以上所述。他接着分析："以往的误解纠纷，都是人为的原因产生的，而最重要的原因是两国在今日世界中的地位相异，即归于国势的强弱不同。"④两国的国势强弱是一个客观存在，但是，本质上的差异是资本主义或帝国主义的侵略与半殖民地的被侵略。孙中山虽然在这篇文章中使用了"欧美各国的压迫侵略"一语，但在谈到日本时则回避了这一用语。这可以说是孙中山的一种克制。

孙中山还说："支那具有新思想的人们了解世界大势，放眼东洋的未来，认为必须改革支那的政治，以促进文化的进步，国力的增强。因此，对先进国日本抱有很大的希望。"但是，"日本至今很少顾及支那的此希望，对支那的方针依然是追随欧美列强，而不是冲破正在实行的利益均沾、机会均等这一恐怖的羁绊。欧美列强随之能如此霸道，日本也就只能扩张一些受到限制的利

① 孙中山：《日支亲善之本义》，《大阪朝日新闻》，1917 年 1 月 1 日。
② 孙中山：《日支亲善之本义》，《大阪朝日新闻》，1917 年 1 月 1 日。
③ 孙中山：《日支亲善之本义》，《大阪朝日新闻》，1917 年 1 月 1 日。
④ 孙中山：《日支亲善之本义》，《大阪朝日新闻》，1917 年 1 月 1 日。

权。"①因此，中国人对日本抱有畏惧、猜疑和不满。②孙中山要求日本不受欧美"利益均沾、机会均等这种蚕食性主张的约束"，"帮助支那改善国势"，对中国修改利益均沾、机会均等主义的不平等条约的要求给予协助。③他预言："日本若对中国有识者希望修改不平等条约的努力给予协助，支那全国人民则将不但在精神上感激日本"，而且，因条约修改，中国经济发展，中国的购买力将增加十倍，向中国输出工业产品的主要国家日本，从而在经济上也可获得十倍的利益。两国的利益相通，敦睦关系也就会不断发展。④孙中山因此力陈："日本维新后，在政治上经历的最大困难即是法权和税权的收回。日本国民当时所希望的也是支那国民今日所希望的。若日本将己所欲施于支那，支那当在道德上回报日本。因这种道德的、精神的结合将得以彻底地真正实现日支亲善。"⑤

　　孙中山是如此希望实现中日亲善，而日本则正与他的期望相反，扶植中国的军阀，加紧进行侵华活动。在南北议和中，对孙中山的呼吁置若罔闻。孙中山对此极其失望。因这种失望和十月革命、五四运动的影响，孙中山从对日期望开始转向了对日批判。以往，孙中山一直在批判日本侵华，自 1919 年 6 月后，批判日本的次数增多，并更加深刻。他认为，日本侵华比欧美白色人种的侵华给中国带来的危险更大，指出日本是中国的最大敌国。他在 1919 年 6 月 24 日《答日本〈朝日新闻〉记者问》、1920 年 1 月 26 日《与〈益世报〉记者的谈话》、同年 6 月 29 日《致田中义一函》、8 月 5 日《在上海欢迎美国议员团时的演说》、11 月 8 日《与上海通讯社记者的谈话》等中，批判了日本的对华政策。在《致

---

　　① 孙中山：《日支亲善之本义》，《大阪朝日新闻》，1917 年 1 月 1 日。
　　② 孙中山：《日支亲善之本义》，《大阪朝日新闻》，1917 年 1 月 1 日。
　　③ 孙中山：《日支亲善之本义》，《大阪朝日新闻》，1917 年 1 月 1 日。
　　④ 孙中山：《日支亲善之本义》，《大阪朝日新闻》，1917 年 1 月 1 日。
　　⑤ 孙中山：《日支亲善之本义》，《大阪朝日新闻》，1917 年 1 月 1 日。

宫崎寅藏函》中，也触及了对日问题。在以上谈话、演说及信件
中，孙中山就日本的对华政策做了如下批判：

第一，谴责"近代日本对于东亚之政策，以武力的、资本的
侵略为骨干……对于中国，为达日本之目的，恒以扶植守旧的反
对的势力，压抑革新运动为事"[①]。辛亥革命以来，日本"极力援
助袁世凯，酿成民国四五年间之乱事"；袁死后，又援助段祺瑞，
支持张勋复辟，破坏国会，抛弃《临时约法》。[②]直皖战争时，日
本乘机支援与直系勾结的张作霖，唆张入京。[③]"就过去之种种事
实论，则人之谓日本政府对于中国所持政策，专以援助反动党
排除民主主义者为事者"，谴责日本压制广东军政府，压迫革命
党。[④]1921 年 4 月，重光葵来访时，孙中山斥责了日本军阀，猛
烈地谴责了日本的侵华政策。

第二，激烈谴责"二十一条"。孙中山说："这二十一条款所
决定的，差不多完全把中国主权让给日本了。在这种协定底下，
中国就要成了日本的附属国，日本的陪臣国，恰和日本从前在高
丽所用方法一样。"[⑤]他指出："实行二十一条款之统一的中国，就
是日本把整个中国征服去了。……中国的大混乱，是二十一条款
做成的，如果废除了他，就中国统一马上可以实现。"坚定表示：
"我们革命党，一定打到一个人不剩，或者二十一条款废除了，才
歇手。"[⑥]袁世凯与日本签订"二十一条"时，孙中山没有进行公
开批判。这一时期的公开批判，与其说是孙中山对"二十一条"
的认识有了飞跃，毋宁说是他在新形势下采取的公开行动，即是
对以往克制的解放。

---

① 《孙中山全集》第 5 卷，第 276 页。
② 《孙中山全集》第 5 卷，第 276、299 页。
③ 《孙中山全集》第 5 卷，第 277、299 页。
④ 《孙中山全集》第 5 卷，第 276 页。
⑤ 《孙中山全集》第 5 卷，第 298 页。
⑥ 《孙中山全集》第 5 卷，第 300 页。

第三，在山东问题上，猛烈谴责日本。孙中山说："日本竟强行占据胶、青，无异强盗行为！日本可为强盗，吾国断不能与强盗交涉，更不能承认强盗有强夺吾国土地之权利"[①]，谴责日本在巴黎和会中拒不将山东归还给中国。警告日本："今日之承继德国山东权利者，即为他年承继德国败亡之先兆而已"[②]，强烈要求日本归还山东主权。他强调，山东问题与"二十一条"和参战问题相关，若不取消包含山东问题的"二十一条"，山东问题就无法解决。[③]指出，日本乘劝诱中国参战之机，"与列强缔结密约，要以承继德国在山东之权利"，并"欲以中国服劳，而日本坐享其利也"[④]。

第四，孙中山主张解决山东问题的根本办法第一步应先"取消《马关条约》，扶持韩人独立"[⑤]。这是他第一次提出取消《马关条约》的主张。对满洲问题，孙中山强调：日本"应于租借期满后，退出满洲各地"[⑥]。

第五，就中国参战问题和中日军事协定，激烈谴责日本。孙中山指出：日本劝诱中国参战的阴险目的是在"参战这个表面名称里头，打算用军事统辖来征服中国"[⑦]。1918 年 5 月缔结的中日军事协定就是为实现这一阴险目的的具体措施，因而强烈要求取消这个协定。

最后，孙中山谴责了日本援助北洋军阀的政策，他向来访的日本人神田生说：北洋军阀能维持北京政权，"首先是日本明里暗里给予援助的结果。"我们因此"加强了反对日本的决心"。[⑧]

---

① 《孙中山全集》第 5 卷，第 206 页。
② 《孙中山全集》第 5 卷，第 74 页。
③ 《孙中山全集》第 5 卷，第 399 页。
④ 《孙中山全集》第 5 卷，第 72 页。
⑤ 《孙中山全集》第 5 卷，第 206、399 页。
⑥ 《孙中山全集》第 5 卷，第 206、399 页。
⑦ 《孙中山全集》第 5 卷，第 298 页。
⑧ 《东京朝日新闻》，1920 年 6 月 12 日。

接着，孙中山分析了中日两国关系如此恶化的原因。他指出："日本武人，逞其帝国主义之野心……以中国为最少抵抗力之方向，而向之以发展其侵略政策焉，此中国与日本之立国方针，根本上不能相容者也。"①因此，我国人民"认日本为民国之敌"，并警告日本："若再以乱中国之和平为事，则国人之恶感更深，积怨所发，其祸将不止于排货"②，痛斥日本的压迫和掠夺，"已处中国于台湾、高丽之下矣。是可忍孰不可忍？""日本之劝中国参战，同时又攫取山东权利"，令中国人民"痛恨日本深入骨髓"。③孙中山对来访的北海道大学农学部教授森本厚吉说：他公开谈论反日的原因是："观察日本在日清（甲午——笔者）、日俄战后的行动，不能不相信日本有领土野心"，并揭露了日本的侵华行径。④

孙中山在给宫崎滔天的信中指出：今后，"白人外患，可以无忧。此后吾党之患，仍在日本之军阀政策。"⑤这是对第一次世界大战后，后起的帝国主义国家日本取代英国，充当侵华先锋，成为中国最危险的敌人这一事实的正确判断。

为了对抗日本的侵华政策，孙中山首先是争取联合欧美，特别是美国。1920 年 8 月 5 日，孙中山在欢迎美国议员团⑥时的演说，标志了这一对外政策的变化。孙中山在演说中要求美国议员团结束在中国的访问后，赴日时倡导废除"二十一条"。⑦他在 10月 5 日致宫崎滔天的书信中也表示了联英美排日的想法，并指出这一责任在日本方面。⑧孙中山不仅在言论上，而且也在行动上争

① 《孙中山全集》第 5 卷，第 72 页。
② 《孙中山全集》第 5 卷，第 277 页。
③ 《孙中山全集》第 5 卷，第 73 页。
④ 《读卖新闻》，1920 年 9 月 17 日。
⑤ 《孙中山全集》第 5 卷，第 354 页。
⑥ 在上海，上海总商会、欧美同学会、寰球学生会等 11 个反日团体集会热烈欢迎美国议员团。
⑦ 《孙中山全集》第 5 卷，第 300～301 页。美议员团赴日后，不仅没有向日本转告孙中山的意见，反而向内田外相等表示了好意，见《原敬日记》第 5 卷，第 279 页。
⑧ 《孙中山全集》第 5 卷，第 354 页。

取联合美国。1917 年 8、9 月间，他偕胡汉民访美国驻广东总领事，要求美国提供财政、武器援助以及承认广东政府等。①

第二，重视国会作用的孙中山主张恢复旧国会，以通过国会的决议废除"二十一条"和中日军事协定。②同时，以此作为重开南北议和的先决条件，迫使北京政府废弃这两个协定。③

第三，孙中山指出，"二十一条"不是单纯的中国人问题，也不是单纯的外国人问题，主张中国人和日本人中间的民主分子联合起来，废除"二十一条"。④他将日本统治阶级和日本民主主义者区别开来，表示："深望日本民间同志，有以纠正军阀之方针，不为同洲侵略之举，而为同舟共济之谋。"⑤10 月，孙中山派蒋介石持他致头山满、寺尾亨的书信赴日，介绍他的现状和意见。⑥

孙中山在这一时期严厉谴责日本的侵华行径，同时也时常怀念以往援助过中国革命的日本友人，对他们表示了深切的敬意。1919 年 9 月，他在"山田良政建碑纪念词"中，表彰了山田良政"为中国人民自由奋斗之平等精神"。⑦同年 5 月 30 日，菊池良一之兄去世，他寄去一百日元，"聊表哀唁"。⑧还派蒋介石赴日后向患病中的犬冢信太郎表示慰问。⑨这些活动，加深了与日本志士的友谊。

---

① 韦慕廷：《孙中山——壮志未酬的爱国者》，第 102～103 页。
② 《孙中山全集》第 5 卷，第 299 页。
③ 《孙中山全集》第 5 卷，第 299～300 页。
④ 《孙中山全集》第 5 卷，第 300 页。
⑤ 《孙中山全集》第 5 卷，第 354 页。
⑥ 泽村幸夫：《迎送孙中山先生私记》。陈仁朋：《孙中山先生与日本友人》，第 272 页。
⑦ 《孙中山全集》第 5 卷，第 119～121 页。
⑧ 《孙中山全集》第 5 卷，第 61 页。
⑨ 泽村幸夫：《迎送孙中山先生私记》。陈仁朋：《孙中山先生与日本友人》，第 271～272 页。

四、第二次广东军政府与三大政策

十月革命与五四运动

孙中山的对日批判是对日本失望后产生的，同时又与十月革命和五四运动对他的影响有密切关系。

孙中山希望日本给中国革命党以经济、军事援助，废除两国间的不平等条约。日本出于其侵华的需要，曾给孙中山以短时间的援助，接着便是竭力地压制。孙中山的对日期望随之一时破灭。他因此激烈谴责日本。就在这时，十月革命成功了。苏俄提倡世界被压迫民族实行大联合，主张废除帝俄时期与外国缔结的一切不平等条约、各被压迫民族一律平等。1919 年 7 月和 1920 年 9 月，苏俄发表两次对华宣言，宣布要废除帝俄与日本、中国以及协约国方面缔结的秘密条约；将中东铁路、租借地、租借的矿山和森林以及其他产业等均无条件地归还中国；放弃庚子赔款；废除在华的治外法权；与中国缔结友好条约以及关于中东铁路的新条约。十月革命的成功给孙中山带来了希望和信心。1918 年夏，孙中山致电列宁和苏维埃政府，对俄国革命党所进行的艰苦斗争表示十分钦佩，并希望中俄两党团结共同斗争。他对苏维埃政权的组织、军队以及教育也表示了极大的关注。[①]1920 年秋，孙中山在上海会见共产国际的代表，表示希望苏俄提供军事援助，并希望与苏俄广播电台取得联络，期望中国南方的斗争与苏俄的斗争联合起来。[②]就这样，孙中山由对日本的失望和批判，开始转向对苏俄的期望。

1919 年 5 月 4 日，五四运动爆发。这是一场反封建的新文化

---

① 陈锡祺主编：《孙中山年谱长编》，上册第 1129 页，下册第 1374 页。
② 金冲及主编：《孙中山研究论文集》，四川人民出版社，1986 年，第 993 页。

运动，也是一场反帝爱国运动。青年学生和民众强烈要求收回山东主权、废除"二十一条"，给亲日分子以沉重打击。从这个意义上来看，可以说，五四运动又是一场反日运动。这场全国规模的运动当然给孙中山的对日观以有力冲击。孙中山支持、鼓励这场运动，他出席上海青年学生的集会，支持他们的正义斗争。通过这次运动，孙中山开始注意民众的力量，坚信青年学生和民众参加革命，革命就必将取得胜利。以往，他总是期望日本援助，其重要原因之一在于对人民大众的力量缺乏认识，认为只能依靠外国援助。他发现国内新的革命力量后，对日本的期望相对减少，这表现为对日的猛烈抨击。

十月革命和五四运动的影响，不但促进了孙中山的对日批判和对日观的变化，而且使旧三民主义发展为新三民主义，将其革命推向了一个新阶段。第二次广东军政府与联俄、联共、扶助农工三大政策就是在这一历史背景下出现的。

第二次广东军政府

五四运动后，孙中山从以恢复《临时约法》和旧国会的护法运动转向发动新的革命运动。1919 年 8 月 7 日，孙中山正式辞去第一次广东军政府政务总裁职，断然与西南军阀决裂。10 月 18 日，孙中山在上海寰球中国学生会上的讲演中提出："吾人欲救民国，所可采者惟有两途：其一，则为维持现状，即恢复合法国会，以维持真正永久之和平也；其二，则重新开始革命事业，以求根本改革也。"①这一时期，孙中山走上了"求根本改革"的道路。

孙中山计划首先击溃占据广东的西南军阀，收回革命根据地，统一南方，接着发动北伐，推翻北洋军阀把持的北京政权。当时，孙中山革命党有陈炯明统率的两万兵力驻扎在福建漳州。孙中山

①《孙中山全集》第 5 卷，第 139 页。

派廖仲恺、朱执信等赴福建，向陈炯明传达进攻广东的命令。陈于 1920 年 8 月分兵三路进攻广东，很快击退陆荣廷、岑春煊等桂系势力，收复广东。11 月 28 日，孙中山回到广州，29 日，建立了第二次广东军政府，宣布继续护法。但是，孙中山很快认识到护法不能解决根本问题，于是放弃了以改正北京政府之非法行为为主旨的护法口号，并突破军政府以往的局限，提出了建立正式政府的构想。1921 年 4 月 7 日，广东的参众两院制定《中华民国政府组织大纲》。5 月 4 日，撤销了军政府；5 日，成立中华民国，孙中山就任非常大总统，发布《大总统就职宣言》及《大总统就职对外宣言》，宣布新政府是代表全中国的政府，北京政府是非法政府，要求各国承认新政府为唯一合法政府。①他表示，尊重"列强及其人民依条约、契约及成例，正当取得之合法权利"，新政府"诸所措施，抱开放门户主义，欢迎外国之资本及技术"。②

北洋政府对广东新政府的成立极端仇视，勾结桂系军阀陆荣廷进犯广东。6 月底，孙中山命令陈炯明、李烈钧、许崇智等率军迎击。8 月，革命军平定广西，巩固了新政权。接着，孙中山决定乘胜出师北伐，完成统一全国的任务。这一时期，北洋军阀内部为争权夺利，矛盾十分尖锐。1920 年 7 月，爆发了直皖战争。依靠日本支持把持北京政权的段祺瑞皖系军阀被直奉联军击败，走向没落，直、奉军阀控制了北京政权。孙中山为推翻这个政权，实现全国统一，于 1921 年 12 月 4 日，在桂林设立北伐大本营，翌年 2 月 3 日以大元帅名义发出北伐令。可是，由于陈炯明暗中破坏，孙中山被迫于 3 月 26 日暂时中止北伐。

北伐的主要敌人是吴佩孚和张作霖。但是，孙中山在这一时期为争取美国的援助，对抗日本，避免公开反对吴佩孚，于是将北伐的矛头首先指向张作霖。张是得到日本支持的亲日派头子。

---

① 《孙中山全集》第 5 卷，第 531～533 页。
② 《孙中山全集》第 5 卷，第 531～533 页。

孙中山通过张与日本勾结的事实，揭露北京政权与日本的关系，将反张、反北京政权的斗争与反日斗争联系在一起。张自日俄战争时期就与日本勾搭，寺内内阁推行反袁政策时，得到日本的积极援助，势力迅速扩大，成为控制中国东北的奉系军阀。孙中山于 1921 年 4 月与苏俄记者谈话时指出：张作霖是"听命于日本人的反动君主派势力的头子……中国的一切黑暗势力和敌人都麇集在他的周围"[1]。我们为中国的统一、强大，正在与其进行斗争。孙中山判断：张作霖"名义上是满洲军队的统帅和督军，但实际上是北京'政府'所听命的主子。而他本人却又在一切重大的、与日本有关的事情上听命于东京。因此，可以正确地断言：在与日本切身利益有关的一切重大政策问题上，北京实际上是东京的工具。"[2]孙中山做了以上分析和判断后指出：革命的任务"就是为统一中国而斗争和同日本作战"[3]。同年 11 月，孙中山在与美国记者谈话时，美记者问：是否实行北伐？他回答说："吾人并不攻伐中国之北方，乃欲与日本战耳"！[4]这意味着北伐是与日本的斗争。他从言论上的对日抨击进而强调行动上的反日主张，并计划付诸实施。

这一时期，孙中山仍然要求日本收回"二十一条"，谴责日本在中国扩张其势力，"拟以施诸高丽人之手段，复施诸吾人，将中国改成日本之殖民地"[5]，提出南北和平的先决条件是废除"二十一条"。[6]为对抗日本，孙中山拟利用因北洋军阀内讧而于 1918 年 10 月辞去总理职的段祺瑞及其"参战军"，即边防军。1919 年秋，孙中山与段取得联络，段向孙中山保证废除"二十一条"及

---

① 《孙中山全集》第 5 卷，第 527～528 页。
② 《孙中山全集》第 5 卷，第 592 页。
③ 《孙中山全集》第 5 卷，第 529 页。
④ 《孙中山全集》第 5 卷，第 626 页。
⑤ 《孙中山全集》第 5 卷，第 514、516 页。
⑥ 《孙中山全集》第 5 卷，第 516 页。

基于其上的中日军事协定。①段祺瑞和张作霖都是亲日的军阀，但在北京政权、北洋军阀的内讧中产生了暂时的对立。孙中山计划利用军阀间的这种矛盾，"用日本所练的边防军，来打日本"②。因段祺瑞在直皖战争中失败，这个计划没有实现。孙中山认为，段祺瑞在直皖战争中失败的原因是排日势力和亲日势力张作霖联合所致。③吴佩孚成功的唯一原因"乃在张作霖奉日本之命，反抗段氏"。日本之所以如此，其唯一理由，"乃在段氏允余取消二十一（条）要求。"④

孙中山还通过反对北京政权的大总统徐世昌和总理梁士诒表示他的反日立场。在南北妥协问题上，日本支持亲日的徐、梁，企图以他们为主实现南北妥协。因此，孙中山反对徐、梁，特别是反对他们的代表参加华盛顿会议。他发表宣言，揭露"二十一条"、满蒙等四路密约及其他秘密协约缔结于徐世昌及其党徒之手，宣布："徐世昌对于中国问题，以道德言，以法律言，均无发言之余地，更无派遣代表之资格。"⑤其所遣代表签署的决议案，中华民国"概不承认，亦不发生效力"⑥。华盛顿会议召开后，孙中山于1922年1月9日发布《宣布徐世昌梁士诒罪状通告》，揭露徐、梁及其伪代表"在华盛顿与日本代表秘密商妥山东事件，急谋向日本借款之事"⑦。

在华盛顿会议召开之际，孙中山希望利用日美在中国和太平洋地区的矛盾，争取美国的支援，以对抗日本。1921年9月18日，他在与美国记者谈话时预言："如美国今不协助中国，抵拒日本，则美国将来必至与日本开战"，要求美国采取措施，取消承认

①《孙中山全集》第5卷，第299～300、464页。
②《孙中山全集》第5卷，第300页。
③《孙中山全集》第5卷，第300页。
④《孙中山全集》第5卷，第464页。
⑤《孙中山全集》第5卷，第595～596页。
⑥《孙中山全集》第5卷，第595～596页。
⑦《孙中山全集》第6卷，第58～59页。

日本在华殖民权益的《蓝辛—石井协定》。①他还说："中国南部人民，今力争美人所主张之开放门户主义，美人或不知此事实。惟美人欲助中国南方政府，今须从速，否则无及。因美国如不早助中国南方政府，南方政府或竟不能待美国之赞助，而为日本侵略压力所推倒也。"②同月，孙中山致信美国总统哈丁，预言日本将于1925年占领满洲，走上征服中国的道路，其后，将对美国开战。他在信中强调，为防止发生这种情况，美国应迅速承认广东政府，并协助推翻亲日的北京政府。③但是，美国政府不愿支持孙中山和广东政府。④

孙中山还主张联合德国，并秘密与德国联络。在大战期间，孙中山反对中国对德宣战。战后，德国与中国缔结的不平等条约因战败而被废除，孙中山这时认为德国与中国具有同样的利害关系，于是派朱和中赴德国开展秘密外交，争取联合德国。⑤这种联合已不是孙桂会谈中提出的日德中三国联合，而是企望实现中德联合，对抗日本。

孙中山对日批判与联合欧美的倾向在日本引起反响。《东京朝日新闻》登载了孙中山于6月29日致田中义一的谴责日本军部和田中陆相的书信。⑥《东京日日新闻》以"支那赤化运动——民党一派逐渐具体的暗中飞跃"为题，报道："预期孙文氏等将作为支那的列宁、托洛茨基开展活动。"⑦其他报纸也纷纷报道孙中山"赤化""亲美、亲英"等。

对此多少抱有一些不满的宫崎滔天和萱野长知于1921年3月12日赶至广东，与孙中山会谈两次，介绍了日本新闻机构和舆

---

① 《孙中山全集》第5卷，第604页。

② 《孙中山全集》第5卷，第604～605页。

③ 韦慕廷：《孙中山——壮志未酬的爱国者》，第112～113页。

④ 韦慕廷：《孙中山——壮志未酬的爱国者》，第113～117页。

⑤ 韦慕廷：《孙中山——壮志未酬的爱国者》，第117～119页。

⑥ 《东京朝日新闻》，1919年7月12日。吴相湘：《孙逸仙传》下，第1546～1550页。

⑦ 《东京日日新闻》，1919年10月10日。

论的动向。孙中山向他们说:"余不认为余等多年主张的三民主义有改变之必要,并期望彻底贯彻此主张",并回答说:亲美云云,"与其问余,毋宁问日本当局"。①宫崎对孙中山的态度表示理解,他说:"大隈内阁提出二十一条极其无理,寺内内阁的援北主义也是蛮不讲理。而商人则是唯利是图。一般国民也极为傲慢。一国之国民没有理由甘受这种侮辱",并指责:排日的挑动者就是日本的恶劣外交和原敬内阁的无能。②这是宫崎与孙中山的最后一次见面。他回国后,于翌年12月6日去世。

孙中山进行北伐统一全国的计划和联合美、德的构想因陈炯明于1922年6月16日发动反革命政变而遭受挫折。陈炯明宣扬所谓"广东人的广东",勾结地方军阀,大谈"联省自治",企图保全实力,巩固个人的权力和地盘。他反对孙中山进行北伐、统一全国的计划,并悍然发动武装叛乱,围攻总统府。孙中山冲出叛军包围,随军舰移动于珠江上五十多天,8月14日回到上海。第二次广东军政府宣告失败。

三大政策

陈炯明叛变,给孙中山以极大冲击。9月18日,他在上海发表《致海外同志书》,指出:自己"率同志为民国而奋斗垂三十年,中间出死入生,失败之数不可偻指,顾失败之惨〈残〉酷未有甚于此役者。盖历次失败虽原因不一,而其究竟则为失败于敌人。此役则敌人已为我屈,所代敌人而兴者,乃为十余年卵翼之陈炯明,且其阴毒凶狠,凡敌人所不忍为者,皆为之而无恤。"③中国国民党员陈炯明的叛变,给孙中山以很大的教训,他开始感到应改组国民党,探索新的革命道路。

---

① 《宫崎滔天全集》第1卷,第572页。
② 《宫崎滔天全集》第1卷,第587~588页。
③ 《孙中山全集》第6卷,第555页。

孙中山很早就向往十月革命，回顾屡遭挫折的中国革命，他希望学习俄国革命的经验，非常关注领导革命的俄国革命党和苏维埃红军的组织情况。1921 年 12 月，他在桂林通过与共产国际所遣代表马林的接触，进一步加深了对苏俄的了解。1922 年 1 月 4 日，他在桂林的一次演说中指出："法、美共和国皆旧式的，今日惟俄国为新式的。吾人今日当造成一最新式的共和国。"①他与马林的三次长谈时，就探讨过中俄联盟的可能性，期望苏俄支援中国革命。陈炯明叛变，使孙中山愈益坚定了联俄的信念。

孙中山的联俄政策是他联共、扶助农工政策的起点，自然地与联共政策相关。因共产国际和中国共产党以及孙中山与国民党左派的共同努力，国共两党日趋合作。1922 年 8 月，中共党员李大钊加入国民党。孙中山在共产党的帮助下，积极筹备改组国民党。9 月 6 日，他指定九人为国民党改组案起草委员，其中有共产党员陈独秀。1923 年 1 月 1 日，《中国国民党改组宣言》发表。随着联俄政策的推进，1 月 26 日，发表了《孙文越飞宣言》。宣言保证：苏俄对民国的统一和独立国家的建设给予援助，并再次确认废除帝俄与中国之间缔结的不平等条约。②孙中山与苏俄的合作关系由此确立。孙中山对外联俄，对内联共、扶助农工，对革命的前途充满信心。他以往争取日本和欧美列强援助的意识已十分淡薄，对日本的态度也暂时变得冷淡。

1922 年 4 月，因北京政权内部吴佩孚与张作霖的矛盾激化，爆发了第一次直奉战争。亲日的张作霖败走，北京政权完全落入亲英美的军阀吴佩孚手中，日本的势力从而被排除出北京政权。孙中山为了利用日本与吴佩孚及吴佩孚与张作霖、段祺瑞之间的矛盾，推翻北京政权，改变了以往与张、段的对立态度，重视联合他们的力量。12 月 26 日，孙中山再次派汪精卫赴奉天，联络

<hr>

① 《孙中山全集》第 6 卷，第 56 页。
② 陈锡祺主编：《孙中山年谱长编》下，第 1563～1564 页。

张作霖。1923 年 1 月 26 日，又派于右任赴天津，联络段祺瑞。
张、段也分别派代表至上海、广东，进一步促进与孙中山合作倒
直的关系。孙中山还与浙江的亲日军阀卢永祥保持联络，致力于
结成孙、段、张三角同盟。

　　这一时期，孙中山担心日本援助北京政权。他探询日驻上海
领事馆副领事田中：近来，日本政府屡次表示采取中立，但是，
"现内阁是否有确守其所声明的中立？"①田中表示，现政府将极
力贯彻中立政策。孙中山这时对与日本的亲善、提携仍抱有希望。
华盛顿会议后，日本被迫将胶州湾归还给中国。1922 年 12 月 11
日，孙中山对来访的驻上海日海军军官津田中佐说：这"诚为可
喜之事"，"将来，日支两国国民倘真正达成亲善提携之谅解，两
国间成百之悬案均可迎刃而解"，"希望日本朝野摆脱旧套，根本
革新日支两国间的亲善关系。"②1923 年，第三次广东军政府成立
后，孙中山和广东政府频繁与日本驻广东总领事天羽英二往来，
要求日本援助。

---

　　①《日本外交文书》大正十一年第 2 册上卷，第 533 页。
　　②《日本外交文书》大正十一年第 2 册上卷，第 542～543 页。

第七章　第三次广东军政府与日本

1923 年 2 月 21 日，第三次广东军政府成立，孙中山就任大元帅。这一时期，孙中山将旧三民主义发展为新三民主义，积极着手改组国民党，开展反帝、反军阀斗争，将革命推进到了一个新的阶段。本章拟探究这一重要时期，孙中山对日本有何期望，日本有何对策以及孙中山致犬养毅函、关余、商团事件、孙中山北上与大亚洲主义等诸问题。

一、第三次广东军政府与关余、商团事件

第三次广东军政府

孙中山在苏俄和中国共产党的帮助下着手筹划改组国民党，同时，展开了收复革命根据地——广东的斗争。当时，广东在第二次广东军政府和陈炯明的控制之下。1922 年 10 月，孙中山将驻扎在福建省的北伐军改编为讨贼军，任命许崇智为东路讨贼军总司令。孙中山利用西南军阀与陈炯明的矛盾，于这一年冬季，联合西南军阀杨希闵、刘震寰等，组织了西路讨贼军。1923 年 1 月 4 日，孙中山下令讨伐陈炯明，粤军第一、二师等起义响应，陈在内外攻击下迅速溃败。1 月 16 日，陈炯明狼狈逃往惠州。

2 月 15 日，孙中山离上海，经香港，于 21 日回到广州，随

即成立了第三次广东军政府。以往两次军政府都是联合军阀组成的政权，这次军政府则是以国民党为主体的政权。孙中山就任军政府大元帅，任命胡汉民为广东省省长、廖仲恺为财政部长（5月7日后任广东省省长）、伍朝枢为外交部长、谭延闿为内务部长、孙科为广州市市长。

第三次广东军政府是与曹锟、吴佩孚把持的北京政府鼎立的政权。第一次直奉战争后，直系军阀吴佩孚掌握了北京政府的实权，其背后得到英美的支持。段祺瑞垮台和吴佩孚掌权，使日本失去了对北京政权的控制权，于是，日本支持直奉战争后败走东北的奉系军阀张作霖与吴佩孚相对抗。第三次广东军政府时期，日本相继出现加藤（友三郎）、山本、清浦、加藤（高明）四内阁。1924年5月，清浦内阁制定《对华政策纲领》。这个纲领说明了这一时期日本对华政策的一个侧面。纲领的第三项规定：

> 鉴于支那政局之现状，目前不要偏重于中央政府，尽可能广泛地与地方实权者结成良好关系，以图谋我势力在各方面的伸张。因此，经常以公平之态度对待地方实权者，对其正当目的，予以好意的援助。但援助的适度及方法，根据帝国的利害关系加以适宜调节。①

所谓地方实权者主要是指张作霖，但是，在研究日本对孙中山广东军政府的政策时，也可作为参考。

第三次广东军政府成立后，3月，日本外务省任命天羽英二为日本驻广东总领事。天羽曾作为随员参加巴黎和会和华盛顿会议，是一名颇有声望的外交官。日本政府派天羽至广东与孙中山有关。当时，《北京周报》载文说："天羽广东总领事从味觉判断，

---

① 日本外务省编：《日本外交年表及主要文书》下，第61页。

孙文这一'味精',作为人的营养是否有效,须尝方知。事实上,乍一看孙文与地方军阀并无何等区别。所谓孙文主张之甘味,须慢慢咀嚼方会出现。"[①]5月13日天羽至广州,1925年2月20日离任。1935年3月12日,天羽在一次集会上就其对孙中山的感想所发表的讲话,表明他对孙中山与军阀的差异、孙中山的精神和人格具有一定认识。[②]

日本承认北京政府为合法政府,没有承认广东军政府。若依据国际法,日本外务省派出机构的代表总领事不能与广东军政府进行外交接触。但是,天羽于5月16日在廖仲恺的陪同下到大本营访孙中山。孙中山对天羽强调了"日本执行独立外交的必要性"[③]。9月16日和关余斗争中的11月6日,孙中山又在大本营会见了来访的天羽。[④]天羽在1935年回忆说:"孙先生常对我主张大亚细亚主义,说作为亚洲国家的日本仿效欧美推行帝国主义政策是不应该的。日本应主动废除不平等条约,实现真正的富有成效的日中提携"。[⑤]天羽则强调改造中国国内的政治,提出应在此基础上取消不平等条约,拒绝了孙中山这一要求。[⑥]天羽到任后,与广东军政府要员之间的宴会和往来非常频繁。天羽到任的次日,便设宴招待广东省省长廖仲恺等人。5月16日,孙科、廖仲恺、杨庶堪、吴铁城、陈少白等设宴招待天羽。天羽在任期间,广东军政府要员频繁招待他。[⑦]这种接触,超出一般的外交礼仪,表明了当时广东军政府与日本关系的一个侧面。

广东军政府迫切希望向日本借款。5月22日,廖仲恺向天羽提出以省长公署为抵押,以盐税收入支付的条件,向台湾银行借

---

① 《北京周报》第121号,民国远东新信社,1924年,第848页。
② 《天羽英二日记·资料集》第1卷,第1418～1422页。
③ 《天羽英二日记·资料集》第1卷,第1325页。
④ 《天羽英二日记·资料集》第1卷,第1344、1351页。
⑤ 《天羽英二日记·资料集》第1卷,第1420页。
⑥ 《天羽英二日记·资料集》第1卷,第1420～1421页。
⑦ 《天羽英二日记·资料集》第1卷,第1325页。

款二十万日元。^①其后，廖仲恺多次派他的代表向品佳与天羽交涉借款。7 月 11 日，廖就市政借款问题与天羽会谈。^②并于 8 月 4 日、28 日对天羽提出以人力车税为抵押，由华南银行借款的要求。^③此外，叶夏声、马泊年、廖朗如、吴尚鹰分别向天羽提出十万、四十五万、两万、十万日元的借款要求。因目前尚未发现有关史料，这些借款交涉的结果尚无从考察。9 月以后，广东军政府官员不再向日本提出借款要求。

另外，广东军政府还从日本农商务省招聘技师调查高州矿山，山田纯三郎负责招聘工作，后藤新平也参与了此事。^④广东军政府通过天羽与日本人竹藤、甲府交涉造币厂问题，8 月 17 日，双方签署造币厂契约。^⑤此外，6 月 30 日廖与天羽会谈，遣广东军政府特派员赴日本，10 月 13 日商议他访日的安排等问题。^⑥

9 月 1 日，日本发生关东大地震，广东军政府以孙中山的名义，直接向后藤新平等人发出了慰问信。^⑦

1922 年下半年，中国各地兴起反日运动，至 1923 年，东北、华北、华中、华南各地要求废除"二十一条"、归还辽东半岛的反日运动高涨。这场反日运动也波及广东军政府管辖下的广东和福建。香山县青年学生查封日本产棉纱，并发起抵制日货运动。孙中山和广东军政府理应支持青年学生和民众的反日运动，但却采取了取缔的措施。天羽总领事就此于 7 月 19 日向内田外相报告："广东政府当局以好意取缔，但其政令尚未遍及全省"，"据广东政府的措施和目前的排日程度来看，以官方取缔最为有效。幸而现

---

① 《天羽英二日记·资料集》第 1 卷，第 1326 页。
② 《天羽英二日记·资料集》第 1 卷，第 1335 页。
③ 《天羽英二日记·资料集》第 1 卷，第 1338、1341 页。
④ 李廷江：《孙文与日本人》，《日本历史》第 471 号，第 90 页。
⑤ 《天羽英二日记·资料集》第 1 卷，第 1339~1340 页。
⑥ 《天羽英二日记·资料集》第 1 卷，第 1333、1348 页。
⑦ 李廷江：《孙文与日本人》，《日本历史》第 471 号，第 90 页。《孙中山全集》第 8 卷，第 115~116 页。

政府对我方抱有好意，因此，今可让支那当局取缔，本官取默认之方针。"①广东军政府对反日运动采取了劝诱停止的措施。8 月15 日，孙中山在广州全国学生评议会上演说时，针对青年学生"外抗列强，内倒军阀"的口号说："我看这两种问题，不可相提并论。……要防制外人，不是空言去抵货所能奏功的。外交纯恃内政，内政要是好，外交竟〈简〉直不成问题。……比如二十一条，若我们革命成功，何难取消！"他指出：从某种意义上来说，"抵制日货是可耻的"。劝告说："诸君的精神要全用在革命的进程上，早早想法自强。"②这就强调了进行国内革命的重要性。孙中山和广东军政府阻止开展反日运动是权衡了当时与日本政府的关系后采取的措施。但是，英国等其他列强也对孙中山的演说表示了"好感"。③

以上事实说明，第二次广东军政府时期主张反日的孙中山对日态度又发生了变化，对日本仍抱有期望。原因在于日本对孙中山的态度有所变化。第一次直奉战争后，亲英美的吴佩孚把持了北京政权，日本与吴佩孚发生对立，并对孙中山和广东军政府表示了某种程度的"好意"。

致犬养毅书

孙中山的对日期望因国内外形势及他自身的思想变化而不断变化。1923 年 11 月 16 日的《致犬养毅书》表达了他在这一时期的对日期望。孙中山借犬养就任第二次山本内阁邮电大臣的机会，吐露了他对日本的期望，并希望说服这位旧友促使日本政府支持、援助广东军政府。这封信虽是以个人名义发出的，但可以说，这是孙中山对日本政府的一份正式声明。他在这封信中表露的对日

---

① 《日本外交文书》大正十二年第 2 册，第 259 页。
② 《孙中山全集》第 8 卷，第 115～116 页。
③ 《日本外交文书》大正十二年第 2 册，第 265 页。

期望有：

一、希望日本"能将追随列强之政策打消，而另树一帜，以慰亚洲各民族喁喁之望"。

一、希望日本能像英国许爱尔兰以自由，允埃及以独立那样，还朝鲜以自由和独立，收拾亚洲人心。

三、希望日本以被压迫者为友，"此时当毅然决然以助支那之革命成功，俾对内可以统一，对外可以独立，一举而打破列强之束缚"，从而实现中日亲善。

四、希望日本"首先承认露国政府"，采取亲俄、联俄政策。①

孙中山在这封信中主张日本改变盲从欧美列强的政策，支持、援助中国革命，承认苏俄，实现亚洲各被压迫民族的大联合，对抗欧美列强的强权。孙中山对日本的这些期望是在以往对日本的批判中产生的。与这种对日期望相对照，他对日本做了如下严厉的批判：

一、批判"日本对于支那之革命，十二年以来（中华民国成立以来），皆出反对行动；反对失败，则假守中立以自文。从未有彻底之觉悟，毅然决然以助支那之革命，为日本立国于东亚之宏图者"。

二、批判日本"只知步武欧洲之侵略手段，竟有吞并高丽之举，致失亚洲全境之人心"。

三、批判日本伙同列强拒不承认苏俄，并一道进行武装干涉。②

---

① 《孙中山全集》第 8 卷，第 401～406 页。
② 《孙中山全集》第 8 卷，第 401～406 页。

1924 年 2 月，孙中山在接见日本记者松岛宗卫时指出："现在，日本国民有轻蔑支那国民的倾向，谩骂支那人为病夫，动则加以凌辱"，谴责日本得意于眼前情势，因暂时现象而如此轻蔑、谩骂、凌辱中国。[①]另一方面，孙中山为争取日本贷款，又将广东官营工业中最有前途的水泥工厂作为担保，与三井财阀交涉三千万日元借款。[②]

孙中山以上的对日批判和对日期望显示了他的对日态度与对日观的二重性矛盾。松岛宗卫认为孙中山的这种态度"恰似女郎之无节操"，提请他注意。对此孙中山则强调：对日批判或排日，"乃促贵国反省之举"，"实为贵国朝野之觉醒"。[③]这就是说，孙中山的对日批判并不意味着与日本决裂，而是为实现对日期望的一种手段，最终目的是为了实现中日亲善，这就表明，在其对日观的二重性中，对日期望是主要方面。

孙中山的这种对日期望还与他的国际观和中国政治形势有着密切的关系。他判断，中国和平统一和民族独立的最大障碍是中国的军阀，特别是直系军阀吴佩孚及支持他的欧美列强。为抵抗英美等欧美列强，他强调中国、日本、苏俄与亚洲各被压迫民族联合起来与其战斗。这一判断中包含着一种错误认识。第一次世界大战爆发后，日本就已取代欧美，成为中国最危险的敌人。为抵抗日本侵略，在外交上应主要利用英美等国。然而，孙中山为推翻直系军阀掌握的北京政权以及解决与英美有密切关系的关余问题和商团事件，对外，判断英美为主要敌人。为对抗英美，孙中山希望得到日本的支持和援助。这与他在第二次广东军政府时期希望美国援助，以对抗日本的方针完全相反。

---

① 松岛宗卫：《故孙文的坦率告白》，《日本及日本人》，1927 年 10 月 15 日，第 50 页。

② 松岛宗卫：《故孙文的坦率告白》，《日本及日本人》，1927 年 10 月 15 日，第 49～50 页。

③ 松岛宗卫：《故孙文的坦率告白》，《日本及日本人》，1927 年 10 月 15 日，第 50 页。

关余问题

1923 年第三次广东军政府成立以来，孙中山展开了以废除不平等条约为主要内容的反帝斗争。1923～1924 年的海关关余问题①是孙中山废除不平等条约和反帝斗争的一个重要组成部分。孙中山为解决关余问题，首先希望得到日本支持。在正式提出这一问题之前，孙中山于 7 月 20 日派外交部长伍朝枢通告天羽总领事，将向北京外交团和总税务司安格联提议给广东军政府分配关余，表示希望日本对此提议予以承诺，并要求天羽将此事转告内田康哉外相。②

9 月 5 日，广东军政府正式向北京外交团提出：将 1920 年 3 月以来未交付之关余和现在以及将来之关余分给广东军政府。对此，天羽总领事致电山本权兵卫外相和驻北京的芳泽公使说：自 1920 年以来未交付的部分尚有相当商量之余地，没有理由拒绝将现今及将来关余拨付广东政府之要求。对广东军政府的这一要求表示了同情。③天羽表示部分支持的原因有：第一，广东军政府的要求正当、合理；第二，若拒绝，广东军政府可仿盐税之例，断然收回海关。

10 月 6 日，日、英、美、法四国公使在北京英公使馆商议广东军政府的要求。英国公使麻克类承认广东军政府的要求有相当的理由，提议由北京、广东两政府谈判决定。美国公使舒尔曼则提议：暂不答复广东政府，俟英人总税务司安格联回任后，请他于两者间斡旋。④日本公使芳泽对此表示赞成。于是，四国公使决

① 关余为每年关税收入中偿还外债、庚子赔款以及扣除海关、外交部税务处等经费后的剩余部分。关余的一部分自 1917 年起返还北京政府，成为其主要财源。1919 年曾将关余的 13.7%分配给广东军政府，但至 1920 年 3 月停止了这一分配。孙中山要求继续得到关余的这一配额。由此展开的外交斗争，即所谓关余问题。
②《日本外交文书》大正十二年第 2 册，第 596 页。
③《日本外交文书》大正十二年第 2 册，第 597～598 页。
④《日本外交文书》大正十二年第 2 册，第 598～599 页。

定暂不答复广东军政府的要求。安格联回上海后，英驻广东总领事杰弥逊于 11 月 2 日向他转告了广东军政府的要求。安格联以上海的外国银行团担心在这一地区发生财政恐慌为理由，断然拒绝了这一要求。①广东军政府与英国的关系因此急剧恶化。而这一时期，广东军政府要员仍然与日本总领事往来频繁。11 月 6 日，天羽到大本营拜访孙中山，同日傍晚，孙中山设宴招待天羽，广东省长廖仲恺、外交部长伍朝枢、广州市市长孙科、广州市公安局局长吴铁城等出席。②11 月 19 日，伍朝枢向英驻广东总领事询问关余交付问题。英总领事转告了安格联的意见，拒绝了广东政府的要求。对此，伍朝枢警告说：“非常遗憾，只能诉诸最后之手段”。英总领事也威胁说：“若如此，英国将断然实行经济封锁。”③广东军政府与英国的矛盾由此愈益尖锐，孙中山决定发动一场以反英为主的反帝斗争。

孙中山制定了接收海关的计划，他要求日本给予帮助。当时，广东从西贡输入大米，对外输出生丝。若断然接收海关，英国等列强将对广东军政府实行经济封锁，广东的进出口贸易也就难以继续，财政上将遭受重大打击。因此，孙中山希望依靠日本商船输入大米，输出生丝。11 月 20 日，孙中山通过顾问井上谦吉向天羽转告了这一希望。④天羽指责孙中山若接收海关将被认为是“暴行”，拒绝给予协助。⑤井上要求天羽与李烈钧商议这个问题，遭拒绝。24 日，孙中山再派财政厅长邹鲁往访天羽，要求协助，仍遭拒绝。⑥

日本为了维护列强的共同利益，追随欧美列强，大体上与它

---

① 《日本外交文书》大正十二年第 2 册，第 600 页。
② 《天羽英二日记·资料集》第 1 卷，第 1351 页。
③ 《日本外交文书》大正十二年第 2 册，第 601 页。
④ 《日本外交文书》大正十二年第 2 册，第 599 页。
⑤ 《日本外交文书》大正十二年第 2 册，第 599 页。
⑥ 《日本外交文书》大正十二年第 2 册，第 600 页。

们采取共同行动。11 月 29 日，芳泽公使与英、美、法、意四国
公使一道决定：万一孙中山和广东军政府干涉海关，"将采取必要
的强硬手段"，并指示在广东的各国舰队准备行动。芳泽追随英美，
表示"将尽力争取与各国协同行动"①。对此，伍朝枢于 12 月 5
日指出，中国海关是中国政府的下属机构，本政府管辖下的各海
关必须服从本政府的命令，令英驻广东总领事：停止向北京交付
关余，以充地方之费用，并要求其在两周之内答复。②

　　英、法总领事随即以保护海关为借口，遣海军陆战队登陆，
表示了强硬的态度。天羽致电伊集院，建议："如公使团大都不倾
向于拒绝交付关余，则由我方主动承诺关余的交付，并根据情况，
诱导公使团作出此种决定，此乃良策。"③他提出的理由为：第一，
"据理论或先例，并不无拒绝广东方面要求之强有力依据"；第二，
孙中山和广东军政府"事实上对日本存有好感，因此帝国在考虑
北方政府立场的同时，不可忽略与南方的关系"。④但是，伊集院
外相却指示："万一广东政府无视外国之意向，擅行不法之措施，
为阻止之，我方不妨与领事团取一致之态度，取同一步调，并与
军舰联络，采取适当之措施"。⑤华盛顿会议后，日本强调与欧美
列强协调，在对华外交上，也大致采取了协调政策。不过，伊集
院同时又指示：日本"要避免采取主动态度"⑥，意在与孙中山和
广东军政府的关系上留有回旋余地。

　　12 月 11 日，北京外交团制定对广东军政府要求的答复案，
14 日交给广东政府。⑦列强在这份答复案中，仍然拒绝广东政府
的要求。列强预计，孙中山得到这份答复后，有可能采取收回海

① 《日本外交文书》大正十二年第 2 册，第 602 页。
② 《日本外交文书》大正十二年第 2 册，第 604 页。
③ 《日本外交文书》大正十二年第 2 册，第 606 页。
④ 《日本外交文书》大正十二年第 2 册，第 606 页。
⑤ 《日本外交文书》大正十二年第 2 册，第 604 页。
⑥ 《日本外交文书》大正十二年第 2 册，第 604 页。
⑦ 《孙中山全集》第 8 卷，第 550 页。

关，或下令撤换海关长等非常手段，于是又在 13 日拟定了对策。这时，在广州港已集结了九艘外国军舰，日本急忙决定派遣两艘驱逐舰驶往广东。美国则从马尼拉派遣六艘驱逐舰至香港。驻扎在香港、澳门的外国军队也做好了出动的准备。孙中山没有屈服于列强的武力威胁，并暂时将斗争的矛头指向美国。15 日，孙中山向来访的日本人佐藤安之助表示，为实现将关税收入全部留在广东的目标，将断然与列强战斗。①

可是，孙中山这时还面临逃往东江的陈炯明这个军事上的敌人，没有以武力对抗列强的实力。因此，孙中山希望日本从中调停、斡旋。②12 月 15 日，孙中山通过佐藤安之助联络，亲自访问日本总领事馆。③次日，井上谦吉以孙中山的名义设宴招待总领事馆人员。同日晚，伍朝枢外长再次宴请天羽，表示希望日本芳泽公使从中调停、斡旋。④17 日，天羽致电伊集院外相，认为"有慎重考虑之必要"。⑤

同日，天羽与英、美领事一道制订了海军陆战队登陆广州的计划，决定派海军陆战队员一百七十二名保护海关，九十五至二百四十五名保护居留民。日本预定派四十名陆战队员登陆。⑥次日，伊集院外相向英驻日公使表示将尽可能与列强协力。⑦日本的这种态度说明其在反对孙中山收回海关的问题止，与英美等国是一致的。

12 月 22 日，孙中山命令广东总税务司将 1920 年 3 月以来未交付的关余和现在的关余交给广东军政府，并警告说，"限十日内

---

① 《日本外交文书》大正十二年第 2 册，第 616 页。
② 《日本外交文书》大正十二年第 2 册，第 617 页。
③ 《天羽英二日记·资料集》第 1 卷，第 1357 页。
④ 《天羽英二日记·资料集》第 1 卷，第 1357 页；《日本外交文书》大正十二年第 2 册，第 617 页。
⑤ 《日本外交文书》大正十二年第 2 册，第 618 页。
⑥ 《日本外交文书》大正十二年第 2 册，第 619 页。
⑦ 《日本外交文书》大正十二年第 2 册，第 623 页。

答复，如不遵命，即另委官员"。①同日，发表了一个内容大致相同的声明。②孙中山在他发出的命令和声明中没有提及收回海关的问题。因此，广东领事团和停泊在广州港的各国军舰的首席将校就孙中山的命令和声明进行商议后，英国总领事提出是否有必要将各国军舰继续停泊在广州港。天羽则强调，孙中山未放弃管理海关的企图和任命海关官员的意向，因此，军舰仍须留在广州，以向孙中山和广东军政府施加压力。③其他总领事对天羽的意见表示赞成。孙中山见由日本调停的希望已化为泡影，于是又请途经香港的葡萄牙公使符礼德居中调停，并提议召开有广东领事团和北京、广东两政府代表参加的会议。④可是，北京外交团的英、美、法公使认为，召开这种会议，"有事实上承认广东政府之虞"，⑤因而拒绝孙中山的建议。芳泽公使对英、美、法公使的意见表示赞成。

在这场关余斗争中，孙中山像《致犬养毅书》中所表明的那样，要求日本给予支持。日本虽已了解孙中山的期望和要求，但仍推行其协调外交，伙同英美等国对广东军政府施加军事压力。这是因为日本和欧美列强在维护在华殖民权益的目标上一致而必然实施的行动，鲜明地表现了日本帝国主义的本质。不过，在列强的共同行动中，日本与英美等国之间，仍有差异。英美具有率先的、主动的特点。日本则以被动的、追随的形式参加。这种差异是由列强在广东地区的殖民权益的多少决定的。

1924 年 1 月，孙中山在《中国国民党第一次全国代表大会宣言》中，进一步强调要废除不平等条约，在关余问题上继续与列强斗争。这时，美国公使舒尔曼居中调停。4 月 1 日，北京公使

①《孙中山全集》第 8 卷，第 547 页。
②《日本外交文书》大正十二年第 2 册，第 625 页。
③《日本外交文书》大正十二年第 2 册，第 624 页。
④《日本外交文书》大正十二年第 2 册，第 629 页。
⑤《日本外交文书》大正十二年第 2 册，第 629 页。

团决定将广东海关的关余交给广东军政府，孙中山争取关余的斗争取得胜利。

关余问题虽已解决，恢复中国对海关主权仍是孙中山的一项艰巨任务。同年10月，孙中山在镇压商团叛乱的斗争中，拟乘势接收广东海关。10月17日，孙中山命令罗桂芳执行这项任务[①]，海关问题由此再起。罗桂芳率军接受了沙面海关。领事团连续召开两次会议，准备仿效1923年的关余争端，由各国派遣军舰和陆战队，以武力对抗孙中山。英、美、法、葡四国立即调来八艘军舰，并要求日本也派军舰和陆战队参加这次行动。恰在这时，冯玉祥在北京发动政变，中国的政治形势发生了急剧变化。日本因其殖民权益主要在满蒙而支持奉系军阀张作霖和段祺瑞。孙中山希望与张、段建立三角同盟，共同收拾北京政变后的局势。在这种情况下，日本若对孙中山和广东军政府施加压力，无异于从背后牵制日本支持的张、段与孙中山联盟的实施，与日本的利益相悖。因此，日本于10月25日回复英美："在采取最后手段时，日本虽有与列国共同示威之意图，但北京形势急变，孙中山恐怕不会收回海关"，[②]并拒绝派遣军舰参加统一行动。列强因此而不能采取一致行动，结果只有英国派遣了部分陆战队在沙面登陆。日本的这种态度在客观上对孙中山领导的海关斗争有利。

日本和英美等列强的对华政策具有二重性。一是一致性，为了侵略中国的共同目的，日本与其他列强有时采取一致行动，这在关余争端中表现最为突出。二是争夺性，日本与其他列强在瓜分中国和扩大在华权益的斗争中相互争夺。第二次直奉战争前后，为争夺北京政权，英、美支持曹、吴，日本支持张、段、冯。这种二重性是由帝国主义的侵略本性所决定的。孙中山对日本和英美等列强侵略中国的本性早有明确的认识，但是他从对抗支持曹、

---

① 广东省哲学社会科学研究所历史研究室等编：《孙中山年谱》，第359页。
② 藤井升三：《孙文研究》，第256页。

吴的英、美之战略出发，利用列强相互争夺的矛盾，争取日本对他的支持和援助。虽然孙中山在致犬养毅书和关余、商团事件中提出的对日希望和期望，与这一时期日本的对孙政策相去甚远，但是由于列强间的相互争夺，在特定的历史条件下，可能会出现相对的、暂时的、部分的一致点。在第一次海关问题上，日本与列强一致，采取了对抗孙中山和广东军政府的行动。但在第二次海关问题上，日本的对策又在客观上有利于孙中山和广东军政府。

商团事件

　　1924 年秋，广州发生商团叛乱事件。这是一起广东商团勾结英帝国主义，妄图颠覆广东政府，破坏国民革命的事件。因此，孙中山和广东军政府反对商团的斗争是反对买办资产阶级及其他国内反动势力的斗争，也是反对英帝国主义的斗争。商团头目陈廉伯通过香港南利公司购买了长短枪九千八百四十一支、子弹三百三十七万四千发。装载这批武器的船只于 8 月 10 日驶入广州港。孙中山下令扣押了这批武器。商团随即以拒绝使用中央银行纸币和发动商人罢市等手段胁迫军政府，要求交还武器。孙中山谴责陈廉伯阴谋颠覆政府，下令逮捕陈廉伯和佛山市商团头子陈恭受，禁止罢市。商团方面拒不服从这一命令，继续与政府相对抗。双方矛盾日益激化。

　　8 月 28 日，广东军政府的陈友仁通告天羽总领事，商团军为挑起涉外事件，陷政府于窘境，可能向外国人集居地沙面发射枪炮，要求他有所戒备。①天羽当时任广东领事团首席领事，当夜，他召开各国总领事及首席海军军官会议商议。会后即口头通告广东省省长廖仲恺：广东军政府要负责保护外国侨民的生命财产。②这个口头通告不是对广东军政府的挑衅行动，因此，孙中山的秘

---

① 《日本外交文书》大正十三年第 2 册，第 528 页。
② 《日本外交文书》大正十三年第 2 册，第 528～529 页。

书苇玉认为"稳妥"，表示理解。①可是，英、法总领事及其海军军官不满这个通告，决定在商团军对广东军政府开战时，英、法两国军舰和海军陆战队采取军事行动，支持商团军。29日，英国总领事威胁广东军政府，若中国方面向市区发射枪炮，英国将立即以全部军舰相对抗，露骨地表示了对孙中山和广东军政府的敌意。②

这一时期，日本成立了加藤高明内阁，币原外相主张与欧美列强开展协调外交。但是，英、法对广东军政府进行军事恫吓时，日本却未与之协调，而采取了独立的态度。孙中山注意到日本的这种态度，9月2日，他派苇玉往访天羽，转告他对英国8月29日通告的愤慨之情，并对日本表示了好感。③

孙中山在与商团军的斗争中，对外将斗争的矛头集中指向英国，展开了反帝斗争。他在《为广州商团事件对外宣言》中，集中地表达了他进行反帝斗争的决心和思想。这是一份反帝、反英宣言，宣言指出：

> 从二十年多的时间里，帝国主义列强一贯给予反革命以外交、精神上的支持并给以数以百万计的善后及其他名目的借款，可以明白，对帝国主义的行动，除了是摧毁以我为首的国民党政府的蓄谋而外，不可能有别的看法。……帝国主义企图加以摧毁的这个国民党政府是什么呢？它是我国唯一的力求保持革命精神使之不致完全灭绝的执政团体，是抗击反革命的唯一中心。所以英国的大炮对准着它。④

宣言庄严宣布：

---

① 《日本外交文书》大正十三年第2册，第531页。
② 《日本外交文书》大正十三年第2册，第529页。
③ 《日本外交文书》大正十三年第2册，第531页。
④ 《孙中山全集》第11卷，第2页。

　　扫除完成革命历史任务的主要障碍——帝国主义对中国的干涉，以此为其议事日程的时期已经到来。①

　　商团军在英帝国主义的支持下，张牙舞爪，加紧策划叛乱。10 月 10 日，广州工人、农民和学生为庆祝武昌起义十三周年举行游行。商团军竟向游行队伍开枪射击，立即引发一场市区战，死伤数十人。商团军随即散发"孙中山下野""打倒孙政府""拥护陈炯明"的传单，准备发动大规模武装叛乱。广东军政府被迫宣布镇压。同时利用列强间的分歧，寻求日本援助。11 日，胡汉民往访天羽，要求日本提供大炮八门至十门、步枪五千支及所需弹药。②在中国共产党和人民群众的坚决支持下，孙中山于 15 日晨下令军政府各军包围商团军，镇压叛乱。

　　天羽总领事再次要求广东军政府保护外国侨民的生命财产，英法总领事则要求天羽调动军舰，参加统一的军事行动，遭天羽拒绝。因此，停泊在广州港的英法军舰不敢轻率支援商团军，只派少量水兵在沙面租界登陆。叛乱平息后，商团军头子陈廉伯逃进沙面英租界。他深知天羽与孙中山及广东军政府的关系，于 15 日下午乞求天羽调停。天羽表示，"在不损害政府及商团利益并无外国人干涉内政之嫌疑的范围内，如有良方，可作非正式斡旋。"③次日，胡汉民访天羽，天羽向他询问对商团军的意向。胡表示：坚决取缔商团军。④因此，天羽不再提调停之事。日本对商团事件的微妙态度由此可见一斑。孙中山和广东军政府平息商团军叛乱，沉重打击了英帝国主义及其走狗，进一步巩固了广东革命根据地。平息叛乱后，留下了列强向广东政府索取赔偿的问题。英法等国

① 《孙中山全集》第 11 卷，第 2 页。
② 《天羽英二日记·资料集》第 1 卷，第 1410 页。
③ 《日本外交文书》大正十三年第 2 册，第 544 页。
④ 《日本外交文书》大正十三年第 2 册，第 544 页。

领事主张采取统一行动，以便对广东政府施加更大的压力。天羽作为首席领事，反对这一主张。他表示："因为各国政府之方针不一致……所以大致合拍即可，各领事可分别与中方交涉"。①10月17日，领事团会议决定各领事分别与中方交涉。

　　另一个问题是在赔偿交涉中如何处理南北两个政权。各列强均承认北京政府为中国的合法政府。因此，10月17日领事团会议决定："鉴于北京政府认为孙派为叛乱集团，当地各领事在与孙政府交涉的同时，各公使也应与北京（政府）交涉"。②对此，币原外相于10月24日电训天羽总领事："我方并不认为孙派为叛乱团体，从主义上不能同意将索赔和叛乱团体问题联系在一起"。③表示反对领事团的决定，并指示天羽应与广东政府交涉赔偿问题。④这是因为：与北京政府交涉赔偿问题将无济于事，索赔额较小，还权衡了第二次直奉战争与冯玉祥政变给中国政治形势带来的急剧变化。日本欲以此举对孙中山和广东军政府配合其支持的张、段表示"善意"。

　　日本就商团事件的这种微妙的外交对策，表现了日本对孙外交的二重性。日本一面伙同其他列强要求保护外国侨民的生命财产，索赔其损失，一面又主张与孙中山方面进行个别交涉，拒绝参加英法的恫吓性的军事行动，这在客观上间接地牵制了其他列强的行动，有利于孙中山领导的这场斗争。但是，孙中山的对日期望和要求与日本的这种政策仍存在根本性的差异。

国民党的改组

　　孙中山在争取关余和商团事件的斗争中坚决反帝的态度与国民党的改组有密切关系。1923年下半年，他着手将国民党改组为

---

①《日本外交文书》大正十三年第2册，第545页。
②《日本外交文书》大正十三年第2册，第545页。
③《日本外交文书》大正十三年第2册，第550页。
④《日本外交文书》大正十三年第2册，第550页。

近代政党。在苏联和中国共产党的帮助下，他在1924年1月召开的中国国民党第一次全国代表大会上提出联俄、联共、扶助农工的三大政策，与中国共产党组成统一战线，将旧三民主义发展为新三民主义。中国革命从此进入了一个新的时期。旧三民主义中的民族主义是主张反对清朝，新三民主义则主张民族独立和国内各民族平等。改组后的国民党以民族解放作为自己的一项重要任务。《中国国民党第一次全国代表大会宣言》强调：

> 　　一切不平等条约，如外人租借地、领事裁判权、外人管理关税权以及外人在中国境内行使一切政治的权力侵害中国主权者，皆当取消，重订双方平等、互尊主权之条约。
> 　　中国与列强所订其他条约有损中国之利益者，须重新审定，务以不害双方主权为原则。[1]

　　在争取关余和商团事件中，孙中山对国内外反动派所进行的坚决斗争，就是为了用行动实现国民党的这一主张。可以断言：没有国民党改组这一历史事件，孙中山就难以展开实质性的反帝斗争。

　　日本对国民党的改组和国民党第一次全国代表大会十分关注。天羽总领事随时向松井外相报告大会的进程。天羽关心的主要问题是：孙中山的对外政策及国民党内部就联俄、联共问题所进行的两派斗争。大会闭幕后，天羽从孙中山和国民党对外"主张平等主义"、苏联代表波罗京的演说以及大会对列宁去世的哀悼，预测"广东政府将逐渐露骨地接近工农俄国"，并认为这是"国民党的共产化"。[2]当时，国民党内部就联俄、联共，特别是联共问题出现了左右两派的对立。天羽极其关注国民党内部的两派斗

---

　　① 《孙中山全集》第9卷，第122～123页。
　　② 《日本外交文书》大正十三年第2册，第519～520页。

争，他称一派为"元老派"或"共产派"，判断：廖仲恺、戴天仇、李书城、陈独秀、谭平山（天羽当时不知道陈、谭为共产党员）等属于这一派，他们得到元老汪兆铭、胡汉民、邹鲁等的支持。另一派为"少壮派"或"资本派"，主要人物有冯自由、张继、谢持、邓泽如、覃振等。天羽分析这两派的斗争为权力之争。①他对冯自由等反共派极其重视，并设法拉拢。6 月 23 日夜，他特意设宴招待冯自由、蒋作宾、刘成禺等九人。②

8 月 18 日至 28 日，国民党召开中央委员会会议。天羽向孙中山的顾问井上谦吉和李烈钧等人探询中央委员会中"共产派"和"反共产派"之间的对立情况，随后向币原外相报告：因孙中山的最后裁决，"共产派"获胜。③另外，天羽还根据新成立的最高委员会由孙中山、波罗京、胡汉民、蒋介石、廖仲恺等五人组成分析："共产派确实取得成功，工农俄国的对广东政策愈益跃进"。④随着国民党左派力量的加强，天羽寄希望于国民党右派的活动。他密切注视"少壮派"孙科、吴铁城在广东的活动以及冯自由在北京的游说等，分析："孙中山及元老派愈益露骨地接近工农俄国，党内动摇甚至内讧……爆发之期将至。"⑤

日本视苏联和共产主义为最大的敌人，1918 年出兵西伯利亚，干涉俄国革命，妄图伙同欧美列强将新生的苏维埃政权扼杀在摇篮中。1922 年，日本政府制定《过激社会运动取缔法》，旨在镇压国内受社会主义、共产主义影响的社会运动。因此，日本反对孙中山的联俄、联共政策。另一方面，孙中山的联俄、联共政策又是牵制日本对孙政策的一个重要因素。

---

① 《日本外交文书》大正十三年第 2 册，第 520 页。
② 《天羽英二日记·资料集》第 1 卷，第 1386 页。
③ 《日本外交文书》大正十三年第 2 册，第 529～530 页。
④ 《日本外交文书》大正十三年第 2 册，第 529～530 页。
⑤ 《日本外交文书》大正十三年第 2 册，第 530 页。

二、孙中山赴日

北京政变与孙中山北上

国民党改组后，国民革命面临的任务是巩固广东革命根据地，打倒直系军阀，统一中国。为准备北伐，孙中山决定肃清后方的敌人。3 月，孙中山下令讨伐盘踞在惠州东部一带的陈炯明军。1924 年 9 月 3 日，江浙战争爆发。5 日，孙中山召开大本营军事会议，分析了江浙军阀混战开始后的全国形势，下令声讨直系军阀。9 月 17 日，第二次直奉战争爆发。孙中山见时机已到，于 18 日发表《北伐宣言》。北伐军随即向湖南、江西进军。这次北伐的目的，"不仅在覆灭曹吴，尤在曹吴覆灭之后，永无同样继起之人。换言之……尤在推倒军阀赖以生存之帝国主义"，使中国脱离半殖民地的地位，"造成独立自由之国家"。[①]这意味着孙中山的新三民主义明确地把握了国内军阀与国外帝国主义的一体性关系，同时提出了反帝、反军阀的革命任务，并以实际行动表明了孙中山革命思想的新发展。

孙中山为了打倒以英美为靠山的直系军阀，早在 1919 年，特别是 1922 年第一次直奉战争后，欲与以日本为靠山的奉系军阀张作霖和皖系军阀段祺瑞建立三角同盟，并与之频繁往来。江浙战争和第二次直奉战争的相继爆发，出现了孙中山联合张、段倒直的有利时机。直奉军阀正酣战时，10 月 23 日，冯玉祥发动北京政变，吴佩孚军遭前后夹攻，迅速溃败。吴逃往汉口方面，大总统曹锟被囚禁。冯玉祥和张作霖策划拥立隐居在天津的段祺瑞，另一方面，为收拾全国政局，邀请孙中山北上。孙中山接受了这

---

① 《孙中山全集》第 11 卷，第 294～295 页。

一邀请。

27 日，胡汉民往访天羽总领事，转告了孙中山只要段祺瑞不反对三民主义即有意拥段的意见。①11 月 4 日，汪兆铭通知天羽，孙中山预定在十天之内启程，经上海赴天津，并向他说明孙中山北上的具体目的和方针，要求他予以理解。②次日，天羽往访孙中山，孙中山对他说，将根据国民会议和民意决定中国今后的政治，在不牺牲主义的条件下，拥护张、段，促进统一。国民党将致力于扩大党务，不考虑得到政权。日本虽对这次直奉战争标榜不干涉主义，但他希望日本在中国"统一时机到来之今日，给予援助，以实现统一"。并要求他将这个意见转告日本政府。③汪兆铭还要求天羽为孙中山由香港至上海间的交通提供方便，外交部长伍朝枢则至香港与日驻港总领事高桥清一商议船只及预定船舱等问题。④

以上事实说明，孙中山为实现北上的目的，要求日本给予支援和协助；日本也支持孙中山北上与张、段协商，并为孙中山北上提供了一定的方便。

支持吴佩孚直系军阀的英美则反对孙中山在上海租界上岸，对他北上表示敌视。11 月 7 日，英驻上海总领事要求召开五国领事紧急会议，并在会上提议发表声明拒绝孙中山进入上海租界。主张与欧美列强协调的日本驻沪总领事矢田七太郎没有直接反对英国的这项提议，但他要求在声明和通告中对吴佩孚也采取同样的态度，各国领事接受了这一要求。⑤这就微妙地表现了日本与英国之间在对孙、对吴政策上的差异和矛盾。10 日，北京外交团再次商议这个问题。英国公使麻克类担心露骨地拒绝孙中山上岸将

①《日本外交文书》大正十三年第 2 册，第 553 页。
②《日本外交文书》大正十三年第 2 册，第 554 页。
③《日本外交文书》大正十三年第 2 册，第 555 页。
④《日本外交文书》大正十三年第 2 册，第 555 页。
⑤《日本外交文书》大正十三年第 2 册，第 556 页。

被认为是阻止孙中山北上而成为中国方面反英宣传的材料，因而建议只警告孙中山不要在租界从事政治活动。[①]这表明孙中山领导的反英斗争给了英国一定打击，英国不得不有所收敛。日公使芳泽赞成这一建议，并向币原外相和天羽总领事陈述了北京外交团的这个决定。日本就孙中山在上海租界上岸的问题，表面上与欧美列强协调，暗中则力图协助孙中山。17日，孙中山抵达上海后，立即派汪兆铭和戴天仇到日本领事馆，对矢田总领事就他在租界上岸的"公平措施"表示谢意。[②]

孙中山北上的主要目的是：召开国民会议，谋求和平统一，对内解决民生问题，对外打破列强的侵略。[③]孙中山主张，要打破列强的侵略，必须首先废除不平等条约，收回海关、租界和领事裁判权。为实现这一目标，孙中山希望得到日本的援助，因而决定访日。

殷汝耕、李烈钧赴日

在孙中山访日之前，殷汝耕、张继、李烈钧先后赴日。殷汝耕向日本报刊介绍孙中山的主张，游说日本朝野，强调中日提携的必要性。殷于10月21日至24日在东京与李烈钧商议三次，并在孙中山访日之际，秘密安排孙中山和日本外务省间的联络。孙中山离日后，他随后至北京，协助孙中山开展活动。这说明殷在日本的活动与孙中山有密切关系。广东军政府参谋长李烈钧是作为孙中山的特使赴日的。早在6月就有李将赴日的消息。据《东京日日新闻》报道，李访日的使命是：向日本转达孙中山建立东方同盟的建议及寻求日本的财政援助。[④]这一时期，孙中山企望利用美国排斥日本侨民而激化的日美矛盾，联合日本，建立东方同

①《日本外交文书》大正十三年第2册，第557页。
②《日本外交文书》大正十三年第2册，第562页。
③《孙中山全集》第11卷，第331、341、367～368页。
④《东京日日新闻》，1924年6月28日。

盟。①

第二次直奉战争爆发的次日，孙中山即发表了《北伐宣言》。日本的宣传机构很快做出反应，对孙中山北伐表示好感和关心。这是因为北伐的矛头是指向英美支持的吴佩孚直系军阀。②直奉战争的爆发和北伐的开始，给了李烈钧赴日以新的任务。9月18日，孙中山在致日本众议院议长粕谷义三及后藤新平等人的书信中，告之已率师北伐，并派李烈钧为代表赴日，望其"随时接洽"。③李烈钧在赴日之前，为准备充分，与孙中山商议八次，时间共达二十四个小时。李曾于1905～1910年在日本陆军士官学校学习，一直与日本关系密切。7月17日，李设宴招待天羽总领事，天羽也于9月12日设宴招待李烈钧、井上谦吉、俞应麓、伍朝枢等十六人。李的访日，与他接近天羽有一定的关系。④李在启程之前于9月21日访天羽，透露他将携带孙中山致币原外相及其他日本朝野名士的书信赴日，"希望与日本朝野志士坦诚交换意见"。⑤天羽则致电币原外相，要求对李访日提供方便。⑥9月24日，李烈钧于香港启程，途经上海，30日抵长崎，随后经神户、清水、横滨至东京。孙中山的顾问井上谦吉也与李同行。据李的数次讲演和谈话，归纳他访日的目的是：

一、强调中日亲善、相互提携。

二、介绍中国南北形势，确认日本朝野的对华意向。

三、希望利用日本资本，开发中国的资源，并希望日本

---

① 《东京日日新闻》，1924年6月3日。

② 《大阪朝日新闻》，1924年9月5日、12日、14日；《东京朝日新闻》，1924年9月24日。

③ 《孙中山全集》第11卷，第79页。

④ 《天羽英二日记·资料集》第1卷，第1392、1406页。

⑤ 1924年9月23日，驻广东天羽总领事致币原外务大臣电，第244号，日本外交史料馆藏。

⑥ 1924年9月23日，驻广东天羽总领事致币原外务大臣电，第244号，日本外交史料馆藏。

开发广东地区。

四、探明日本对直奉战争的意向，争取日本支持孙、张、段的三角同盟和反直力量。

五、宣传大亚洲主义，倡导建立亚洲大同盟。①

这是向日本朝野和国民陈述孙中山当时的意见和希望。与此同时，李烈钧谴责日本与美国同样，是帝国主义国家，指出"没有与之拥抱的必要"②。这似乎与他赴日的目的大相径庭，但实际上，正如他离日前夕所言，希望以中日提携为基础，实现中、日、苏三国联合，对抗美、英、法等欧美列强③，为此要在战略上联合日本。

李烈钧在日本的一项重要活动是向日本人民说明他来日本的目的，强调中日两国人民团结合作的重要意义。这是孙中山扶助农工思想和依靠人民的力量推动革命发展的思想在对日外交上的具体运用。但这并不排斥日本政府，而是希望以两国人民之间团结的力量促进两国间的合作。李在访问东京期间与加藤首相、高桥农相、粕谷众议院议长、贵族院研究会的青木和水野、上原元帅、田中大将、福田大将、河合参谋总长等军政要员会谈，陈述孙中山的意见和他来日本的目的。④李对主张"不干涉中国内政"的币原外相也抱有很大期望，10月1日他抵神户后致电币原："此次来贵国，为闻阁下教示之日已近而欣然，兹谨致意。"⑤10月6日上午，李为会见币原外出（是否会见尚不明）。⑥11月9日，李离神户回国时，再次致电币原："感谢在东京期间贵国朝野的厚意，为东亚之未来，请再赐高见。"⑦

---

① 《江浙及奉直纷扰关系一件·孙文及卢永祥等在本邦的活动》，日本外交史料馆藏。
② 《日本外交文书》大正十三年第2册，第551页。
③ 1924年11月11日，福冈县知事柴田三郎致内务大臣若槻礼次郎函，特外密第5458号，日本外交史料馆藏。
④ 《江浙及奉直纷扰关系一件·孙文及卢永祥等在本邦的活动》，日本外交史料馆藏。
⑤ 1924年10月1日，李烈钧由神户致币原外务大臣电，日本外交史料馆藏。
⑥ 《江浙及直奉纷扰关系一件·孙文及卢永祥等在本邦的活动》，日本外交史料馆藏。
⑦ 1924年11月9日，李烈钧由神户致币原外务大臣电，日本外交史料馆藏。

　　然而，日本政府和军部对李烈钧访日反应并不积极。李结束在日本的访问后说：日本"官民没有给予充分说明的机会，遗憾至极"，并指出：与日本政府和军部的会谈一开始就是僵局，"只是得到一些无研究、欠熟考的回答，无任何实质性的内容，为日支两国而不胜遗憾"。①因此，李在 10 月中旬就要求孙中山允许他回国。孙中山于 10 月 13 日电示他："不宜自行离日，当久驻而为积极之宣传，必待日本政府有明令下逐客而后行，方足揭破日本之真面目。"②这表明，孙中山对日本的反应非常愤怒。不过，李访日并非毫无意义。李在访日期间评价说：得到日本朝野对直奉战争的"善意"，日本的不干涉主义"牵制了英美对直系的积极行动……是对反直派的善意措施"③。另外，孙中山与张、段联合收拾局势一举也得到日本的支持。

　　应该注意的是，李烈钧访日还与日驻上海武官冈村宁次中佐有密切关系。李在访日期间通过冈村向孙中山汇报各种情况。随后在孙中山访问时，冈村也给予了协助。

孙中山赴日

　　一般认为，在李烈钧到达上海的同一天，即 11 月 17 日，孙中山决定赴日本访问。18 日，李向日驻上海总领事矢田七太郎表示：孙中山北上之际，为安全起见，希望取道日本，要求矢田协助。④随后，李通过冈村中佐通知矢田总领事：孙中山将于 20 日赴日，⑤矢田因此判断孙中山访日是李"劝说的结果"。⑥孙中山决定

---

① 《江浙及直奉纷扰关系一件·孙文及卢永祥等在本邦的活动》，日本外交史料馆藏。
② 《孙中山全集》第 11 卷，第 180 页。
③ 《江浙及直奉纷扰关系一件·孙文及卢永祥等在本邦的活动》，日本外交史料馆藏。
④ 《日本外交文书》大正十三年第 2 册，第 562 页。
⑤ 1924 年 11 月 20 日，驻上海矢田总领事致币原外务大臣电，第 410 号，日本外交史料馆藏。
⑥ 1924 年 11 月 20 日，驻上海矢田总领事致币原外务大臣电，第 410 号，日本外交史料馆藏。

访日与李烈钧提前回国有一定关系。北京政变后，冯玉祥聘请李为国民军参谋长。李为与孙中山商量，决定赶回上海。孙中山得知李预定回国的消息后，于8日对李的部下朱培德等说，已有命令不希望李此时回国，并责成朱转告李要留在东京。①这说明孙中山仍然希望李在日本继续宣传他的大亚洲主义。从这个意义上来说，孙中山与李烈钧访日的目的是相同的。

欧美列强对孙中山访日非常关注，意驻华公使甚至直接向芳泽探询孙中山访日的意图。②国民党内部也有人认为此时去日本会伤害英美的感情，因而表示反对。孙中山不顾英美猜忌，拒绝乘坐英轮，于11月21日乘日轮"上海丸"赴日。③与此相反，日本却反应消极。矢田总领事致电币原外相说："孙此际来本邦甚无意义，并在各种关系上，对我方不利。请就此转告相关方面。"④日本外务省的措施只是要求内务省警保局外事课在孙中山来日之际提供相应保护和方便。

孙中山于11月21日离上海赴日，24日抵达神户，受到当地华侨的盛大欢迎。孙中山的旧友古岛一雄、萱野长知、山田纯三郎、宫崎龙介及议员砂田重政、森田金藏、高见之通等也赶来迎接。但日本政府要员却无一人露面。这表明，日本政府对广东军政府大元帅孙中山访日态度十分冷淡。

孙中山先至神户与李烈钧访神户有关。李回国途经神户时，于11月8日出席了神户商业会议所、日华实业协会联合举办的欢迎会，"感觉东京与关西在思想上大相径庭，东京一般都极其官僚

---

① 1924年11月10日，驻广东天羽总领事致币原外务大臣电，第299号，日本外交史料馆藏。

②《日本外交文书》大正十三年第2册，第566页。

③ 1924年11月24日，长崎县知事富永鸿致币原外务大臣电，外高秘第7798号，日本外交史料馆藏。

④ 1924年11月20日，驻上海矢田总领事致币原外务大臣等电，第410号，日本外交史料馆藏。

化，关西则在总体上较民主"①，对关西抱有好感。因此，孙中山决定首先访问神户。

　　孙中山希望赴东京与日本政府要员会谈。殷汝耕为此于 11 月 20、21 日与日本外务省亚洲局长出渊胜次交涉。②21 日，出渊对殷说：孙中山"来东京会见日本政府要员将成为普遍误解之源"，同日下午，出渊又托小村俊三郎转告殷："从大局上观之，孙文暂不宜来京"。③次日，殷再访出渊，提出以戴天仇作为孙中山的代表访问东京的要求。出渊回答："若孙派代表来京，不致过于引人注目，且便于了解日本政府方面的意想。"④但是，戴天仇其后并未赴东京。11 月 29 日，孙中山与来访的佐藤知恭谈话时说：此次来日本，是为了实现亚洲人的大同团结，对抗欧美列强而寻求日本政府的理解。但是，日本"政府当局劝说不让上东京，因而只能留在神户"⑤。孙中山分析日本政府拒绝他赴东京的原因有：一是自己在中国革命中采取了激进主义。二是日本忌讳欧美各国。⑥这就正确指出了制约日本政府对孙政策的两个重要因素。11 月 22 日，出渊以个人意见告知殷汝耕，日本对中国的方针及对孙中山的认识为：

　　　　一、对张作霖、段祺瑞、孙中山，"不考虑偏倚一党一派乃至一人"。

---

　　① 1924 年 11 月 8 日，李烈钧在神户商业会议所、日华实业协会联合欢迎会上的致词，日本外交史料馆藏。
　　② 1924 年 11 月 28 日，外务省出渊亚细亚局长：《关于孙逸仙来本邦之件》，日本外交史料馆藏。
　　③ 1924 年 11 月 28 日，外务省出渊亚细亚局长：《关于孙逸仙来本邦之件》，日本外交史料馆藏。
　　④ 1924 年 11 月 28 日，外务省出渊亚细亚局长：《关于孙逸仙来本邦之件》，日本外交史料馆藏。
　　⑤ 1924 年 11 月 1 日，兵库县知事平冢广义致币原外务大臣电，兵外发秘第 2634 号，日本外交史料馆藏。
　　⑥ 1924 年 11 月 1 日，兵库县知事平冢广义致币原外务大臣电，兵外发秘第 2634 号，日本外交史料馆藏。

二、孙中山废除不平等条约、取消领事裁判权和外国租界的主张是"过于理想的议论，难以得到有识者的同情"。

三、孙中山"为与段握手而赴天津，对此，自己十分赞成"。

四、若段孙两人握手建立中央政权，"日本将尽力给予一切善意的援助"，但是，"应尽量回避向外国借款，支那的政治应采取依靠自身资力的方针"，若"今后支那确需资金，将与列国一道提供某种程度的财政援助"。①

23日，殷汝耕赶至神户，就此向孙中山做了汇报。

这一时期，孙中山随自身思想的发展和中国政治形势的变化，对日本所抱期望比一年前致犬养毅书中提出的内容更丰富，范围更广。访日期间，他通过四次演讲、六次会见记者及与欢迎者、来访者的多次谈话，向日本表达了以下期望：

一、若不实现与日本的提携，中国统一的问题就绝不能解决。

二、中日提携、友好的目的是为了东洋民族和全世界被压迫民族"争取国际的平等"。因此，日本国民必须改变"视日本为列强之一的观念"。②

三、希望日本人理解：解决中国大事的不是中国军阀或外国人；"处理国事，当全由国民全体讲话"；中国国民"当然有能力来解决全国一切大事"；只有中国国民才是中国的主人。③

四、指出中国革命同日本维新实在是一个意义。可惜日

① 1924年11月28日，外务省出渊亚细亚局长：《关于孙逸仙来本邦之件》，日本外交史料馆藏。
②《孙中山全集》第11卷，第392～393页。
③《孙中山全集》第11卷，第364页。

本人维新之后得到了强盛，反忘却了中国革命之失败，所以中日感情日趋疏远。因此，希望日本人理解中国革命的意义。①

五、希望日本人知道，中国因不平等条约而沦为半殖民地，中国国民做了十几国的奴隶，非常痛苦。②希望日本人理解，中国连年大乱，所以不能统一的原因也在于不平等条约。③

六、要求日本人同情、帮助中国废除不平等条约。指出："中国此刻能否废除不平等条约，关键不在别国人，完全在日本国民能不能够表同情！若是日本的国民能够表同情，中国的条约便马上可以废除。"④

七、日本取得的海关、租界和治外法权方面的条约，均须如苏联和德国一般废除。⑤"至于日本在东三省之地位，彼认为与香港、澳门相同，目下并不要求归还。"⑥日本提倡改良"二十一条"。⑦

八、如果日本帮助中国废除了不平等条约，虽然要受到一些损失，但因此可得中国的人心，"以后的大权利，便无可限量"。以后"日本所得的权利，当然要比现在所享的权利大过好几百倍或者是几千倍"。因此，希望日本同情、帮助中国废除不平等条约。⑧

孙中山于 12 月 1 日最后一次在门司会见日本记者时说："我

---

① 《孙中山全集》第 11 卷，第 365 页。
② 《孙中山全集》第 11 卷，第 412 页。
③ 《孙中山全集》第 11 卷，第 373 页。
④ 《孙中山全集》第 11 卷，第 375 页。
⑤ 《孙中山全集》第 11 卷，第 436 页。
⑥ 《孙中山全集》第 11 卷，第 420 页。
⑦ 《孙中山全集》第 11 卷，第 436 页。
⑧ 《孙中山全集》第 11 卷，第 375 页。

所发表的主张，最重要之一点，就是在要求日本援助中国，废除中国同外国所立的一些不平等条约。"① 孙中山为废除不平等条约，打破列强的侵略，希望首先得到日本的同情和帮助，因而出访日本，向日本朝野和国民宣传自己的主张。孙中山对日本抱有极大期望。他力图首先争取日本同情和帮助的原因有：

一、"中国同日本是同种同文的国家，是兄弟之邦。"②

二、日本在三十年前也受过不平等条约的痛苦，"如果有同情心，推己及人，自己受过了的苦，当然不愿别人再受。"③

三、在国际上，有苏联和德国放弃与中国缔结的不平等条约的先例，华盛顿会议曾通过了废除在华治外法权的决议。日本外务省内部自1922年3月以来也出现了欲率先废除在华治外法权的动向。若首先促使日本放弃不平等条约，便可以此向英美施加压力，实现废除不平等条约的目的。

为了民族的独立，孙中山坦率地向日本陈述了他的废除不平等条约论，日本政府对此未予理睬。但是，孙中山认为日本国民都赞成他的主张，并"致力于使日本国民了解废除不平等条约、领事裁判权等的理想"④，希望由日本国民促使政府赞成他的主张。从这个意义上来说，孙中山在日本的宣传，主要是期望日本国民给予协助。可见，这一时期孙中山对民众的新认识已反映到他的对外政策上。

---

① 《孙中山全集》第11卷，第433页。
② 《孙中山全集》第11卷，第414页。
③ 《孙中山全集》第11卷，第375页。
④ 1924年11月28日，外务省出渊亚细亚局长：《关于孙逸仙来本邦之件》，日本外交史料馆藏。

孙中山与头山满会谈

孙中山赴日的另一个目的是与旧友相会。他希望会见的旧友主要是头山满和犬养毅。与他们相会的目的也是为了争取废除不平等条约。孙中山希望通过他们游说日本政府。孙中山在赴日途中即致电头山说："此次，为收拾敝国局势，特取道神户去北京，希望相会商议东亚大局。倘驾到神户，则幸甚。另外，请转告朝野诸贤"。①头山于 11 月 25 日赴至神户与孙中山相会。孙中山在与头山的两次会谈中，首先论述了未来的国际关系，力说要废除中国与列强之间的不平等条约。他特别要求头山在废除治外法权和恢复关税权独立的问题上给予帮助。他说："日本若为解决这些问题率先帮助敝国，使敝国国民摆脱最痛苦之束缚，敝国国民当永远感谢贵国的友谊。这是两国提携的第一步。作为日支亲善的具体手段，希望贵国国民帮助解决以上两个问题。希望先生考虑。"②废除不平等条约的问题自然涉及日本在满蒙的殖民权益。头山从维护日本在华殖民权益的立场出发，虚伪地宣称：诸如日本在满蒙的特殊权益"当然应归还，但目下若立即答应归还的要求，我国大多数国民将难以接受。"③这就表露了日本大陆浪人向满蒙扩张的欲望。次日，头山质问孙中山，废除旧条约是否包含收回旅大。孙中山回答说：与对待香港、澳门问题一样，"只要维持旅大的现状，不进一步扩大势力，将不会引起问题"④，表示了妥协的态度。这是孙中山与头山的最后一次面谈，而谈话内容表明两人之间已发生了很大的意见分歧。

由于多年艰苦的奋斗，孙中山积劳成疾，身患肝癌已到晚期。这时，他每餐只能饮食青菜汤，身体状况日见恶化。赶来与他相

---

① 头山满翁正传编纂委员会编：《头山满翁正传（未定稿）》，第 265 页。
② 头山满翁正传编纂委员会编：《头山满翁正传（未定稿）》，第 268 页。
③ 头山满翁正传编纂委员会编：《头山满翁正传（未定稿）》，第 266 页。
④ 头山满翁正传编纂委员会编：《头山满翁正传（未定稿）》，第 268 页。

会的旧友秋山定辅劝孙中山："过于繁忙有害健康，可否中断去北京的计划，改去别府或何处温泉疗养。"[①]孙中山回答说，待北京的事情一结束，即再到日本别府充分治疗，并约定与秋山再会。

三、孙中山的大亚洲主义

大亚洲主义演讲

11 月 28 日，以大阪每日新闻社、神户新闻社、大阪朝日新闻社、神户又新日报社为后援，由神户商业会议所发起召开讲演大会，孙中山在会上做了关于大亚洲主义的演讲。这次演讲是孙中山抵神户的次日，即 25 日决定的。[②]主办者原要求孙中山以"大亚细亚问题"为题做演讲，孙中山将这个题目改为"大亚洲主义"。这个题目不是临时决定的。孙中山派李烈钧赴日本时，即交给他宣传大亚洲主义和亚洲大同盟的任务，可见，孙中山早就有在日本宣传大亚洲主义的考虑。

主办者的宗旨是要求实现"日支亲善和亚细亚民族联盟""中华民国与日本完全平等的同盟"，解决东洋的和平问题。[③]讲演会会场设在兵库县立神户高等女校（现兵库县立神户高等学校）礼堂。因这个会场容纳不下数千名听众，于是又将该校体育馆作为第二会场。孙中山首先在礼堂向听众致意后，即来到主会场。

孙中山力陈日本以往在亚洲的复兴和独立运动中的地位和作用，期望日本接受他的观点，用以"王道"为基础的大亚洲主义实现亚洲民族的大联合，对抗欧美列强的"霸道"和强权。他说："日本废除不平等条约的那一天，就是我们全亚洲民族复兴的一

① 村松梢风：《金、恋、佛》，第 125 页。
② 1924 年 11 月 25 日，兵库县知事平冢广义致币原外务大臣函，兵外发秘第 2629 号，日本外交史料馆藏。
③ 陈德仁、安井三吉：《孙文与神户》，神户新闻出版中心，1985 年，第 248～263 页。

天"，在日俄战争中，"日本人战胜俄国人，是亚洲民族在最近几百年中头一次战胜欧洲人"，"从日本战胜俄国之日起，亚洲全部民族便想打破欧洲，便发生独立的运动"。①高度评价了日本在亚洲民族复兴和独立运动中的地位和作用。孙中山提及十年以至二十年前的往事，现实目的在于希望日本率先协助中国和亚洲各民族废除不平等条约，实现民族独立。

接着，孙中山提出大亚洲主义。为说明大亚洲主义，他首先论述了西方的"霸道"文化和东方的"王道"文化。指出："讲王道是主张仁义道德，讲霸道是主张功利强权。"比较这两种文化，可以知道东方文化的优越性。强调"王道"文化"就是我们大亚洲主义的好基础"。②提出要联合亚洲各民族，并以这种联合的力量（包含武力）对抗西方的侵略。主张苏联也可以参加亚洲民族的大联合。因为"俄国最近的新文化便极合我们东方的旧文化"。③这是孙中山联俄政策在大亚洲主义中的再现。他说：大亚洲主义的目的"是为打不平"。这种"不平"首先是列强强加给中国和亚洲各民族的不平等条约。主张为废除不平等条约，亚洲民族应在大亚洲主义的基础上联合起来。④

孙中山在最后说："日本民族既得到了欧美的霸道文化，又有亚洲王道文化的本质，从今以后对于世界文化的前途，究竟是做西方霸道的鹰犬，或是做东方王道的干城，就在你们日本国民去详审慎择。"⑤由此指出日本已站在必须选择"霸道"或"王道"的十字路口。他要求日本"做东方文化的干城"，希望日本参加亚洲大联合。孙中山在与一日本人的谈话中还说："以日本为首，实

---

① 《孙中山全集》第 11 卷，第 402～403 页。
② 《孙中山全集》第 11 卷，第 405～407 页。
③ 《孙中山全集》第 11 卷，第 409 页。
④ 《孙中山全集》第 11 卷，第 409 页。
⑤ 《孙中山全集》第 11 卷，第 409 页。

现亚细亚人的大同团结，以对抗欧美"①，"日本应成为亚细亚联盟的霸主，与欧美抗衡"②，期望日本在亚洲各国联合中起领导作用。

另一方面，孙中山在访日之前，谴责日本是帝国主义国家，侵略中国和亚洲各国。他在 1 月 6 日发表的《关于建立反帝联合战线宣言》中，指出日本与英、美、法、意同样是帝国主义国家，呼吁世界各弱小民族迅速联合起来，反对帝国主义。③2 月，他在《三民主义》的演讲中说，日本侵吞朝鲜、台湾和澎湖列岛后，成为与英、美、法一样可以灭亡中国的国家，并强调指出："最近可以亡中国的是日本。……他们的海陆军随时可以长驱直入。日本或者因为时机未至，暂不动手；如果要动手，便天天可以亡中国。……中国假若和日本绝交，日本在十天以内便可以亡中国。"④这表明，孙中山对日本的侵略本质有明确的认识。

孙中山早已认清了日本的侵略本质，却又仍然对日本抱有期望的原因有：第一，他在《三民主义》演说中，洞察列强之间争夺中国的矛盾和对立，指出中国仍能存在的原因是"各国在中国的势力成了平衡状态"。⑤他为了利用列强间的矛盾和对立，对抗他所认为的最大敌国英、美，希望联合日本。第二，这一时期，他拟与日本支持的奉系军阀张作霖及皖系军阀段祺瑞合作收拾中国政局，因此不能不谋求得到日本的帮助。他非常重视日本对他这次演说的反响。翌年，他在临终前仍在病榻上问前来探望的萱野长知："到神户时的演说是否在日本人中引起反响"？⑥听到萱

① 1924 年 12 月 1 日，兵库县知事平冢广义致币原外务大臣等函，兵外发秘第 2624 号，日本外交史料馆藏。
② 1924 年 11 月 2 日，长崎县知事富永鸿致币原外务大臣等函，外高秘第 7798 号，日本外交史料馆藏。
③《孙中山全集》第 9 卷，第 23～24 页。
④《孙中山全集》第 9 卷，第 233 页。
⑤《孙中山全集》第 9 卷，第 234～235 页。
⑥ 萱野长知：《中华民国革命秘笈》，第 351 页。

野"那次演说，已在电台播送，报纸也都作了宣传报道，在各地反响极大"的回答后，他脸上立即浮现出满意的笑容。①但实际上，他的这次演说只在民间引起部分反响，对日本政府却毫无影响。《大阪每日新闻》《神户又新日报》等登载这份演说辞时，删去了最后极其重要的一句话："究竟是做西方霸道的鹰犬，或是做东方王道的干城"。

与日本的亚洲主义比较

孙中山的大亚洲主义演说披露了他的亚洲观和革命战略。孙中山认为，中国革命不是孤立的革命，而是亚洲革命的一环。他力图团结亚洲各国人民完成这场革命的任务。孙中山认为中国革命的成功有助于促进亚洲和世界和平，他提出亚洲是亚洲人的亚洲，希望亚洲人民联合起来，抵抗欧美的侵略，争取民族独立和解放。以往，孙中山虽然使用过大亚洲主义一词，但他没有将以上亚洲观和革命战略规定在亚洲主义之中而加以公开提倡。在近代中国，亚洲主义一词还不很流行。1919 年，李大钊提出"新亚洲主义"，欲以此取代日本的大亚洲主义。孙中山则直接利用了在日本流行的亚洲主义一词。

日本的亚洲主义思想萌芽于 19 世纪五六十年代。当时，平野国臣、佐藤信渊、胜海舟等的"日清提携论"及樽井藤吉的"大东合邦论"主张：因欧美列强的侵入而面临民族危机的日本应与中国联合抵抗欧美。在自由民权运动时期，改进党的小野梓等在《外交论》一书中，反对日本侵略朝鲜，主张日、朝、中团结合作。植木枝盛、板垣退助等的《通俗无上政法论》主张彻底解放亚洲、非洲被压迫民族以及波兰、爱尔兰等欧洲被压迫民族，恢复、确立各民族的独立和主权，设立各国以平等的地位确定的"万国共

---

① 萱野长知：《中华民国革命秘笈》，第 351 页。

议政府"。这些思想与孙中山的亚洲观有相似之处。两者的共同点在于都主张被压迫民族的联合和解放以及各民族的独立和平等，没有侵略的主张。

自甲午战争始，日本走上了疯狂侵略朝鲜和中国的道路。日本社会随之出现了形形色色的亚洲主义思想。内田良平的"亚细亚联盟"是其中有代表性的一种论调。这些理论均伪称要保全中国领土，实现亚洲联合，其实质则是为日本帝国主义制定侵华政策的政治过程服务。因自明治以来至大正中期日本的这种大亚洲主义思想极富侵略性，孙中山在倡导中日联合时也就尽量回避使用日本的亚洲主义一词。但是，当这种思潮于1924年再次在日本喧嚣时，孙中山采取了与以往不同的对策。他试图借日本的大亚洲主义一词，实现他的亚洲观和革命战略内容之一的中日提携，完成中国革命的任务。这充分反映在他的大亚洲主义的演说中。

1924年再次在日本兴起的大亚洲主义是日俄战争后日美矛盾日益激化的产物。日俄战争后，日本在东亚的势力迅速扩张。美国企图通过哈利曼和诺克斯的铁路中立计划等将其势力伸向满蒙，但遭到日本的反对，日美矛盾开始激化。1906年旧金山市拒收日本学童入学问题、1920年加利福尼亚州《外国人土地法》的制定、1921～1922年间的华盛顿会议、1924年7月美国实施排日移民法等进一步激化了日美矛盾。美国实施排日移民法，给日本以强烈刺激。《东京朝日新闻》等十九家报社于6月5日发表反对排日移民法宣言，日本众议院也于7月1日一致通过决议反对美国的排日移民法。日本国内的反美声浪急剧高涨。但是，由于国力有限，日本难以单独与美国抗衡。因此，很多人针对美国的种族歧视，主张团结亚洲黄色人种对抗美国。这年10月发刊的杂志《日本及日本人》专辟"大亚细亚主义"特集号，各界人士五十人在该号上发表了对亚洲主义的意见。后藤新平提倡与美国门罗主义相对抗的亚洲门罗主义，预言日本的反美感情将发展为黄、白色人种的种族斗争和亚洲民族的团结。这种舆论使日本一时出现了倡言联合亚洲民族的气氛，对中国也产生了一定的影响。有人主张，只有今日才是中日提携和亚洲民族联合的好时机。中国国民党于 8 月发表忠告日本国民的宣言，对日本举国抗议美国的移民法表示同情，期望日本放弃侵略同人种国家的政策，致力于亚洲人的大团结。孙中山也于 4 月 23 日就美国的排日移民法指出：

> 　　白色人种的横暴不是今日才愈甚。予三十年来一直希望日本为亚细亚民族的盟主，致力于亚细亚民族的解放。可惜的是，日本只知盲从欧美，毫不在意联合亚细亚民族，甚至凌辱弱小民族。可是，这次美国排日使日本受到深刻的教训。听说日本舆论哗然，并正开展各种运动，但是，日本此际没有诉诸最后手段的力量和勇气。若欲雪此屈辱，只能谋求亚细亚民族的大同团结，并依靠其力量。[①]

孙中山在此指出日本应改变追随欧美列强，压迫亚洲弱小民族的政策，并联合亚洲各国对抗美国。不久，广东发生商团事件，孙中山宣布北伐。孙中山为对抗英美，借用了日本的大亚洲主义一词，提倡他所主张的大亚洲主义。这些，是孙中山作大亚洲主义演说的背景。

孙中山的大亚洲主义与这一时期日本的大亚洲主义有本质的差异。第一，日本的亚洲主义强调黄、白色人种的种族斗争。孙中山的亚洲主义则摒弃了以往的黄、白人种论，强调无论亚洲的黄色人种民族或欧美的白色人种民族，都存在被压迫民族与压迫民族、公理与强权之间的斗争。主张被压迫民族在斗争中联合起来。第二，日本的亚洲主义是为了解决帝国主义国家间的问题，

---

① 《东京朝日新闻》，1924 年 4 月 25 日。

孙中山的亚洲主义则是为了解决帝国主义和殖民地民族之间的矛盾和斗争。因存在这种质的差异，日本的大亚洲主义当然会遭到中国方面的反对。当时留在东京的殷汝耕也指出，压迫亚洲弱小民族的日本没有资格提大亚洲主义，其大亚洲主义也不能成立。[①]另一方面，孙中山的大亚洲主义也没有引起日本方面的共鸣。

孙中山入京

孙中山做了关于大亚洲主义的演说之后，于 11 月 30 日离开神户，12 月 4 日抵达天津。孙中山北上的目的是召开国民会议，解决中国的统一和建设的问题，废除不平等条约，打破列强的侵略。孙中山的主张得到中国广大人民群众的支持。中国人民对孙中山北上入京抱有很大期望，他抵达天津时，受到两万群众的热烈欢迎。11 月 24 日，段祺瑞在张作霖和冯玉祥的支持下就任中华民国临时执政。冯玉祥原为同盟会会员，北京政变后，他将所部改称国民军，主张国民革命。因此，他自然地与封建军阀张、段发生了对立，并脱离了执政府。执政府是由张、段垄断的军阀专制政权，这个政权的中心在天津。张、段分别派外交总长王大中和龚心湛访日驻天津总领事吉田茂，对直奉战争期间日本朝野的善意和援助表示谢意。吉田则说："我朝野对张、段两氏总是表现出特别的善意和同情。"[②]这就表示日本支持张、段政权。

张作霖深恐随着孙中山入京，冯玉祥和在北京的国民党人将广泛开展活动。为进行镇压，破坏孙中山在北京的群众基础，他乞求北京外交团给予支持。[③]英、美、荷公使表示了积极响应的态度。12 月 1 日，荷兰公使对芳泽公使说，诸如孙中山这种已赤化的人物来京，得到当地赤化分子及苏联派来的加拉罕的策应，将

① 《日本及日本人》第 58 号，第 6～14 页。
② 《日本外交文书》大正十三年第 2 册，第 473～474 页。
③ 《日本外交文书》大正十三年第 2 册，第 501～502 页。

有发生危险事态之忧。①因此，应帮助张作霖首先镇压当地的布尔什维克。①同日，张作霖通过日本人町野向芳泽公使表示了同样的意见。②次日，英国公使麻克类向芳泽建议就此召开非正式的外交团会议。芳泽认为这个会议将成为张利用外交团压制冯、孙的工具。他回答说，对召开非正式会议没有异议，并要求出席会议者限为九国公约签字国代表。③芳泽同意召开这次会议的原因有：一是中国"赤化"将对日本造成不利影响；二是日本若反对各国支持张、段，将影响与各国的关系。

12月4日，即孙中山抵达天津的同一天，日、荷、意、英、比、法、美七国公使在北京荷兰公使馆召开会议。荷兰公使在会上建议赶在孙中山入京前向执政府提出对策。芳泽表示原则上无异议，但他又说，因事关重大，在得到政府训令之前难以同意。④这时，列强所恐惧的"赤化"是冯、孙是否会联合再次发动政变推翻张、段政权的问题。芳泽说，是否会出现政变，尚难断言。因而希望回避具体问题，发表一个抽象的声明。芳泽认为，孙中山可能会制定废除不平等条约、收回租界等政纲，采取激进措施，因而赞成拟定预防办法。⑤

英国公使麻克类很快起草了一份对执政府的声明。这份声明回避了"赤化""过激活动"等语，也没有点孙中山和冯玉祥的名。声明抽象地表示各国支持执政府，同时要求执政府承认中国与列强间缔结的一切条约，保护列强在华权益。⑥这是对孙中山废除不平等条约的预防措施和警告。

币原外相对这份声明草案表示赞成，他进而提出删去"至双

　　①《日本外交文书》大正十三年第2册，第501～502页。
　　②《日本外交文书》大正十三年第2册，第502页。
　　③《日本外交文书》大正十三年第2册，第502页。
　　④《日本外交文书》大正十三年第2册，第503页。
　　⑤《日本外交文书》大正十三年第2册，第503页。
　　⑥《日本外交文书》大正十三年第2册，第504～505页。

方共同修改条约止，须予承认、保护”一句。[1]他认为这句话有可能被中国方面误解为各国有答应修改条约的意向。这表明，币原反对孙中山废除不平等条约的主张。币原认为，孙中山将极力联合段祺瑞，政治方面的问题将完全委托给段处理，对张也不会特别反感，大致上如视段一般。币原还预测，难以想象孙中山会联合冯玉祥推翻段、张政府。[2]币原说，"已依靠间接的方法，确认了其意向"。他说的"间接的方法"是指殷汝耕将11月27日在神户与孙中山会谈的结果泄露给了出渊亚洲局长。[3]出渊上呈的《关于孙逸仙来本邦之件》上盖有外相已阅的印鉴即可证明。

孙中山到天津后，张作霖和日本更戒备孙中山的"赤化问题"。12月5日，张往访孙中山时，要求控制过激思想的实行。孙中山回答："决不会添麻烦"。[4]吉田茂总领事也派山田事务官访孙中山，再次探问孙中山的意见。孙中山回答说："很显然，劳农主义、共产主义终究不符支那之国情。"[5]

孙中山为废除不平等条约而赴日，并进而北上。段祺瑞则为了得到列强对执政府的承认，于12月6日发表声明，宣称尊重中国与外国缔结的一切不平等条约，保护外国的在华权益。这就与孙中山以废除不平等条约为南北统一条件的立场发生了对立。12月31日，孙中山扶病入京，得到十万北京人民的热烈欢迎。孙中山发表宣言，强调要拯救中国，就必须废除不平等条约。孙中山入京后坚持召开国民会议的主张，段祺瑞则策划召开"善后会议"，与孙中山发生正面对抗。孙中山因此没有实现北上的目的。

---

① 《日本外交文书》大正十三年第2册，第505页。
② 《日本外交文书》大正十三年第2册，第505页。
③ 《日本外交文书》大正十三年第2册，第505页。
④ 《日本外交文书》大正十三年第2册，第507页。
⑤ 《日本外交文书》大正十三年第2册，第514页。

孙中山去世

繁忙的工作、错综复杂的斗争，使孙中山的病情更加恶化，他于 1925 年 1 月 26 日入协和医院接受手术治疗。经诊断为肝癌。在手术后的次日，芳泽公使向币原外相报告了孙中山的病情。2 月 5 日，币原指令芳泽继续报告孙中山的病情。^① 孙中山入院治疗的消息在日本民间误传为逝世。梅屋庄吉在 1 月 27 日的日记中沉痛地写下"是日，挚友孙文逝世"的字句，28 日，他托萱野长知为友人代表前往北京参加"孙中山葬礼"。^② 2 月 4 日，萱野到北京后即致电梅屋称："孙文尚可。"^③ 来协和医院探望孙中山的日本友人当中，只有萱野长知被允许面见孙中山。当萱野轻步走到孙中山的病榻前时，孙中山认出了这位曾热忱援助中国革命的日本友人。他缓声问道："木堂翁（犬养毅）、立云翁（头山满）如何？"并询问在神户所做的大亚洲主义演说是否在日本人中引起反响。^④ 接着，他又问："烟波亭（梅屋庄吉）如何？在神户未晤仁兄（梅屋），甚感遗憾。"^⑤

1925 年 3 月 12 日，孙中山在北京东城铁狮子胡同五号住处溘然长逝，终年五十九岁。14 日，孙科电告梅屋庄吉等日本友人："父孙中山于十二日九时三十分逝世。对生前厚意谨致谢意。"^⑥《东京朝日新闻》在 13 日晚刊的第一版报道了"民国元勋——孙文逝世"的消息。^⑦ 梅屋庄吉分别向孙科、宋庆龄发出唁电，指出："先生乃中国革命之大恩人，世界之伟人。今日仙去，诚为贵国乃至

---

① 《日本外交文书》大正十四年第 2 册上卷，第 623 页。
② 《梅屋庄吉文书》，小坂哲琅、主和子藏。
③ 《梅屋庄吉文书》，小坂哲琅、主和子藏。
④ 萱野长知：《中华民国革命秘笈》，第 350～351 页。
⑤ 萱野长知致梅屋庄吉函，《梅屋庄吉文书》，小坂哲琅、主和子藏。
⑥ 《梅屋庄吉文书》，小坂哲琅、主和子藏。
⑦ 《东京朝日新闻》（晚刊），1925 年 3 月 13 日。

整个东洋之不幸。"①这表明了日本民间志士的心声。

3月13日，广东军政府要求日驻广东代理总领事清水将孙中山去世的消息转告日本政府。②日本政府指示芳泽，中国举行国葬时，由芳泽公使代表日本向段祺瑞执政表示"深切的哀悼"，并以币原外相的名义向孙中山的家属孙科等做同样的表示。③这时，中国内部就国葬和国民葬发生意见分歧。芳泽以币原外相的名义送了花圈，公使馆太田则以公使的名义参加了3月25日在北京中央公园内举行的葬仪。④

5月9日，日本各界人士在东京芝的增上寺举行孙中山追悼大会。孙中山的生前好友犬养毅、头山满、萱野长知、梅屋庄吉、宫崎龙介、秋山定辅、久原房之助、后藤新平、副岛义一、白岩龙平等主持或参加了大会。加藤首相、小川平吉司法大臣、宇垣一成陆军大臣也出席了大会。中国留学生张学载、萧学海当着加藤首相等日本军政要员的面指出："废除'二十一条'，归还旅大是孙中山的遗愿"。⑤这就有力地谴责了日本的侵华政策。

孙中山在《遗嘱》中指出："现在革命尚未成功"，为实现中国之自由平等，"必须唤起民众及联合世界上以平等待我之民族，共同奋斗。""废除不平等条约，尤须于最短期间促其实现"。⑥这是他对中国国民党的期望，同时也含有对日本的期望。孙中山在革命生涯中对日本所抱的期望是：支援中国求自由平等的革命，平等对待中国，即废除不平等条约。孙中山去世后，他发动、领导的中国资产阶级革命仍与日本保持着复杂的关系，并不断发展、变化。

---

① 《梅屋庄吉文书》，小坂哲琅、主和子藏。
② 《日本外交文书》大正十四年第2册上卷，第625页。
③ 《日本外交文书》大正十四年第2册上卷，第625页。
④ 《日本外交文书》大正十四年第2册上卷，第635页。
⑤ 《日本外交文书》大正十四年第2册上卷，第641页。
⑥ 《孙中山全集》第11卷，第639～640页。

孙中山铜像

孙中山去世后，日本于 1927 年、1928 年三次出兵山东，企图阻止北伐军前进。1928 年 5 月，日军制造"济南惨案"，以支持奉系军阀张作霖对抗北伐军。奉系败退东北时，日军转而于 6 月炸死张作霖，图谋霸占东北三省。中日关系因此急剧恶化。孙中山的友人梅屋庄吉对日本政府蓄意推行侵略政策，恶化中日关系的行径痛心疾首。他决定在日本树一尊孙中山铜像，以此呼吁日本人民珍惜日中之间的友谊。

梅屋于 1928 年春着手这项工作。他选定东京府西多摩郡调布村为立铜像的地点，并在当地购买了面积九百平方米的土地。他请一家土木建筑公司修筑铜像像基，同时向东京警视厅总监申请许可证。然而，警视厅唯恐孙中山的革命思想对日本造成影响，于 10 月 29 日发出四三三〇号指令，声称："铜像建设一事，碍难照准。"①

这项计划虽然失败，但梅屋在中国各地树孙中山铜像的计划进展顺利。他拟铸七尊孙中山铜像送往中国各地。于是聘请日本著名雕刻家牧田祥哉设计、雕刻，接着委托第一流铜像铸造业主——筱原雕金店主筱原金作铸造。1929 年初，第一尊铜像铸成。这尊铜像高 3.6 米，重 7 吨。孙中山身穿西服，神采奕奕地站在讲台上，左手叉腰，右手前伸，面向大众，讲述三民主义的形象栩栩如生。

2 月 28 日，梅屋庄吉偕夫人德子护送孙中山铜像乘"伏见丸"由神户启程，3 月 4 日抵达上海，受到南京国民政府官员和上海人民的热烈欢迎。10 日，梅屋来到北平香山碧云寺孙中山灵堂敬献花圈、默哀、致悼词。

---

① 《梅屋庄吉文书》，小坂哲琅、主和子藏。

南京中山陵修建完毕后，总理奉安委员会决定于 1929 年 5 月底至 6 月初举行孙中山灵柩的奉安大典。日本政府派犬养毅为特使来华参加国葬。孙中山在日本的友人头山满、萱野长知、平山周、山田纯三郎、古岛一雄、菊池良一、宫崎滔天夫人、宫崎龙介等八十余人应邀来华参加国葬。梅屋庄吉与宋庆龄、孙科等人一道，于 5 月 26 日乘护灵车南下。6 月 1 日，孙中山灵柩安葬仪式在紫金山中山陵举行。晨 4 时，梅屋作为四十名奉持者之一，将灵柩移至紫金山中山陵。

梅屋庄吉铸赠的第一尊孙中山铜像于同年 10 月 14 日立于南京中央军官学校。这尊铜像后来移至中山陵，供万民景仰。1930 年 5 月下旬，梅屋将第二尊孙中山铜像送给广州黄埔军官学校。不久，黄埔军校修建了一座高 40 米的铜像台基，孙中山铜像屹立其上，景象十分壮观，至今仍屹立在该校旧址的小山岗上。1931 年 1 月，梅屋又护送两尊铜像至广州，分别赠给中山大学和中山县。如今屹立在中山大学校园内的孙中山铜像就是当年梅屋赠送的。另一尊铜像在抗日战争时期由中山县移至澳门国父纪念馆。以上四尊铜像都是根据牧田设计的原型铸造的，形象完全相同。

当时，梅屋因他经营的电影会社破产，负担了五万五千余日元的债务，处境十分艰难。但他仍设法筹集了十二万六千四百日元资金铸赠了这四尊铜像（每尊耗资三万一千六百日元）。

梅屋庄吉在提到铸赠孙中山铜像的目的时说："邻邦日本的民众如此尊敬孙中山，应该具体表现出来。同时可以提醒中国人民牢记孙中山的主义，竭诚遵守孙中山的遗嘱。"[①]1929 年 10 月 14 日，梅屋在南京中央军官学校举行的孙中山铜像揭幕典礼上致词说："予之本愿，决非以铜像作单纯之纪念，而在于万众一旦瞻仰，更为先生之至明至德所感化，发奋遵奉其遗训，为建设三民主义

---

① 《国方千势子采访记》，见车田让治：《国父孙文与梅屋庄吉》，第 387 页。

国家和完成统一和平而一致努力。"①

　　今日，孙中山作为合作和统一的象征，活在海峡两岸中国人民的心中。从这个意义来说，矗立在中国大陆的孙中山铜像，作为鼓舞中国统一和建设的精神存在为万民景仰。另外，通过梅屋庄吉等以往曾援助过孙中山革命的故友对孙中山所表达的敬意，可进一步增进中日两国人民的友好情谊。

---

① 《梅屋庄吉文书》，小坂哲琅、主和子藏。

附录：书评

近代中日友好史的实录

——《孙中山宋庆龄与梅屋庄吉夫妇》读后感

段云章

中日两国人民友好往来和文化交流已历 2000 余年，不少佳话趣事流传后代。孙中山、宋庆龄与梅屋庄吉夫妇的珍贵情谊，尤为中日两国人民所盛赞。

1975 年，即中日邦交恢复的第三年，日本的车田让治先生写过一本《国父孙文与梅屋庄吉——献身于中国的一位日本人的生涯》。它是用文学传记体写的，也利用了刚刚公开的《梅屋庄吉文书》中的部分资料。可惜除部分章节外，尚未译成中文，而且从历史研究的角度看，虽有较大史料参考价值，但似不够翔实，论证亦似不足。多年来，中国读者很希望见到一本充分利用已发现的资料，全面而准确地论述孙中山与梅屋庄吉两对夫妇长期友好往来的中文史书。南开大学俞辛焞教授和他的研究生熊沛彪先生应梅屋外孙女小坂主和子的要求，深入地研究《梅屋庄吉文书》，并搜集、利用其他有关资料，写成了《孙中山宋庆龄与梅屋庄吉夫妇》一书，于 1991 年 7 月由中华书局出版。它既作为纪念辛亥革命 80 周年的献礼，又大大地满足了中外读者、特别是中国读者的多年愿望。

出于特殊的历史原因，孙中山及其领导的革命运动，与日本有着长久的特殊关系。孙中山等与日本的多种人士打过交道，其中有真诚的朋友，也有伪装朋友而实怀侵华意图的人，也有公开敌视中国革命的人。就是真正的朋友，也有在某个时期由于某种原因出现龃龉疏隔的情形。从 1895 年到 1925 年孙中山逝世整整 30 年，始终与孙中山风雨同舟、声应气求，而且在孙中山逝世后近十年，情谊不衰，并在中日关系日趋恶化的情况下，坚持不懈地贯彻孙中山遗志，维护中日人民友好的日本朋友中，梅屋庄吉夫妇显得十分突出。这本书之所以写得成功，具有吸引力，首先就在于作者不是单纯地列举交往史事，而是把书中的两对主角置于充满风风雨雨的中日两国的背景中，通过真假朋友的对比，来展示书中两对主角的一贯真挚友情，让读者清楚地看到一种促使中日两国人民保持密切接近的"特殊的纽带"。

书中展现了以下动人情景。

当 1895 年 1 月日军大举向中国本土进犯而清政府卑屈求和之时，梅屋却因与孙中山"谈天下事，中日之亲善，东洋之兴隆，以及人类之平等，所见全同"，而向孙中山爽然承诺："君若举兵（按：指反清起义），我以财政相助。"在甲午战后包括日本在内的列强掀起瓜分中国狂潮、旋即发生八国联军镇压义和团反帝运动之际，梅屋和孙中山一道支援菲律宾独立运动，又支持孙中山发动惠州起义。1905 年中国同盟会在日本东京成立后，梅屋即联合日本志士，在东京有乐町设立中国同盟会后援事务所，从经济上支援同盟会，为该会机关报《民报》筹助经费。1907 年 3 月，孙中山因日本政府驱逐而被迫离开日本，随后他和黄兴等发动了一系列西南边境武装起义，梅屋是热心帮助筹措资金、购运军械的日本志士之一。武昌起义爆发后，梅屋是日本声援辛亥革命的有邻会、中国共和国公认期成同盟会的积极成员。他在极端困难的情况下，多次慷慨解囊，提供捐款，以致负债累累，被迫改组其所经营的公司，出让该公司股票。二次革命失败后，孙中山再次流亡日本，处境异常艰难，梅屋极力支持孙中山的反袁事业。孙中山等中华革命党人在日本创建航校，在山东组织讨袁军，以及联络印度在日志士等，都得到梅屋夫妇的无私援助。梅屋夫妇还给了孙中山、宋庆龄以生活上的亲切照顾，促成他们的婚事。孙中山因反对日本政府扶植亲日的段祺瑞武力统一中国，在广州组织护法军政府，倚南讨北。梅屋夫妇闻讯，立即致电祝贺，深信北伐必将成功。当孙中山进行国民党改组，实行联俄、联共、扶助农工三大政策时，日本舆论纷纷指责孙中山"赤化""受骗"，梅屋泰然解释说：我相信孙中山所做的都是为了中国革命。1925 年初，孙中山北上后，在京病重。梅屋这时也卧病在床，他除了与犬养毅等委托萱野长知前往探视外，还拍电报要居住在大连的养女梅子立即赶往北京。这两位多年好友通过萱野等相互慰问、祝福。孙中山临终前还对 1924 年 11 月在日本神户逗留期间未能与梅屋晤谈甚感遗憾，梅屋则在这段时间写的《备忘录》中也不断提到孙中山。当孙中山逝世的消息传到日本，梅屋悲痛至极，他给宋庆龄、孙科拍来深表哀悼而又异常感人的悼电，沉痛地表示：孙中山"乃中国革命之大恩人，世界之伟人，今日仙去，诚为贵国乃至整个东洋之不幸"，而且担心地指出："今贵国值多事之秋，先生去世，不仅使贵国前途未卜，更是日本之不幸。"

孙中山的辞世，并不意味着孙中山、宋庆龄和梅屋夫妇友谊的终结。相反，在随后的岁月里，孙中山的后继者与梅屋夫妇及其后人情意弥深，谱写了友谊的新篇章。梅屋一直抱定孙中山虽逝去，但其精神长存。他立志要把孙中山的"全亚细亚民族复兴主义作为遗训留在人间"，因而"要鞭策残年，奋起作最大努力"。而梅屋晚年恰值日本军国主义势力日益猖狂，家道中落，但他仍冲破阻挠，克服困难，醵巨资为孙中山铸造四尊铜像，运到中国，分别树立于南京、广州、澳门。他还与宫崎滔天的后人宫崎龙介等人发起成立《大孙文》影片拍摄协会，这一义举因"九一八"事变的影响而受阻，但通过树立铜像、拍制电影等活动来使中日人民了解中国革命和伟人孙中山、教育后代珍惜中日人民传统友谊的誓愿却不可遏抑。1933年后，他因坚持中日友好，被日本军国主义者诋毁为"卖国贼""中国间谍"，然而梅屋不畏强暴，坚贞不屈，上书给当时的日本外相广田弘毅："实现中日亲善，是我多年的夙愿，也是故友孙中山的遗嘱，终日苦思其实现。"1934年11月15日，梅屋拟赶赴中国进行和平斡旋，因患晚期癌症，晕倒在火车上，八天后与世长辞。

此后较长时期内，这种珍贵友谊虽因历史原因，未能正常体现，但宋庆龄和梅屋庄吉后人对往昔情景始终没有忘怀。中日邦交恢复不久，宋庆龄即邀请梅屋女儿国方千势子夫妇来华，宋对千势子深情地说："您的父母是我非常缅怀的人，是绝不能忘怀的重要人"。随后，宋庆龄还一再在书信和题词中表达对梅屋夫妇和日本人民友好情谊的珍视和寄望："时间和形势永不能（注：这条曲线是宋庆龄加的）抹掉这宝贵的友谊"；"我们所共有的快乐回忆乃是一种特殊的纽带，是随着岁月的日驰而使我们在思想上和心底里保持密切接近"；热切祝愿中日两国人民"世世代代友好下去"。这些话体现了中日两国人民的心声和夙愿。

本书作者不仅通过具体事实全面而系统地叙述了这两对夫妇的始终一贯的情谊，还深入挖掘了结成这种情谊并紧紧系住两国人民历久不衰的心愿的特殊纽带的内在因素。作者在第一章和第十一章对此做了很好的解剖。孙中山和梅屋庄吉年龄仅差两岁，属于同时代人，虽出生的国度不同，但同受着类似家庭和新形势、新思潮的影响，他们从幼就具有强烈的正义感，有志于除暴安良、扶危济困。及长，他们都憎恶旧势力，喜爱新事物；热衷于西方的自由民权，推崇自由、平等、博爱；他们都痛恨西方殖民统治者，抱有黄种人团结自强、抗拒白种人入侵、共同复兴亚洲的思想。他们结交后，梅屋又接受了孙中山的三民主义和大亚洲主义主张，坚信孙中山的思想和主张是中国民主革命成功和亚洲复兴的保证。在奋斗目标上，梅屋也赞同孙中山的"天下为公"理想。在为人处世方面，他们都崇尚信义、互助以及对事业的无私奉献。梅屋指出："人乃以信义相连"，而"信义是无国境的"。但他不是盲目附和，而是认为信义应是相信一个值得尊敬的人的思想和精神，并为它的实现笃行不懈。他之所以与孙中山一见如故，而且数十年如一日，坚定不渝地无私援助孙中山的革命事业，就是因为他敬佩孙中山的气魄、抱负、品德和才智，深信孙中山所从事的事业是正义的，是"追求进步的'天下的大事业'"。梅屋称孙中山为"盟友"，常用"与孙中山结盟"或"与孙中山的盟约"来解释自己与孙中山之间的兄弟关系，并始终以实现孙中山的理想来策勉自己。孙中山也以有梅屋这样与自己同心同德的真诚朋友而感到十分欣慰。他题写"同仁"二字，赠给梅屋庄吉，以表自己的心意。

　　无疑，这本书较前此已出版的有关孙中山与梅屋庄吉的论著显得丰满而翔实，更引起读者的兴趣。其原因除上面评述者外，还因为这本书较充分地利用了《梅屋庄吉文书》和有关报刊资料。从这里，读者们特别是中国读者可以看到我们过去未曾了解的历史情况和亟欲看到的新资料，比如梅屋的自传《我的影子》《备忘录》《永代日记》《梅屋庄吉遗嘱》以及未曾公开的孙中山、宋庆龄和梅屋庄吉夫妇的一些来往函件、题词等等。

　　这本书写得通俗流畅，富于文采，并把当时人的感情显示在字里行间。它给读者以具体的中日人民友好的历史感，又易于把读者引向现实，从中汲取启示和教益。这固然与作者的精心构思和认真写作有关，但更值得重视的是言为心声，这本书本身就凝聚着许多中日友好人士的感情。本书的主要作者俞辛焞教授，从20 世纪 50 年代末即从事日本史研究，现任南开大学日本研究中心主任、博士生导师，兼任中国日本史学会副会长。1980 年后先后七次去日本研究、访问，在日本逗留时间累计近四年。1988 年，他荣获日本早稻田大学法学博士学位。用日文写成并在日本出版的著作有《满洲事变期间的中日外交研究》（东京东方书店，1986年）、《孙文的革命运动与日本》（东京六兴出版，1989年）、《辛亥革命时期的中日外交史研究》（东方书店，即出），用中文编写的在国内出版的有关中日关系的著作有《孙中山在日活动密录（1913年8月至1916年4月）》（南开大学出版社，1990年），并用中日文在国内外刊物上发表了60余篇有关中日关系的论文。这些论著以及他多年来所进行的频繁的中日文化友好交流活动，已获得中日学者的赞许，充分表明他对促进中日人民的相互了解、增进他们之间的情谊抱有极大热忱。因此，梅屋庄吉的外孙女夫妇小坂主和子女士和小坂哲琅先生热情协助他查阅了珍藏50余年的有关梅屋庄吉的资料，寄望他写一本书，以进一步向中日两国人民介绍孙中山、宋庆龄和梅屋庄吉夫妇的长期深厚革命情谊。这本书的另一有力支持者日本女子大学久保田文次教授是一位著名的研究中国近代史、一直热心于中日学术交流活动的学者，1988年我访问日本时，他告诉我，他正接受梅屋后代委托，整理出版梅屋庄吉文书。本书作者在后记中提到他对本书的支持，又说明他们是情愫互通、同心相应的。当本书出版在经济上碰到困难时，旅居日本横滨的广东同乡会会长、横滨华侨总会副会长吴桂显先生又慨然予以赞助。国内不少人士如南开大学周基堃教授和中华书局陈铮编审也给了作者以支持。这些表明，本书的写成和出版过程，就伴随着中日友好人士的殷切瞩望和深情寄托。本书之能在中日恢复邦交20周年前夕问世，更有其特殊意义。

作者在"后记"中提出，本书因受到资料限制，有些问题未能展开写，有些问题还有待继续考释。这是作者向自己提出的更高要求。对此，我颇有同感。如果我们能够再多发掘一些中日方面的书刊报纸资料，再结合当时的情势做一些具体分析，将有助于本书情节的进一步展开，对书中两对主人公的关系以及他们各自在当时事件中所起作用和所处地位，做出更为充分和恰如其分的评述。

（作者段云章，1930 年生，中山大学历史系教授）

孙中山与日本关系新解

——读俞辛焞著《孙中山与日本关系研究》

安成日

孙中山是近代中国民主革命的先行者和领导者。他的革命活动与日本密切相关，在其长达 30 余年的革命生涯中，孙中山先后出入日本 16 次，在日驻留 9 年 6 个月。其在日时间占孙中山整个革命生涯的近三分之一。在这近 10 年的时间里，孙中山或以日本为革命活动的基地，或以日本为流亡之地，与当时的日本政界、财界、军部、大陆浪人、民间人士结成了各种各样的错综复杂的关系。因此，如何理解和解释孙中山与日本各界人士之间的关系、如何评价孙中山与日本的关系在孙中山革命活动中的地位和作用等一系列问题，一直是中国近代史和近代中日关系研究中的热点问题。近半个多世纪以来，围绕孙中山研究，中外学者出版了大量的论文和专著。特别是改革开放以来，随着学术思想的解放和对外学术交流的广泛展开，有关孙中山的各方面的研究有了新的进展，并达到了较高的水平。1996 年 8 月，由人民出版社出版的俞辛焞《孙中山与日本关系研究》（以下简称俞著）一书，则是这一领域的新成果。

俞著全书共 46 万字，分上、下两篇。上篇由绪论和七章组成。在上篇里，作者于充分吸收前人研究成果的基础上系统地阐述了自 1894 年到 1925 年 30 余年时间里孙中山及其革命运动与日本的关系。在上篇里作者以政治、外交为重点，基本以编年的形式系统地勾画了孙中山与日本关系的建立和变化的历史过程，探讨了孙中山对日期待—失望—批判—再期待的规律。在探讨孙中山与日本关系这一变化的过程中，作者还探讨了日本决定对孙中山政策的因素，探讨了孙中山与日本各界人士之间关系的多样性和复杂性，探讨了1919年后孙中山对日态度转变与否等史学界长期争论的重大问题，并得出了这样的新结论：1919年前后孙中山对日本的认识虽有新的提高，但并没有发生根本性的变化，他对日本的基本认识是一贯的。

俞著下篇由12篇论文组成（本著作集未收下篇——编辑注）。这些论文中作者对孙中山及其革命运动与日本关系中的重大问题进行了深层次的探讨，是作者在这一领域里多年研究的精华。这些论文有的是孙日关系研究方面的理论探讨，有的是重大事件的再探讨，有的是有关史实、文件材料、图片的考证、考订，还有的是孙中山与亚洲革命志士的比较研究。这些文章多数已见诸国内外重要学术刊物，曾引起强烈反响。

总体说来，俞著在孙中山与日本关系研究方面有以下新的进展和突破。

首先是资料方面的新突破。有关孙中山的研究可以说都是一些老问题，老问题新突破就需要新的资料的出现。以往国内的孙中山研究及孙日关系研究，在第一手资料方面多局限于《孙中山全集》（以下简称《全集》）和有限的有关人士回忆录、早期革命参加者的史著。由于有关孙中山研究的历史较长，国内能够继续挖掘和利用的资料已微乎其微。为了在孙中山研究中的资料方面首先有所突破，俞两次东渡扶桑，寻觅孙中山当年的足迹，查找第一手资料。结果大有收获。收集到了大量日本珍藏的有关孙中山及其革命党人活动的原始档案、文集、报刊、杂志、书简等。

在这里值得一提的是俞在日本外务省史料馆发现了大量集中记载中国革命党人情况的原始档案——《各国内政关系杂纂》共19卷、30000余页的资料。该档案第6卷至第18卷主要记载的就是孙中山、黄兴等革命党人在日本和中国活动的情况。

《各国内政关系杂纂》19 卷本的发现，从资料方面突破了孙中山研究及孙日关系研究长期以来以《全集》为基本史料的研究格局。

其次，俞著采用了新的理论和方法。

过去的孙日关系研究，在理论与研究方法上，大多数学者从认识论的角度，以孙中山对日认识的发展、变化为线索，纵向研究和探讨孙中山 30 余年的革命生涯，并试图以孙中山对日认识的发展、变化为线索解释孙日关系。大多数持这种认识论研究方法的学者都认为，以 1919 年五四运动为界，孙中山对包括日本在内的帝国主义的认识发生了一次质的飞跃。这种观点几乎已成为国内外孙日关系研究中的通说。但俞著并不拘泥于以往的理论、方法及通说，大胆运用新的理论与方法对孙日关系做出全新的解释。俞作为外交史专家，以敏锐的眼光观察到当时围绕中国而形成的中国政府、以孙中山为首的革命党、日本帝国主义、其他帝国主义列强相互之间的错综复杂的国际关系和矛盾。从而把孙日关系纳入到国际关系的范畴，用国际关系理论和矛盾论去解释孙日关系，给人以耳目一新之感。

新的理论与研究方法同新的第一手资料的结合必然产生和以往不同的新的结论。俞著基于对大量的新的第一手资料的研究，大胆地否定了通说。俞著基于国际关系理论，把孙日关系作为一个革命团体和一个国家的关系来把握，认为孙中山代表中国革命党，他与日本之间的关系是革命党与日本之间的国际关系。既然孙日关系属国际关系的范畴，那么应以国际关系论的研究方法来研究孙中山对日认识的双重性（所谓双重性就是孙中山对日的时而批判、时而称赞，甚或同一时期批判与称赞并存的矛盾现象，参见俞著第 304 页）。

根据对孙日关系的上述把握，俞著将争论比较多的 1913 年和

1917 年孙中山对日本的称赞言论和文章，放到特定的历史背景和国际环境下分析以后认为：孙中山虽然对日本缺乏全面、完整、系统的认识，但孙中山对日本侵华这一点上一贯有明确的认识，特定的时期就特定的问题称赞日本，并不是因为对日本认识不清，而是为达到当时特定的政治、经济、外交目的。这种现象在国际关系的处理中屡见不鲜（参见俞著第 305 页）。那么孙中山明确认识到日本侵华本质，为什么还仍然对日本抱有幻想与期待呢？俞著认为，一般来说认识与行动的关系应当是一致的，但在国际关系中认识与行动往往并不一致，甚至完全相反。因此俞著把孙日关系中的认识与行动的矛盾解释为："正是由于孙中山对日本侵略中国有明确的认识，所以才利用围绕侵华而产生的日本、欧美列强与中国三者之间的矛盾和对立来达到革命的目的"（参见俞著第 309 页）。俞著进一步论证指出：1919 年以后孙中山对日本虽然进行了比较激烈的批判，认识虽有新的提高，但此后孙中山对日本仍然抱有期待，尤其第三次革命前后及第三次广东政府时期更是如此。

俞著指出：孙日关系"对日本来说是超越对孙中山的共和思想及废除不平等条约等主张的认识，对孙中山来说则超越了他对日本侵略中国本质的认识，双方都从实用主义出发，采取了灵活的态度和政策"。"孙中山这样做是有其策略和客观原因的"（参见俞著第 310 页）。这至少为孙日关系研究开拓了新的理论、方法与视角，给人们展示了孙日关系的又一个层面。

再次，一部好的史学著作，往往给读者展示新的视野，并引导读者从新的角度考虑问题。对孙中山的革命活动及孙日关系的研究，以往大多按孙中山领导的革命活动兴起、发展、壮大的历史纵向线索，去考察孙中山的革命运动及孙日关系的发展、变化，并在此基础上探讨和评价孙中山的一系列革命活动在中国近代史上的地位和作用。很少有人把孙中山的一系列革命活动与同时期中国近代史上的重大历史事件横向联系起来考察。俞著在注意纵向考察孙中山的革命活动及孙日关系的同时，又把视野拓展到历史的横向考察上。把孙中山的革命活动及孙日关系与同时期中国近代史上的重大历史事件联系起来考察以后，提出了孙中山的革命活动在中国近代史上具有"双重性"的论断。俞著把在孙中山的革命生涯中占有重要地位的广州起义与中日甲午战争联系起来考察以后指出：甲午战争时期，"孙中山决定利用日本入侵、清廷无暇他顾之时，策划广州起义，以谋求完成对内革命的任务"并为此争取日本的支持，这在策略上是不妥的。"其错误的根源在于置甲午战争使民族危机空前严重的实际情况于不顾，仍然坚持优先对内，即首先完成推翻清朝的革命战略。因此，广州起义虽然在孙中山的革命运动中具有极其重要的历史地位，但这个时期准备起义，在战略和政策上具有消极性。这便是准备广州起义所具有的双重性"（参见俞著第344～345页）。俞著进而指出，广州起义准备时期及以后，孙中山"争取日本支持和援助是为了发展革命力量推翻清政府的反动统治，但他优先对内，力争日本援助的策略为中国最危险的敌国——日本所利用，客观上有利于日本的侵华政策。这种主观动机和客观效果不相吻合的双重性关系，是这时期孙中山对日活动的一个重要特征，对中国人民反对日本侵略起了一定消极作用"（参见俞著第348页）。类似的论述在惠州起义与义和团运动、八国联军入侵中国、山东起义（护国战争）与第一次世界大战时期日本入侵胶州湾、提出"二十一条"等有关分析中也可以看到（参见俞著第349～352页）。

　　另外，俞著又对1908年南方抵制日货运动与钦、廉起义，辛亥革命与中日合办汉冶萍公司，二次革命与1912年中国各地抵制日货运动，第三次广东军政府与1922～1923年抵制日货、要求废除"二十一条"、归还辽东半岛的全国性反日运动等横向联系起来考察以后指出："近代中国与日本是处在侵略和反侵略的矛盾关系中。孙日关系是近代中日关系中的重要组成部分，是在侵略和反侵略的关系中展开的"（参见俞著第 336 页）。那么，如何解释和评价在上述矛盾运动中孙中山对日本的期待和对国内反日运动的消极态度呢？俞著认为：孙中山对日本侵华的基本认识一贯是清楚的，对日本为了侵华利用孙中山及革命党人的实质也有清楚的认识。但孙中山在当时客观历史条件的制约和优先对内的策略下，采取了逆近代中国社会潮流而动的"联日"方针和策略。这种方针和策略，"从利用国内外敌人的矛盾来打击敌人的策略来说，尽管是短暂的，但对其革命任务的完成却起到了一定作用"（参见俞著第 332 页）。如辛亥革命时期，日本提供的贷款和武器在革命中起了一定作用；1916 年护国战争时期，日本对孙中山及革命党人的"支持"，对孙中山的革命活动也起了一定作用等。但在另一方面，孙中山虽然主观上认为"联日"的手段和策略能够与革命的最终理想与目的相统一，"但孙中山在三十余年的革命生涯中未能把两者统一起来，这与近代中国社会潮流有关。近代中国的社会潮流，因甲午战争以来日本侵略中国，其社会之主流是反日的。孙中山的对日态度和政策，从某种意义上来说是逆社会潮流而动的。譬如他反对抵制日货的态度，南京临时政府时期汉冶萍公司股东反对孙中山的中日合办该公司的举动，这些都反映了孙中山的策略和中国社会潮流是对立的。这表明孙中山的资产阶级民主革命在一定程度上是在与中国民族资产阶级利益相对立的情况下推行的。这种脱离民族资产阶级和广大民众的反日倾向的对日态度和政策，削弱了自己所依存的阶级基础。这样，它又反过来加强了他对日本的期望，这是一种恶性循环，对中国革命的进程极为不利"（参见俞著第 333 页）。"孙中山依靠日本援助来达到革命目的的手段和策略，终究未能统一于革命的最终理想。"一直到孙中山逝世"革命尚未成功"的原因便在于此。这种结论，可以说是大胆的、新颖的、也可以说是基本符合历史实际的。

最后，除以上几点以外，俞著在其他方面也有贡献。如俞在大量的第一手资料的基础上，推翻了在辛亥革命研究中长期占统治地位的"帝国主义联合起来武力绞杀辛亥革命"的定论。俞在《辛亥革命时期日本的对华政策》一文中认为：帝国主义列强在对待辛亥革命的态度上是存在差异的。帝国主义列强虽有帝国主义的共性，但由于政治、经济、历史、文化等各种因素的差别，各有不同的特点。而且它们的在华利益也各不相同，相互间存在争夺。辛亥革命时期在国际、国内因素的制约下，日本不但没有出兵干涉辛亥革命，反而在某种程度上"支持"了孙中山领导的辛亥革命。虽然这种"支持"以企图扩大日本在华权益为前提，但它毕竟不同于"武力绞杀"。

此外，俞著根据掌握的可靠的日本外务省档案资料，对《孙中山先生画册》（中国文史出版社，1986 年，以下简称《画册》）中第 381 号、第 393 号、第 394 号、第 395 号、第 396 号图片进行了考证，订正了长期以来绝大多数人因受《画册》影响以讹传讹的错误。俞著指出：《画册》第 381 号"1914 年 7 月 8 日中华革命党在东京成立时合影"并不是革命党成立时的合影，而是1915 年 9 月 25 日，孙中山与回国参加反袁斗争的革命党同志分别时的送别照。中华革命党成立时间并不是以往所说的 1914 年 6 月 22 日，事实上中华革命党于 1914 年 6 月 21 日召开第一次党员秘密大会，7 月 8 日召开了公开成立大会。第一次党员秘密大会与成立大会是有区别的，并在时间上也差一天。俞著考证《画册》第 393 号图片"1915 年，孙中山在东京与梅屋庄吉夫妇合影"后指出：该照合影时间并不是 1915 年，而是 1914 年 11 月 17 日。俞著对《画册》第 394、395、396 号图片进行考证以后指出：图片第 394、395 号"1915 年 10 月 25 日，孙中山与宋庆龄在东京结婚后合影"与第 396 号"孙中山、宋庆龄结婚后与梅屋庄吉夫人合影"并不是结婚照和结婚后的合影，而是 1916 年 4 月 24 日，孙中山与宋庆龄回国前夕摄于大武照相馆的惜别照。俞著还对孙中山与日本政界、财界、军部、大陆浪人及其他民间人士的关系，孙中山与"满洲借款""中日盟约"的关系等进行了详细研究和考证，并提出了自己的见解。

当然，俞著也并非尽善尽美。首先，俞著虽然也注意到了孙中山对包括日本在内的帝国主义的认识问题，也承认其对帝国主义认识的变化，但在运用国际关系论去研究孙中山的对日态度和革命策略时，并没有很好地把孙中山对日认识的变化因素也糅进其研究当中给予适当的注意，因而给人以美中有所不足的感觉。其次，俞著上下两篇行文风格差异比较大，而且下篇中的各篇文章行文风格也不尽相同。这也许和上下两篇的性质（上篇是书的写作形式，下篇则是论文的写作形式）及成文时间有关。从某种意义上说，这反映着笔者的孙日关系研究历程。但从一本书的角度来说，行文的不统一会影响书的结构的整体性。上篇概述孙日关系，下篇对重点问题进行重点论述的写作方法，又导致了本书上下两篇在部分内容上的重复。此外，俞著如果在篇后附大事年表、人名、地名及事件对照表，那么作为一部严肃的学术著作当更显完美。

虽然俞著有上述瑕疵，但总的来看瑕不掩瑜。俞著不能不说是近年来中国近代史及中日关系史研究领域出现的一部有价值的力作。

（本文作者安成日，南开大学博士研究生、日本国学院大学留学生）